建筑施工企业
会计核算实务

方晶晶　邢方媛　邢振祥　编著

第三版

JIANZHU SHIGONG QIYE
KUAIJI HESUAN SHIWU

化学工业出版社

·北京·

内 容 提 要

本书针对建筑施工企业经济业务的会计核算理论和方法，详细介绍了货币资金、应收及预付款项、存货、投资、固定资产、无形资产与投资性房地产等经济业务的会计核算，以及施工成本、建造合同、工程结算等业务的会计核算，并以建筑施工企业会计核算业务为实例，精讲了会计电算的操作过程，运用用友会计软件实现了从初始建账到完成会计报表的整个业务流程。

本书通俗易懂，可操作性强，既可作为施工企业会计人员以及相关的审计、财政和税收人员自学或培训用书，也可作为高等学校工程管理、工商管理、会计学、财务管理等专业的教学用书。

图书在版编目（CIP）数据

建筑施工企业会计核算实务/方晶晶，邢方媛，邢振祥编著. —3版. —北京：化学工业出版社，2020.8（2023.8重印）
ISBN 978-7-122-36629-0

Ⅰ.①建… Ⅱ.①方…②邢…③邢… Ⅲ.①建筑施工企业-工业会计-教材 Ⅳ.①F407.906.72

中国版本图书馆CIP数据核字（2020）第069843号

责任编辑：董 琳　　　　　　　　　　装帧设计：韩　飞
责任校对：栾尚元

出版发行：化学工业出版社（北京市东城区青年湖南街13号　邮政编码100011）
印　　装：北京大字星印刷厂
787mm×1092mm　1/16　印张20¾　字数537千字　2023年8月北京第3版第2次印刷

购书咨询：010-64518888　　　　　　售后服务：010-64518899
网　　址：http://www.cip.com.cn
凡购买本书，如有缺损质量问题，本社销售中心负责调换。

定　　价：68.00元　　　　　　　　　　　　　　　　　　　版权所有　违者必究

第三版前言

时代的列车飞速向前,从 2011 年 2 月《建筑施工企业会计核算实务》初次出版以来,已经过去了近 10 年的时间。2015 年 2 月我们进行过修订。但 2016 年 5 月 1 日起,建筑业全面实行了增值税制度。2016 年 12 月,财政部颁布了《增值税会计处理规定》,为企业增值税业务的会计核算做出了统一规定。因此,我们根据最新的政策变化,结合施工企业会计实践发展的情况,对书中涉及的全部内容逐章节逐段落地修改与完善,同时对案例分析进行了更新和修订,使本书更加精细和严谨,从而保障企业经营目标的实现。

《建筑施工企业会计核算实务》(第三版)是为了满足施工企业会计从业人员工作的需要,依据财政部最新颁布的《企业会计准则》以及有关的财会、税务法规等进行修订的。本书详细介绍了货币资金、应收及预付款项、存货、投资、固定资产、无形资产与投资性房地产等经济业务的会计核算,结合施工企业的实际情况,全面、系统地介绍了施工企业经济业务的会计核算理论和方法,将《企业会计准则》对企业会计核算的一般要求和原则规定与施工企业施工生产经营活动的特殊性相结合,努力做到既符合企业会计准则的要求,又体现施工企业会计的特点。本书重点介绍了施工企业的施工成本、建造合同、工程结算等业务的会计核算,并以施工企业会计核算实务为实例,精讲了会计电算的操作过程,运用用友会计软件实现了从初始建账到完成会计报表的整个业务流程。

本书集新颖性、规范性、理论性、实用性于一体,通俗易懂,可操作性强,既可作为施工企业会计人员以及相关的审计、财政和税收人员自学或培训用书,也可作为高等学校工程管理、工商管理、会计学、财务管理等专业的教学用书。

本书由方晶晶、邢方媛、邢振祥编著。各章撰写的分工如下:方晶晶执笔第一章至第五章;邢方媛执笔第六章至第十三章;邢振祥执笔第十四章并出任本书的计算机技术咨询顾问、资料整理、电子排版等工作。

由于编著者水平所限,书中疏漏和不当之处在所难免,欢迎全国的专家、学者和广大读者对本书提出意见和建议。

编著者

2020 年 5 月

目 录

第一章 绪论 ··· 1
第一节 施工企业会计概述 ··· 1
一、施工企业的类型与特点 ··· 1
二、施工企业会计的主要特征与核算法规 ··· 3
第二节 企业会计基本理论 ··· 5
一、会计要素 ··· 5
二、会计假设 ··· 10
三、会计信息质量要求 ··· 12
第三节 施工企业会计核算流程 ··· 16
一、施工企业会计循环 ··· 16
二、施工企业会计核算的主要流程 ··· 16
第四节 施工企业会计科目 ··· 17
一、会计科目设置的原则 ··· 17
二、施工企业会计科目体系 ··· 17

第二章 货币资金 ··· 20
第一节 库存现金 ··· 20
一、库存现金的管理 ··· 20
二、库存现金账户的设置 ··· 21
三、库存现金的核算 ··· 22
第二节 银行存款 ··· 22
一、银行存款的管理 ··· 22
二、银行结算方式 ··· 23
三、银行存款的账户设置 ··· 27
四、银行存款的核算 ··· 28
五、银行存款的核对 ··· 28
第三节 其他货币资金 ··· 29
一、其他货币资金的内容与账户设置 ··· 29
二、其他货币资金的核算 ··· 29
第四节 外币业务 ··· 32
一、记账本位币 ··· 32
二、外币业务的相关术语 ··· 33
三、外币业务的会计处理 ··· 35
四、外币财务报表的折算 ··· 37

第三章 应收及预付款项 ··· 39
第一节 应收票据 ··· 39

一、应收票据的确认与计量 ·· 39
　　二、应收票据的核算 ·· 39
第二节　应收账款 ·· 43
　　一、应收账款的确认与计量 ·· 43
　　二、应收账款的核算 ·· 44
第三节　预付账款 ·· 48
　　一、预付账款的确认与计量 ·· 48
　　二、预付账款的核算 ·· 48
第四节　其他应收款项 ·· 49
　　一、应收利息 ··· 49
　　二、应收股利 ··· 49
　　三、其他应收款 ·· 49
第五节　坏账准备 ·· 50
　　一、坏账的确认 ·· 50
　　二、坏账核算的方法 ·· 51

第四章　存货 ··· 53
第一节　存货概述 ·· 53
　　一、存货的性质 ·· 53
　　二、存货的计量 ·· 54
第二节　库存材料 ·· 57
　　一、库存材料采用实际成本法的核算 ·································· 57
　　二、库存材料采用计划成本法的核算 ·································· 60
第三节　周转材料和加工物资 ··· 64
　　一、周转材料 ··· 64
　　二、加工物资 ··· 66
第四节　未完工程和已完工程 ··· 68
　　一、建设工程项目的划分 ·· 68
　　二、未完工程 ··· 69
　　三、已完工程 ··· 69
第五节　存货清查 ·· 70
　　一、存货清查的核算 ·· 70
　　二、存货期末计提跌价准备 ·· 71

第五章　投资 ··· 73
第一节　交易性金融资产 ··· 73
　　一、交易性金融资产概述 ·· 73
　　二、交易性金融资产的核算 ·· 73
第二节　持有至到期投资 ··· 76
　　一、持有至到期投资的概念 ·· 76
　　二、持有至到期投资的计量 ·· 76
　　三、持有至到期投资的核算 ·· 77

第三节　可供出售金融资产 ·· 84
　　　　一、可供出售金融资产的概念 ······································ 84
　　　　二、可供出售金融资产的计量 ······································ 84
　　　　三、可供出售金融资产的核算 ······································ 85
　　第四节　长期股权投资 ·· 87
　　　　一、长期股权投资的概念 ·· 87
　　　　二、长期股权投资的计量 ·· 88
　　　　三、长期股权投资的核算 ·· 91

第六章　固定资产 ·· 98
　　第一节　固定资产概述 ·· 98
　　　　一、固定资产的定义与特征 ·· 98
　　　　二、固定资产的分类 ·· 98
　　第二节　固定资产的初始确认与计量 ··································· 99
　　　　一、固定资产的初始确认 ·· 99
　　　　二、固定资产的初始计量 ·· 100
　　　　三、固定资产取得的核算 ·· 102
　　第三节　固定资产计提折旧 ·· 104
　　　　一、固定资产折旧的概念 ·· 104
　　　　二、影响固定资产折旧的因素 ······································ 105
　　　　三、固定资产折旧的范围 ·· 105
　　　　四、固定资产折旧的方法 ·· 105
　　　　五、固定资产折旧的会计处理 ······································ 108
　　第四节　固定资产后续支出 ·· 108
　　　　一、固定资产后续支出的确认原则 ································· 108
　　　　二、固定资产资本化后续支出 ······································ 108
　　　　三、固定资产费用化后续支出 ······································ 109
　　　　四、固定资产后续支出的特殊情况 ································· 109
　　第五节　固定资产的处置与期末计量 ··································· 110
　　　　一、固定资产的处置 ·· 110
　　　　二、固定资产的期末计量 ·· 111

第七章　无形资产与投资性房地产 ·· 113
　　第一节　无形资产 ··· 113
　　　　一、无形资产概述 ·· 113
　　　　二、无形资产的初始计量 ·· 114
　　　　三、无形资产的后续计量 ·· 117
　　　　四、无形资产的处置 ·· 118
　　第二节　投资性房地产与其他资产 ······································ 119
　　　　一、投资性房地产 ·· 119
　　　　二、商誉 ··· 122
　　　　三、长期待摊费用 ·· 124

四、长期应收款 ··· 124
　　五、其他长期资产 ··· 125

第八章　流动负债 ·· 127
第一节　短期借款 ·· 127
　　一、短期借款核算的内容 ·· 127
　　二、短期借款的账户设置 ·· 127
　　三、短期借款的账务处理 ·· 128
　　四、短期借款的核算举例 ·· 128
第二节　应付票据 ·· 129
　　一、应付票据核算的内容 ·· 129
　　二、应付票据的账户设置 ·· 129
　　三、应付票据的账务处理 ·· 129
第三节　应付账款 ·· 131
　　一、应付账款核算的内容 ·· 131
　　二、应付账款的账户设置 ·· 132
　　三、应付账款的账务处理 ·· 132
第四节　预收账款 ·· 133
　　一、预收账款核算的内容 ·· 133
　　二、预收账款的账户设置 ·· 133
　　三、预收账款的账务处理 ·· 133
第五节　应付职工薪酬 ·· 134
　　一、应付职工薪酬核算的内容 ·· 134
　　二、应付职工薪酬的账户设置 ·· 134
　　三、应付职工薪酬的账务处理 ·· 134
　　四、应付社会保险费和住房公积金 ····································· 135
　　五、应付工会经费和职工教育经费 ····································· 136
　　六、应付非货币性福利 ·· 136
　　七、因解除与职工的劳动关系给予的补偿 ······························· 137
第六节　应交税费 ·· 138
　　一、应交税费核算的内容 ·· 138
　　二、应交税费的账户设置 ·· 138
　　三、增值税的核算 ··· 138
　　四、消费税的核算 ··· 142
　　五、应交城市维护建设税的核算 ······································· 143
　　六、资源税的核算 ··· 143
　　七、房产税、土地使用税、车船使用税和印花税的核算 ················· 143
　　八、土地增值税的核算 ·· 144
第七节　应付股利 ·· 144
　　一、应付股利核算的内容 ·· 144
　　二、应付股利的账户设置 ·· 145

三、应付股利的账务处理 ………………………………………………… 145

第九章 非流动负债 …………………………………………………… 146
第一节 长期借款 …………………………………………………… 146
一、长期借款核算的内容 ………………………………………………… 146
二、借款费用及其会计处理 ……………………………………………… 146
三、长期借款的账户设置 ………………………………………………… 146
四、长期借款的账务处理 ………………………………………………… 146

第二节 应付债券 …………………………………………………… 151
一、应付债券核算的内容 ………………………………………………… 151
二、应付债券的账户设置 ………………………………………………… 151
三、应付债券的发行价格 ………………………………………………… 152
四、应付债券发行的账务处理 …………………………………………… 152
五、可转换公司债券 ……………………………………………………… 157

第三节 长期应付款 ………………………………………………… 158
一、长期应付款核算的内容 ……………………………………………… 158
二、长期应付款的账户设置 ……………………………………………… 159
三、长期应付款的账务处理 ……………………………………………… 159

第四节 预计负债 …………………………………………………… 160
一、或有事项的特征 ……………………………………………………… 160
二、预计负债的确认 ……………………………………………………… 161
三、预计负债的计量 ……………………………………………………… 162
四、预计负债的账务处理 ………………………………………………… 163

第十章 所有者权益 …………………………………………………… 166
第一节 实收资本 …………………………………………………… 166
一、实收资本核算的内容 ………………………………………………… 166
二、实收资本的账户设置 ………………………………………………… 166
三、实收资本的账户处理 ………………………………………………… 167
四、股份有限公司的股本 ………………………………………………… 171

第二节 资本公积 …………………………………………………… 172
一、资本公积核算的内容 ………………………………………………… 172
二、资本公积的账户设置 ………………………………………………… 173
三、资本公积的账户处理 ………………………………………………… 173
四、认股权证 ……………………………………………………………… 176
五、库存股 ………………………………………………………………… 177
六、股份支付 ……………………………………………………………… 179
七、资本公积转增资本的会计处理 ……………………………………… 182

第三节 留存收益 …………………………………………………… 182
一、盈余公积 ……………………………………………………………… 182
二、未分配利润 …………………………………………………………… 183

第十一章　工程成本 …… 184

第一节　工程成本核算的项目 …… 184
一、工程成本计算对象 …… 184
二、工程成本项目及其内容 …… 186
三、工程成本的账户设置 …… 187
四、工程成本的核算程序 …… 188

第二节　工程成本核算的实务 …… 189
一、直接费用的归集和分配 …… 189
二、间接费用的归集和分配 …… 195
三、工程施工成本明细分类账的核算 …… 197
四、工程成本的计算 …… 198

第十二章　收入与费用及利润 …… 203

第一节　收入的概述 …… 203
一、收入的概述 …… 203
二、施工企业提供劳务的收入 …… 204

第二节　建造合同收入 …… 205
一、建造合同总收入的组成 …… 205
二、建造合同收入的账户设置 …… 205
三、建造合同收入的账务处理 …… 205

第三节　销售商品收入 …… 210
一、销售商品收入的确认和计量 …… 210
二、销售商品收入的账务处理 …… 210
三、让渡资产使用权收入 …… 215

第四节　期间费用 …… 217
一、管理费用的核算 …… 217
二、财务费用的核算 …… 219
三、销售费用的核算 …… 220

第五节　利润的形成与分配 …… 221
一、利润形成应设置的账户 …… 221
二、利润形成的核算 …… 222
三、本年利润的结转 …… 224
四、所得税的核算 …… 226
五、利润分配的核算 …… 230

第十三章　财务报告 …… 233

第一节　财务报告概述 …… 233
一、财务报告的意义 …… 233
二、财务报告的构成 …… 233
三、会计报表的分类 …… 234
四、会计报表的编制要求 …… 234

第二节 资产负债表 ································ 235
一、资产负债表的概述 ································ 235
二、资产负债表的内容和结构 ································ 235
三、资产负债表各项目的填列方法 ································ 237
四、资产负债表编制示例 ································ 242

第三节 利润表 ································ 244
一、利润表的概述 ································ 244
二、利润表的内容 ································ 244
三、利润表的结构 ································ 245
四、利润表各项目的填报说明 ································ 246
五、利润表编制示例 ································ 247

第四节 现金流量表 ································ 249
一、现金流量表的概述 ································ 249
二、现金流量表的编制基础 ································ 249
三、现金流量的分类 ································ 250
四、现金流量表的编制方法 ································ 252

第五节 所有者权益变动表 ································ 253
一、所有者权益变动表的概述 ································ 253
二、所有者权益变动各项目填报说明 ································ 254
三、所有者权益变动表的结构 ································ 255

第六节 会计报表分析 ································ 256
一、会计报表分析的概述 ································ 256
二、会计报表分析的基本方法 ································ 256
三、会计报表的分析指标 ································ 257

第十四章 施工企业会计电算实务 ································ 262

第一节 会计电算化的概述 ································ 262
一、实施会计电算化的意义 ································ 262
二、会计电算化的发展历程 ································ 263
三、会计电算化的结构 ································ 264

第二节 会计软件 ································ 265
一、会计软件的类型 ································ 265
二、会计软件产品简介 ································ 266
三、会计核算软件的功能 ································ 267
四、会计核算软件的操作 ································ 267

第三节 用友会计软件操作实例 ································ 270
一、用友会计软件目的 ································ 270
二、记账方法 ································ 270
三、操作步骤 ································ 270
四、教学手段 ································ 270
五、操作原理及操作步骤 ································ 270

参考文献 ································ 320

第一章 绪 论

第一节 施工企业会计概述

一、施工企业的类型与特点

施工企业隶属于建筑业。建筑业是我国国民经济的支柱产业,主要从事社会基础设施和其他设施建造等生产经营活动,包括与之相关的勘察、规划、设计、采购、施工、安装、维护和运行等若干环节。施工企业是建筑业的中坚力量。在建筑业的构成中,施工企业属于劳动密集型企业,是重要的物质生产部门,也是从事土木建造工程、建筑安装工程和其他专业工程的劳务型经济组织。

施工企业依法自主经营、自负盈亏、独立核算,从事建筑商品的生产和经营活动,一般具有法人地位。施工企业以承建工程施工为主要经营活动,通过招投标竞争,取得承包合同,将建设项目的建设意图和目标,转化为具体工程施工项目产品。施工企业以其技术和管理的综合实力,通过制定经济合理的施工方案,组织人力、物力和财力进行工程施工和安装作业,按照规定的工期,全面完成质量符合建设方(发包方)明确标准的施工任务。通过工程点交,取得预期的经济效益,实现其生产经营目标。

(一)施工企业的类型

施工企业的生产经营活动,具体包括铁路、公路、隧道、桥梁、堤坝、电站、码头、机场、房屋等的基础建设;电力、通信线路、石油、燃气、给水、排水、供热等管道铺设系统和各类机械设备、装置的安装工程;建筑物内、外的装修和装饰工程。

施工企业可以按照以下不同的标准进行分类。

(1)按企业组织形式和产权关系划分 可分为:独资业主制施工企业、合伙制施工企业、公司制施工企业(其中包括有限责任公司和股份有限公司两种形式)。

(2)按企业规模划分 可分为:大型施工企业(或建工集团)、中型施工企业和小型施工企业。

(3)按经营范围划分 可分为:综合性施工企业、专业性施工企业。综合性施工企业既能够承担各类土木建筑工程,也能够承担各种设备安装工程;专业性施工企业,一般只能承担某些专业工程,如基础工程公司、给排水工程公司、机械化施工公司、公路桥梁施工公司、电气设备安装公司、化工设备安装公司等。

(4)按承包工程的能力划分 可分为:建设总承包公司、建筑安装工程承包公司、专项分包公司。建设总承包公司,是指对建设项目从设计到施工全过程提供服务的施工企业,它一般拥有较强的工程技术团队和专家型的高层人员,但不一定管辖施工设备或编制施工人员;建筑安装工程承包公司,是指承包建设项目的建筑安装施工企业,它拥有施工设备、施工人员,可以独立组织承包项目的施工生产活动;专项分包公司,是指为建设总承包公司或建筑安装工程承包公司提供某种专项施工劳务的企业,它一般规模较小,不能单独承包工程,而是通过与建设总承包公司或建筑安装工程承包公司签订分包合同或协议承包某项特定的分部分项工程的施工公司。

（5）按建筑施工资质等级划分　可分为：特级施工企业、一级施工企业、二级施工企业、三级施工企业等。依照施工企业资质标准的规定，不同资质等级的建筑施工企业，应达到注册资本等级标准、净资产额度标准、工程业绩质量获奖标准、银行授信额度标准、年度总产值标准；应具备不同的施工年限经历、技术的装备与开发能力、企业经理资历、企业管理层技术人员组成、专业职称结构等资质条件审核合格标准。依照施工企业资质标准的规定，不同资质等级的建筑施工企业准予营业的范围也有所不同。

（6）按专业工种划分　可分为：建筑企业、设备安装企业、机械施工企业、建筑构件生产企业、服务生产企业、特种施工工艺企业和市政工程建设施工企业、建筑装饰施工企业等。建筑企业，是指从事项目建筑施工的企业；设备安装企业，是指从事各种通用或专用设备安装工程施工的企业；机械施工企业，是指专门从事机械化施工的企业；建筑构件生产企业，是指在固定场所生产钢筋混凝土构件、钢结构件、木结构件、其他金属结构件的企业；服务生产企业，是指为现场施工提供服务的企业，如水泥搅拌站等；特种施工工艺企业，是指为现场施工提供特种施工工艺服务的企业，如古代建筑工艺企业；市政工程建设施工企业，是指从事城市公用设施建设的企业，如从事政府投资的公共交通设施、给水、排水、燃气、城市防洪、环境卫生及照明等基础设施建设的企业；建筑装饰施工企业，是为保护建筑物的主体结构、完善建筑物的物理性能、使用功能和美化建筑物，采用装饰装修材料或饰物对建筑物的内外表面及空间进行专业处理的企业。

（二）施工企业的特点

由于建筑产品的位置固定、类型多样、工程空间量大、施工作业周期长等独特情况，决定了施工企业的建筑产品与生产经营活动具有许多不同于其他行业，尤其是不同于制造业企业的特点。

（1）施工生产的流动性和分散性　施工生产的流动性是由建筑产品的位置固定性决定的，主要表现在：不同工种的工人要在同一建筑物的不同部位进行流动分散施工；生产工人要在同一工地不同单位工程之间进行流动分散施工；施工队伍要在不同工地、不同地区承包工程，进行迁移流动分散施工等。

（2）施工生产的单件性和配套性　施工生产的单件性和配套性是由建筑产品的类型多样性决定的，主要表现在：每一项建筑产品都有其特定的用途和建设要求，施工生产需要针对具体工程，因地制宜、因时制宜地单独编制施工组织设计，单独组织施工；施工条件千变万化，即使功能相同、采用标准设计、应用同一张图纸，但由于地质、气象、水文等特定区域的自然条件不同，市场竞争、人力资源、物资供应、配套协作等特定的社会条件不同，往往也需要对施工方法和施工组织等做出适当修改，其具体生产也会有很大的差别。同时，一个建设项目往往由若干个单项工程组成，而各个单项工程之间必须相互配合、配套施工，方能发挥效用。

（3）施工生产的长期性　施工生产的长期性是由建筑产品的工程空间量大、作业周期长所决定的，主要表现在：建筑产品形体规模大、产品造价高、完工时间长；施工地点固定，约束条件多，施工生产周期经常跨越数个年度，占用和消耗的人力、物力、财力多。

（4）施工生产的露天性　建筑产品的生产多是露天进行的，直接承受着气候温差条件的制约，并且伴有风霜雨雪、酷暑严寒下的艰苦施工，经常性的高空、地下、涵洞、水下条件的作业，因此，在应对难以预见的外界自然变化的前提下，需要认真履行施工合约，保质保量地如期竣工交付使用。

（5）产品销售的特殊性　建筑产品一般在施工前已有确定的雇主用户，即通过招投标形式确定发承包关系，而建筑产品则按发承包合同施工。建筑产品的交易结算，不表现为产品销售的实物形态转移，而是经由竣工验收办理工程价款结算进行劳务形态的价值补偿。

此外，施工企业及其生产经营活动还具有施工对象分散且多变、生产的均衡性与可控性较差、社会协作关系复杂等特点。

二、施工企业会计的主要特征与核算法规

（一）施工企业会计的主要特征

施工企业会计是指以施工企业作为会计主体的一门专业会计。它以货币作为主要计量单位，对施工企业的交易事项和工程物资采购、施工生产、工程结算等主要经营过程进行反映和控制，为施工企业在建筑市场的竞争和发展提供会计信息。这里交易和事项（或者称为经济业务），通常是指企业的外部会计事务和内部会计事务。

施工企业会计具有以下几个主要特征。

1. 采取分级管理、分级核算

施工生产的流动性，决定了企业施工经营的人员管理、机具设备、材料物资等生产要素，以及施工生产、后勤服务等组织机构，都要随工程地点的转移而流动。因此，施工企业在组织会计核算时，要适应施工分散、迁转流动等特点，采取分级管理、分级核算，以便会计核算与施工生产的管理融合。同时，施工企业更为重视施工现场的机具器械、材料物资的管理和核算，及时反映设备与存货的保管和使用情况，以避免集中核算造成会计管理与施工生产脱节的现象。施工企业会计分级管理、分级核算有两种具体模式。

（1）三级核算体制　即实行总公司—分公司（或工区、工程处、加工厂）—施工队（或项目经理部）三级核算管理。总公司作为独立法人，实行全面核算，并编制财务会计报告；分公司作为内部独立核算单位，由总公司核拨生产资金，单独进行建造项目或加工产品的成本和盈亏核算；施工队作为内部核算单位，仅就项目发生的各种材料、人工、机械等方面的耗费组织核算。

（2）两级核算体制　即实行总公司—工区（或工程处、加工厂）两级管理与核算。

2. 重视内部结算往来的核算管理

大中型施工企业所属内部单位较多，这些内部单位，有些属于独立核算单位，有些属于不独立核算单位。而拨付资金、销售产品、提供劳务或分包工程等交易或事项，使得企业所属各层级管理单位经常发生内部款项的结算往来。因此，施工企业会计历来十分重视健全内部往来的款项结算与制度管理。

3. 根据建造合同条款，采用特定方法核算工程成本

施工企业与建设单位签订建造合同，根据建造要求和施工图纸完成生产。建筑安装（以下简称建安）产品不仅具有单件性特点，而且在施工过程中，各工种作业或者立体交叉或者平行交叉，因此不能墨守成规，采用多种成本核算方法，而只能以特定的建造合同为对象，采用分批法核算工程成本。

4. 遵照企业会计准则，核算工程价款和建造合同收入

施工企业应按照发承包合同办理工程预付款、工程进度款、工程竣工款的结算与核算；应执行建造合同会计准则，采用完成合同法、完工百分比法或成本补偿法确认建造合同收入，其中包括合同规定的初始收入和合同调整的变更款、索赔款和奖励款等。此外，施工企业竣工结算时建设单位还要预留缺陷责任期保证金等。

（二）施工企业会计的核算法规

我国的会计法规体系主要由会计法律、会计行政法规、会计规章三个层次组成。施工企业会计应严格遵照这一法规体系的要求，认真组织各类建安业务的会计核算。

① 会计法律。《会计法》是由全国人大制定发布的，它是调整我国经济生活中会计关系的基本法律规范。《会计法》是我国会计法规体系中的母法。它的地位居于会计法规体系中的最高层次，是制定其他会计法规的依据。它的制定综合考虑了《民法》《税法》《审计法》《公司法》和《证券法》等上位法或相关法的要求，并与之协调一致。

② 会计行政法规。会计行政法规是由国务院制定发布或者国务院有关部门拟订经国务院批准发布的，是用于调整经济生活中某些方面会计关系的法律规范。会计行政法规包括《总会计师条例》《企业财务会计报告条例》《企业会计准则》等。

③ 会计规章。会计规章是由国务院财政部门在其职权范围内依法制定并统一发布的关于会计核算、会计监督、会计机构和会计人员以及会计工作管理的制度规范。如《财政部门实施会计监督办法》《代理记账管理办法》《会计从业资格管理办法》《会计人员继续教育暂行规定》《会计基础工作规范》《内部会计控制规范》《会计电算化管理办法》《企业会计制度》以及财政部门与国家档案局联合发布的《会计档案管理办法》等。

我国实行改革开放以来，施工企业会计所直接依据的核算规范，大致经历了三个演变阶段。

① 1993—2001年，行业会计制度主导阶段。执行按行业分割的《施工企业会计制度》规范。

② 2001—2006年，企业统一会计制度主导阶段。执行不分行业的、统一的《企业会计制度》规范。

③ 2007年至今，会计准则主导阶段。实施《企业会计准则》规范，大中型施工企业逐步推行通用的《企业会计准则》，小型施工企业会计则参照执行《小企业会计制度》及《小企业会计准则》。

本书立足于大中型施工企业，并以2007年起施行的《企业会计准则——基本准则》《企业会计准则——具体准则》及其《企业会计准则——应用指南》为依据撰写。

（三）构建适应施工企业会计核算的运行机制

为构建适应现代会计核算的运行机制，施工企业会计核算必须转变旧思维，树立新观念，其中包括以下几点。

1. 树立现代会计核算的新观念

施工企业会计核算必须树立成本效益观念、风险与收益均衡观念、资源合理配置观念、环境责任观念，以保证人尽其才，物尽其用，资源节约，环境和谐，为企业赢得良好的经济效益和社会效益。

2. 开创职业判断的新思维

《企业会计准则》关注会计领域的重点难点问题，倡导专业思维和职业判断，这无疑对会计人员提出了新的挑战。施工企业会计人员要摒弃传统的思维方式，学会用新思维、新观念和新方法来不断加强职业判断能力；要立足于维护会计信息发布者和使用者的良好互动，坚守职业道德，提高技术能力，坚持独立权衡、合法谨慎的原则，学习新理论，解决新问题；要学会掌握职业自主判断与法规不可逾越的界限，真正适应和体现企业会计准则的要求。同时，还应学会结合我国现实的会计环境做出具体的分析和判断，切实完善会计信息的传输与供给，自觉融入与国际会计准则趋同的时代潮流。

3. 建立健全施工企业内部控制制度

基于企业风险管理框架的施工企业内部控制，其主要内容包括：内部环境、目标设定、事项识别、风险评估、风险应对、控制活动、信息与沟通、控制与评估等。其中内部环境是影响、制约组织内部控制建立与执行的各种因素的总称，是实施内部控制的基础；目标设定是后续事项的前提；事项识别是在充分调研和分析的基础上准确地识别影响事项，区分风险与机会；风险评估是针对已识别的风险，从其发生的可能性及影响程度方面进行定性与定量分析；风险应对主要是确定风险应对策略；控制活动主要是职责分工控制、授权控制、审核批准控制等多项活动控制；信息与沟通主要是信息的收集机制和组织内外部沟通机制等；控制与评估主要是内部运行的自我监控等。

4. 完善施工企业财务与会计信息化建设

财务与会计信息化是施工企业利用互联网对所有分支机构实行数据的实时核算、远程传输和财务监控。以本金活动为核心，采用集中与分散相结合的管理模式，保证财务信息的质量，实现信息充分共享，实现核算资料由静态管理向动态管理的跨越，从企业总部走向企业全部，从企业内部走向外部，使得财会资源配置与业务管理同步发展，有效地提升财会核算的效能。

5. 全面提升财会人员素质

全面提升财会人员的素质包括：坚持深入开展会计职业道德教育，定期对财会人员进行业务培训，不断提升财会人员业务工作水平。由于市场经济环境下多元化权益主体的利益存在不一致，要求财会人员必须以公共利益最大化为准则。同时，为了保障财会人员秉公办事，需要探索会计职业保障的新途径。

第二节 企业会计基本理论

一、会计要素

会计要素是根据交易或事项的经济特征所确定的财务会计对象的基本分类。它是企业会计报表框架项目的归类依据，即构成会计报表（资产负债表、利润表）的必要因素。我国《企业会计准则——基本准则》中列示了六大会计要素，即资产、负债、所有者权益、收入、费用、利润。这六大会计要素又可以划分为两大类别：一类由上述前三个会计要素组成，被称为反映财务状况的要素（或资产负债表要素、静态会计要素）；另一类由上述后三个会计要素组成，被称为反映经营成果的要素（或利润表要素、动态会计要素）。

（一）反映财务状况的会计要素

反映企业财务状况的会计要素，包括资产、负债、所有者权益。按照我国《企业会计准则——基本准则》的规定，具体分述如下。

（1）资产　资产是指企业过去的交易或者事项形成的、由企业拥有或者控制的、预期会给企业带来经济利益的资源。资产具有以下特征。

① 资产从本质上讲是一种经济资源。资产可以作为生产要素投入到企业经营活动中去，非经济资源不是企业的资产。资产预期会给企业带入未来的经济利益。《企业会计准则——基本准则》指出，"预期会给企业带入未来的经济利益，是指直接或者间接导致现金和现金等价物流入企业的潜力"。强调资产未来期间经济利益的流入，既表明了资产的内涵必须具有服务的潜能，又再次凸现了资源有用性的本质。这就把资产同一些已经不能再投入作为生产要素的耗费项目区分开来。如果一些项目已经不能给企业带来未来的经济利益，如果已经丧失或耗尽了这种服务的潜能，也就不能称其为资产了。

② 资产是由企业拥有或者控制的。强调权属关系是会计主体假设的必然要求。在这里，所谓拥有，是指该项资产的法定所有权归本企业；所谓控制，是指尽管本企业并不拥有该项资产的所有权，但是该项资产上的收益和风险均已由本企业承担，例如，融资租入的固定资产等。一般来说，一项资源要作为企业的资产加以确认，就要拥有其所有权，可以按照自己

的意愿动用或处置。但是对于特殊方式形成的、公认的个别资产，即使企业不拥有其所有权，但能够实际控制、支配其使用权，也应将其作为企业的资产加以确认。把企业虽不拥有，但行使控制权的资产纳入会计核算的范畴，反映了客观的经济实质，是实质重于形式原则的具体体现。

③ 资产是由过去的交易或者事项形成的。资产的成因是资产存在和计价的基础。因此，资产必须是现实存在的，而不是尚未发生的。未来的、预期的交易或者事项没有可靠的计量依据不形成资产。

资产的确认必须满足两个条件：其一，与该资源有关的经济利益很可能流入企业；其二，该资源的成本或者价值能够可靠地计量。这就是说，一项资源作为资产必须具有交换和使用价值，必须能够可靠地用货币计量。

资产可以是有形的，也可以是无形的；可以是货币性的，也可以是非货币性的。资产按其流动性一般可分项归类，依序排列为：流动资产、长期投资、固定资产、无形资产和其他资产。所谓流动性，是指周转能力或转变为现金的能力。

（2）负债　负债是指企业过去的交易或者事项形成的、预期会导致经济利益流出企业的现时义务。负债具有以下特征。

① 负债必须是企业承担的现时义务。这里所谓的现时义务，是指企业在现行条件下已承担的义务。预期未来交易或事项形成的义务，不属于现时义务，不应确认为负债。

负债的实质是负有牺牲未来资产的现时义务。这里所指的义务可以是法定义务，也可以是推定义务。其中，法定义务是指具有约束力的合同或者法律法规规定的义务，通常在法定意义上需要强制执行，需要企业依法偿还；推定义务是指根据企业多年来的习惯做法、公开的承诺或者公开宣布的政策而导致的企业将承担的责任，这些责任由使有关各方形成了企业将履行义务解脱责任的合理预期。

② 负债仅限于那些已经发生了的过去的交易、事项所产生的后果。负债是一项经济责任，这种责任或义务通常是在企业取得其所需资财或劳务等交易、事项时形成的。至于目前尚未发生的、将导致企业未来可能向债权方支付的事宜，则不构成会计上的负债。这就是说，只有那些使企业承担经济责任或现时义务的交易、事项确已发生时才应确认为负债。对于那些尚未发生的潜在意向，不应作为企业的负债。例如，企业与供货方草签的约定在数月后正式交易的合同等，仅表明是一种意向，不能确认为负债。

③ 清偿负债会导致企业未来经济利益的流出。负债意味着将来要放弃的经济利益。可以给企业带来经济利益的资产或劳务等都可以作为偿还债务的手段。负债的了结还可以举新债还旧债、债转股、债务重组等方式处理。总之，负债的清偿预示着企业未来经济利益的牺牲或应付的代价。

企业负债的确认必须满足两个条件：其一，与该义务有关的经济利益很可能流出企业；其二，未来流出的经济利益的金额能够可靠地计量。

负债按其偿还期限的长短一般可以分项归类，依序排列为流动负债和长期负债。

（3）所有者权益　所有者权益是指企业资产扣除负债后由所有者享有的剩余权益。所有者权益具有以下特征。

① 所有者权益属于剩余权益。它的权益相当于企业资产总额扣除债权人权益后的净额。所有者权益反映了所有者对企业净资产所享有的权益，因此，所有者权益属于产权人对企业净资产的索偿权。

② 所有者权益一般表现为企业接收的产权人投资及其资本增值。从数额上讲，所有者权益既取决于产权人的投资，又取决于企业的盈利水平。所有者权益并不对应于企业的全部

资产，它与企业特定的具体的资产项目也无直接关系。所有者权益的来源包括所有者投入的资本、直接计入所有者权益的利得和损失、留存收益等。直接计入所有者权益的利得和损失，是指不应计入当期损益的、会导致所有者权益增减变动的、与实收所有者投入资本或者向所有者分配利润无关的利得或者损失。利得是指由企业非日常活动所形成的、会导致所有者权益增加的、与实收所有者投入资本无关的经济利益的流入。损失是指由企业非日常活动所发生的、会导致所有者权益减少的、与向所有者分配利润无关的经济利益的流出。

③ 所有者权益所代表的资产可供企业长期支配使用。在正常情况下，企业不存在归还所有者权益的义务，只有在特殊情况下，企业进入清算时，才有可能向所有者支付相应的资产。

④ 所有者权益是企业清偿债务的保证。所有者权益是企业盈利的分享者和企业亏损的承担者。

所有者权益的确认主要依赖于其他会计要素的计量，尤其取决于资产和负债的确认，它的额度等于资产减去负债后的余额。

所有者权益主要由实收资本（或股本）、资本公积、盈余公积和未分配利润等项目构成。

综上所述，企业在某一特定日期的资产、负债、所有者权益集合起来，即可以列表反映该企业静态的财务状况。

（二）反映经营成果的会计要素

反映企业经营成果的会计要素，包括收入、费用、利润。按照我国《企业会计准则——基本准则》的规定，具体分述如下。

（1）收入 收入是指企业在日常活动中形成的、会导致所有者权益增加的、与所有者投入资本无关的经济利益的总流入。收入具有以下特征。

① 收入产生于企业的日常经营活动，属于经济利益的总流入。收入是经济利益的流入，而非流出；是经济利益的总流入，而非净流入。收入与企业的行业分工密切相关。收入属于企业主要的、经常性的业务利益的流入，以及附属经营的业务利益的流入。这些业务利益的流入是企业完成其经营目标而从事的经济活动的产物，因此，具有日常活动的性质，它包括销售商品、提供劳务及让渡资产使用权等业务利益的流入。收入的定义具有狭义含义。狭义的收入仅指企业的营业收入，包括主营业务收入和其他业务收入。广义的收入通常简称收益，除了企业在日常活动中形成的经济利益流入外，广义的收入还包括投资收益、企业偶发性的利得收益等。

② 收入会导致所有者权益增加。收入可能表现为企业资产的增加，如银行存款的增加，应收账款的增加等；也可能表现为企业负债的减少，如以商品或劳务抵偿债务；或者二者兼而有之。收入作为利润的增量最终会带来企业所有者权益的增加。尽管利得也会导致所有者权益增加，但是直接计入当期利润或所有者权益的利得不属于严格意义上的收入，应与收入的界定相区别。

③ 收入与所有者投入资本无关。收入与经济利益的流入相关，会导致所有者权益的增加。尽管所有者投入资本也会导致经济利益的流入，但是，所有者投入资本的增加不属于收入，所有者投入的资本构成了企业的实收资本和资本公积，应直接确认为所有者权益，它与收入无关。

《企业会计准则——基本准则》强调，收入只有在经济利益很可能流入从而导致企业资产增加或者负债减少，且经济利益的流入能够可靠地计量时才予以确认。

此外，企业应注意根据收入的性质，按照收入实现的原则，合理地确认和计量各项收入。企业应于商品（产品）已经发出、工程已交付、服务已经提供，同时收讫价款或取得索取价款的有关凭证时确认收入实现。

(2) 费用　费用是指企业在日常活动中发生的、会导致所有者权益减少的、与向所有者分配利润无关的经济利益的总流出。费用具有以下特征。

① 费用具有日常活动的性质。费用不包括具有偶发性质的营业外支出及各种损失。因此，有助于产生营业收入的费用通常具有狭义的含义，而广义的费用则包括非正常生产经营活动引发的各项额外支出（含不直接计入所有者权益的损失）。企业为销售商品、提供劳务等日常活动所发生的经济利益的流出，包括生产费用和期间费用。生产费用包括直接生产费用、间接生产费用，其中，直接生产费用直接计入产品成本，间接生产费用分配计入产品成本；期间费用直接计入当期损益。

② 费用会导致所有者权益减少。费用通常是为了获取营业收入而付出的代价。这些代价可能表现为企业资产的减少，如银行存款的减少等；也可能表现为企业负债的增加，如应付职工薪酬的增加等；或者资产的减少与负债的增加二者兼而有之。费用作为利润的减量最终会带来企业所有者权益的减少。尽管损失也会导致所有者权益减少，但是直接确认为损失或直接计入所有者权益的损失不属于费用，应与费用相区别。

③ 费用是与向所有者分配利润无关的经济利益的总流出。费用的发生会导致经济利益的流出。鉴于企业向所有者分配利润也会导致经济利益的流出，而该经济利益的流出显然属于所有者权益的扣除，与费用无关，应将其在经济利益的总流出中与费用区别开来。

此外，值得注意的是，费用与成本密切相关。费用与成本的联系在于：二者都可以表现为企业资财的耗用；产品生产费用是构成产品成本的基础，费用的对象化即成本；一种产品成本可能包含若干时期的费用；一个时期的费用可能分配给几个时期完工的产品。费用与成本的区别在于：成本是针对一定的成本计算对象（如某产品、某类产品、某批产品、某生产步骤等）而言的，费用则是针对一定的期间而言的。

企业应当根据费用的性质，按照配比原则，合理地确认和计量各项费用。《企业会计准则——基本准则》强调，费用只有在经济利益很可能流出从而导致企业资产减少或者负债增加，且经济利益的流出能够可靠地计量时才能予以确认。

(3) 利润　利润是指企业在一定会计期间的经营成果。利润包括收入减去费用后的净额、直接计入当期利润的利得和损失等。利润具有以下特征。

① 利润代表了企业一定会计期间的能以货币表现的最终的和综合的经营成果。其中，营业利润是企业经营成果的主要部分。营业利润主要由企业日常经营活动中实现的营业收入扣减营业成本、营业税金及附加和期间费用构成。营业利润加上投资净收益❶、营业外收入，减去营业外支出，即为利润总额。利润总额减去企业所得税后的余额为净利润，净利润是利润计算的最终结果。

② 利润可以按因果配比关系加以确定。这里的因果配比关系，是指已实现的收入与其相应发生的费用之间的<u>直接因果配比</u>和其他系统合理的摊配因果关系。利润可以通过收支相抵，即通过广义的收入减去广义的费用之后的净额来确定。广义的收入不仅包括营业收入，而且包括投资收益等；广义的费用既包括营业成本、营业税金及附加、期间费用，又包括投资损失等。在确定净利润时，企业所得税费用也包括在费用范围之内。

③ 利润包括直接计入当期利润的利得和损失。直接计入当期利润的利得（即营业外收入）和损失（即营业外支出），是指应当计入当期损益、会导致所有者权益发生增减变动的、与所有者投入资本或者向投资者分配利润无关的利得和损失。

---

❶ 企业会计准则是将投资净收益纳入营业利润范畴。

利润的确认具有一定的从属性，它的确认依赖于收入、费用、直接计入当期损益的利得和损失的确认；它的金额的计量取决于收入和费用、直接计入当期利润的利得和损失的计量。

综上所述，企业将某一会计期间的收入、费用、利润集中予以归类列项，即可以制表反映企业动态的经营成果。

（三）会计要素的计量属性和应用原则

1. 会计要素的计量属性

会计计量是为了将符合确认条件的会计要素登记入账并列报于财务报表而确定其金额的过程。企业应当按照规定的会计计量属性进行计量，确定相关金额。计量属性是指所予计量的某一要素的特性方面，如桌子的长度、铁矿石的重量、楼房的高度等。从会计角度，计量属性反映的是会计要素金额的确定基础，主要包括历史成本、重置成本、可变现净值、现值和公允价值等。

（1）历史成本　历史成本又称为实际成本，就是取得或购置某项财产物资时所实际支付的现金或者其他等价物。在历史成本计量下，资产按照其购置时支付的现金或者现金等价物的金额，或者按照购置资产时所付出的对价的公允价值计量。负债按照其因承担现时义务而实际收到的款项或者资产的金额，或者承担现时义务的合同金额，或者按照日常活动中为偿还负债预期需要支付的现金或者现金等价物的金额计量。

（2）重置成本　重置成本又称现行成本，是指按照当前市场条件，重新取得同样一项资产所需支付的现金或现金等价物金额。在重置成本计量下，资产按照现在购买相同或者相似资产所需支付的现金或者现金等价物的金额计量。负债按照现在偿付该项债务所需支付的现金或者现金等价物的金额计量。

（3）可变现净值　可变现净值，是指在正常生产经营过程中以预计售价减去进一步加工成本和销售所必需的预计税金、费用后的净值。在可变现净值计量下，资产按照其正常对外销售所能收到的现金或者现金等价物的金额扣减该资产至完工时估计将要发生的成本、估计的销售费用以及相关税金后的金额计量。

（4）现值　现值是指对未来现金流量以恰当的折现率进行折现后的价值，是考虑货币时间价值因素等的一种计量属性。在现值计量下，资产按照预计从其持续使用和最终处置中所产生的未来净现金流入量的折现金额计量。负债按照预计期限内需要偿还的未来净现金流出量的折现金额计量。

（5）公允价值　公允价值是指在公平交易中，熟悉情况的交易双方自愿进行资产交换或者债务清偿的金额。在公允价值计量下，资产和负债按照在公平交易中，熟悉情况的交易双方自愿进行资产交换或者债务清偿的金额计量。

2. 计量属性的应用原则

企业在对会计要素进行计量时，一般应当采用历史成本。采用重置成本、可变现净值、现值、公允价值计量的，应当保证所确定的会计要素金额能够取得并可靠计量。

在各种会计要素计量属性中，历史成本通常反映的是资产或者负债过去的价值，而重置成本、可变现净值、现值以及公允价值通常反映的是资产或者负债的现时成本或者现时价值，是与历史成本相对应的计量属性。尤其在应用公允价值时，当相关资产或者负债不存在活跃市场的报价或者不存在同类或者类似资产的活跃市场报价时，公允价值应以现值为基础确定。另外，公允价值相对于历史成本而言，具有很强的时间概念，也就是说，当前环境下某项资产或负债的历史成本可能是过去环境下该项资产或负债的公允价值，而当前环境下某项资产或负债的公允价值也许就是未来环境下该项资产或负债的历史成本。

在企业会计准则体系建设中，我国适度、谨慎、有条件地引入公允价值这一计量属性，是因为随着我国资本市场的深入发展，越来越多的金融产品在交易所挂牌上市，使得金融产品的交易已经形成较为活跃的市场，因此，我国已经具备了引入公允价值的条件。当然，我国尚属新兴的市场经济国家，特别值得警惕不加限制地引入公允价值和有可能出现的公允价值计量不可靠，甚至借此人为操纵利润的现象。

在引入公允价值过程中，我国充分考虑了国际财务报告准则中公允价值应用的三个级次：第一，存在活跃市场的资产或负债，活跃市场中的报价应当用于确定其公允价值；第二，不存在活跃市场的，参考熟悉情况并自愿交易的各方最近进行的市场交易中使用的价格或参照实质上相同的其他资产或负债的当前公允价值；第三，不存在活跃市场，且不满足上述两个条件的，应当采用估值技术等确定资产或负债的公允价值。

一、会计假设

（一）企业会计假设

会计假设又称会计假定，是指企业会计常规理论与实务处理中长期奉行的、无须证明即为人们所接受的认定前提和先决条件。会计假设不是凭空想象的产物，而是在具有诸多不确定性的社会经济环境下，根据一般正常的客观情势加以归纳和总结形成的对经济活动本身的运行所作的逻辑推理和合理判断。这种设定的约束条件一经形成，便成为人们从事企业会计核算所遵从的一种行为惯例。

根据我国颁布的《企业会计准则——基本准则》，会计假设包括四项内容：会计主体、持续经营、会计分期、货币计量。

（1）会计主体　会计主体又称会计实体。它的基本含义是：会计为之服务的特定单位。这一特定单位在经营上或经济上具有独立性或相对独立性。如果是营利性组织，就是一个独立核算、享有独立资金、独立从事生产经营活动的企业；如果是非营利性组织，就是一个由预算经费开支的机关、团体等事业单位。

会计主体假设是对处理会计事务所持立场和空间范围所作的规定。这一基本前提要求：以本企业、本单位作为核算的立足点和出发点。会计核算所反映的是特定会计主体的经济业务，而不是其他会计主体的经济业务。会计所提供的数据信息，只反映某个特定会计主体的经济资料，而不应同任何其他主体相混淆。每一个企业会计主体都应与其投资人（所有者）及上下游企业相对独立。

企业会计核算应当以本企业发生的各项交易或事项为对象，记录和反映企业本身的各项生产经营活动。这里所谓的交易和事项，属于国际上的会计通用语，是指外部会计事务和内部会计事务。交易通常发生在一个会计主体与另一个会计主体之间，即企业与外部单位之间所发生的价值交换行为，例如购进和销售业务等；事项通常发生在一个会计主体之内，即企业内部所发生的价值转移行为和一些外界因素对企业本体产生的直接影响，例如车间领料、成品入库、灾害损失等。

会计主体与法律主体不是同一个概念。会计主体与法律主体之间的非对等关系表现在：所有的法律主体都应是会计主体，但是，会计主体却不一定是法律主体，比如，个体独资企业和合伙企业都属于会计主体，却又都不是法律主体。而合并会计报表则跨越了法律主体的界限，依照会计主体的概念综合反映了由多个法人组成的一个企业集团的财务状况、经营成果和现金流量。确定会计主体的基本形式，主要是根据经济单位在实质上对它的经济活动和行政控制管理所负的责任来界定的，而不是单纯看经济单位的法律形式。

会计主体前提的确立，对于区分委托责任与受托责任、经营权与所有权，以及划清不同核算单位的会计界限都具有指导意义。

（2）持续经营　持续经营的基本含义是：企业或会计主体的生存与发展，在可预见的未来，将按现时的形式和既定的目标、方针不间断地延续，企业的生产经营活动将连绵不断地保持经营。如果不存在明显的反证，一般都认为企业将无限期地正常经营下去。这里的"反证"指那些表明企业的经营将在可以预计的时刻结束，如合同规定的经营期满、企业因资不抵债而破产清算等。因而，企业所拥有的资产将在正常的生产经营过程中被耗用、出售和转让，而企业所承担的债务也将在这一持续的过程中被清偿。

持续经营前提的确立，旨在使一系列会计原则和会计程序都建立在非清算的基础之上，以此来解决固定资产累计折旧的计提及其他成本费用的分摊等问题，并保持会计政策和会计核算方法的稳定和会计信息的均衡输出。

持续经营的前提条件是根据企业发展的一般趋势做出的判断。因此，就广泛会计主体的整体情况而言是合乎情理并被普遍接受的。但是，当企业的生产经营和财务状况一旦陷入双重困境，就会面临破产清算，显而易见，此时持续经营的假设将失去存在的依据。当这一变化了的情况出现的时候，持续经营前提即应转向清算会计前提。

（3）会计分期　会计分期的基本含义是：会计核算应当划分会计期间，分期结算账目和编制财务会计报告。这一基本前提条件实际上是持续经营假设的合理延伸。前者将企业视为生命永无中断或终止的经济实体，后者则出于满足会计信息使用者各种期间的决策需要，而将绵延不息的生产经营过程人为地划分为若干个并列、等长的时间段落，使持续经营的企业能够据以定期计算盈亏、反映经营成果和财务状况，并及时地向信息使用者提供报告。

正是由于持续经营和会计分期两个假设的同时存在，才相应产生了本期与非本期（即其他报告期间）的差异，从而出现了权责发生制与收付实现制的区别，出现了收入与费用的期间配比和一致性原则等。

会计分期通常采用历年制，即按公历的年度、半年度、季度、月度为段落期间，其中会计年度是基本会计期间。短于一年的会计期间均为会计中期。通常所称的期末和定期，一般是指月末、季末、半年末和年末。

（4）货币计量　货币计量的基本含义是：企业进行会计核算要采用同一货币单位作为统一计量尺度。当然，在以货币计量为主要尺度的同时，还应以其他计量单位，如实物量、劳动时间量等作为辅助手段。但是，货币是贯彻始终的会计计量手段，其他计量手段都不能取代货币计量的普遍适用地位。

货币计量包含了币值稳定的衍生假定，即假定货币自身的价值保持不变。为了简化会计计量，市价变动所导致的货币购买力的经常性波动一般忽略不计，以此保持不同时点数值的可比性。考虑到会计信息的有效利用，会计规范针对一些资产项目准予实行期末计提减值准备的办法，用以谨慎地剔除业已变化了的市价影响因素，使资产的价值与其应具有的盈利潜能相一致。

在我国，由于人民币是国家法定货币，在国内具有广泛的流通性，因此，我国企事业单位的会计核算一般采用人民币作为记账本位币。所谓记账本位币，是在多种货币业务存在的条件下，会计日常核算所采用的基本币种。它既可以是人民币，也可以是其他某种主要外币。我国规定，业务收支以人民币以外的货币为主的企业，可以选定其中一种货币为记账本位币，但是，编报的财务会计报告应当折算为人民币。在境外设立的中国企业向国内报送的财务会计报告，也应当折算为人民币。

现实经济环境中，通胀特别是持续通胀的存在，使得货币计量及其币值稳定假设受到经济现实的挑战。过度通胀会使常规会计记录与报告的信息缺乏客观性、可比性，从而导致会计信息失去与使用者决策的相关性。因此，在会计实务中，为了减缓或消除这种影响，常采用一般购买力单位、物价变动会计计量模式等手段予以校正，以提高会计信息的有用性。

总之，会计假设的建立是为了引申后续的会计信息质量要求。需要指出，会计假设不是一成不变的，由于假设本身是会计人员在有限的事实和观察的基础上做出的判断，因此，随着经济环境的变化，这些基本前提也需要不断修正：如网络信息时代，会计主体假设的外延被扩展；通胀严重时期，对币值稳定假设的否定产生了通胀会计或物价变动会计；企业破产，终止了持续经营假设，需要介入清算会计；人力资源会计的问世，打破了货币计量假设的固有模式等。

（二）企业会计记账基础

我国《企业会计准则》规定，企业会计的确认、计量和报告应当以权责发生制为基础。权责发生制是对营利组织的各项经济业务，都根据实际影响期间来决定收入和费用的归属，强调以权利和责任的发生作为确认、计量和报告的依据。它的实务处理规则为：凡是当期实现的收入和已经发生或应当负担的费用，不论款项是否收付，都应当作为当期的收入和费用；凡是不属于当期的收入和费用，即使款项已在当期收付，也不应当作为当期的收入和费用。

权责发生制又称应计基础。它主要是从时间选择上界定会计确认的基础，其核心是根据权责关系的实际发生和影响期间来确认企业收支和损益的归属，用以解决收入和费用何时予以确认及确认多少的问题。实行权责发生制要运用应收、应付、预收、预付、待摊或递延等会计处理手段。与权责发生制相对应的是收付实现制。收付实现制又称现收现付制，它在确认收入和费用时，一律以款项的实际收付为标志。按照权责发生制确认收入和费用，比较符合交易事项的经济实质，有利于准确地反映企业的经营成果和财务状况。

权责发生制的局限性表现在：一个损益表上反映经营很好、效益很高的企业，在资产负债表上却可能没有相应的变现资金而陷入财务困境。这是由于权责发生制容纳了应计的收入和费用，而在资产负债表上其相应部分则会反映为现金收支和债权债务的交叉。为弥补权责发生制的不足，现代企业会计提升了以收付实现制为基础编制的现金流量表的地位。

三、会计信息质量要求

（一）企业会计的目标

会计目标通常是指在一定的环境和条件下，会计系统运行所期望达到的境界或效果。会计目标是连接会计理论与实务的桥梁，它决定着会计工作的目的，是对会计工作的基本内容、规范标准、处理程序、方法体系、组织方式、信息质量等方面的整体要求。

会计目标受制于两大因素：其一，社会期望性，即社会需要会计做什么；其二，现实可能性，即会计能够提供什么。

会计理论界对会计目标的认识主要有两种学术流派观点。

1. 受托责任观

受托责任学派认为，会计人员与委托者和受托者之间是双重代理关系，会计目标，不仅表明会计要为因资源的让渡而形成的委托代理关系提供信息，而且表明会计要为因权利的转授而形成的委托代理关系提供信息；强调会计只遵从会计准则的约束；突出会计信息的可靠性；看重历史成本计量模式。

2. 决策有用观

决策有用学派认为，会计人员的使命是为信息使用者提供决策有用信息；财务会计信息的使用者主要是资本市场的参与者；与信息可靠性相比，信息相关性更为重要；基于未来存在的不确定性，主张会计计量属性多种并存，择优使用。

本书认为，受托责任观与决策有用观，都是建立在市场经济的两权分离理论的基础之上的，二者并无根本的矛盾与冲突。受托责任观所反映的委托代理关系是面向企业个体和单一独立对应的；决策有用观所反映的委托代理关系是面向资本市场和复杂交叉对应的。

我国 2006 年颁布的《企业会计准则——基本准则》对会计目标进行了明确定位，将保护投资者利益、满足信息使用者需求置于突出位置，明确规定，会计目标是向财务会计报告的使用者提供与企业财务状况、经营成果和现金流量等有关的会计信息，反映企业管理层受托责任履行情况，有助于财务会计报告使用者做出经济决策。

总之，会计目标指明了会计实践的目的与方向，明确了会计管理的使命，成为会计活动的航标机制。

（二）企业会计的信息质量要求

会计信息的质量要求是对企业财务报告中所提供会计资讯质量的基本要求，是确保会计信息对使用者决策有用应具备的原则，它主要包括核心质量要求和一般质量要求两部分内容。

1. 核心质量要求

会计信息的核心质量要求包括可靠性和相关性。

（1）可靠性　可靠性要求企业应当以实际发生的交易或者事项为依据进行确认、计量和报告，如实反映符合确认和计量要求的各项会计要素及其他相关信息，保证会计信息真实可靠、内容完整。

会计信息要有用，必须以可靠为基础，如果财务报告所提供的会计信息是不可靠的，就会误导使用者的决策，甚至造成损失。为了贯彻可靠性要求，企业应当做到以下 3 点。

① 以实际发生的交易或者事项为依据进行确认、计量，将符合会计要素定义及其确认条件的资产、负债、所有者权益、收入、费用和利润等如实地反映在财务报表中，不得根据虚构的、没有发生的或者尚未发生的交易或者事项进行确认、计量和报告。

② 在符合重要性和成本效益原则的前提下，保证会计信息的完整性，其中包括编制的报表及其附注等应当保持内容完整，不能随意遗漏或者减少应予披露的信息，应当充分披露与使用者决策相关的有用信息。

③ 财务报告中的会计信息应当是中立性的、无偏颇的。如果为了达到事先设定的结果或效果，企业有意在财务报告中通过选择或列示有关会计信息以影响决策和判断的，这样的财务报告信息就是违背客观、人为虚构的，而非中立的。

（2）相关性　相关性要求企业提供的会计信息应当与财务报告使用者的经济决策需要相关，有助于投资者等财务报告使用者对企业过去、现在或者未来的情况做出评价或者预测。

会计信息是否有用，是否具有价值，关键看其是否与使用者的决策需要相关，是否有助于决策或者提高决策水平。相关的会计信息应当有助于使用者评价企业过去的决策，证实或者修正过去决策的可行性，因而具有反馈价值。相关的会计信息还应当具有预测价值，有助于使用者根据会计信息预测企业未来的财务状况、经营成果和现金流量，例如适度引入公允价值等，可以提高会计信息的预测价值，进而提升理智决策的会计选择。

会计信息质量的相关性要求，需要企业在确认、计量和报告会计信息的过程中，充分考虑使用者的决策模式和信息需要。但是，相关性是以可靠性为基础的，两者之间并不矛盾，不应将二者对立起来。也就是说，会计信息的输入输出应兼顾可靠性与相关性，在可靠性的前提下，尽可能做到相关，以满足投资者等财务报告使用者的决策需要。

2. 一般质量要求

会计信息的一般质量要求包括可理解性、可比性、实质重于形式、重要性、谨慎性和及时性等。

（1）可理解性　可理解性要求企业提供的会计信息应当清晰明了，便于投资者等财务报告使用者的理解和使用。

企业编制财务报告、提供会计信息的目的在于使用，而要使使用者有效使用会计信息，应当利于其了解会计信息的内涵，便于弄懂会计信息的内容，这就要求财务报告所提供的会计信息应当清楚明朗，易于理解。只有这样，才能提高会计信息的有用性，实现财务报告的目标，满足向投资者等财务报告使用者提供决策有用信息的要求。

会计信息毕竟是一种专业性很强的信息产品，在强调会计信息的可理解性要求的同时，还应假定使用者具有一定的企业管理方面的知识，并且愿意付出努力去研究财务会计信息。对于某些复杂的信息，如交易本身较为复杂或者会计处理较为复杂，但其与使用者的经济决策相关，企业就应当在财务报告中予以充分披露，企业不能仅仅以该信息会使某些使用者难以理解而将其排除在应披露的信息之外。

（2）可比性　可比性要求企业提供的会计信息应当相互可比。这主要包括两层含义。

① 同一企业不同时期可比。为了便于投资者等财务报告使用者了解企业财务状况、经营成果和现金流量的变化趋势，比较企业在不同时期的财务报告信息，全面、客观地评价过去，预测未来，从而做出正确决策，会计信息质量的可比性要求同一企业不同时期发生的相同或者相似的交易或者事项，应当采用一致的会计政策，不得随意变更。但是，满足会计信息可比性要求，并非表明企业不得变更会计政策，如果按照规定或者在会计政策变更后可以提供更可靠、更相关的会计信息，则可以变更会计政策。有关会计政策变更的情况，应当在附注中予以说明。

② 不同企业相同会计期间可比。为了便于投资者等财务报告使用者评价不同企业的财务状况、经营成果和现金流量及其变动情况，会计信息质量的可比性要求不同企业同一会计期间发生的相同或者相似的交易或者事项，应当采用规定的会计政策，确保会计信息口径一致、相互可比，以使不同企业按照一致的确认、计量和报告要求提供有关会计信息。

（3）实质重于形式　实质重于形式要求企业应当按照交易或者事项的经济实质进行会计确认、计量和报告，不应仅以交易或者事项的法律形式为依据。

企业发生的交易或事项在多数情况下，其经济实质和法律形式是一致的。但在有些情况下，会出现不一致。例如，以融资租赁方式租入的资产虽然从法律形式来讲融资承租企业（租入方）并不拥有其所有权，但是由于租赁合同中规定的租赁期相当长，接近于该资产的使用寿命；租赁期结束时承租企业有优先购买该资产的选择权；在租赁期内承租企业有权支配资产并从中受益等。因此，从其经济实质来看，承租企业能够控制融资租入资产所创造的未来经济利益，在会计确认、计量和报告上就应当将以融资租赁方式租入的资产视为承租方企业的资产，列入该企业的资产负债表。

关于实质重于形式，应注意：一般情况下，经济实质和法律形式是一致的，只有在特殊情况下的二者不一致时才采用"实质重于形式"；实质重于形式的典型运用除了融资租赁，还有售后回购、关联方关系确定等。

（4）重要性　重要性要求企业提供的会计信息应当反映与企业财务状况、经营成果和现金流量有关的所有重要交易或者事项。

重要性的应用需要依赖职业判断，企业应当根据其所处环境和实际情况，从项目性质和金额大小两方面加以判断。

会计实务中，如果会计信息的省略或者错报会影响投资者等财务报告使用者据此做出决策，该信息就具有重要性。

会计实务中，对于每项交易或事项都必须记录和报告，但如何记录、报告却具有一定的选择性。依照会计信息使用者的要求，凡是重要的交易或事项，都应严格遵照规定的会计方法处理，并在财务报告中加以披露；对于次要的交易或事项，在不影响会计信息可靠性和不至于误导会计信息使用者做出正确判断的前提下，可以采用简单或简化的会计方法处理，可以在财务报告中通过项目合并的方式予以揭示。

强调会计信息质量的重要性要求，很大程度上取决于会计信息的效用与加工成本。如果将纷繁复杂的经济活动事无巨细地详细记录与报告，不但会提高会计信息的加工成本，而且会贻误有针对性地侧重选择关注点，反而不利于做出正确的决策和判断。

(5) 谨慎性　谨慎性要求企业对交易或者事项进行会计确认、计量和报告应当保持应有的审慎，不应高估资产或者收益、低估负债或者费用。

在市场经济环境下，企业的生产经营活动面临着许多风险和不确定性，如应收款项的可收回性、固定资产和无形资产的寿命周期、产品售出可能发生的返修或者退货等。会计信息质量的谨慎性要求企业在面临不确定性因素的情况下，当需要做出职业判断时，应充分估计各种风险和损失，保持必要的稳健与理性，既不高估资产或者收益，也不低估负债或者费用。例如，要求企业对可能发生的资产减值损失计提资产减值准备、对售出商品可能发生的保修义务等确认预计负债等，就体现了会计信息质量的谨慎性要求。

遵循谨慎性要求，有利于企业规避风险和自我保护，有利于预警防范和提高竞争力。但是，谨慎性的要求不得滥用，不能以执行谨慎性为名设置各种秘密准备（如在前一年度大量计提资产减值准备，待后一年度再悄然转回的做法等）。如果企业故意低估资产或者收益，或者故意高估负债或者费用，将不符合会计信息的可靠性和相关性要求，损害会计信息质量，扭曲企业实际的财务状况和经营成果，从而对会计信息使用者的决策产生误导，这是会计准则所不允许的。

(6) 及时性　及时性要求企业对于已经发生的交易或者事项，应当及时进行确认、计量和报告，不得提前或者延后。

会计信息的价值在于帮助所有者或者其他方面做出经济决策，具有时效性。即使是可靠、相关的会计信息，如果不能及时提供，就失去了它的相应价值，对于使用者的效用就会大大降低甚至不再具有实际意义。在会计确认、计量和报告过程中贯彻及时性，一是要求及时收集会计信息，即在经济交易或者事项发生后，及时确认，录入会计信息系统；二是要求及时处理会计信息，即按照会计准则的规定，及时处理交易或者事项，及时编制财务报告；三是要求及时传递会计信息，即按照国家规定的有关时限，将输出的会计信息迅速地传递给财务报告使用者，便于其及时使用和决策。

如果企业的会计核算不能及时进行，会计信息不能及时提供，将无助于甚至阻碍利益相关者的信息接收和决策应用，则违背及时性质量要求。

综上所述，会计信息的质量要求是处理具体会计实务的基本依据，是在会计假设的制约下进行会计核算的标准和规范会计信息使用者赖以决策的基础，会计信息质量的优劣直接影响或决定着会计信息使用者决策的正确与否。会计信息服务于决策有用，具备两项核心的质量要求，即可靠性和相关性。信息的相关性越大，可靠性程度越高，越是合乎需要，就越利于决策有用。因此，保证会计信息具有较好的可靠性和相关性，不断提高会计信息的整体质量对会计信息使用者是至关重要的。

第三节 施工企业会计核算流程

施工企业会计是以建安企业为会计主体的行业会计。施工企业主要是通过承包工程，提供建筑产品、安装产品等获取收入，实现利润的。这些特点决定了施工企业会计具有与其他行业会计显著不同的特点。

一、施工企业会计循环

会计循环是指以会计核算方法为纽带，依照规范程序所构建的周而复始、循环往复的会计信息生成过程。在会计信息生成系统中，每项会计实务的处理，每期自交易事项的记载开始至结账而完成，每一确认、计量、报告、记录、计算、汇总的步骤，都必须依循既定的会计程序进行。

施工企业会计实务处理中，科学地组织会计循环，对于有利地保证会计信息质量，有序地记录和反映各项经济业务的发生和完成情况，有效地提供连续、系统、全面的会计信息具有重要意义。一个典型的会计循环的基本步骤如下。

（1）凭证　即经济业务发生后，首先要审、填原始凭证。

（2）分录　即对每笔经济业务按借贷法确立记账公式，并填制记账凭证。

（3）记账　即根据记账凭证中的会计分录，登记账簿。

（4）调整　即根据权责发生制的要求，划清本期与非本期的收入和费用的归属，进行有关账项的调整，并编制调整分录，予以入账。

（5）对账　即核对账簿记录工作，具体包括账证核对、账实核对、账账核对等。

（6）结账　即会计期末，结清全部虚账户，以确定本期盈亏；结出各实账户的期末余额以确定各资产、负债、所有者权益账户下期接续记录的初始数额。

（7）试算　即将总分类账各账户中所登录的期初余额、本期发生额、期末余额的借方合计数与贷方合计数分项汇总列表，用来检查和验证分录和记账中是否有误，以便及时纠错，并于期末为编制会计报表奠定基础。

（8）制表　即某一会计期间结束，根据账户记录，编制会计报表。同时，还应提供文字报告和其他必要说明。

会计循环的前3个步骤在各个会计期间的平时完成，后5个步骤在各个会计期间的期终完成。每一会计期间依序工作实施，上期的终结就是下期的开始，前后期间相互衔接，周而复始连续进行。

二、施工企业会计核算的主要流程

施工企业会计核算流程与制造业企业会计核算流程有许多共同点，但也存在显著区别，尤其表现在费用、成本的核算与收入实现的核算等方面。

施工企业会计核算的主要流程示意如图1-1所示。

此流程示意图目的仅在于使初学者明了账户间的关系及其与建安施工过程的内在一致性。但此处所列示的账户名称并非施工企业会计实务处理的正式账户名称，而仅具有简单示意性质，施工企业实践中的会计业务操作应严格遵循制度规范，具体核算情况见后续各章节的内容。请注意业务程序8、9及11与会计学原理及一般工商企业会计的不同。

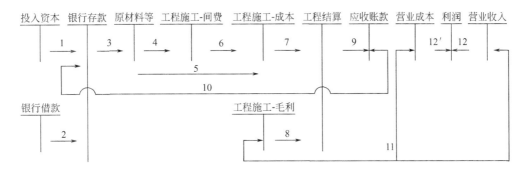

图 1-1 施工企业会计核算的主要流程示意图

第四节 施工企业会计科目

一、会计科目设置的原则

(1) 设置会计科目必须结合会计对象的特点，全面反映会计对象的内容。会计对象的特点包含两方面的内容：行业的特点和各企业的特点。行业不同，其生产经营活动的内容就有差别，设置的会计科目也就不同。每个企业的生产经营活动均有其特点，设置的会计科目也不同。如同为制造企业，但如果一个企业为上市公司，会计信息披露充分，设置的会计科目可能多于非上市公司。设置会计科目时，应能保证会计科目全面、系统地反映会计对象的全部内容。

(2) 设置会计科目必须考虑会计信息使用者的要求。会计信息使用者包括政府有关部门、企业投资者及债权人等。

(3) 设置会计科目要将统一性与灵活性结合起来。统一性，就是在设置会计科目时，根据《企业会计准则》的要求，对一些主要会计科目的设置进行统一的规定，对于核算标准、口径都要统一。灵活性，就是在能够提供统一核算指标的前提下，各个单位根据自己的具体情况及投资者的要求，设置或增补会计科目。

(4) 设置会计科目的名称要简单明确，字义相符，通俗易懂，这样才能避免误解和混乱。

(5) 设置会计科目要保持相对稳定性，这样便于在不同时期分析比较会计核算指标和汇总核算指标，使核算指标保持可比性。

二、施工企业会计科目体系

施工企业会计科目体系是根据有关会计科目的规定，结合建筑施工企业的特点制定的。会计科目名称和编号见表 1-1。

表 1-1 会计科目名称和编号

序号	编号	名称	序号	编号	名称
一、资产类			5	1121	应收票据
1	1001	库存现金	6	1122	应收账款
2	1002	银行存款	7	1123	预付账款
3	1012	其他货币资金	8	1131	应收股利
4	1101	交易性金融资产	9	1132	应收利息

续表

序号	编号	名称	序号	编号	名称
10	1133	内部往来	47	1703	无形资产减值准备
11	1221	其他应收款	48	1711	商誉
12	1231	坏账准备	49	1712	商誉减值准备
13	1401	材料采购	50	1801	长期待摊费用
14	1402	在途物资	51	1811	递延所得税资产
15	1403	原材料	52	1901	待处理财产损溢
16	1404	材料成本差异	二、负债类		
17	1405	库存商品	53	2001	短期借款
18	1408	委托加工物资	54	2101	交易性金融负债
19	1411	周转材料	55	2201	应付票据
20	1413	低值易耗品	56	2202	应付账款
21	1471	存货跌价准备	57	2203	预收账款
22	1501	持有至到期投资	58	2211	应付职工薪酬
23	1502	持有至到期投资减值准备	59	2221	应交税费
24	1503	可供出售金融资产	60	2231	应付利息
25	1511	长期股权投资	61	2232	应付股利
26	1512	长期股权投资减值准备	62	2241	其他应付款
27	1521	投资性房地产	63	2401	递延收益
28	1522	投资性房地产累计折旧	64	2501	长期借款
29	1523	投资性房地产累计摊销	65	2502	应付债券
30	1524	投资性房地产减值准备	66	2701	长期应付款
31	1531	长期应收款	67	2702	未确认融资费用
32	1532	未实现融资收益	68	2711	专项应付款
33	1601	固定资产	69	2801	预计负债
34	1602	累计折旧	70	2901	递延所得税负债
35	1603	固定资产减值准备	三、所有者权益类		
36	1604	在建工程	71	4001	实收资本
37	1605	工程物资	72	4002	资本公积
38	1606	固定资产清理	73	4101	盈余公积
39	1607	在建工程减值准备	74	4103	本年利润
40	1608	工程物资减值准备	75	4104	利润分配
41	1616	临时设施	76	4201	库存股
42	1617	临时设施摊销	四、成本类		
43	1618	临时设施清理	77	5001	生产成本
44	1619	临时设施减值准备	78	5101	制造费用
45	1701	无形资产	79	5201	劳务成本
46	1702	累计摊销	80	5301	研发支出

续表

序号	编号	名称	序号	编号	名称
81	5401	工程施工	90	6401	主营业务成本
82	5402	工程结算	91	6402	其他业务成本
83	5403	机械作业	92	6403	税金及附加
84	5404	辅助生产	93	6601	销售费用
五、损益类			94	6602	管理费用
85	6001	主营业务收入	95	6603	财务费用
86	6051	其他业务收入	96	6701	资产减值损失
87	6101	公允价值变动损益	97	6711	营业外支出
88	6111	投资收益	98	6801	所得税费用
89	6301	营业外收入	99	6901	以前年度损益调整

第二章 货币资金

货币资金是指企业生产经营过程中处于货币形态的流动资产。它可以充当价值尺度、交换媒介和支付手段，用于购买物资、支付各项费用和清偿债务。

货币资金按其分布与管理，主要包括库存现金、银行存款和其他货币资金等。库存现金，即狭义的现金，是指存放于企业财会部门由出纳保管的货币资金；银行存款，是指企业存放于银行或其他金融机构的货币资金；其他货币资金，是指除库存现金和银行存款以外的其他各种货币资金。

货币资金联结着生产与流通、筹资与投资、收入与分配，居于资金运动的起点与终点，具备普遍的可接受性，是资产中最具活力的重要组成。

第一节 库存现金

一、库存现金的管理

库存现金通常是指存放于企业财会部门，由出纳人员经管，企业可以随时动用的货币资金。企业为了维持正常的生产经营活动，需要保持一些流动资产，而库存现金则是企业流动性最强的资产，可以随时用其购买所需的材料、固定资产，支付有关生产费用、管理费用和财务费用，也可直接用来偿还债务，还可随时存入银行。

在各国的会计实务中，现金的概念和范围有所不同，在多数国家，现金是一种广义的概念，它包括一切可以自由流通与转让的交易媒介，也就是说，包括库存纸币、硬币、银行存款以及其他可以普遍接受的流通手段，主要有个人支票、旅行支票、银行汇票、邮政汇票、信用卡、银行本票、保付支票等。在我国，现金是一种狭义的概念，通常是指现行流通的人民币和部分外币。在会计核算中的现金是指库存现金，在现金流量表中的现金是指企业的现金和现金等价物。因此库存现金是指留存于企业，用于日常零星开支的现钞，企业必须加强库存现金的管理。国务院颁布的《现金管理暂行条例》规定了库存现金管理的内容。

1. 界定库存现金的使用范围

企业可以使用的现金范围包括：职工工资津贴；个人劳务报酬；根据国家规定颁发给个人的科学技术、文化艺术、体育等各种奖金；劳保福利及国家规定的对个人的其他支出；向个人收购农副产品的款项；出差人员随身携带的差旅费；结算起点（现行规定1 000元）以下的零星支出；中国人民银行确定需要支付现金的其他支出等。凡是不属于现金结算范围的，应通过银行进行转账结算。

2. 加强库存现金的限额管理

库存现金的核定应由其开户银行根据实际需要核定，库存现金限额一般根据企业3~5日的零星开支确定其需要量，边远地区和交通不便地区的企业，库存现金限额可以多于5日，但不能超过15日的日常零星开支，可以考虑距离银行的远近等因素。超过限定额度的现金应及时送存银行；低于限定额度的现金应及时签发现金支票从银行提取，以补足核定的库存现金储备。

3. 库存现金收支的规定

按照《现金管理暂行条例》的规定，企业现金收支应当依照下列规定办理。

(1) 企业现金收入应当于当日送存开户银行。当日送存确有困难的，由开户银行确定送存时间。

(2) 企业支付现金可以从本单位库存现金限额中支付或者从开户银行提取，不得从本单位的现金收入中直接支付（即坐支）。因特殊情况需要坐支现金的，应当事先报经开户银行审查批准，由开户银行核定坐支范围和限额。坐支单位应当定期向开户银行报送坐支金额和使用情况。

(3) 企业根据规定从开户银行提取现金，应当写明用途，由本单位财会部门负责人签字盖章，经开户银行审核后，予以支付现金。

(4) 因采购地点不固定、交通不便、生产或者市场急需、抢险救灾以及其他特殊情况必须使用现金的，企业应当向开户银行提出申请，由本单位财会部门负责人签字盖章，经开户银行审核后，予以支付现金。

此外，不准用不符合制度的凭证顶替库存现金，即不得"白条抵库"；不准谎报用途套取现金；不准用银行账户代替其他单位和个人存入或支取现金；不准用单位收入的现金以个人名义存储。不准保留账外公款，不得设置"小金库"等。银行对于违反上述规定的单位，将按照违规金额的一定比例予以处罚。

二、库存现金账户的设置

为了总括反映企业库存现金的收付和结存情况，企业应设置"库存现金"账户，该账户借方登记库存现金的增加，贷方登记库存现金的减少，期末余额在借方，反映企业库存现金的实际结存额。企业若有拨付内部单位使用的业务周转金，尽管也采用现金流转形式，但应设置"备用金"账户，单独组织核算。

企业应当设置库存现金总账和库存现金日记账，分别组织企业库存现金的总分类核算和明细分类核算。

库存现金日记账一般由出纳人员根据经审核无误并收付款后的记账凭证，按照业务发生的情况逐笔序时登记。每日终了应计算出当日的现金收入合计数、现金支出合计数和余额栏的结存数，并将账面结存数额与实际库存现金数额相核对，保证账款相符。月度终了，库存现金日记账的余额与现金总账的余额相核对，做到账账相符。库存现金日记账的一般格式见表 2-1。

表 2-1 库存现金日记账

2020年		凭证		摘要	对方科目	收入	付出	结存
月	日	种类	号数					
9	1			月初余额				2 000
	1	银付	01	提现	银行存款	2 000		
	1	现付	01	沈×预借差旅费	其他应收款		2 000	
	1	现收	01	周转材料租赁收入	其他业务收入	1 300		
	1			本日合计		3 300	2 000	3 300
	2	现收	02	沈×差旅预借余款退回	其他应收款	400		
	2	现付	02	购买办公用品	管理费用		700	
	2	现付	03	送存银行	银行存款		1 000	
	2			本日合计		400	1 700	2 000

三、库存现金的核算

(一) 库存现金收支业务的核算

1. 库存现金收入的核算

【例 2-1】方兴建筑工程公司开出现金支票一张,从开户银行提取现金 5 000 元备用。应编制会计分录如下。

借:库存现金　　　　　　　　　　　　　　　　　　　5 000
　　贷:银行存款　　　　　　　　　　　　　　　　　　　5 000

2. 库存现金支付的核算

【例 2-2】方兴建筑工程公司行政管理部门持单据报销办公用品费用 1 700 元,以现金支付。应编制会计分录如下。

借:管理费用　　　　　　　　　　　　　　　　　　　1 700
　　贷:库存现金　　　　　　　　　　　　　　　　　　　1 700

(二) 库存现金清查业务的核算

企业应按规定进行定期或不定期的库存现金清查。库存现金清查的主要内容包括:是否有长款或短款,是否有挪用现金、白条抵库、超限额留存现金现象等。库存现金清查的方法一般为实地盘点法,对于清查的结果应编制库存现金盘点报告单。

如果库存现金账款不符,应及时查明原因,并将短款或长款记入"待处理财产损溢"账户,待查明原因后,再分别情况处理。属于记账差错的应及时予以更正。对于库存现金短缺,属于应由责任人赔偿的部分,记入"其他应收款"账户,属于无法查明的其他原因,根据管理权限经批准后记入"管理费用"账户;对于库存现金溢余,属于应支付给有关人员或单位的,应记入"其他应付款"账户,属于无法查明原因的库存现金溢余,经批准后记入"营业外收入"账户。

【例 2-3】方兴建筑工程公司在库存现金清查中,发生短款情况如下。

(1) 清查中,发现库存现金实存额较账面额少 115 元,原因待查。应编制会计分录如下。

借:待处理财产损溢　　　　　　　　　　　　　　　　　115
　　贷:库存现金　　　　　　　　　　　　　　　　　　　115

(2) 经查,上项库存现金短款属于出纳责任,应由其个人赔偿。应编制会计分录如下。

借:其他应收款——应收现金短缺款(×××出纳员)　　115
　　贷:待处理财产损溢　　　　　　　　　　　　　　　　115

【例 2-4】方兴建筑工程公司在库存现金清查中,发生长款情况如下。

(1) 清查中,发现库存现金实存额较账面额多 200 元,原因待查。应编制会计分录如下。

借:库存现金　　　　　　　　　　　　　　　　　　　200
　　贷:待处理财产损溢　　　　　　　　　　　　　　　　200

(2) 经反复核查,上项库存现金长款原因不明,报经批准转作企业利得处理。应编制会计分录如下。

借:待处理财产损溢　　　　　　　　　　　　　　　　　200
　　贷:营业外收入　　　　　　　　　　　　　　　　　　200

第二节　银行存款

一、银行存款的管理

银行存款是指企业存放在银行和其他金融机构的货币资金,按照国家有关规定,每个企业都要在银行开立账户,称为结算户存款,用来办理存款、取款和转账结算。

企业应根据《银行账户管理办法》和《支付结算办法》的规定,在银行开立基本存款账户、一般存款账户、临时存款账户和专用存款账户,企业可开设的银行存款账户类型见表2-2。

表 2-2 企业可开设的银行存款账户类型

账户类型	含义	用途
基本存款账户	该账户指企业办理日常转账结算和现金收付业务的账户。	本企业员工的工资、奖金等现金的支取。
一般存款账户	该账户指企业在基本存款账户以外的银行借转存、与基本存款账户的存款人不在同一地点的附属非独立核算单位开立的账户	该账户只能转账,不能办理现金支取
临时存款账户	该账户指企业因临时经营活动需要而开立的账户	该账户办理转账结算和现金的收付业务
专用存款账户	该账户指企业因特定用途的需要而开立的账户。	适合存取企业特定用途的资金,包括基建资金、更改资金、特殊储备资金等。

需要注意,一个单位只能选择一家银行的一个营业机构开立一个基本存款账户,不得在多家银行机构开立基本存款账户,也不得在同一家银行的几个分支机构开立一般存款账户。

二、银行结算方式

支付结算包括支票、银行汇票、商业汇票、银行本票等票据,信用卡以及汇兑、托收承付、委托收款等结算方式。企业在进行结算、编制银行存款收付款凭证时,应当根据不同的情况进行会计处理。

1. 支票结算方式

支票是出票人签发的,委托办理支票存款业务的银行在见票时即无条件支付确定的金额给收款人或者持票人的票据。

支票上印有"现金"字样的为现金支票,现金支票只能用于支取现金。支票上印有"转账"字样的为转账支票,转账支票只能用于转账。支票上未印有"现金"或"转账"字样的为普通支票,普通支票可以用于支取现金,也可以用于转账。在普通支票左上角划有两条平行线的,为划线支票,划线支票只能用于转账,不得支取现金。

支票是同城结算中被广泛应用的一种结算方式。单位和个人在同一票据交换区域的各种款项结算,均可以使用支票。支票的出票人,为在经中国人民银行当地分支行批准办理支票业务的银行机构开立可以使用支票的存款账户的单位和个人。支票的付款人,为支票上记载的出票人开户银行。

签发现金支票和用于支取现金的普通支票,必须符合国家现金管理的规定;支票的出票人签发支票的金额不得超过付款时在付款人处实有的存款金额;禁止签发空头支票。支票的出票人预留银行签章是银行审核支票付款的依据。银行也可以与出票人约定使用支付密码,作为银行审核支付支票金额的条件。出票人签发空头支票、签章与预留银行签章不符的支票、使用支付密码的地区且支付密码错误的支票等,银行应予以退票,并按票面金额处以5%但不低于1 000的罚款;持票人有权要求出票人赔偿支票金额2%的赔偿金。

支票的提示付款期限除另有规定者外,一般为自出票日起10日内。超过提示付款期限提示付款的,持票人开户银行不予受理,付款人不予付款。

2. 银行汇票结算方式

银行汇票是出票银行签发的,由其在见票时按照实际结算金额无条件支付给收款人或者持票人的票据。银行汇票的出票和付款,全国范围限于中国人民银行和各商业银行参加全国联行往来的银行机构办理。银行汇票的出票银行为银行汇票的付款人。单位和个人各种款项结算均可使用银行汇票。银行汇票可以用于转账，填明"现金"字样的银行汇票也可以用于支取现金。银行汇票的提示付款期限为自出票日起1个月。

申请人使用银行汇票，应向出票银行填写"银行汇票申请书"，填明收款人名称、汇票金额、申请人名称、申请日期等事项并签章，签章为其预留银行的签章。签发现金银行汇票，申请人和收款人必须均为个人，申请人或者收款人为单位的，银行不得为其签发现金银行汇票。

收款人受理申请人交付的银行汇票时，应在出票金额以内，根据实际需要的款项办理结算，并将实际结算金额和多余金额准确、清晰地填入银行汇票和解讫通知的有关栏内。未填明实际结算金额和多余金额或实际结算金额超过出票金额的，银行不予受理。银行汇票的实际结算金额不得更改，更改实际结算金额的银行汇票无效。银行汇票的实际结算金额低于出票金额的，其多余金额由出票银行退交申请人。

收款人可以将银行汇票背书转让给被背书人。银行汇票的背书转让以不超过出票金额的实际结算金额为准。未填写实际结算金额或实际结算金额超过出票金额的银行汇票不得背书转让。若银行汇票丧失，失票人可以凭人民法院出具的其享有票据权利的证明，向出票银行请求付款或退款。

3. 银行本票结算方式

银行本票是银行签发的，承诺该行在见票时无条件支付确定的金额给收款人或者持票人的票据。单位和个人在同一票据交换区域需要支付各种款项，均可以使用银行本票。银行本票可以用于转账，注明"现金"字样的银行本票可以用于支取现金。银行本票的出票人为经中国人民银行当地分支行批准办理银行本票业务的银行机构。

银行本票分为不定额本票和定额本票两种。定额银行本票面额为1 000元、5 000元、10 000元和50 000元。出票银行受理银行本票申请书，收妥款项签发银行本票。用于转账的，在银行本票上划去"现金"字样；申请人和收款人均为个人需要支取现金的，在银行本票上划去"转账"字样。不定额银行本票用压数机压印出票金额。出票银行在银行本票上签章后交给申请人。申请人或收款人为单位，银行不得为其签发现金银行本票。

银行本票见票即付。银行本票的提示付款期限自出票日起最长不得超过2个月。持票人超过付款期限提示付款的，代理付款人不予受理。持票人超过提示付款期限不获付款的，在票据权利时效内向出票银行做出说明，并提供本人身份证件或单位证明，可持银行本票向出票银行请求付款。

申请人因银行本票超过提示付款期限或其他原因要求退款时，应将银行本票提交到出票银行，申请人为单位的，应出具该单位的证明；申请人为个人的，应出具该本人的身份证件。出票银行对于在本行开立存款账户的申请人，只能将款项转入原申请人账户；对于现金银行本票和未在本行开立存款账户的申请人，才能退付现金。

收款人可以将银行本票背书转让给被背书人。若银行本票丧失，失票人可以凭人民法院出具的其享有票据权利的证明，向出票银行请求付款或退款。

4. 商业汇票结算方式

商业汇票是出票人签发的，委托付款人在指定日期无条件支付确定的金额给收款人或持票人的票据。商业汇票分为商业承兑汇票和银行承兑汇票。商业承兑汇票由银行以外的付款人承兑。银行承兑汇票由银行承兑。银行承兑汇票的承兑银行，应按票面金额向出票人收取万分之五的手续费。

在银行开立存款账户的法人以及其他组织之间，必须具有真实的交易关系或债权债务关系,才能使用商业汇票。商业汇票的付款人为承兑人。商业承兑汇票可以由付款人签发并承兑,也可以由收款人签发交由付款人承兑。银行承兑汇票应由在承兑银行开立存款账户的存款人签发。

商业承兑汇票的出票人,为在银行开立存款账户的法人以及其他组织,与付款人具有真实的委托付款关系,具有支付汇票金额的可靠资金来源。出票人不得签发无对价的商业汇票用以骗取银行或者其他票据当事人的资金。付款人应当在自收到提示承兑的汇票之日起3日内承兑或者拒绝承兑。付款人承兑商业汇票不得附有条件,承兑附有条件的,视为拒绝承兑。

商业汇票的付款期限,最长不得超过6个月。商业汇票的提示付款期限为自汇票到期日起10日。持票人超过提示付款期限提示付款的,持票人开户银行不予受理。

银行承兑汇票的出票人应于汇票到期前将票款足额交存其开户银行。承兑银行应在汇票到期日或到期日后的见票当日支付票款。承兑银行存在合法抗辩事由拒绝支付的,应自接到商业汇票的次日起3日内,作为拒绝付款证明,连同银行承兑汇票邮寄持票人开户银行转交持票人。银行承兑汇票的出票人于汇票到期日未能足额交存票款时,承兑银行除凭票向持票人无条件付款外,对出票人尚未支付的汇票金额按照每天万分之五计收利息。

符合条件的商业汇票的持票人可持未到期的商业汇票连同贴现凭证向银行申请贴现。贴现银行可持未到期的商业汇票向其他银行转贴现,也可向中国人民银行申请再贴现。贴现、转贴现、再贴现时,应做成转让背书,并提供贴现申请人与其直接前手之间的增值税发票和商品发运单据复印件。贴现、转贴现和再贴现的期限从其贴现之日起至汇票到期日止。实付贴现金额按票面金额扣除贴现日至汇票到期前1日的利息计算。

5. 汇兑结算方式

汇兑是汇款人委托银行将其款项支付给收款人的结算方式。汇兑分信汇和电汇两种,由汇款人选择使用。单位和个人各种款项的结算,均可使用汇兑结算方式。汇入银行对开立存款账户的收款人,应将汇给其的款项直接转入收款人账户,并向其发出收账通知。收账通知是银行将款项确已收入收款人账户的凭据。

汇款人对汇出银行尚未汇出的款项可以申请撤销。汇款人对汇出银行已经汇出的款项可以申请退汇。转汇银行不得受理汇款人或汇出银行对汇款的撤销或退汇。汇入银行对于收款人拒绝接受的汇款,应即办理退汇。汇入银行对于向收款人发出取款通知,经过2个月无法交付的汇款,应主动办理退汇。

6. 委托收款结算方式

委托收款是收款人委托银行向付款人收取款项的结算方式。单位和个人凭借已承兑的商业汇票、债券、存单等付款人债务证明办理款项的结算,均可使用委托收款结算方式。委托收款在同城、异地均可以使用。委托收款结算款项的划回方式分邮寄和电报两种,由收款人选用。

委托收款以银行以外的单位为付款人的,委托收款凭证必须记载付款人开户银行名称;以银行以外的单位或在银行开立存款账户的个人为收款人的,委托收款凭证必须记载收款人开户银行名称;未在银行开立存款账户的个人为收款人的,委托收款凭证必须记载被委托银行名称。欠缺记载的,银行不予受理。

(1) 委托

收款人办理委托收款应向银行提交委托收款凭证和有关的债务证明。

(2) 付款

银行接到寄来的委托收款凭证及债务证明,审查无误办理付款。

① 以银行为付款人的，银行应在当日将款项主动支付给收款人。

② 以单位为付款人的，银行应及时通知付款人，按照有关办法规定，需要将有关债务证明交给付款人的应交给付款人，并签收。付款人应于接到通知的当日书面通知银行付款。

按照有关办法规定，付款人未在接到通知日的次日起3日内通知银行付款的，视同付款人同意付款，银行应于付款人接到通知日的次日起第4日上午开始营业时，将款项划给收款人。付款人提前收到由其付款的债务证明，应通知银行于债务证明的到期日付款。付款人未于接到通知日的次日起3日内通知银行付款，付款人接到通知日的次日起第4日在债务证明到期日之前的，银行应于债务证明到期日将款项划给收款人。

7. 托收承付结算方式

托收承付是根据购销合同由收款人发货后委托银行向异地付款人收取款项，由付款人向银行承认付款的结算方式。

托收承付结算方式办理的款项必须是商品交易或因商品交易而产生的劳务供应款项。代销、寄销、赊销商品的款项，不得办理托收承付结算。收付双方使用托收承付结算必须签有符合《经济合同法》的购销合同，并在合同上订明使用托收承付结算方式。

收付双方办理托收承付结算，必须重合同、守信用。收款人对同一付款人发货托收累计3次收不回货款的，收款人开户银行应暂停收款人向该付款人办理托收；付款人累计3次提出无理拒付的，付款人开户银行应暂停其向外办理托收。

收款人办理托收，必须具有商品确已发运的证件（包括铁路、航运、公路等运输部门签发运单、运单副本和邮局包裹回执）。托收承付结算每笔的金额起点为10 000元。托收承付结算款项的划回方法，分邮寄和电报两种，由收款人选用。

托收承付分为托收与承付两个阶段。

（1）托收阶段

收款人按照签订的购销合同发货后，委托银行办理托收。

① 收款人应将托收凭证并附发运证件或其他符合托收承付结算的有关证明和交易单证送交银行办理托收。

② 收款人开户银行接到托收凭证及其附件后，应当按照托收的范围、条件和托收凭证记载的要求认真进行审查，必要时，还应查验收付款人签订的购销合同。凡不符合要求或违反购销合同发货的，不能办理。审查时间最长不得超过次日。

（2）承付阶段

付款人开户银行收到托收凭证及其附件后，应当及时通知付款人。通知的方法，可以根据具体情况以及与付款人签订的协议，采取付款人来行自取、派人送达、对距离较远的付款人邮寄等。付款人应在承付期内审查核对，安排资金。承付货款分为验单付款和验货付款两种，由收付双方商量选用，并在合同中明确规定。

① 验单付款。验单付款的承付期为3日，从付款人开户银行发出承付通知的次日算起（承付期内遇法定休假日顺延）。付款人在承付期内，未向银行表示拒绝付款，银行即视作承付，并在承付期满的次日（法定休假日顺延）上午银行开始营业时，将款项主动从付款人的账户内付出，按照收款人指定的划款方式，划给收款人。

② 验货付款。验货付款的承付期为10日，从运输部门向付款人发出提货通知的次日算起。对收付双方在合同中明确规定，并在托收凭证上注明验货付款期限的，银行从其规定。付款人收到提货通知后，应即向银行交验提货通知。付款人在银行发出承付通知的次日起10日内，未收到提货通知的，应在第10日将货物尚未到达的情况通知银行。在第10日付款人没有通知银行的，银行即视作已经验货，于10日期满的次日上午银行开始营业时，将

款项划给收款人；在第 10 天付款人通知银行货物未到，而以后收到提货通知没有及时送交银行，银行仍按 10 日期满的次日作为划款日期，并按超过的天数，计扣逾期付款赔偿金。采用验货付款的，收款人必须在托收凭证上加盖明显的"验货付款"字样戳记。托收凭证未注明验货付款，经付款人提出合同证明是验货付款的，银行可按验货付款处理。

③ 不论验单付款还是验货付款，付款人都可以在承付期内提前向银行表示承付，并通知银行提前付款，银行应立即办理划款；因商品的价格、数量或金额变动，付款人应多承付款项的，须在承付期内向银行提出书面通知，银行据以随同当次托收款项划给收款人。付款人不得在承付货款中，扣抵其他款项或以前托收的货款。

8. 信用证结算方式

信用证是银行有条件保证付款的证书。信用证结算方式是国际贸易中使用得最为广泛的一种结汇方式。按照这种结算方式的一般规定，买方先将货款交存银行，由银行开立信用证，通知异地卖方开户银行转告卖方，卖方按合同和信用证规定的条款发货，银行代买方付款。

信用证结算方式是银行信用介入国际货物价款结算的产物。它的出现不仅在一定程度上解决了交易双方互不信任的矛盾，而且还能使买卖双方在使用信用证结算货款的过程中获得银行资金融通的便利，从而有利于促进国际贸易的发展。

经中国人民银行批准经营结算业务的商业银行总行，以及经商业银行总行批准开办信用证结算业务的分支机构，也可以办理国内企业之间商品交易的信用证结算业务。

采用信用证结算方式时，收款单位收到信用证后即备货装运，签发有关发票账单，连同运输单据和信用证送交银行，根据退还的信用证等有关单据编制收款凭证；付款单位在接到开证行的通知时，根据付款的有关单据编制付款凭证。

9. 信用卡结算方式

信用卡是商业银行向个人或单位发行的，可以向特约单位购物、消费或向银行存取现金，且具有消费信用的特制载体卡片。

信用卡按使用对象分单位卡和个人卡，按信用等级分为金卡和普通卡。商业银行（包括外资银行、合资银行）、非银行金融机构未经中国人民银行批准不得发行信用卡。

单位卡账户的资金一律从其基本存款账户转账存入，不得交存现金，不得将销货收入的款项存入其账户。个人卡账户的资金以其持有的现金存入或以其工资性款项及属于个人的劳务报酬收入转账存入。严禁将单位的款项存入个人卡账户。单位卡一律不得支取现金。

持卡人使用信用卡不得发生恶意透支。恶意透支是指持卡人超过规定限额或规定期限，并且经发卡银行催收无效的透支行为。单位卡在使用过程中，需要向其账户续存资金的，一律从其基本存款账户转账存入。个人卡在使用过程中，需要向其账户续存资金的，只限于其持有的现金存入和工资性款项以及属于个人的劳务报酬收入转账存入。发卡银行收到代理银行通过同城票据交换或本系统联行划转的各种单据审核无误后，为持卡人办理收款。持卡人不需要继续使用信用卡的，应持信用卡主动到发卡银行办理销户。销户时，单位卡账户余额转入其基本存款账户，不得提取现金；个人卡账户可以转账结清，也可以提取现金。

三、银行存款的账户设置

根据现行制度规定，企业除现金收支范围内可用现金结算外，其余款项都应一律通过银行办理转账结算。为了总括反映企业银行存款的收付和结存情况，企业应设置"银行存款"账户，该账户借方登记银行存款的增加，贷方登记银行存款的减少，期末余额在借方，反映企业银行存款的实际结存额。

银行存款与库存现金的账簿设置大致相同，也必须同时组织总分类核算和序时核算。

1. 银行存款的总分类账簿的设置

企业通过设置银行存款总账进行银行存款的总分类核算。企业在不同的结算方式下，应当根据有关的原始凭证编制银行存款的收付款凭证，并进行相应的账务处理。银行存款总账可直接根据收付款凭证逐笔登记，也可定期或于月份终了，根据汇总收付款凭证或科目汇总表登记。

2. 银行存款的明细分类账簿的设置

企业通过设置银行存款日记账进行银行存款的明细分类核算。企业按银行和其他金融机构、存款种类等开设的银行存款日记账，应由出纳员根据审核无误的银行存款收付款凭证、现金付款凭证，按照业务发生的先后顺序逐日逐笔登记。每日终了应结出余额。银行存款日记账应定期与银行对账单核对。月份终了，银行存款日记账的余额必须与银行存款总账的余额核对相符。银行存款日记账的格式与登记方法和库存现金日记账基本相同。

四、银行存款的核算

（一）银行存款收入的核算

【例 2-5】 方兴施工产品生产企业销售塑钢产品一批，价款 10 000 元，增值税销项税额 1 300 元，收进转账支票一张，送存开户银行。应编制会计分录如下。

借：银行存款　　　　　　　　　　　　　　　　　　　　11 300
　　贷：主营业务收入　　　　　　　　　　　　　　　　　10 000
　　　　应交税费——应交增值税（销项税额）　　　　　　 1 700

（附注：结转该批产品成本的账务处理从略，下同）

（二）银行存款支付的核算

【例 2-6】 方兴施工产品生产企业购进材料一批，价款 50 000 元，增值税额（可以从销项税中抵扣的进项税额）6 500 元，以转账支票付讫。应编制会计分录如下。

借：材料采购　　　　　　　　　　　　　　　　　　　　50 000
　　应交税费——应交增值税（进项税额）　　　　　　　　6 500
　　贷：银行存款　　　　　　　　　　　　　　　　　　　56 500

五、银行存款的核对

银行存款的核对是通过企业银行存款日记账的账面记录与其开户银行转来的对账单逐项核对完成的。在核对前，应先将截止核对日为止的所有银行存款的收、付业务登记入账，及时查明错账、漏账并予更正、追记，然后再与银行对账单逐笔核对。如果两者余额相符，则说明没有错误；如果两者余额不符，除记账错误外还可能是由于经常性的未达账项的存在。所谓未达账项，是指由于企业与银行间凭证传递上存在时间先后的差异，由此引发的一方已取得凭证登记入账，而另一方未取得凭证未登记入账的款项。未达账项具体有以下 4 种情况。

1. 企业已收款记账，银行尚未收款入账

如企业已将收进的转账支票登记银行存款增加并送存银行，但对账时银行尚未办理入账手续。

2. 企业已付款记账，银行尚未付款入账

如企业开出转账支票，根据支票存根已登记银行存款减少，但持票人尚未到银行办理转账手续。

3. 银行已收款入账，企业尚未收款入账

如银行向企业给付的存款利息，银行已登记入账，但企业尚未收到银行通知而未入账。

4. 银行已付款入账，企业尚未付款入账

如银行对企业扣支的借款利息，银行已登记入账，但企业尚未收到银行通知而未入账。

企业对以上未达账项，应通过编制"银行存款余额调节表"进行调节，以验证双方余额正确无误。

【例 2-7】 方兴建筑工程公司 2020 年 9 月 30 日银行存款日记账余额为 310 000 元，银行对账单余额为 295 000 元，经逐笔核对，发现有以下未达账项。

（1）9 月 27 日，该公司开出转账支票一张，金额 25 000 元，持票人尚未到银行办理结算手续，银行尚未入账。

（2）9 月 27 日，该公司送存转账支票一张，金额 45 000 元，银行尚未入账。

（3）9 月 29 日，该公司委托银行收款 20 000 元，银行已收妥入账，但收账通知尚未送达该公司。

（4）9 月 30 日，银行代公用事业单位扣付企业水电费 15 000 元，银行付款通知尚未送达该公司。

根据以上未达账项，编制银行存款余额调节表，见表 2-3。

表 2-3　银行存款余额调节表

2020 年 9 月 30 日　　　　　　　　　　　　　　　　　单位：元

项　目	金　额	项　目	金　额
企业银行存款账户余额	310 000	银行对账单余额	295 000
加：银行已收，企业未收	20 000	加：企业已收，银行未收	45 000
减：银行已付，企业未付	15 000	减：企业已付，银行未付	25 000
调节后余额	315 000	调节后余额	315 000

上表经调整后的余额相等，说明双方记账基本没有错误。调节后的余款就是企业目前银行存款的实有数。这里需要说明的是，银行存款余额调节表只起到对账的作用，并不属于会计凭证，因而不能据此做账面调整，对于银行已经记账而企业尚未记账的未达账项，要待结算凭证到达后再进行账务处理。

第三节　其他货币资金

一、其他货币资金的内容与账户设置

其他货币资金的内容主要包括外埠存款、银行本票存款、银行汇票存款、信用证保证金存款、信用卡存款和存出投资款等。其他货币资金的存放地点和用途不同于库存现金和银行存款，因此在会计上单独进行核算。

为了总括反映其他货币资金的收支和结存情况，企业应设置"其他货币资金"账户，该账户借方登记其他货币资金的增加额，贷方登记其他货币资金的减少额，期末余额在借方，反映其他货币资金的结存额。该账户应按其他货币资金的存款种类设置明细分类账户，进行明细核算。

二、其他货币资金的核算

1. 外埠存款

外埠存款是指企业为了到外地进行临时或零星采购，而汇往采购地银行开立采购专户的款项。该账户的存款不计利息、只付不收、付完清户，除了采购人员可从中提取少量现金外，一律采用转账结算。采购结束后有结余款的，将其退回汇款企业开户银行。

【例 2-8】 方兴公司根据发生的有关外埠存款收付业务，编制会计分录如下。

（1）方兴公司在外埠开立临时采购账户，委托银行将 500 000 元汇往采购地。

  借：其他货币资金——外埠存款   500 000
    贷：银行存款   500 000

（2）采购员以外埠存款购买材料，材料价款 300 000 元，增值税 39 000 元，货款共计 339 000 元，材料入库。

  借：原材料   300 000
    应交税费——应交增值税（进项税额）   39 000
    贷：其他货币资金——外埠存款   339 000

（3）外埠采购结束，将外埠存款清户，收到银行转来收账通知，余款 161 000 元收妥入账。

  借：银行存款   161 000
    贷：其他货币资金——外埠存款   161 000

2. 银行汇票存款

办理银行汇票的企业应向银行提交对应的银行汇票委托书，并根据银行签章的存根或回单，进行账务处理。企业取得银行汇票以后，根据银行签章退回的委托书存根联，借记"其他货币资金——银行汇票"科目，贷记"银行存款"科目。企业使用银行汇票后，应根据发票账单及开户行转来的银行汇票第四联等有关凭证，借记"材料采购"等科目，贷记"其他货币资金——银行汇票"科目；如有多余款或因汇票超过付款期等原因发生退回时，应借记"银行存款"科目，贷记"其他货币资金——银行汇票"科目。

【例 2-9】 方兴公司根据发生的有关银行汇票存款收付业务，编制会计分录如下。

（1）方兴公司申请办理银行汇票，将银行存款 40 000 元转为银行汇票存款。

  借：其他货币资金——银行汇票   40 000
    贷：银行存款   40 000

（2）收到收款单位发票等单据，采购材料付款 28 250 元，其中，材料价款 25 000 元，增值税 3 250 元，材料入库。

  借：原材料   25 000
    应交税费——应交增值税（进项税额）   3 250
    贷：其他货币资金——银行汇票   28 250

（3）收到多余款项退回通知，将余款 11 750 元收妥入账。

  借：银行存款   11 750
    贷：其他货币资金——银行汇票   11 750

3. 银行本票存款

企业为了取得银行本票，向银行提交银行本票申请书，将款项交给银行。企业取得银行本票后，根据银行签章退回的申请书存根联，借记"其他货币资金——银行本票"科目，贷记"银行存款"科目。付出银行本票后，企业应根据发票账单等有关凭证，借记"材料采购"等科目，贷记"其他货币资金——银行本票"科目，因本票过期等原因要求退款时，应填制进账单一式两联，连同本票一并送交银行，根据银行签章退回的进账单第一联，借记"银行存款"科目，贷记"其他货币资金——银行本票"科目。

【例 2-10】 方兴公司根据发生的有关银行本票存款收付业务，编制会计分录如下。

（1）方兴公司申请办理银行本票，将银行存款 50 000 元转入银行本票存款。

  借：其他货币资金——银行本票   50 000

　　　　贷：银行存款　　　　　　　　　　　　　　　　　　　　　　　　　　50 000
　　（2）收到收款单位发票等单据，采购材料付款 38 420 元，其中，材料价款 34 000 元，增值税 4 420 元，材料入库。
　　　　借：原材料　　　　　　　　　　　　　　　　　　　　　　　　　　 34 000
　　　　　　应交税费——应交增值税（进项税额）　　　　　　　　　　　　　4 420
　　　　贷：其他货币资金——银行本票　　　　　　　　　　　　　　　　　 38 420
　　（3）收到收款单位退回的银行本票余款 11 580 元，存入银行。
　　　　借：银行存款　　　　　　　　　　　　　　　　　　　　　　　　　 11 580
　　　　贷：其他货币资金——银行本票　　　　　　　　　　　　　　　　　 11 580

4. 信用卡存款

企业法定代表人申领信用卡，按规定填制信用卡申请表，连同支票和有关资料一并送交发卡银行，经银行审查符合条件，发给信用卡。企业根据银行盖章退回的交存备用金的进账单，借记"其他货币资金——信用卡"科目，贷记"银行存款"科目；企业收到开户银行转来的信用卡存款的付款凭证及所附发票账单，借记"管理费用"等科目，贷记"其他货币资金——信用卡"科目；信用卡在使用中，需要向其账户续存资金的，借记"其他货币资金——信用卡"科目，贷记"银行存款"科目；企业持卡人如不需要继续使用信用卡时，应持信用卡主动到发卡银行办理销户，借记"银行存款"科目，贷记"其他货币资金——信用卡"科目。销户时，信用卡账户余额转入基本存款账户，不得提取现金。

【例 2-11】方兴公司根据发生的有关信用卡存款收付业务，编制会计分录如下。
（1）将银行存款 30 000 元存入信用卡。
　　　　借：其他货币资金——信用卡存款　　　　　　　　　　　　　　　　30 000
　　　　贷：银行存款　　　　　　　　　　　　　　　　　　　　　　　　　30 000
（2）信用卡支付业务招待费 1 500 元。
　　　　借：管理费用　　　　　　　　　　　　　　　　　　　　　　　　　 1 500
　　　　贷：其他货币资金——信用卡存款　　　　　　　　　　　　　　　　 1 500
（3）收到信用卡存款的利息 36 元。
　　　　借：其他货币资金——信用卡存款　　　　　　　　　　　　　　　　　　36
　　　　贷：财务费用　　　　　　　　　　　　　　　　　　　　　　　　　　　 36

5. 信用证保证金存款

企业向银行申请开立信用证，应按规定向银行提交开证申请书、信用证申请人承诺书和购销合同。企业向银行交纳保证金，根据银行退回的进账单第一联，借记"其他货币资金——信用证保证金"科目，贷记"银行存款"科目。根据开证行交来的信用证通知书及有关的单据列明的金额，借记"材料采购"或"原材料""库存商品""应交税费——应交增值税（进项税额）"等科目，贷记"其他货币资金——信用证保证金"科目和"银行存款"科目。

【例 2-12】方兴公司根据发生的信用证结算的有关业务，编制会计分录如下。
（1）申请开证并向银行缴纳信用证保证金 30 000 元。
　　　　借：其他货币资金——信用证保证金　　　　　　　　　　　　　　　30 000
　　　　贷：银行存款　　　　　　　　　　　　　　　　　　　　　　　　　30 000
（2）接到开证行交来的信用证来单通知书及有关购货凭证等，以信用证方式采购的材料已到并验收入库，货款全部支付。货款总计 150 000 元，其中材料价款 128 205.13 元，增值税 21 794.87 元。

```
    借：原材料                                              132 743.36
        应交税费——应交增值税（进项税额）                   17 266.64
      贷：其他货币资金——信用证保证金                                30 000
          银行存款                                                  120 000
```

6. 存出投资款

存出投资款是指企业已存入证券公司但尚未进行交易性投资的现金。企业向证券公司划出资金时，应按实际划出的金额，借记"其他货币资金——存出投资款"科目，贷记"银行存款"科目；购买股票、债券等时，按实际发生的金额，借记"交易性金融资产"科目，贷记"其他货币资金——存出投资款"科目。

【例 2-13】方兴公司根据发生的短期投资的业务，编制会计分录如下。
(1) 将银行存款 500 000 元划入某证券公司准备进行短期股票投资。
```
    借：其他货币资金——存出投资款                           500 000
      贷：银行存款                                               500 000
```
(2) 将存入证券公司款项用于购买股票，并已成交，购买股票的成本为 300 000 元。
```
    借：交易性金融资产                                       300 000
      贷：其他货币资金——存出投资款                              300 000
```

第四节 外币业务

非会计意义上的外币业务，一般是指企业以各种外国货币进行款项收付、往来结算和计价的业务。而会计意义上的外币业务，通常是指不以记账本位币作为计量单位的经济业务。

一、记账本位币

记账本位币是指企业经营所处的主要经济环境中的货币。企业应当根据经营所处的主要经济环境来确定记账本位币。国内企业的业务收支大都以人民币为主，通常的选择是以人民币作为记账本位币；企业的业务收支以人民币以外的货币为主，可以选定其中一种货币作为记账本位币，但在编报财务会计报告时，应当折算为人民币。

1. 企业境内经营记账本位币的确定

境内经营又称非境外经营，是指不通过在境外设立子公司、合营企业、联营企业、分支机构开展经营活动。境内经营，多指国内的本土经营。企业境内经营根据经营所处的主要经济环境来确定记账本位币时，应当考虑下列三项因素。

① 从日常经济活动收入现金的角度看，该货币主要影响商品和劳务的销售价格，通常以该货币进行商品和劳务的计价和结算。

② 从日常经济活动支出现金的角度看，该货币主要影响商品和劳务所需人工、材料和其他费用，通常以该货币进行上述费用的计价和结算。

③ 该货币以融资活动获得的货币以及保存从经营活动中收取款项所使用的货币形式为判断依据。

2. 企业境外经营记账本位币的确定

境外经营是指通过在境外设立子公司、合营企业、联营企业、分支机构开展经营活动。如果企业存在境外经营，企业选定境外经营的记账本位币，还应当考虑下列因素。

① 境外经营对其所从事的活动是否拥有很强的自主性。
② 境外经营活动中与企业的交易是否在境外经营活动中占有较大比重。

③ 境外经营活动产生的现金流量是否直接影响企业的现金流量、是否可以随时汇回。
④ 境外经营活动产生的现金流量是否足以偿还其现有债务和可预期的债务。

需要注意的是，会计学上境内经营与境外经营的区别并不绝对以地域为划分标准。地域上处于境外的企业、子公司、合营、联营或分支机构均属于境外经营。而地域上处于境内的企业，也有可能是境外经营。

严格意义上讲，区分某实体是否为该企业的境外经营，关键条件有两项：一是该实体与企业的关系，是否为企业的子公司、合营企业、联营企业、分支机构；二是该实体的记账本位币是否与企业记账本位币相同，而不是以该实体是否在企业所在地的境外作为标准。

3. 记账本位币的变更

企业记账本位币一经确定，不得随意变更，除非企业经营所处的主要经济环境发生重大变化。企业因经营所处的主要经济环境发生重大变化，确需变更记账本位币的，应当采用变更当日的即期汇率将所有项目折算为变更后的记账本位币。

4. 统账制与分账制

（1）统账制

统账制又称统一货币记账制，是以某一种货币为记账本位币，记录全部经济业务的。这种方法又分为两种，一种是本国货币统账制；一种是外国货币统账制。在我国主要采用的是前者，即以人民币为记账单位记录所进行的外币交易业务，将所发生的多种货币的经济业务，均折合为人民币加以反映，外币在账面上只作辅助记录。

（2）分账制

分账制又称分别货币记账制，是在经济业务发生时直接按原币种记账，期末时再将各种外币账户的余额和发生额折合成人民币，然后编报会计报表。

二、外币业务的相关术语

1. 外币与外汇

外币一般是指本国货币以外的其他国家和地区的货币。从会计学的货币计量角度讲，外币则指记账本位币以外的货币。

外汇通常是指以外国货币表示的用于国际结算的支付手段。根据我国的外汇管理条例规定，外汇的具体内容包括以下几种。

① 外国货币。
② 外币有价证券。包括政府公债、公司债券、股票、息票等。
③ 外币支付凭证。包括票据（支票、期票、汇票等）、银行存款凭证等。
④ 其他外汇资金。

黄金可以用作国际支付和结算手段，执行世界货币的职能，所以，在许多国家也将黄金列入外汇。

2. 汇率与汇率标价

（1）汇率　是指两种货币之间的比率，即用一种货币单位表示另一种货币单位的价格，故又称汇价。汇率根据不同的要求和不同的作用，可以有多种，如常见的买入汇率、卖出汇率与中间汇率，以及现行汇率与历史汇率，记账汇率与账面汇率等。

① 买入汇率。又称外汇买入价，是指银行以人民币买入外币的汇率。
② 卖出汇率。又称外汇卖出价，是指银行卖出外币收入人民币的汇率。
③ 中间汇率。又称外汇中间价，是指以人民币计算的外汇买入价和外汇卖出价的平均价。
④ 市场汇率。是指由中国人民银行公布的市场汇价的中间价。

⑤ 合同汇率。是指交易双方在合同中约定的进行不同货币折合使用的汇率。

⑥ 记账汇率。是指企业发生外币经济业务进行会计账务处理所采用的汇率。

⑦ 账面汇率。是指企业已经登记入账的汇率，它可能是当时的市场汇率，也可能是合同汇率。

⑧ 现行汇率。是指某一具体时点现在的汇率，即折算外币时的市场汇率。

⑨ 历史汇率。是指过去某一时点的汇率。历史汇率是与现在汇率相对的，前一交易日的市场汇率相对于当日来说是历史汇率，当日的现行汇率相对于次日来说也是历史汇率。

为方便会计核算，会计准则规定，外币交易的初始确认，采用交易日的即期汇率（即银行公布的中间价），或者采用按照系统合理的方法确定的、与交易发生日即期汇率近似的汇率，将外币金额折算为记账本位币。

(2) 汇率标价 是指一个国家的外汇汇率，以外国货币来表示本国货币还是以本国货币来表示外国货币的标定价格。确定两种不同货币之间的比价时，先要确定用哪个国家的货币作为标准。汇率标价方法有两种选择，一种称为直接标价法；另一种称为间接标价法。

① 直接标价法。是以一定单位的外国货币为标准来计算折合若干单位的本国货币。如1美元＝6.3元人民币。目前我国即采用此种标价方法。在直接标价法下，外国货币的数额保持不变，本国货币的数额随着外国货币币值的对比变化而变动。如果一定单位的外币折合的本币数额多于前期，则说明外币币值上升或本币币值下跌，叫做外汇汇率上升；反之，如果要用比原来较少的本币即能兑换到同一数额的外币，这说明外币币值下跌或本币币值上升，叫做外汇汇率下跌，即外币的价值与汇率的涨跌成正比。

② 间接标价法。是以一定单位的本国货币为标准来计算折合若干单位的外国货币。如伦敦外汇市场中，1英镑＝4.1514德国马克。美国、英国、新西兰等国家采用此法。在间接标价法中，本国货币的数额保持不变，外国货币的数额随着本国货币币值的对比变化而变动。如果一定数额的本币能兑换的外币数额比前期少，这表明外币币值上升，本币币值下降，即外汇汇率上升；反之，如果一定数额的本币能兑换的外币数额比前期多，则说明外币币值下降、本币币值上升，也就是外汇汇率下跌，即外币的价值与汇率的升跌成反比。

外汇市场上的报价一般为双向报价，即由报价方同时报出自己的买入价和卖出价，由客户自行决定买卖方向。买入价和卖出价的价差越小，对于投资者来说意味着成本越小。

3. 汇兑损益

汇兑损益是指企业发生外币业务时，因汇率的变动而发生的折合为记账本位币的差额。汇兑损益实际上是外汇风险在会计上的具体表现。汇兑损益亦称汇兑差额。企业在发生外币交易、兑换业务和期末账户调整及外币报表换算时，由于采用不同的货币，或同一货币不同比价的汇率核算时均会产生按记账本位币折算差异。汇兑损益主要由以下两种情况引起。

一是外币存款在使用时和外币债权、债务在结算时，由于入账时间和汇率的不同，折合为记账本位币时发生的差额，即外汇交易风险所发生的汇兑损益。

二是不同货币之间进行兑换，由于实际兑换的汇率与记账汇率或账面汇率不同，折合为记账本位币时发生的差额，即外汇买卖风险所发生的汇兑损益。不同货币之间的兑换，包括人民币与外币之间的兑换和外币与外币之间的兑换，兑换时由于外汇牌价与企业账面汇率不同，都会产生差额而形成汇兑损益。

4. 外币交易与外币报表折算

外币交易是指企业发生以外币计价或者结算的交易。外币交易主要包括：买入或者卖出以外币计价的商品或劳务；借入或者借出外币资金；其他以外币计价或者结算的交易。

外币报表折算是指将以某一特定的货币表述的财务报表折算为以另一特定的货币表述的

财务报表。以外币反映的财务报表称为外币报表。把各种不同的外币金额用单一的同种货币来重新表述称为外币折算。外币报表折算,往往是为了特定目的而进行。例如为反映企业集团整体的财务状况、经营成果和现金流量,在编制合并会计报表时,就需要将境外经营的子公司以外币表述的财务报表折算成母公司由统一的记账本位币计量的财务报表。

三、外币业务的会计处理

涉及外币的经济业务主要有以下类型。

(一) 外币交易的日常会计处理

1. 外币兑换交易

外币兑换交易,即企业从银行等金融机构购入外币或者向银行等金融机构售出外币的业务。

(1) 企业从银行买入外币 企业买入外币时,将实际支付的记账本位币(按银行卖出价折算)登记入账,同时将收到的外币按当日即期汇率(中间价)折算为记账本位币;两者的差额作为汇兑损益,计入财务费用。

【例 2-14】 方兴建筑工程公司从银行购入 10 000 美元,当日银行卖出价为 1 美元=6.3 元人民币;即期汇率为 1 美元=6.2 元人民币。有关账务处理如下。

借:银行存款——美元(原币×即期汇率)(10 000×6.2)   62 000
    财务费用——汇兑损益   1 000
    贷:银行存款——人民币(实际支付金额)(10 000×6.3)   63 000

(2) 企业向银行卖出外币 企业卖出外币时,将实际收取的记账本位币(按银行买入价折算)登记入账,同时将付出的外币按当日即期汇率(中间价)折算为记账本位币;两者的差额作为汇兑损益,计入财务费用。

【例 2-15】 方兴建筑工程公司将 10 000 美元出售给银行,当日银行买入价为 1 美元=6.1 元人民币;当日即期汇率为 1 美元=6.2 元人民币。应编制会计分录如下。

借:银行存款——人民币(实际收到金额)(10 000×6.1)   61 000
    财务费用——汇兑损益   1 000
    贷:银行存款——美元(原币×即期汇率)(10 000×6.2)   62 000

2. 外币购销交易

① 企业以外币购入原材料和固定资产,按当日即期汇率的近似汇率将支付(或应付)的外币折算为记账本位币,以确定购入货物及债务的入账价值,同时按照外币的金额登记有关外币账户。

【例 2-16】 方兴建筑工程公司从境外购入一台施工设备,设备价款和境外运费共 500 000 美元(款项未付);关税及境内运费共 50 000 元人民币(用人民币支付)。当日市场汇率为 1 美元=7 元人民币。应编制会计分录如下。

借:固定资产   3 550 000
    贷:应付账款——美元(原币×当日市场汇率)   3 500 000
       银行存款——人民币(用人民币支付的关税等)   50 000

② 企业出口商品,按照即期汇率的近似汇率将外币销售收入折算为人民币;对于取得的款项或发生的外币债权,按照折算为人民币的金额入账,同时按照外币金额登记有关外币账户。

【例 2-17】 方兴施工产品生产企业出口商品一批,共 1 000 000 美元(款项收妥),当日市场汇率为 1 美元=7 元人民币。假设不考虑相关税费。应编制会计分录如下。

借：银行存款——美元（原币×即期汇率）　　　　　　　　7 000 000
　　　　贷：主营业务收入　　　　　　　　　　　　　　　　　　　7 000 000

施工企业从国外或境外购进存货、引进设备或者以外币结算购货款，亦应按照交易日的即期汇率或即期汇率近似的汇率将外币折算为人民币金额，以确定购进物资的入账价值，同时还应按照外币折算为人民币金额登记支付的款项或形成的债务等有关外币账户。

施工企业承包国外或境外建安工程项目或者以外币结算合同价款，则应按照交易日的即期汇率或即期汇率近似的汇率将外币合同收入折算为人民币金额登记取得的款项或发生的债权等有关外币账户。

3. 外币借款交易

外币借款交易，即企业从银行或其他金融机构取得外币借款以及归还借款的业务。企业借入外币资金时，按照借入外币时的即期汇率折算为记账本位币入账，同时按照借入外币的金额登记相关的外币账户。

【例2-18】 方兴建筑工程公司以业务发生当日即期汇率作为记账汇率。某日企业从银行借入500 000美元，当日即期汇率为1美元＝6.5元人民币。应编制会计分录如下。

　　借：银行存款——美元（原币×即期汇率）　　　　　　　　3 250 000
　　　　贷：短期借款——美元（原币×即期汇率）　　　　　　　3 250 000

4. 接受外币资本投资

接受外币资本投资，即所有者以外币作为资本投入企业的业务。企业收到所有者以外币投入的资本，无论是否有合同约定汇率，均不得采用合同约定汇率和即期汇率的近似汇率折算，而是采用交易日即期汇率折算，这样，外币投入资本不会产生汇兑差额。

【例2-19】 方兴建筑工程公司接受外商投资，收到1 000 000美元，当日即期汇率为1美元＝7元人民币。按照投资协议约定汇率为1美元＝7.2元人民币。应编制会计分录如下。

　　借：银行存款——美元（原币×即期汇率）　　　　　　　　7 000 000
　　　　贷：实收资本——外商（原币×即期汇率）　　　　　　　7 000 000

（二）期末外币项目余额的会计处理

企业应在资产负债表日，按照下列规定对外币货币性项目和外币非货币性项目进行会计处理。

1. 外币货币性项目

货币性项目是指企业持有的货币资金和将以固定或可确定的金额收取的资产或者偿付的负债。货币性项目分为货币性资产和货币性负债。货币性资产包括库存现金、银行存款、应收账款、其他应收款、长期应收款等；货币性负债包括应付账款、其他应付款、长期应付款等。

对于外币货币性项目，应当采用资产负债表日的即期汇率折算，因汇率波动而产生的汇兑差额作为财务费用，计入当期损益，同时调增或调减外币货币性项目的记账本位币金额。

【例2-20】 国内A建筑工程公司的记账本位币为人民币。某年11月30日该公司银行存款——美元账面余额为100万美元，当日即期汇率为1美元＝7.2元人民币，折成人民币为7 200 000元人民币；12月份没有发生相关外币业务，同年12月31日银行存款——美元账面余额为1 000 000美元，当日即期汇率为1美元＝7元人民币，折成人民币为7 000 000元人民币，则发生汇兑损失200 000元人民币。应编制会计分录如下。

　　借：财务费用　　　　　　　　　　　　　　　　　　　　　　200 000
　　　　贷：银行存款——美元　　　　　　　　　　　　　　　　　200 000

2. 外币非货币性项目

非货币性项目是指货币性项目以外的项目，包括存货、长期股权投资、固定资产、无形资产、实收资本、资本公积等。

① 对于以历史成本计量的外币非货币性项目，除其外币价值发生变动外，已在交易发生日按当日即期汇率折算，资产负债表日不应改变其原记账本位币金额，不产生汇兑差额。例如，实收资本，按照当时的汇率折算成记账本位币后，不再重新调整。

② 由于存货在资产负债表日采用成本与可变现净值孰低计量，因此在以外币购入存货并且该存货在资产负债表日的可变现净值以外币反映的情况下，在计提存货跌价准备时应当考虑汇率变动的影响。

【例 2-21】国内 B 施工产品生产企业的记账本位币为人民币。该公司某年 11 月 24 日以 4 000 美元进口商品一批，并于当日支付货款，当日市场汇率为 1 美元＝7.11 元人民币；同年 12 月 31 日，该商品尚未出售，国际市场该商品价格已降至 3 500 美元，当日即期汇率为 1 美元＝7.12 元人民币。

该年 11 月 24 日，A 公司应编制会计分录如下。

  借：库存商品（4 000×7.11）   28 440
    贷：银行存款（4 000×7.11）   28 440

该年 12 月 31 日，A 公司应编制会计分录如下。

  借：资产减值损失（28 440－3 500×7.12）   3 520
    贷：存货跌价损失（28 440－3 500×7.12）   3 520

③ 对于交易性金融资产等外币非货币性项目，其公允价值变动计入当期损益的，相应的汇率变动的影响也应当计入当期损益。

【例 2-22】国内 A 建筑工程公司的记账本位币为人民币。某年 12 月 5 日以每股 4 港元的价格购入 B 公司 H 股 10 000 股作为交易性金融资产，当日即期汇率为 1 港元＝1 元人民币，款项已付。交易日 A 公司应编制会计分录如下。

  借：交易性金融资产（10 000×4×1）   40 000
    贷：银行存款   40 000

该年 12 月 31 日，由于市价变动，当月购入的 B 公司 H 股的市价变为每股 5 港元，当日即期汇率为 1 港元＝0.9 元人民币。该股票的公允价值变动＝10 000×5×0.9－40 000＝45 000－40 000＝5 000（元人民币）。A 公司应编制会计分录如下。

  借：交易性金融资产——公允价值变动   5 000
    贷：公允价值变动损益   5 000

可见 5 000 元人民币既包含 A 公司所购 B 公司 H 股股票公允价值变动的影响，又包含人民币与港元之间汇率变动的影响。

四、外币财务报表的折算

外币财务报表折算是将以外币表述的财务报表折算为某一特定货币（通常为母公司的记账本位币）表述的财务报表。外币财务报表折算的目的是为了编制合并报表或便于了解境外实体经营状况。

外币财务报表折算包括境外子公司以外币表示的会计报表的折算，以及境内子公司采用与母公司记账本位币不同的货币编报的会计报表的折算。

企业对不处于恶性通货膨胀经济中的境外经营的财务报表进行折算时，应当遵循下列规定。

① 资产负债表中的资产和负债项目，采用资产负债表日的即期汇率折算，所有者权益项目除"未分配利润"项目外，其他项目采用发生时的即期汇率折算。

② 利润表中的收入和费用项目，采用交易发生日的即期汇率折算；也可以采用按照系统合理的方法确定的、与交易发生日即期汇率近似的汇率折算。

按照上述规定折算产生的外币财务报表折算差额，在资产负债表中所有者权益项目下单独列示。比较财务报表的折算比照上述规定处理。

企业对处于恶性通货膨胀经济中的境外经营的财务报表进行折算时，应当遵循下列规定。

① 对资产负债表项目运用一般物价指数予以重述，对利润表项目运用一般物价指数变动予以重述，再按照最近资产负债表日的即期汇率进行折算。

② 在境外经营不再处于恶性通货膨胀经济中时，应当停止重述，按照停止之日的价格水平重述的财务报表进行折算。

企业在处置境外经营时，应当将资产负债表中所有者权益项目下列示的、与该境外经营相关的外币财务报表折算差额，自所有者权益项目转入处置当期损益；部分处置境外经营的，应当按处置的比例计算处置部分的外币财务报表折算差额，转入处置当期损益。

第三章　应收及预付款项

应收款项是指企业与其他单位或个人在日常生产经营过程中确认的，应在短期内清偿的债权。施工企业应收款项的内容主要包括：应收票据、应收账款、预付账款、应收股利、应收利息、其他应收款等。施工企业的内部往来也属于应收款项。

第一节　应收票据

一、应收票据的确认与计量

应收票据是指企业因销售商品、产品、提供劳务等而收到的商业汇票。商业汇票是一种由出票人签发的，委托付款人在指定日期无条件支付确定金额给收款人或者持票人的票据。在我国，商业票据包括支票、本票和汇票等，但是支票、银行本票和银行汇票都属于见票即付的票据，与结算债权无关，无需将其列为应收票据进行核算，因此，我国的会计实务中，应收票据仅指由企业持有的尚未到期兑现的商业汇票。

对于施工企业而言，应收票据是指承建工程、结算工程价款、销售产品、材料和提供劳务而收到的商业汇票，包括银行承兑汇票和商业承兑汇票。商业汇票按是否带息分为附息票据和不附息票据。附息票据到期时，根据票据面值、利率及期限收取本息；不附息票据到期时，根据票据面值收款。

商业汇票的付款期限，最长不得超过 6 个月。定日付款的汇票付款期限自出票日起计算，并在汇票上记载具体到期日；出票后定期付款的汇票付款期限自出票日起按月计算，并在汇票上记载；见票后定期付款的汇票付款期限自承兑日起按月计算，并在汇票上记载。商业汇票的提示付款期限，自汇票到期日起 10 日。符合条件的商业汇票持票人，可以持未到期的商业汇票连同贴现凭证向银行申请贴现。

按照票据承兑人的不同，商业汇票分为银行承兑汇票和商业承兑汇票两种。承兑是汇票付款人承诺在汇票到期日支付汇票金额的票据行为。商业汇票必须经承兑后方可生效。银行承兑汇票的承兑人是承兑申请人的开户银行，商业承兑汇票的承兑人是付款人。

应收票据一般按其面值计价，即企业收到应收票据时，按照票据的票面价值或票面金额入账。但对于带息的应收票据，应于期末按应收票据的票面价值和确定的利率计提利息，计提的利息应增加应收票据的账面余额。需要指出的是，到期不能收回的应收票据，应按其账面余额转入应收账款，并不再计提利息。

二、应收票据的核算

为了反映企业应收票据的取得、票款收回等业务，应设置"应收票据"账户，该账户借方登记取得经承兑商业汇票的面值和应计提的票据利息，贷方登记到期收回的票款或到期前向银行贴现及办理背书转让时应冲销的应收票据，期末余额在借方，反映企业持有的商业汇票账面金额。企业应设置"应收票据登记簿"，逐笔记录应收票据的种类、号数、出票日期、票面金额、货币种类、交易合同、付款人、承兑人、背书人的姓名或单位名称、到期日、利率、贴现日期、贴现率、贴现净额以及收款日期和收回金额等资料。应收票据到期收清票款后，应在该登记簿上逐笔注销完毕。

值得注意的是，由于应收票据是因销售商品、产品、提供劳务等交易事项而发生的，因此，应收票据的初始确认往往与企业经营的收入实现或者施工项目的工程结算相伴发生。

1. 应收票据的取得

企业因销售商品、产品或提供劳务收到、开出承兑的商业汇票时，按商业汇票的票面金额，借记"应收票据"科目，按实现的营业收入，贷记"主营业务收入"科目，按专用发票上注明的增值税额，贷记"应交税费——应交增值税（销项税额）"科目。商业汇票到期，应按实际收到的金额，借记"银行存款"科目，按商业汇票的票面金额，贷记"应收票据"科目。商业承兑汇票到期，承兑人违约拒付或无力支付票款，企业收到银行退回的商业承兑汇票、委托收款凭证、未付票款通知书或拒绝付款证明等，将到期票据的票面金额转入"应收账款"科目。"应收票据"科目期末借方余额，反映企业持有的商业汇票的票面金额。

【例 3-1】方兴公司销售一批产品给 B 公司，货已发出，贷款为 50 000 元，增值税额为 6 500 元。按合同约定 3 月以后付款，B 公司交给方兴公司一张不带息 3 月到期的商业承兑汇票，面额 58 500 元。

（1）收到该票据时，方兴公司应做如下账务处理。

借：应收票据　　　　　　　　　　　　　　　　　　　　　　　　56 500
　　贷：主营业务收入　　　　　　　　　　　　　　　　　　　　　50 000
　　　　应交税费——应交增值税（销项税额）　　　　　　　　　　 6 500

（2）3 个月后，该应收票据到期，方兴公司收回款项 56 500 元，存入银行。应编制会计分录如下。

借：银行存款　　　　　　　　　　　　　　　　　　　　　　　　56 500
　　贷：应收票据　　　　　　　　　　　　　　　　　　　　　　　56 500

（3）如果该票据到期，B 公司无力偿还票款，方兴公司应将到期票据的账面金额转入"应收账款"科目。

借：应收账款　　　　　　　　　　　　　　　　　　　　　　　　56 500
　　贷：应收票据　　　　　　　　　　　　　　　　　　　　　　　56 500

2. 不附息应收票据的核算

企业收到应收票据时，借记"应收票据"账户，贷记"主营业务收入""应收账款"等账户；到期收回票款，借记"银行存款"账户，贷记"应收票据"账户；商业承兑汇票到期，承兑人违约拒付或无力付款，企业收到银行退票时，应将到期票据的票面金额转入"应收账款"账户。

【例 3-2】方兴施工产品生产企业向 A 公司销售产品一批，贷款和增值税销项税额分别为 20 000 元和 2 600 元，同日收到 A 公司签发并承兑的期限为 3 个月，面值为 22 600 元的不附息商业承兑汇票一张。应编制会计分录如下。

借：应收票据——A 公司　　　　　　　　　　　　　　　　　　　22 600
　　贷：主营业务收入　　　　　　　　　　　　　　　　　　　　　20 000
　　　　应交税费——应交增值税（销项税额）　　　　　　　　　　 2 600

【例 3-3】方兴建筑工程公司（即施工企业、承建方、乙方）与 B 公司（即建设单位、发包方、甲方）办理工程结算款 2 400 000 元，收到经 B 公司签发并承兑的不附息的商业承兑汇票一张，期限 6 个月。应编制会计分录如下。

借：应收票据——B 公司　　　　　　　　　　　　　　　　　　2 400 000
　　贷：工程结算——B 公司　　　　　　　　　　　　　　　　　2 400 000

【例 3-4】方兴建筑工程公司（即施工企业、承建方、乙方）收到 B 公司用于抵付工程价款的不附息的商业承兑汇票一张，期限为 6 个月，面值 60 000 元。应编制会计分录如下。

  借：应收票据——B 公司   60 000
    贷：应收账款——B 公司   60 000

待 6 个月后，票据到期，收回面值 60 000 元。应编制会计分录如下。

  借：银行存款   60 000
    贷：应收票据——B 公司   60 000

如果票据到期，B 公司无力付款。应编制会计分录如下。

  借：应收账款——B 公司   60 000
    贷：应收票据——B 公司   60 000

3. 附息应收票据的核算

附息应收票据取得时的入账方法与不附息应收票据的入账方法相同，也按票面金额入账。二者的不同之处在于，附息应收票据应在每期期末，按应收票据的面值和确定的利率计提利息，增加应收票据的账面价值，同时，冲减财务费用（亦即反映财务收益）。如果附息应收票据到期不能收回，企业应将应收票据的账面余额转入"应收账款"账户，期末不再计提利息，有关利息事宜在备查簿中登记，待实际收到利息时再冲减收到当期的财务费用。

应收票据利息的计算公式为

$$应收票据利息 = 票据面值 \times 票面利率 \times 票据期限$$

$$票据到期值 = 票据面值 \times (1 + 票面利率 \times 票据期限)$$

上式中，"票面利率"一般以年利率表示；"票据期限"指签发日至到期日的时间间隔。票据期限，有按月和按日表示两种。全年按 360 天计算，每个月均按 30 天计算。当票据期限的表示法确定之后，票面利率应与之对应调整一致，如期限按月，则对应为月利率（即年利率/12）；期限按日，则对应为日利率（即年利率/360）。

票据期限按日表示时，采用票据签发日与到期日"算头不算尾"或"算尾不算头"的方法。例如 4 月 10 日签发的 90 天票据，其到期日为 7 月 9 日。"算头不算尾"即 4 月份（4 月 10 日计入）21 天，5 月份 31 天，6 月份 30 天，7 月份（7 月 9 日不计入）8 天，共计 90 天；"算尾不算头"即 4 月份（4 月 10 日不计入）20 天，5 月份 31 天，6 月份 30 天，7 月份（7 月 9 日计入）9 天，共计 90 天。

票据期限按月表示时，票据到期日以签发日到期月份的对日计算。月末签发的票据，不论月份大小，以到期月份的最后一天为到期日。例如 9 月 8 日签发的、3 个月期限的商业汇票，到期日为 12 月 8 日；11 月 30 日签发的，4 个月期限的商业汇票，到期日为下年度的 3 月 31 日。

【例 3-5】方兴建筑工程公司出售材料一批，收到客户 B 公司 3 月 1 日签发的期限为 6 个月的商业承兑汇票一张，面值 60 000 元，票面利率 6%。假定不考虑增值税，且于 6 月 30 日计息，到期收回本息。应编制会计分录如下。

收进经承兑的票据时，会计分录为

  借：应收票据——B 公司   60 000
    贷：其他业务收入   60 000

6 月 30 日计提利息时，票据利息为

$$票据利息 = 60\ 000 \times 6\% \div 12 \times 4 = 1\ 200(元)$$

  借：应收票据——B 公司   1 200
    贷：财务费用   1 200

票据期满收回到期值为

$$到期值 = 60\,000 \times (1 + 6\% \div 12 \times 6) = 61\,800(元)$$

借：银行存款	61 800
贷：应收票据——B公司	61 200
财务费用	600

如果票据到期B公司无力付款，则会计分录为

借：应收账款——B公司	61 200
贷：应收票据——B公司	61 200

4. 应收票据转让的核算

企业将持有的应收票据背书转让，以取得所需物资时，应借记"材料采购"或"在途物资""原材料"等账户，并按应收票据的账面余额，贷记"应收票据"账户，如有价款差额，借记或贷记"银行存款"等账户，用以退补价差。如果企业背书转让的是带息应收票据，除按上述处理外，还应按尚未计提的利息，贷记"财务费用"账户。

【例3-6】 方兴建筑工程公司从B公司购入原材料，价款25 000元，增值税税率13%，方兴公司将一张面值24 000元的不附息应收票据背书转让给B公司，价款差额4 250元以银行存款支付，材料验收入库。应编制会计分录如下。

借：材料采购（或原材料）	25 000
应交税费——应交增值税	3 250
贷：应收票据——B公司	24 000
银行存款	4 250

5. 应收票据贴现的核算

应收票据贴现是指持票人因急需资金，将未到期的商业汇票背书后转让给银行，银行受理后，从票面金额中扣除按银行的贴现率计算确定的贴现息后，将余额支付给贴现企业的业务活动。在贴现中，企业支付给银行的利息称为贴现利息，银行计算贴现利息的利率称为贴现率，企业从银行获得的票据到期值扣除贴现利息后的货币收入，称为贴现所得。其公式为：

$$贴现所得 = 票据到期值 - 贴现利息$$
$$票据到期值 = 票据面值 + 到期利息 = 票据面值 \times (1 + 利率 \times 期限)$$
$$= 票据面值 \times (1 + 年利率 \times 票据到期天数 \div 360)$$

或 $\quad = 票据面值 \times (1 + 年利率 \times 票据到期月数 \div 12)$

$$贴现利息 = 票据到期值 \times 贴现率 \times 贴现期 = 票据到期值 \times 贴现率 \times (贴现天数 \div 360)$$
$$贴现期 = 票据期限 - 企业已持有票据期限$$

带息应收票据的到期值，是其面值加上按票据载明的利率计算的票据全部期间的利息；不带息应收票据的到期值就是其面值。

【例3-7】 方兴公司因急需资金，于7月8日将一张6月8日签发，120天期限，票面价值50000元的不带息商业汇票向银行贴现，年贴现率为10%。

(1) 票据到期日为10月6日（票据的期限−6月份剩余天数−7月份实际天数−8月份实际天数−9月份实际天数=120−22−31−31−30=6）。

(2) 票据持有天数30天（6月份23天，7月份7天）。

(3) 贴现期为90天（120−30）。

(4) 到期值50 000元。

(5) 贴现利息1 250（50 000×10%×90/360）元。

(6) 贴现所得 48 750（50 000－1 250）元。

做会计分录如下。

  借：银行存款   48 750
    财务费用   1 250
   贷：应收票据   50 000

如果贴现的商业承兑汇票到期，承兑人的银行账户不足支付，银行将已贴现的票据退回申请贴现的企业，同时从申请贴现企业的账户中将票据到期值划回。申请贴现企业按所付票据本息和，借记"应收账款"账户，贷记"银行存款"账户。假如申请贴现企业的银行账户不足支付，银行将作为逾期贷款处理，申请贴现企业应将票据到期值，借记"应收账款"账户，贷记"短期借款"账户。

第二节 应 收 账 款

一、应收账款的确认与计量

应收账款是指企业因销售商品或提供劳务等经营活动，应向购货客户或接受劳务的客户收取的款项，主要包括销售商品的价款、增值税款，以及代客方垫付的运杂费等。应收账款属于不超过一个营业周期即可收回的短期债权。超过一个营业周期的应收债权应列归为长期应收款。对于施工企业而言，应收账款的具体范围涉及因承包工程、销售产品、提供装饰装修服务等，且采用非商业汇票结算方式而应向客户收取的款项。

从收入确认的角度讲，如果满足收入实现相应的条件，那么企业即可以确认销售商品或提供劳务的收入。虽然确认了收入，但是，如果企业没有收到现金或者其他形式的资产，那么该笔交易就具有赊销性质。此时，在会计上既要确认销售收入，又要确认应收账款。

可见，应收账款的确认时间与营业收入的实现标准密切相关。应收账款通常应该在销货完成、商品所有权转移给买方或劳务提供时予以确认。这就是说，企业的应收账款一般是列入营业收入的因销售产品、材料或提供劳务、作业，而应向购货单位或接受劳务、作业单位收取的款项。

按照权责发生制的原则，企业确认营业收入需要满足的具体条件将在后续章节中介绍。涉及某些特殊的行业和特殊的交易，例如建造合同、分期收款销售、代销、售后购回等与之相关的销售收入和相应的应收账款，还要遵循一些特殊的确认原则。

应收销货款和增值税应于收入实现时确认入账，而销售方为购买方代垫的运杂费则应于发生时确认入账。企业因提供劳务形成的债权也应在确认收入的同时，按照与接受劳务方签订的合同或协议确定应收账款的金额。

应收账款通常应按实际发生的交易价格计价入账。但在确认应收账款入账价值时，还应考虑有关的折扣、折让等因素。

1. **商业折扣与现金折扣**

（1）商业折扣 是指企业为促销而在商品标价上给予的扣除，一般用报价的一定百分比来表示。企业为了扩大销售，对批量购买者往往给予一定的折扣，使客户享受到售价优惠。商业折扣一般在交易发生时即已确定，因此，对应收账款和营业收入均不产生影响，买卖双方都直接以扣除商业折扣后的净额作为发票价格入账，无需单独反映折扣。因此，在存在商业折扣的情况下，应收账款的入账金额应按扣除商业折扣以后的实际售价确认。

（2）现金折扣 是指企业为鼓励客户在规定的期限内付款，而向客户提供的价格优惠和债务扣除。对于销货企业而言，提供现金折扣有利于提前收回货款，减少坏账风险，加速资金周转。现金折扣通常用符号"折扣/付款期限"表示，如 2/10，1/20，N/30，其含义是：如果客户在 10 天内偿付货款，给予 2% 的折扣；如果在 20 天内付款，给予 1% 的折扣；如果在 30 天内付款，则需全额付款。由此可见，现金折扣与商业折扣不同，现金折扣使企业应收账款的实际回款金额，随着客户付款的时间而异。

对于现金折扣，会计上有两种处理方法可供选择，一是总价法；二是净价法。

所谓总价法，是指将未减去现金折扣前的金额作为应收账款的入账价值，把给予客户的现金折扣视为融资的理财费用，会计上作为财务费用处理。所谓净价法，是指将扣减最大现金折扣后的金额作为应收账款的入账价值。一般说来，总价法的账面销售收入与发票金额一致，便于销项税额的核对，方法也较简单。但从理论上讲，净价法则更为稳健、合理。在我国会计实务中，通常采用总价法。

2. **销售退回与销售折让**

（1）销售退回　是指企业所销售的商品，因品种、质量不符合合同规定的要求或其他原因，而被购货方部分或全部退货。

（2）销售折让　是指企业所销售的商品，因品种、质量不符合合同规定的要求或其他原因，而给予购货方部分价款的减让。

二者的区别仅在于，销售退回还需要同时注销退回存货的成本；销售折让则不涉及调整账面存货事项。

3. **应收账款的转让融资**

应收账款作为企业生产经营中所持有的结算债权，具有财务功能，可以进行转让。企业通过转让债权既可以转移风险，还可以通过这种转让方式融通企业所需资金。利用应收账款转让融资主要有两种方式，即应收账款抵借和应收账款让售。

（1）应收账款抵借　是指持有应收账款的企业与信贷机构或代理商订立合同，以应收账款作为担保品取得一定额度借款的转让融资方式。如果作为抵押品的应收账款到期无法收回，银行有权向借款企业追索。应收账款抵借方式属于短期贷款形式，抵押方继续保留应收账款的权益，同时也要承担坏账的责任。

（2）应收账款让售　是指企业通过与信贷机构签订让售协议或合同将应收账款出让，用以筹集所需资金的一种融资方式。让售协议或合同中应规定手续费、利息、扣留款和是否附带追索权等。可分为无追索权的应收债权让售和附追索权的应收债权让售。

无追索权的应收账款让售后，让售企业应立即通知赊销客户将款项直接给付受让的金融信贷机构，因此，该项应收账款已符合金融工具终止的条件，应将该项应收账款的账面金额予以冲销，表明让售企业已将让售的债权及其主要风险转移给金融信贷机构，让售企业应终止该项应收账款。

附追索权的应收账款让售后，让售企业也应立即通知赊销客户将款项直接给付受让的金融信贷机构，但当受让的金融信贷机构无法从赊销客户收回款项时，受让的金融信贷机构有权向让售企业追索，让售企业负有清偿或回购该项应收账款的责任，因此，该项应收账款不符合金融工具终止的条件，不能将该项应收账款的账面金额予以冲销，表明让售企业仍保留与该项金融资产权益相关的主要风险，让售企业应继续确认该项应收账款。

可见附追索权的应收账款让售，相当于以应收账款质押借款，应比照质押借款的核算原则进行会计处理。

二、应收账款的核算

为了总括地反映应收账款的增减变动情况，企业应设置"应收账款"账户，该账户借方登记应收账款的增加；贷方登记应收账款的收回及确认的坏账损失；期末余额一般在借方，反映企业尚未收回的应收账款，如果期末余额在贷方，则反映企业预收的账款。该账户一般按不同的购货单位或接受劳务的单位设置明细分类账户，进行明细核算。施工企业"应收账款"总账下应分设"应收工程款"和"应收销货款"两个明细分类账，并分别按发包单位和购货单位或接受劳务、作业单位设置明细账户进行明细核算。

（一）销售业务中应收账款的核算

无折扣折让和有折扣折让情况下的应收账款账务处理有所不同。

1. 无折扣折让情况下的账务处理

① 企业因商品、产品销售而发生应收账款时，应编制会计分录如下。

借：应收账款
　　贷：主营业务收入
　　　　应交税费——应交增值税（销项税额）

② 应收账款到账如数收妥时，应编制会计分录如下。

借：银行存款
　　贷：应收账款

2. 有折扣折让情况下的账务处理

（1）商业折扣情况下的账务处理

【例 3-8】方兴施工产品生产企业销售产品一批，按价目表的价格计算，货款金额总计 100 000 元，根据购买数量给予买方的商业折扣为 10%，适用的增值税税率为 13%，代垫运杂费 5 000 元，适用的增值税税率为 9%，应编制会计分录如下。

借：应收账款　　　　　　　　　　　　　　　　　　　　　107 150
　　贷：主营业务收入 [100 000×(1−10%)]　　　　　　　　 90 000
　　　　应交税费——应交增值税（销项税额）　12 150（11 700＋450）
　　　　银行存款　　　　　　　　　　　　　　　　　　　　 5 000

该项应收账款到账如数收妥时，应编制会计分录如下。

借：银行存款　　　　　　　　　　　　　　　　　　　　　107 150
　　贷：应收账款　　　　　　　　　　　　　　　　　　　　107 150

（2）现金折扣情况下的账务处理

【例 3-9】方兴施工产品生产企业销售产品一批，货款金额为 100 000 元，若规定的现金折扣付款条件为"2/10，N/30"，适用的增值税税率为 13%。假定无代垫运杂费。

① 采用总价法核算

销售业务发生时，根据有关销货发票，应编制会计分录如下。

借：应收账款　　　　　　　　　　　　　　　　　　　　　113 000
　　贷：主营业务收入　　　　　　　　　　　　　　　　　　100 000
　　　　应交税费——应交增值税（销项税额）　　　　　　　 13 000

设若客户于 10 日内付款时，应编制会计分录如下。

借：银行存款　　　　　　　　　　　　　　　　　　　　　111 000
　　财务费用（100 000×2%）　　　　　　　　　　　　　　 2 000
　　　　贷：应收账款　　　　　　　　　　　　　　　　　　113 000

设若客户超过 10 日付款，则无现金折扣，应编制会计分录如下。

借：银行存款　　　　　　　　　　　　　　　　　　　　　113 000
　　贷：应收账款　　　　　　　　　　　　　　　　　　　　113 000

② 采用净价法核算

销售业务发生时，根据有关销货发票，应编制会计分录如下。

  借：应收账款   110 740
    贷：主营业务收入   98 000
      应交税费——应交增值税（销项税额）   12 740

设若客户于 10 日内付款时，应编制会计分录如下。

  借：银行存款   110 740
    贷：应收账款   110 740

设若客户超过 10 日付款，则不享受现金折扣，应编制会计分录如下。

  借：银行存款   113 000
    贷：应收账款   111 000
      财务费用（100 000×2%）   2 000

③ 销售退回与销售折让时的账务处理

【例 3-10】方兴施工产品生产企业销售产品一批，货款金额为 100 000 元，适用的增值税税率为 13%，无代垫运杂费。如果买方客户事后发现商品与合同要求不符，应做如下账务处理。

① 若买方客户要求全部退货，该批商品已结转的成本为 80 000 元。应编制会计分录如下。

  借：主营业务收入   100 000
    应交税费——应交增值税（销项税额）   13 000
    贷：应收账款   113 000

同时

  借：库存商品   80 000
    贷：主营业务成本   80 000

② 若经协商，对该批商品给予买方接受的 10% 的销售折让处理。应编制会计分录如下。

  借：主营业务收入   10 000
    应交税费——应交增值税（销项税额）   1 300
    贷：应收账款   11 300

（二）工程结算债权的核算

【例 3-11】方兴建筑工程公司根据本月已完工程与发包方进行工程价款结算，应收工程款为 330 000 元。应编制会计分录如下。

  借：应收账款——工程结算款   330 000
    贷：工程结算   330 000

【例 3-12】承【例 3-11】，方兴建筑工程公司收到已完工程价款 300 000 元，存入银行，其余的 30 000 元发包方以期限为 3 个月的银行承兑汇票予以抵付。应编制会计分录如下。

  借：银行存款   300 000
    应收票据   30 000
    贷：应收账款   330 000

（三）应收账款的转让融资核算

1. 应收账款抵借

应收账款抵借是指持有应收账款的企业与信贷机构或代理商订立合同，以应收账款作为担保品，在规定的期限内企业有权以一定额度为限借用资金的一种融资方式。应收账款抵借后，并未改变该项抵借应收账款的所有权，不符合金融资产终止确认的条件，因此，不能冲销应收账款的账面价值。

【例 3-13】方兴施工产品生产企业 2020 年 4 月 1 日以应收账款 70 000 元作为抵押，从银行取得以该项债权金额 80% 计算的借款，利率 12%，期限 3 个月，一次还本付息，依照抵借合同的规定，银行按抵押数额的 2% 收取手续费，M 公司将实际得到的款额存入银行存款账户。

① 扣除手续费，取得抵押借款，存入银行时，应编制会计分录如下。

借：银行存款（70 000×80%－70 000×2%）　　　　54 600
　　财务费用（70 000×2%）　　　　　　　　　　　 1 400
　　贷：短期借款（70 000×80%）　　　　　　　　　56 000

② 日后收回该项应收账款时，应编制会计分录如下。

借：银行存款　　　　　　　　　　　　　　　　　　70 000
　　贷：应收账款　　　　　　　　　　　　　　　　70 000

③ 2014 年 7 月 1 日该项借款到期还本付息时，应编制会计分录如下。

借：短期借款　　　　　　　　　　　　　　　　　　56 000
　　财务费用（56 000×12%×3/12）　　　　　　　　 1 680
　　贷：银行存款　　　　　　　　　　　　　　　　57 680

2. 应收账款让售

应收账款让售企业筹措的资金是根据销售发票金额减去允许客户在付款时扣除的现金折扣、金融信贷机构收取的佣金，以及在应收账款上可能发生的销售退回和折让而保留的扣款后的余额确定的。

附追索权的应收账款让售，相当于应收账款质押借款，应比照质押借款的核算原则进行会计处理。无追索权的应收账款让售，让售企业在会计处理上，应按实际收到的款项增加货币资金，向受让金融信贷机构支付的手续费应记入"财务费用"账户，受让金融信贷机构预留的备抵款额应记入"其他应收款——应收扣留款"账户，同时，让售企业应冲销该项让售应收账款的账面余额。待受让金融信贷机构实际收到该项让售债权时，让售企业再根据所发生的折扣、折让及退回等具体事宜，进行最后结算。

这里仅以无追索权为例说明应收账款让售的核算。

【例 3-14】方兴施工产品生产企业于 2020 年 4 月 1 日将所持有的一笔应收账款 600 000 元以无追索权的方式向建桥银行让售，建桥银行收取 3% 的手续费，并按该笔让售金额 10% 备抵扣留；2020 年 7 月 1 日，接到建桥银行通知，该行收回此笔让售金额的实际款 560 000 元，发生折扣、折让及退回事宜共计 22 600 元（其中货款 20 000 元，增值税 2 600 元）；2020 年 8 月 1 日方兴公司与建桥银行进行结算。公司应做如下账务处理。

① 2020 年 4 月 1 日让售时，应编制会计分录如下。

借：银行存款　　　　　　　　　　　　　　　　　　522 000
　　财务费用　　　　　　　　　　　　　　　　　　 18 000
　　其他应收款——应收扣留款　　　　　　　　　　 60 000
　　贷：应收账款　　　　　　　　　　　　　　　　600 000

② 2020 年 7 月 1 日，接到建桥银行通知，该行收到款项，实际发生折扣、折让及退回事宜时，应编制会计分录如下。

借：主营业务收入　　　　　　　　　　　　　　　　20 000
　　应交税费——应交增值税（销项税额）　　　　　 2 600
　　贷：其他应收款——应收扣留款　　　　　　　　22 600

③ 2020 年 8 月 1 日与银行进行结算时，应编制会计分录如下。

借：银行存款　　　　　　　　　　　　　　　　　　　　37 400
　　贷：其他应收款——应收扣留款　　　　　　　　　　　　37 400

第三节　预付账款

一、预付账款的确认与计量

施工企业的预付账款是指按照工程合同规定预付给分包单位的款项和备料款，以及按照购销合同规定预付给供应单位的购货款。预付账款是暂时被分包单位和供货单位占用的资金，因此成为企业的一项短期债权。

为了核算预付账款的增减变动情况，企业应设置"预付账款"账户，该账户借方登记企业预付的款项和补付的款项；贷方登记收到的材料物资的价款以及退回多付的款项，企业与分包单位结算工程价款时，从应付工程款中扣回预付备料款、预付分包工程款，也记入本账户的贷方；期末余额一般在借方，反映企业实际预付的款项，如果期末余额在贷方，则反映企业应付的账款。施工企业应分别开设"预付分包单位款"和"预付供应单位款"两个明细分类账户，进行明细核算。

二、预付账款的核算

预付账款业务不多的企业，也可以不单独设置"预付账款"账户，而直接并入"应付账款"账户核算。预付账款发生时，记入"应付账款"账户的借方及相应明细账，预付账款正式结算时，再记入"应付账款"账户的贷方。但在编制资产负债表时，应将"预付账款"与"应付账款"项目的金额分别列示。

【例 3-15】方兴建筑工程公司于 2020 年 4 月 5 日按合同规定，以银行存款预付分包单位备料款 800 000 元，4 月 15 日预付分包单位工程进度款 200 000 元，4 月 30 日根据某工程处交来的工程价款结算单，结算工程款 1 100 000 元（其中：备料款 900 000 元；工程进度款 200 000 元），除扣除已预付分包备料款和工程款外，余款以银行存款支付。公司单设"预付账款"账户，应做如下账务处理。

① 预付备料款时，应编制会计分录如下。

借：预付账款——预付分包单位款（备料款）　　　　　　800 000
　　贷：银行存款　　　　　　　　　　　　　　　　　　　800 000

② 预付工程款时，应编制会计分录如下。

借：预付账款——预付分包单位款（工程款）　　　　　　200 000
　　贷：银行存款　　　　　　　　　　　　　　　　　　　200 000

③ 结算工程价款时，应编制会计分录如下。

借：工程施工　　　　　　　　　　　　　　　　　　　1 100 000
　　贷：预付账款——预付分包单位款（备料款）　　　　　900 000
　　　　　　　　——预付分包单位款（工程款）　　　　　200 000

④ 补付工程余款时，应编制会计分录如下。

借：预付账款——预付分包单位款（备料款）　　　　　　100 000
　　贷：银行存款　　　　　　　　　　　　　　　　　　　100 000

【例 3-16】方兴建筑工程公司向 B 公司购买材料，价款 160 000 元，增值税税率 13% 供货合同签订时，预付订金 100 000 元，双方约定，货物全部交验后补付其余款项。公司应做如下账务处理。

① 预付订金时，应编制会计分录如下。

借：预付账款——预付购货款　　　　　　　　　100 000
　　贷：银行存款　　　　　　　　　　　　　　　　　　100 000

② 收到 B 公司开来的发票账单时，应编制会计分录如下。

借：材料采购　　　　　　　　　　　　　　　　160 000
　　应交税费——应交增值税（进项税额）　　　　 20 800
　　贷：预付账款　　　　　　　　　　　　　　　　　　180 800

③ 补付购货余款时，应编制会计分录如下。

借：预付账款——预付购货款　　　　　　　　　 80 800
　　贷：银行存款　　　　　　　　　　　　　　　　　　 80 800

第四节　其他应收款项

一、应收利息

应收利息是指企业进行债权性投资时所发生的应予收取的利息。企业应设置应收利息账户，该账户核算以下内容。

① 企业取得的交易性金融资产、持有至到期的投资和可供出售金融资产实际支付的价款中包含的已到付息期但尚未领取的利息。

② 资产负债表日，按分期付息、一次还本处理的下列情况，其中包括：交易性金融资产中的债券投资应以票面利率计算的利息；持有至到期投资应以票面利率计算的利息；可供出售金融资产中的债券投资应以票面利率计算的利息。

应收利息账户的借方登记企业应收取的债券投资利息；贷方登记企业实际收到的债券投资利息，该账户的期末借方余额，反映企业尚未收回的利息。

二、应收股利

应收股利是指企业进行股权性投资时所发生的应予收取的现金股利和应予收取的由被投资方分配而来的利润。贷方登记企业实际收到的现金股利或利润，该账户的期末借方余额，反映企业尚未收回的现金股利或利润。

三、其他应收款

其他应收款是指企业除应收票据、应收账款、预付账款和应收利息、应收股利以外的其他各种应收、暂付款项。其主要包括以下几项内容。

① 应收的各种赔款、罚款。
② 应收出租包装物的租金。
③ 应向员工收取的各种垫付款项。
④ 不单独设置"备用金"账户的企业拨出的业务周转金。
⑤ 存出的保证金（如租入水泥纸袋押金）。
⑥ 按规定转入的性质不符的预付账款。
⑦ 其他各种应收、暂付款项。

为了总括地反映其他应收款的增减变动情况，企业应设置其他应收款账户，该账户借方登记其他应收款的增加；贷方登记其他应收款的收回；期末余额在借方，反映企业尚未收回的其他应收款。该账户按其他应收款的项目分类，按不同的债务人设置明细账。

备用金是企业拨付给内部用款部门或职工个人零用开支的备用款项。为了核算备用金业务，企业可单独设置备用金账户，或者不设置备用金账户，而在"其他应收款——备用金"账户中进行核算。

备用金又称业务周转金，该项款额管理制度的建立，目的在于简化核算手续，方便所属非独立核算部门的日常应用。备用金可以实行定额管理或者非定额管理。在实行定额管理的条件下，事先应核定备用金的固定金额数量，然后拨付所属部门按规定范围使用，待定期凭单据报账时，补足备用金的定额。除非撤销或减少备用金定额，平时不冲减"其他应收款——备用金"账户。在实行非定额管理的条件下，不必事先核定备用金定额，随用随拨，用后不再拨补。

【例3-17】方兴施工产品生产企业向B公司购货时借用包装物，以转账支票支付包装物的押金2 000元。应编制会计分录如下。

借：其他应收款——存出保证金　　　　　　　　　　2 000
　贷：银行存款　　　　　　　　　　　　　　　　　　　　2 000

【例3-18】方兴施工产品生产企业的保卫科实行定额备用金制度，财务部门根据核定的备用金定额5 000元，以现金支票拨付。应编制会计分录如下。

借：其他应收款——备用金（保卫科）　　　　　　5 000
　贷：银行存款　　　　　　　　　　　　　　　　　　　　5 000

待上述保卫科向财务科报销日常办公费1 400元，财务科再以现金支票予以补足。应编制会计分录如下。

借：管理费用　　　　　　　　　　　　　　　　　　1 400
　贷：银行存款　　　　　　　　　　　　　　　　　　　　1 400

【例3-19】仍沿用【例3-18】，假定方兴施工产品生产企业的保卫科实行非定额备用金制度，财务部门将备用金2 000元以现金支票拨付。应编制会计分录如下。

借：其他应收款——备用金（保卫科）　　　　　　5 000
　贷：银行存款　　　　　　　　　　　　　　　　　　　　5 000

待上述保卫科向财务科报销日常办公费1 400元，财务部门不再予以补足。应编制会计分录如下。

借：管理费用　　　　　　　　　　　　　　　　　　1 400
　贷：其他应收——备用金（保卫科）　　　　　　　　　1 400

第五节　坏账准备

一、坏账的确认

企业无法收回的应收款项称为坏账，符合下列条件之一即可认为发生了坏账：
① 债务人被依法宣告破产、撤销，其剩余财产确实不足清偿的应收款项；
② 债务人死亡或依法被宣告死亡、失踪，其财产或遗产确实不足清偿的应收款项；
③ 债务人遭受重大自然灾害或意外事故，损失巨大，以其财产（包括保险赔款）确实无法清偿的应收账款；
④ 债务人逾期未履行偿债义务，经法院裁决，确实无法清偿的应收账款；
⑤ 逾法定年限以上（一般为3年）仍未收回的应收款项；
⑥ 法定机构批准可核销的应收账款。

二、坏账核算的方法

企业因坏账而发生的损失在会计上有两种核算方法：直接转销法和备抵法。直接转销法是在实际发生坏账时，直接冲销有关的应收账款，并确认坏账损失，借记"资产减值损失"科目，贷记"应收账款"科目。备抵法是根据应收账款可收回金额按期估计坏账损失并形成坏账准备，在实际发生坏账时再冲销坏账准备的方法。我国企业会计准则规定企业应采用备抵法核算各应收账款的坏账。采用备抵法核算坏账，企业需设置"坏账准备"科目，在进行坏账核算时，首先应按期估计坏账损失。坏账核算的方法主要有应收款项余额百分比法和账龄分析法等。

1. 应收账款余额百分比法

应收账款余额百分比法是指按期末应收款项余额的一定百分比估计坏账损失的方法。此方法认为，坏账损失的产生与应收账款的余额直接相关，应收账款的余额越大，产生坏账的风险就越高，因此，应根据期末应收账款的余额估计可能发生的坏账损失，计提坏账准备。

资产负债表日应收款项发生减值的，按应减记的金额，借记"资产减值损失"科目，贷记"坏账准备"科目。对于确实无法收回的应收款项，要报经批准后作为坏账，转销应收账款，借记"坏账准备"科目，贷记"应收账款""其他应收款"等科目。

已确认并转销的应收账款以后又收回的，应按实际收回的金额，借记"应收账款""其他应收款"等科目，贷记"坏账准备"科目；同时，借记"银行存款"科目，贷记"应收账款""其他应收款"等科目。对于已确认并转销的应收账款以后又收回的，也可以按照实际收回的金额，借记"银行存款"科目，贷记"坏账准备"科目。

【例 3-20】 方兴公司从 2017 年开始计提坏账准备，该公司坏账准备的提取比例为 5%。

(1) 2017 年末应收账款余额为 120 000 元，则计提的坏账准备为：

坏账准备提取额 = 120 000 × 5% = 6 000（元）

借：资产减值损失　　　　　　　　　　　　　　　　　　6 000
　　贷：坏账准备　　　　　　　　　　　　　　　　　　　6 000

(2) 2018 年 11 月，公司发现有 1 600 元的应收账款无法收回，按有关规定确认为坏账损失。

借：坏账准备　　　　　　　　　　　　　　　　　　　　1 600
　　贷：应收账款　　　　　　　　　　　　　　　　　　　1 600

(3) 2018 年 12 月 31 日，该公司应收账款余额为 144000 元。按本年年末应收账款余额应保持的坏账准备金额（即坏账准备的余额）为：144 000 × 5% = 7 200（元）

年末计提坏账准备前，"坏账准备"科目的贷方余额为：6 000 − 1600 = 4 400（元）

本年度应补提的坏账准备金额为：7 200 − 4 400 = 2 800（元）

有关账务处理如下。

借：资产减值损失　　　　　　　　　　　　　　　　　　2 800
　　贷：坏账准备　　　　　　　　　　　　　　　　　　　2 800

(4) 2019 年 5 月 20 日，接银行通知，方兴公司上年度已冲销的 1 600 元坏账又收回，款项已存入银行。有关账务处理如下。

借：应收账款　　　　　　　　　　　　　　　　　　　　1 600
　　贷：坏账准备　　　　　　　　　　　　　　　　　　　1 600
借：银行存款　　　　　　　　　　　　　　　　　　　　1 600
　　贷：应收账款　　　　　　　　　　　　　　　　　　　1 600

(5) 2019 年 12 月 31 日，方兴公司应收账款余额为 100 000 元。

本年末坏账准备余额应为：100 000×5%＝5 000（元）
至年末，计提坏账准备前的"坏账准备"科目贷方余额为：7 200＋1 600＝8 800（元）
本年度应冲销多提的坏账准备金额为：8 800－5 000＝3 800（元）
有关账务处理如下。

  借：坏账准备   3 800
    贷：资产减值损失   3 800

2. 账龄分析法

账龄分析法是指按应收账款入账时间的长短估计坏账损失的方法，即应收账款账龄的长短与发生坏账损失的概率是成正比例关系，应收账款被拖欠的时间越长，发生坏账的可能性就越大。做法是：企业应于期末根据应收账款拖欠时间的长短，将全部应收账款进行分类排列，编制应收账款账龄分析及坏账损失估算表，按账龄长短为每组估计一个坏账损失百分比，然后估计确定可能发生的坏账损失总额，并据以计提坏账准备。应收款项账龄分析及坏账损失估算表的一般格式，如表 3-1 所示。

表 3-1 应收款项账龄分析及坏账损失估算表
2019 年 12 月 31 日

应收款项账龄	应收款项金额/元	估计坏账损失/%	估计坏账损失金额/元
未到期	300 000	1	3 000
过期 1 个月	160 000	5	8 000
过期 2 个月	90 000	10	9 000
过期 3 个月	80 000	15	12 000
过期 6 个月	70 000	20	14 000
过期 8 个月	60 000	50	30 000
过期 1 年以上	50 000	80	40 000
过期 2 年以上	40 000	90	36 000
过期 3 年以上	20 000	100	20 000
合计	870 000		172 000

【例 3-21】方兴公司采用账龄分析法估计坏账准备，根据发生的有关经济业务，编制会计分录如下。

① 如表 3-1 所示，方兴公司 2019 年 12 月 31 日估计的坏账损失为 172 000 元，所以，"坏账准备"科目的账面余额应为 172 000 元。假设在估计坏账损失前，"坏账准备"科目有贷方余额 24 000 元，则该企业还应计提 148 000 元（172 000－24 000）坏账准备。有关账务处理如下。

  借：资产减值损失   148 000
    贷：坏账准备   148 000

② 再假设在估计坏账损失前，"坏账准备"科目有贷方余额 180 000 元，则该企业应冲减 8 000 元（180 000－172 000）坏账准备。有关账务处理如下。

  借：坏账准备   8 000
    贷：资产减值损失   8 000

第四章 存 货

第一节 存货概述

存货是企业从事生产经营的重要物质基础，通常在企业全部资产中占有较大比重。存货的流转速度是判断企业资源利用效果的重要指标，客观反映着企业的经济效益。存货的正确计价，既会影响资产负债表中流动资产项目的价值，又会影响利润表中营业成本和利润的确定。

一、存货的性质

（一）存货的定义

存货是指企业在日常生产经营过程中持有以备出售的产成品或商品，或者仍然处在生产过程的在产品，或者在生产或提供劳务过程中耗用的材料或物料等。企业的存货主要包括库存的、加工中的、在途的各类材料、商品、在产品、半成品、产成品、周转材料等。

在不同行业的企业中，存货的范围有所不同。商品流通业企业的存货以商品库存为主；制造业企业的存货以材料储备和在产品、产成品为主；建安施工企业的存货则以原材料、周转材料，以及未完工程和已完工程等为主。

（二）存货的分类

施工企业的存货主要分为以下几大类。

1. 原材料

原材料是指施工企业用于建筑安装工程或用于产品生产而存放在仓库的各种库存材料，包括主要材料、结构件、机械配件和其他材料。

（1）主要材料　指用于工程施工或产品生产，并构成工程或产品实体的各种材料。如钢材、木材、水泥、砖、瓦、砂、石以及五金、电器、化工等材料。

（2）结构件　指经过吊装、拼砌、安装而构成房屋建筑物实体的各种金属的、钢筋混凝土的和木质的结构件。如钢窗、木门、钢筋混凝土预制件等。

（3）机械配件　指施工机械、生产设备、运输设备等各种机械设备替换、维修使用的各种零件和配件，以及为机械设备配备的备品备件。如曲轴、齿轮、阀门等。

（4）其他材料　指不构成工程或产品实体，但有助于工程或产品实体形成，或便于进行施工生产的各种材料。如燃料、油料等。

2. 周转材料

周转材料是指施工企业在建筑安装过程中能够多次使用，并可基本保持原来的形态而逐渐转移其价值的材料、用具物品。主要包括钢模板、木模板、脚手架、未达到固定资产标准的生产用具、管理用具，以及劳动保护用品等。

3. 未完施工和已完施工

未完施工是指已进行施工，但月末尚未完成预算定额规定的全部工序和工作内容的分部分项工程；已完施工是指已完成预算定额规定的全部工序和工作内容的分部分项工程。

4. 在产品

在产品是指施工企业附属的工业企业和辅助生产部门正在加工尚未全部完工的产品。

5. 产成品

产成品是指施工企业附属的工业企业已经全部完工，可以对外销售的库存商品以及各种建安构件产品。

6. 委托加工物资

委托加工物资是指施工企业委托外单位加工的各种材料和构件。

7. 构成建安产品的设备

构成建安产品的设备是指施工企业生产过程中经安装构成建安产品组件部分的各种设备。如照明、通风、取暖、供水、供电、卫生等设备。

二、存货的计量

（一）取得存货的计量

取得存货的计量是指企业存货初始入账价值的确定。企业取得存货应当按照成本进行初始计量。存货成本包括采购成本、加工成本和其他成本三个组成部分。存货取得的途径主要有外购、加工和其他取得方式等，不同途径取得的存货，其成本的具体构成内容不同。

1. 外购存货的成本

企业外购存货应按采购成本进行初始计量，存货的采购成本，包括购买价款、相关税费以及其他可归属于存货采购成本的费用。

① 购买价款。是指企业购入存货发票账单上标明的价款，但不包括增值税一般纳税人按规定可以抵扣的进项税额。

② 相关税费。是指企业购入存货发生的消费税、资源税、进口关税和不能抵扣的增值税进项税额等应计入存货采购成本的各种税费。

③ 其他可归属于存货采购成本的费用。是指存货采购成本中除了购买价款、相关税费以外的可归属于存货采购成本的费用，如运输费、装卸费、保险费等。这些费用能够分清负担对象的，应直接计入存货采购成本；不能够分清负担对象的，应选择合理的分配方法，分配计入存货采购成本。常见的分配方法包括按照所购存货的重量或采购价格的比例进行分配。

2. 加工存货的成本

企业通过进一步加工取得的存货，其成本由采购成本、加工成本构成。某些存货还包括使之达到目前场所和状态所发生的其他成本，如可直接认定的产品设计费用等。计量加工存货的成本，其重点是成本构成中加工成本的确定。存货加工成本由直接人工以及按照一定方法分配的制造费用构成，其实质是确定企业在进一步加工存货的过程中追加的生产成本。

① 自制和自行建造的存货，包括未完工程、已完工程、附属企业或辅助生产的在产品、半成品及产成品等。其初始成本的内容由耗用的材料、工资和相关费用等各项实际支出构成。就施工企业而言，自制和自行建造的存货成本包括直接材料、直接人工、机械使用费、其他直接费和间接费用。

② 委托加工存货，其初始成本的内容由实际耗用的原材料或者半成品、支付的加工费和为加工物资支付的往返运输费、装卸费、保险费等费用，以及按规定应计入成本的税金等构成。就施工企业而言，委托加工存货是指以企业自行采购的物资委托其他单位加工的结构件和在本行业中列作存货的设备等。

3. 其他方式取得存货的成本

其他方式取得的存货，主要包括接受投资者投入、非货币性资产交换、债务重组、企业合并、存货盘盈等。

（二）发出存货的计量

企业实务中，存货发出可以按实际成本核算，也可以按计划成本核算，如果采用计划成本核算，会计期末亦应调整为实际成本。

企业存货发出的计价方法有先进先出法、加权平均法、个别计价法等。

1. 先进先出法

先进先出法是指假定先收到的存货先发出，并根据这种假定的存货流转次序对发出存货和期末存货进行计价的方法。具体做法是：接收有关存货时，逐笔登记每一批存货的数量、单价和金额；发出存货时，按照先进先出的原则计价，逐笔登记存货的发出和结存金额。

【例 4-1】 方兴建筑工程公司 2020 年 6 月原材料存货变动情况如表 4-1 所示。

表 4-1　原材料明细账

名称：A 材料　　　　　　　　　　　　　　　　　　　　　　　　　金额单位：元

2020年		凭证字号	摘要	收进			发出			结存		
月	日			数量	单价	金额	数量	单价	金额	数量	单价	金额
6	1	略	月初结存							4 000	5.1	20 400
	3		购入	6 000	5.2	31 200				4 000	5.1	20 400
										6 000	5.2	31 200
	8		发出				4 000	5.1	20 400			
							5 000	5.2	26 000	1 000	5.2	5 200
	19		购入	4 000	5.4	21 600				1 000	5.2	5 200
										4 000	5.4	21 600
	22		发出				1 000	5.2	5 200			
							2 000	5.4	10 800	2 000	5.4	10 800
	30		本月合计	10 000		52 800	12 000		62 400	2 000	5.4	10 800

采用这种方法在存货发出时即可进行计价，并及时登记发出存货的金额。把计价工作分散在月内进行，有利于均衡核算工作，但核算工作量较大。采用此种方法，期末存货成本比较接近现行的市场价值。但当物价持续上涨时，用早期较低的成本与现实收入相配比，会使发出成本偏低而高估企业当期利润，并虚增结存价值，反之，当物价持续下跌时，则会使发出成本偏高而低估当期利润和虚减结存价值。

2. 加权平均法

（1）一次加权平均法　是指根据期初结存存货和本期收入存货的数量和实际成本，期末一次计算存货的本期加权平均单价，作为计算本期发出存货成本和期末结存存货成本的单价，据以求得本期发出存货成本和期末结存存货成本的方法。其计算公式如下。

$$加权平均单价 = \frac{期初结存存货实际成本 + 本期收入存货实际成本}{期初结存存货数量 + 本期收入存货数量}$$

本期发出存货成本 = 本期发出存货数量 × 加权平均单价

期末结存存货成本 = 期末结存存货数量 × 加权平均单价

在加权平均单价有尾差（即存在近似计算的四舍五入值）的情况下，通常先计算结存存货成本，并采用倒挤方法计算本期发出存货成本，以优先保证存货结存成本的正确性。其公式如下。

期末结存存货成本 = 期末结存存货数量 × 加权平均单价

本期发出存货成本 = 期初结存存货成本 + 本期收入存货成本 − 期末结存存货成本

【例 4-2】仍以【例 4-1】资料为例，见表 4-2。

表 4-2　原材料明细账

名称：A 材料　　　　　　　　　　　　　　　　　　　　　　　　　　　　　金额单位：元

2020年		凭证字号	摘　要	收　进			发　出			结　存		
月	日			数量	单价	金额	数量	单价	金额	数量	单价	金额
6	1	略	月初结存							4 000	5.1	20 400
	3		购入	6000	5.2	31 200				10 000		
	8		发出				9 000			1 000		
	19		购入	4 000	5.4	21 600				5 000		
	22		发出				3 000			2 000		
	30		本月合计	10 000		52 800	12 000		62 740	2 000	5.23	10 460

加权平均单价=(20 400+52 800)÷(4 000+10 000)≈5.23(元)

月末结存材料成本=2 000×5.23=10 460(元)

本月发出材料成本=20 400+52 800−10 460=62 740(元)

采用此种方法，发出存货的单价只在月末计算一次即可，简化了平时的核算工作。而且在市价上涨或下跌时按此种方法计算，对存货成本的分摊较为折中。但由于每期发出存货的加权平均单价月末才能计算，因此，从平时账面上不能及时反映存货的发出金额和结存金额，不利于存货的日常管理。

(2) 移动加权平均法　也称移动平均法，是指每次（批）收货以后，立即根据库存存货数量和成本，计算出新的移动平均单价的方法。计算原理与加权平均法基本相同。其计算公式如下。

$$移动平均单价=\frac{原有存货成本+本批收入存货实际成本}{原有存货数量+本批收入存货数量}$$

发出存货成本=发出存货数量×移动平均单价

【例 4-3】仍以【例 4-1】资料为例，见表 4-3。

表 4-3　原材料明细账

名称：A 材料　　　　　　　　　　　　　　　　　　　　　　　　　　　　　金额单位：元

2020年		凭证字号	摘　要	收　进			发　出			结　存		
月	日			数量	单价	金额	数量	单价	金额	数量	单价	金额
6	1	略	月初结存							4 000	5.1	20 400
	3		购入	6 000	5.2	31 200				10 000	5.16	51 600
	8		发出				9 000	5.16	46 440	1 000	5.16	5 160
	19		购入	4 000	5.4	21 600				5 000	5.352	26 760
	22		发出				3 000	5.352	16 056	2 000	5.352	10 704
	30		本月合计	10 000		52 800	12 000		62 496	2 000	5.352	10 704

6 月 3 日移动平均单价=(20 400+31 200)÷(4 000+6 000)=5.16(元)

6 月 8 日发出存货成本=9 000×5.16=46 440(元)

6 月 19 日移动平均单价=(5 160+21 600)÷(1 000+4000)=5.352(元)

6 月 22 日发出存货成本=3 000×5.352=16 056(元)

采用移动平均法能及时并较客观地反映发出及结存存货的成本，但由于每次收货后都需计算移动平均单价，核算工作量大。

3. 个别计价法

个别计价法又称个别认定法、分批实际法，是指逐一辨认每次（批）发出存货的实际成本，并按其购入或完工时确认的单位成本分别计价的方法。这种方法是建立在假定存货的成本流转与实物流转相互一致的基础上的。采用这种方法，需在仓库中将每次（批）收进的存货分别存放，标明单价，按品种和批次设详细的存货记录，并在存货上附加标签或编号，以便准确分辨发出存货的个别实际成本。在传统手工记账模式下，采用个别计价法，当存货单位成本不稳定，且存货收发频繁时，辨别发出存货成本的工作量较大。此外，往往容易出现企业随意选用较高或较低价格的存货，人为调整本期利润的现象。在企业普遍采用计算机信息系统进行会计处理的电算化模式下，个别计价法可以广泛应用于发出存货的计价。而且，个别计价法的成本计算符合实际情况，最为准确。对于施工企业说来，这种计价方法较适用于为某一建造合同专门购置或建造，并单独存放的特殊材料设备，也适用于未完工程和已完工程的成本确认。

以上各种存货发出的计价方法，施工企业可以根据自己的具体情况选用，但计价方法一经确定，不得随意变更。实务处理中还应注意无论采用何种方法，如遇到单位成本尾数除不尽的情况，应用倒挤法把尾差计入发出存货成本。

（三）期末存货的计量

会计期末，存货应当按照成本与可变现净值孰低计量。对于存货成本高于可变现净值的差额，应计提存货跌价准备，并计入当期损益。

第二节 库存材料

施工企业存货的日常核算有两种方法：一种是采用实际成本法进行核算；另一种是采用计划成本法进行核算。

一、库存材料采用实际成本法的核算

（一）存货实际成本法概述

存货实际成本法是指每种存货的收进、发出、结存核算均按实际成本计价。其特点是从存货收发凭证到明细分类账和总分类账均按实际成本计价。此种方法一般适用于规模较小、存货品种少、采购业务不多的施工企业。

（二）库存材料实际成本法核算的主要账户设置

实际成本法下，为核算库存材料的收付存业务，应设置以下主要核算账户。

1. "在途物资"账户

"在途物资"账户用于核算企业已购入但尚未到达或尚未验收入库的原材料的实际成本。该账户借方登记已付款或已开出、承兑商业汇票的材料的实际成本；贷方登记已验收入库材料的实际成本。期末余额在借方，反映企业在途物资的实际成本。该账户按供应单位设置明细分类账户，进行明细核算。

2. "原材料"账户

"原材料"账户用于核算企业库存各种材料的收发与结存情况。该账户借方登记入库原材料的实际成本；贷方登记出库原材料的实际成本。期末余额在借方，反映企业库存原材料的实际成本，该账户按原材料的保管地点（仓库）、材料的类别、品种和规格设置明细分类

账或材料卡片，进行明细核算。

（三）库存材料实际成本法的收发核算

1. 库存材料外购

施工企业外购材料时，由于结算方式和采购地点的不同，材料入库和货款的支付在时间上不一定同步，相应的会计处理也有所不同。

（1）货款已付（或已开出承兑商业汇票），材料验收入库　材料验收入库后，根据有关凭证按实际成本借记"原材料"账户，贷记"银行存款"或"应付票据"账户等。

【例 4-4】方兴建筑工程公司从 B 公司购入原材料，价款 80 000 元，增值税税率 13%，运费 2 000 元，增值税税率 9%，款已付，材料验收入库。

根据有关发票账单，应编制会计分录如下。

借：原材料　　　　　　　　　　　　　　　　　　　　　82 000
　　应交税费——应交增值税（进项税额）　10 580（10 400＋180）
　　贷：银行存款　　　　　　　　　　　　　　　　　　　92 580

（2）货款已付，但材料尚未入库　根据发票账单等结算凭证，借记"在途物资"，贷记"银行存款"或"应付票据"等账户；待材料入库后，再根据收料单，借记"原材料"，贷记"在途物资"。

【例 4-5】方兴建筑工程公司采购原材料一批，价款 80 000 元，增值税税率 13%，发票账单已到，货款已付，材料尚未运达。应编制会计分录如下。

借：在途物资　　　　　　　　　　　　　　　　　　　　80 000
　　应交税费——应交增值税（进项税额）　　　　　　　10 400
　　贷：银行存款　　　　　　　　　　　　　　　　　　　90 580

该项材料运达，供方转来代垫运费单据 2 000 元，以银行存款付讫。应编制会计分录如下。

借：在途物资　　　　　　　　　　　　　　　　　　　　 2 000
　　应交税费——应交增值税（进项税额）　　　　　　　　 180
　　贷：银行存款　　　　　　　　　　　　　　　　　　　 2 180

待该项材料验收入库，应编制会计分录如下。

借：原材料　　　　　　　　　　　　　　　　　　　　　82 000
　　贷：在途物资　　　　　　　　　　　　　　　　　　　82 000

（3）材料已入库，但发票账单未到，货款未付　由于难以确认材料的入账价值，因此，在月份内收到材料时只登记明细分类账，暂不进行总分类核算。如果直到月末发票账单仍未收到，为使账实相符，按材料的市价、合同价暂估入账，借记"原材料"账户，贷记"应付账款"账户。下月初用红字做同样的会计分录，予以冲回，以便待有关发票账单到达并支付货款后，再按正常程序进行账务处理。

【例 4-6】方兴建筑工程公司从外地采购原材料一批，材料已运达并验收入库，但发票账单仍未收到，货款未付。

月末按暂估价 200 000 元入账。应编制会计分录如下。

借：原材料　　　　　　　　　　　　　　　　　　　　200 000
　　贷：应付账款　　　　　　　　　　　　　　　　　　200 000

下月初用红字予以冲回（方框内的数字表示红字，下同）。

借：原材料　　　　　　　　　　　　　　　　　　　　|200 000|

　　　　贷：应付账款　　　　　　　　　　　　　　　　　　　　　　200 000

　　如果下月收到有关发票账单，并载明价款 200 000，增值税税率 13%，运杂费 1 000 元，增值税税率 9%，款项以银行存款付讫。应编制会计分录如下。

　　　　借：原材料　　　　　　　　　　　　　　　　　　　　　　　201 000
　　　　　　应交税费——应交增值税（进项税额）　　　　　　　　　　26 090
　　　　　　贷：银行存款　　　　　　　　　　　　　　　　　　　　226 090

　（4）材料验收入库时，发生短缺或损耗　应区分不同情况做相应处理。

　① 运输途中的合理损耗，计入材料的采购成本。

　② 由于供应单位责任造成的短缺或损失，如果尚未支付货款，结算时，企业应按短缺的数量和发票单价计算拒付金额，承付部按实际支付金额入账。

　③ 由运输部门、责任单位或过失人造成的短缺，如果货款已付，应将索赔金额记入"其他应收款"账户。

　④ 属于自然灾害等非正常原因造成的损失，将扣除残料价值和过失人、保险公司赔款后的净损失，记入"营业外支出"账户。

　　以上的短缺或损耗（除尚未支付货款的情况之外），在未查明原因时，先记入"待处理财产损溢"账户，查明原因并经批准后再按不同情况进行处理。

　【例 4-7】方兴建筑工程公司 4 月 5 日购入原材料一批，买价 60 000 元，增值税税率 13%，运杂费 1 000 元，增值税税率 9%，共计 71 200 元，以银行存款支付。4 月 21 日材料验收入库时，发现途中短缺材料价款计 5 000 元，其中 500 元属定额内合理损耗，其余 4 500 元短缺原因待查。

　　付款时，应编制会计分录如下。

　　　　借：在途物资　　　　　　　　　　　　　　　　　　　　　　　61 000
　　　　　　应交税费——应交增值税（进项税额）　　　　　　　　　　 7 890
　　　　　　贷：银行存款　　　　　　　　　　　　　　　　　　　　　68 890

　　材料验收入库时，应编制会计分录如下。

　　　　借：原材料　　　　　　　　　　　　　　　　　　　　　　　　56 500
　　　　　　待处理财产损溢——待处理流动资产损溢　　　　　　　　　 4 500
　　　　　　贷：在途物资　　　　　　　　　　　　　　　　　　　　　61 000

　　上述短缺，经查明核准：属于供应单位的责任 3 000 元，应由运输部门赔偿 500 元，途中意外事故损失 1 000 元。

　　应编制会计分录如下。

　　　　借：其他应收款——供应单位　　　　　　　　　　　　　　　　 3 000
　　　　　　　　　　　——运输部门　　　　　　　　　　　　　　　　　 500
　　　　　　营业外支出——非常损失　　　　　　　　　　　　　　　　 1 000
　　　　　　贷：待处理财产损溢——待处理流动资产损溢　　　　　　　 4 500

2. 库存材料发出

　　施工企业的存货按实际成本法核算，由于材料的日常领发业务频繁，为了简化日常核算工作，平时材料发出可以填制领料单（一次性领料凭证）、限额领料单（累计领料领料凭证）、大堆材料耗用单等，一般只登记材料明细分类账，反映各种材料的收发和结存金额，月末根据施工任务完成单、实际发料记录、大堆材料耗用计算单，依照材料类别和受益对象，并按实际成本计价，汇总编制"发料凭证汇总表"，格式见表 4-4 所示。

表 4-4 发料凭证汇总表

2020 年 6 月 30 日　　　　　　　　　　　　　　　　　　　　单位：元

受益对象	材料类别	主要材料	结构件	机械配件	其他材料	合计
工程施工		500 000	120 000			620 000
其中	Ⅰ工程	400 000	80 000			480 000
	Ⅱ工程	100 000	40 000			140 000
机械作业				6 000	3 000	9 000
辅助生产		20 000		1 600		21 600
管理部门					1 000	1 000
合计		520 000	120 000	7 600	4 000	651 600

【例 4-8】 方兴建筑工程公司 6 月份各有关部门领料情况见表 4-4，应编制会计分录如下。

借：工程施工——合同成本（Ⅰ工程）　　　480 000
　　　　　　　——合同成本（Ⅱ工程）　　　140 000
　　机械作业　　　　　　　　　　　　　　　9 000
　　生产成本——辅助生产成本　　　　　　21 600
　　管理费用　　　　　　　　　　　　　　　1 000
　　贷：原材料——主要材料　　　　　　　520 000
　　　　　　　——结构件　　　　　　　　120 000
　　　　　　　——机械配件　　　　　　　　7 600
　　　　　　　——其他材料　　　　　　　　4 000

二、库存材料采用计划成本法的核算

（一）存货计划成本法概述

存货按计划成本法核算是指存货的收进、发出和结存均采用计划成本进行总分类核算和明细分类核算，同时将实际成本与计划成本的差额通过设置"材料成本差异"账户反映，期末计算发出存货、结存存货应分摊的成本差异，将发出存货及结存存货由计划成本调整为实际成本。采用计划成本法，一般适用于存货品种繁多，收发频繁的大中型施工企业。该方法的基本步骤如下。

① 企业应先行确定各种存货的计划单位成本，此后，计划单位成本在年度内一般不做调整。

② 平时收到存货时，按计划单位成本计算出收入存货的总计划成本，并将实际成本与计划成本的差额，记入"材料成本差异"账户。

③ 平时领用、发出存货，均按计划成本计算。月份终了再将本月发出存货应负担的成本差异进行分摊，随同本月发出原材料的计划成本记入有关账户，将发出存货的计划成本调整为实际成本。

发出材料应负担的成本差异，除委托加工物资可按月初材料成本差异率计算外，均应使用本月的材料成本差异率，并且必须按月分摊，不得在季末或年末一次计算。

该方法的计算公式如下。

$$本月存货成本差异率 = \frac{月初结存材料的成本差异 + 本月收进材料的成本差异}{月初结存材料的计划成本 + 本月收进材料的计划成本} \times 100\%$$

$$上月存货成本差异率 = \frac{月初结存材料的成本差异}{月初结存材料的计划成本} \times 100\%$$

发出存货应负担的成本差异＝发出存货的计划成本×存货成本差异率

发出存货的实际成本＝发出存货的计划成本＋发出存货应负担的成本差异

结存存货的实际成本＝结存存货的计划成本＋结存存货应负担的成本差异

计算应用时，存货的超支通常以正值差异率表示，相应的差异额亦为正值；存货的节约通常以负值差异率表示，相应的差异额亦为负值。

【例 4-9】 方兴建筑工程公司采用计划成本法对材料进行日常核算。2020 年 10 月，月初结存材料的计划成本为 2 000 000 元，材料成本差异账户贷方余额为 30 000 元（月初结存存货的节约额）；本月入库材料的计划成本为 10 000 000 元，材料成本差异账户借方发生额为 60 000 元（月末调整前结存存货的超支额）；本月发出材料的计划成本为 8 000 000 元。求该公司本月发出材料的实际成本。

【解析】 本月材料成本差异率＝差异额÷计划成本×100%＝（－30 000＋60 000）÷
（2 000 000＋10 000 000）×100%
＝30 000÷12 000 000×100%＝0.25%

发出材料实际成本＝发出材料计划成本±应负担的差异额＝8 000 000＋
（8 000 000×0.25%）
＝8 000 000＋20 000＝8 020 000（元）

（二）库存材料计划成本法核算的主要账户设置

施工企业采用计划成本法进行材料的日常核算时，需设置以下账户。

1. "材料采购"账户

该账户借方登记外购材料物资的实际成本和结转实际成本小于计划成本的节约差异，以及发包单位拨入抵作备料款的材料价款；贷方登记验收入库材料物资的计划成本和结转实际成本大于计划成本的超支差异。期末余额在借方，反映已收到发票账单付款或已开出、承兑商业汇票，但尚未到达或尚未验收入库的在途材料物资的实际成本。

2. "原材料"账户

与实际成本法下原材料账户核算内容相同，但借方、贷方和余额均反映材料的计划成本。

3. "材料成本差异"账户

用于核算企业各种材料实际成本与计划成本的差异。属于调整账户，该账户借方登记入库材料实际成本大于计划成本的差异（超支差）；贷方登记入库材料实际成本小于计划成本的差异（节约差）和分配发出材料应负担的材料成本差异（超支差异用蓝字，节约差异用红字）。期末余额若在借方，反映结存材料的超支差异；若在贷方，反映结存材料的节约差异。

（三）库存材料计划成本法的收发核算

1. 库存材料外购

施工企业外购材料时，如同采用实际成本法核算一样，也要根据结算方式和采购地点的不同，做出相应的账务处理。在计划成本法下，取得材料先要记入"材料采购"账户，材料的实际成本与计划成本的差异，通过"材料成本差异"账户核算。

（1）货款付讫，材料验收入库

【例 4-10】 方兴建筑工程公司从 B 公司购入材料 100t，买价计 60 000 元，增值税税率 13% 运费 2 000 元，增值税税率 9%，以银行存款支付，材料验收入库，计划单位成本 580 元。

支付货款时，应编制会计分录如下。

借：材料采购　　　　　　　　　　　　　　　　　　　　62 000

　　　　应交税费——应交增值税（进项税额）　　　　　　　7 890
　　　　　贷：银行存款　　　　　　　　　　　　　　　　62 000
　　材料入库时，应编制会计分录如下。
　　　　借：原材料　　　　　　　　　　　　　　　　　　58 000
　　　　　贷：材料采购　　　　　　　　　　　　　　　　58 000
　　结转入库材料成本差异时，应编制会计分录如下。
　　62 000－58 000 = 4 000（即超支差异）
　　　　借：材料成本差异　　　　　　　　　　　　　　　4 000
　　　　　贷：材料采购　　　　　　　　　　　　　　　　4 000
　　(2) 货款已付（或已开出承兑商业汇票），材料未验收入库
　　【例 4-11】方兴建筑工程公司从外地购入材料 200t，买价 74 000 元，增值税税率 13%，运杂费 4 000 元，增值税税率 9%，企业开出并承兑一张面值为 78 000 元，期限 3 个月的商业承兑汇票，材料尚未运达。应编制会计分录如下。
　　　　借：材料采购　　　　　　　　　　　　　　　　　78 000
　　　　　应交税费——应交增值税（进项税额）　　　　　9 980（9 620+360）
　　　　　贷：应付票据　　　　　　　　　　　　　　　　87 980
　　待材料验收入库，实收 198t，计划成本 400 元/t，应编制会计分录如下。
　　　　借：原材料　　　　　　　　　　　　　　　　　　79 200
　　　　　贷：材料采购　　　　　　　　　　　　　　　　79 200
　　结转入库材料成本差异时，应编制会计分录如下。
　　78 000－(198×400)＝78 000－79 200＝－1 200 元（即节约差）
　　　　借：材料采购　　　　　　　　　　　　　　　　　1 200
　　　　　贷：材料成本差异　　　　　　　　　　　　　　1 200
　　(3) 材料入库，但发票账单未到，货款未付
　　【例 4-12】方兴建筑工程公司购入水泥一批，并已验收入库，月末发票账单未到，货款未付。月末按计划成本 20 000 元暂估入账。应编制会计分录如下。
　　　　借：原材料　　　　　　　　　　　　　　　　　　20 000
　　　　　贷：应付账款——暂估应付账款　　　　　　　　20 000
　　下月初用红字冲回时，应编制会计分录如下。
　　　　借：原材料　　　　　　　　　　　　　　　　　　20 000
　　　　　贷：应付账款——暂估应付账款　　　　　　　　20 000
　　日后收到发票账单并支付款项时，按正常程序记账。
　　(4) 材料验收入库时，发现短缺、毁损的账务处理（同实际成本法）。
　　【例 4-13】方兴建筑工程公司购入钢材一批，买价 13 000 元，增值税税率 13%，运杂费 400 元，增值税税率 9%，共计 13 400 元，以银行存款支付。验收入库时，发现短损，确定由运输单位赔偿 800 元，该批钢材的计划成本为 13 000 元。
　　付款时，应编制会计分录如下。
　　　　借：材料采购　　　　　　　　　　　　　　　　　13 400
　　　　　应交税费——应交增值税（进项税额）　　　　　1 726（1 690+36）
　　　　　贷：银行存款　　　　　　　　　　　　　　　　15 126
　　要求责任方赔偿时，应编制会计分录如下。

```
借：其他应收款——某运输单位          800
    贷：材料采购                              800
```
验收入库时，应编制会计分录如下。
```
借：原材料                           13 000
    贷：材料采购                          12 600
        材料成本差异                          400
```

2. 库存材料发出

施工企业采用计划成本法进行材料日常核算时，所有材料的领料凭证均是按计划成本计价的。为了简化核算，月份终了，财会部门根据领用材料的计划成本和应分摊的材料成本差异，合并编制发料凭证汇总表，据以进行相应的账务处理。发料凭证汇总表的格式见表 4-5。

表 4-5 发料凭证汇总表

2020 年 6 月 30 日

材料类别 受益对象		主要材料		结构件		机械配件		其他材料		合计/元	
		计划成本/元	差异率(1%)	计划成本/元	差异率(2%)	计划成本/元	差异率(1.5%)	计划成本/元	差异率(1.1%)	计划成本	差异额
工程施工		460 000	4 600	18 000	360					478 000	4 960
其中	Ⅰ工程	380 000	3 800	10 000	200					390 000	4 000
	Ⅱ工程	80 000	800	8 000	160					88 000	960
机械作业						6 000	90	2 000	22	8 000	112
辅助生产		12 000	120							12 000	120
管理费用								4 000	44	4 000	44
合计		472 000	4 720	180 000	360	6 000	90	6 000	66	502 000	5 236

【例 4-14】 根据表 4-5 发料凭证汇总表，编制会计分录如下。

① 根据表中的计划成本，编制会计分录如下。
```
借：工程施工——合同成本（Ⅰ工程）        390 000
            ——合同成本（Ⅱ工程）         88 000
    机械作业                                 8 000
    生产成本——辅助生产成本                12 000
    管理费用                                 4 000
    贷：原材料——主要材料                     472 000
            ——结构件                        180 000
            ——机械配件                        6 000
            ——其他材料                        6 000
```

② 结转发出材料应负担的材料成本差异，编制会计分录如下。
```
借：工程施工——合同成本（Ⅰ工程）          4 000
            ——合同成本（Ⅱ工程）            960
    机械作业                                   112
    辅助生产                                   120
    管理费用                                    44
    贷：材料成本差异——主要材料                 4 720
```

——结构件	360
——机械配件	90
——其他材料	66

第三节　周转材料和加工物资

一、周转材料

（一）周转材料的概念

周转材料是指企业在生产经营过程中能够多次使用，逐渐转移其价值，仍可基本保持原有的实物形态而不确认为固定资产的各种材料。企业会计准则规范的周转材料包括包装物、低值易耗品和建筑承包商的钢模板、木模板、脚手架、安全网等。

（二）周转材料的分类

周转材料按其用途和特点的不同可分为以下类别。

1. 一般工商企业的周转材料

一般工商企业的周转材料主要包括包装物和低值易耗品。

包装物是指为了包装本企业商品而储备的各种包装容器，如桶、箱、瓶、坛、袋等。包装物的主要功能是盛装商品、方便运输、防备毁损、装潢外观。

低值易耗品是指使用年限较短，单位价值较低，不符合固定资产确认条件的各种用具物品，如工具、管理用具、玻璃器皿、劳动保护用品等。

2. 施工企业的主要周转材料

施工企业的周转材料主要包括以下项目内容。

（1）模板　是指浇灌混凝土使用的木模、组合钢模等，包括配合模板使用的支撑材料、滑模材料和构件等，但按固定资产管理的固定钢模和现场使用固定大型钢模板不包括在内。

（2）挡板　是指土方工程使用的挡土板等，其中包括支撑材料。

（3）架料　是指搭脚手架用的竹杆、木杆、跳板、钢管脚手架及其附件等。

（4）其他　是指除以上各类外，作为流动资产管理的其他周转材料，如安全网、护栏、塔吊使用的轻轨、枕木等，但不包括附属于塔吊的钢轨。

3. 周转材料的摊销方法

施工企业周转材料的摊销方法有以下几种。

（1）一次摊销法　是指在领用时将其全部价值一次计入成本、费用的方法。一般应限于价值较低或易于损坏的周转材料，如安全网等。

（2）五五摊销法　是指在领用时将其价值的一半计入成本、费用，在其报废时再摊销其余一半的方法。一般适用于价值相对较高、使用期限略长的工具、用具、挡土板等，也适用于每期领用和报废大致相当的各种物品。

（3）分期摊销法　是指根据周转材料的预计使用期限分期将其领用价值摊入成本、费用的方法。一般适用于脚手架、跳板、塔吊轻轨、枕木等周转次数较多的周转材料。其计算公式如下。

周转材料每月摊销额＝周转材料原价(实际成本或计划成本)×(1－预计残值率)÷预计使用月数

（4）分次摊销法　是指根据周转材料的预计使用次数将其领用价值分次摊入成本、费用的方法。一般适用于钢模板、木模板、挡板等使用次数较小的周转材料。其计算公式如下。

周转材料每次摊销额＝周转材料原价(实际成本或计划成本)×(1－预计残值率)÷预计使用次数

本期摊销额＝每次摊销额×本期使用次数

（5）定额摊销法 是指根据实际完成的实物工作量和预算定额规定的周转材料消耗定额，计算确认本期应摊销额的方法。一般适用于模板等周转材料。其计算公式如下。

周转材料每次摊销额＝本期完成的实物工作量×单位工程量周转材料的消耗定额

以上各种周转材料的摊销方法，由企业根据具体情况确定，一经确定不得随意变更，如果改变，需要在会计报表附注中加以说明。

4. 周转材料的核算

施工企业为了反映周转材料的增减变化，应设置"周转材料"账户，该账户借方登记企业库存及在用周转材料的计划成本或实际成本；贷方登记周转材料的摊销价值及盘亏、报废、毁损等减少的周转材料价值。期末借方余额，反映期末在库周转材料的计划成本或实际成本，以及在用周转材料的摊余价值。"周转材料"账户余额应列入资产负债表中的"存货"项目，并在会计报表附注中说明周转材料的摊销方法。

该账户应设置"在库周转材料""在用周转材料"和"周转材料摊销"三个明细账户，并按周转材料的种类设置明细分类账，进行明细核算。采用一次转销法的，可以不设置以上三个明细账户。

① 购入、自制、委托外单位加工完成并已验收入库的周转材料，应比照"原材料"的相关规定进行账务处理。

② 领用周转材料，如采用一次摊销法，应将其领用的全部账面成本一次摊销完毕，直接借记"工程施工"等账户，贷记"周转材料"账户。如采用其他摊销法，应将其领用的价值暂由在库转为在用；摊销时，按摊销额，借记"工程施工"等账户，贷记"周转材料——周转材料摊销"账户；退库时，按其全部价值，由在用转为在库。

③ 报废周转材料，应将已摊销额，借记"周转材料——周转材料摊销"账户，回收残值，借记"原材料"账户，应补提的摊销额，借记"工程施工"等账户，贷记"周转材料——在用周转材料"账户。

采用计划成本核算周转材料，应于月末，结转当月领用周转材料应分摊的成本差异。

【例 4-15】 假定方兴建筑工程公司的周转材料采用实际成本法核算，Ⅰ工程领用全新模板一批，实际成本 70 000 元，采用一次摊销法。应编制会计分录如下。

借：工程施工——合同成本（Ⅰ工程） 70 000
　　贷：周转材料 70 000

【例 4-16】 同【例 4-15】，假定周转材料采用计划成本法核算，Ⅰ工程领用全新模板一批，计划成本 80 000 元，采用一次摊销法，材料成本差异率为－5%。应编制会计分录如下。

借：工程施工——合同成本（Ⅰ工程） 76 000
　　贷：周转材料 80 000
　　　　材料成本差异 4 000

【例 4-17】 方兴建筑工程公司各部门领用工具的实际成本分别为管理部门 30 000 元，建造合同施工 60 000 元。报废时，回收残料估价 900 元。周转材料采用五五摊销法。

① 领用时，应编制会计分录如下。

借：周转材料——在用周转材料 90 000
　　贷：周转材料——在库周转材料 90 000

同时

借：管理费用 15 000
　　工程施工——合同成本 30 000

贷：周转材料——周转材料摊销　　　　　　　　45 000
② 报废时，应编制会计分录如下。
  借：管理费用　　　　　　　　　　　　　　　　15 000
    工程施工　　　　　　　　　　　　　　　　30 000
  贷：周转材料——周转材料摊销　　　　　　　　45 000
  借：原材料　　　　　　　　　　　　　　　　　　 900
  贷：管理费用　　　　　　　　　　　　　　　　　 300
    工程施工　　　　　　　　　　　　　　　　　 600
  借：周转材料——周转材料摊销　　　　　　　　90 000
  贷：周转材料——在用周转材料　　　　　　　　90 000

二、加工物资

加工物资包括自制加工物资和委托加工物资。前者是企业利用内部生产能力组织加工制造；后者是企业将存货发出委托外包加工。

（一）自制加工物资的核算

施工企业的原材料可以来源于外购，也可以利用自身的生产条件自行加工、改制。如将原木锯成板材，将钢材制成结构件等，即为自制材料。

自制材料通常是由施工企业及其内部独立核算单位所属非独立核算的辅助生产车间，如木工车间、混凝土车间等加工完成的。为了核算自制材料的成本，应设置"生产成本——辅助生产成本"账户，有关介绍详见后续费用成本章节。这里只举例说明自制材料采用实际成本法的会计处理。

【例 4-18】 方兴建筑工程公司所属的辅助生产车间领用水泥一批，实际成本 120 000 元，用于加工制作预制板，发生人员工资 15 200 元，计入预制板成本的固定资产折旧费 4 800 元。预制板加工完毕验收入库。

① 领用水泥时，应编制会计分录如下。
  借：生产成本——辅助生产成本　　　　　　　　120 000
  贷：原材料——水泥　　　　　　　　　　　　　120 000
② 发生加工费时，应编制会计分录如下。
  借：生产成本——辅助生产成本　　　　　　　　 20 000
  贷：应付职工薪酬　　　　　　　　　　　　　　 15 200
    累计折旧　　　　　　　　　　　　　　　　　4 800
③ 加工完毕，物资储备时，应编制会计分录如下。
  借：原材料——预制板　　　　　　　　　　　　140 000
  贷：生产成本——辅助生产成本　　　　　　　　140 000

（二）委托加工物资的核算

施工企业有时需要将某种库存材料物资委托其他单位加工，以满足施工生产的需要。例如，将木料加工为成材，空心钢加工为门窗等。材料物资经过委托加工后，其品种、规格均与加工前不同，而且材料物资的价值也将发生变化。因此，委托加工物资应单独设置账户进行核算。

"委托加工物资"账户用来核算企业委托外单位加工的各种物资的实际成本。该账户属于资产类账户，借方登记发生加工物资的实际成本、支付的加工费、应负担的往返运杂费及应计入委托加工物资成本的税金；贷方登记加工完成收回物资和退回剩余物资的实际成本。

期末若有余额在借方，反映在外加工尚未完成物资的实际成本。该账户应按加工合同和受托加工单位设置明细分类账户，进行明细核算。

委托加工物资的核算分为三个步骤。

1. 向受托方发出加工物资

企业发给受托方加工的物资，按实际成本核算的企业以实际成本或按计划成本核算的企业以计划成本，借记"委托加工物资"账户，贷记"原材料"等账户。按计划成本核算的企业，还应同时结转成本差异，实际成本大于计划成本的差异，借记"委托加工物资"账户，贷记"材料成本差异"等账户；实际成本小于计划成本的差异，进行相反的会计分录。

2. 支付加工费、运输费及相关税金

企业支付加工费用及承担的运杂费等，应借记"委托加工物资"账户、"应交税费——应交增值税（进项税额）"等账户，贷记"银行存款"等账户。

3. 加工完成委托方验收入库

加工完成验收入库的物资和剩余的物资，按加工收回物资的实际成本和剩余物资的实际成本，借记"原材料""库存商品"等账户（采用计划成本或售价核算的企业，按计划成本或售价记入"原材料"或"库存商品"账户，实际成本与计划成本或售价之间的差异，记入"材料成本差异"或"商品进销差异"账户），贷记"委托加工物资"账户。

【例 4-19】 方兴建筑工程公司发出 A 材料一批，委托 M 公司加工成 B 材料。假定方兴公司的存货采用实际成本计价。A 材料的实际成本为 240 000 元，支付加工费 30 000 元，往返运杂费 4 000 元，款项以银行存款结算。B 材料加工完毕验收入库。委托加工全过程，方兴公司应做如下账务处理。

① 发出委托加工材料时，应编制会计分录如下。

  借：委托加工物资——M 公司　　　　　　　　　　　　240 000
    贷：原材料——A 材料　　　　　　　　　　　　　　240 000

② 支付加工费、运杂费和税金时，应编制会计分录如下。

  借：委托加工物资——M 公司　　　　　　　　　　　　 34 000
    贷：银行存款　　　　　　　　　　　　　　　　　　 34 000

③ B 材料加工完毕验收入库时，应编制会计分录如下。

  借：原材料——B 材料　　　　　　　　　　　　　　　 274 000
    贷：委托加工物资　　　　　　　　　　　　　　　　274 000

【例 4-20】 同【例 4-19】，假定方兴建筑工程公司的存货采用计划成本计价。A 材料的计划成本差异率为－1%，加工完毕验收入库的 B 材料计划成本差异率为＋2%。委托加工全过程，方兴公司应做如下账务处理。

① 发出委托加工材料时，应编制会计分录如下。

  借：委托加工物资——建桥公司　　　　　240 000（实际成本）
    贷：原材料——A 材料　　　　　　　　242 400（计划成本）
     材料成本差异　　　　　　　　　　　 2 400（差异额）

② 支付加工费、装卸费时，应编制会计分录如下。

  借：委托加工物资——建桥公司　　　　　　　　　　　　34 000
    贷：银行存款　　　　　　　　　　　　　　　　　　 34 000

③ B 材料加工完毕验收入库时，应编制会计分录如下。

  借：原材料——B 材料　　　　　　　　　　　　　　　 279 480

　　　　贷：委托加工物资　　　　　　　　　　　　　　　274 000
　　　　　　材料成本差异　　　　　　　　　　　　　　　　5 480

第四节　未完工程和已完工程

　　基于建筑安装行业的特点，施工企业应将未完工程和已完工程列归存货项目，视同为受托加工的存货。对于施工企业附属实行独立核算的结构件厂和辅助生产部门而言，也应将这些单位的在产品、产成品（库存商品）等，具有存货性质的自制品纳入类似的核算。

一、建设工程项目的划分

　　施工企业承包的基本建设工程，一般可以划分为建设项目、单项工程、单位工程、分部工程和分项工程五级组成。

　　1. **建设项目**（一级）

　　建设项目通常有两层含义：一层含义是指新设立的企业、事业和行政单位；另一层含义是指建设投资所兴建的工程项目的集合或总和。凡属于一个总体设计中的主体工程和相应的附属配套工程、综合利用工程、环境保护工程、供水供电工程以及水库的干渠配套工程等，都统一作为一个建设项目；凡是不属于一个总体设计，经济上分别核算，工艺流程上没有直接联系的几个独立工程，应分别列为几个建设项目。生产性建筑工程，一般以一家新建生产型工业企业为一个建设项目；非生产性建筑工程，一般以一个住宅小区、一条商业街、一栋写字楼、一所学校、一座医院为一个建设项目。

　　建设项目需要事先进行可行性研究，实行投资责任约束制，拥有独立的设计任务书或总体设计、独立的行政组织形式、独立进行经济核算。

　　2. **单项工程**（二级）

　　单项工程是指具有独立的设计文件，建成后可以独立发挥生产能力或效益的一组配套齐全的工程项目。单项工程又称工程项目，是建设项目的组成部分。单项工程从施工的角度，也就是一个独立的交工系统，在建设项目总体施工部署和管理目标的指导下，形成自身的项目管理方案，按其投资和质量要求，如期建成交付使用。一个建设项目可以是一个单项工程，也可能包括多个单项工程。作为一个建设项目的一家工业企业，可以划分为功能各异、工艺或产品不同的若干个生产车间或工段等单项工程；作为一个建设项目的一个住宅小区，可以划分为若干个建筑、面积、层高、建筑标准各异的住宅楼单项工程。

　　单项工程的施工条件往往具有相对独立性，因此，一般单独组织施工和验收。单项工程体现了建设项目的主要建设内容和新增生产能力或工程的基础效益。

　　3. **单位工程**（三级）

　　单位工程是指具有独立的设计文件，可以独立组织施工和单项核算，但不能独立发挥其生产能力和使用效益的工程项目。单位工程是单项工程的组成部分，单位工程不具有单体存在的意义。只有在几个有机联系、互为配套的单位工程全部建成竣工后才能提供生产和使用。例如民用建筑的土建、给排水、采暖、通风、照明等各为一个单位工程。

　　单位工程具有独立设计的施工图和相应的概（预）算书，独立的施工生产条件（可单独发包），能够单独施工，但竣工后不能独立形成生产能力或发挥使用效益。

　　4. **分部工程**（四级）

　　分部工程是指建筑物按单位工程的部位、结构形式等不同划分的工程项目。分部工程是单位工程的组成部分，单位工程按照有关条件进一步分解即为分部工程。一般工业或民用建筑工程划分为地基与基础工程、主体工程、地面与楼面工程、装修工程、屋面工程等分部工程。

5. 分项工程（五级）

分项工程是指根据工种、构件类别、使用材料不同划分的工程项目。分项工程是分部工程的组成部分，一个分部工程由多个分项工程构成。分项工程作为建筑施工生产活动的基础，构成了计量工程用工用料和机械台班消耗的基本单元。分项工程是工程质量形成的直接过程，是工程计价最基本的要素。

二、未完工程

未完工程是指施工企业尚未完成预算定额规定内容的分部分项工程。施工企业对于那些虽已投入人工、材料，但尚未完成预算定额中规定的工作内容，不易确定工程数量和工程质量的分部分项工序，纳入未完工程（或未完施工，相当于制造业的在产品）管理。未完工程不能据以收取价款，也不得确认合同收入。例如，基础分部工程的工作内容包括模板制作、安装、拆卸、码垛、钢筋制作、绑扎、混凝土搅拌、浇捣、养护、抛毛石等。某基础工程如果在期末只完成了其中一部分工序，就应记作未完工程；如果在期末业已完成上述全部工序，则应列作已完工程。

三、已完工程

施工企业的已完工程从理论上讲，应指竣工工程，即建筑安装完成，不再需要追加施工活动的工程。但是，由于建安工程结构复杂、造价高、施工周期长，如果等到工程最后竣工再一并结算，就会影响施工企业资金的良性循环，妨碍成本计算发挥管理作用。因此，为了有利于企业加速资金周转，正确考核经济效益，现行制度规定：凡是已经完成预算定额所规定的全部工序，在本企业不需要再进行任何加工的分部分项工程，即确认为已完工程（或已完施工，相当于制造业的产成品）。换言之，已完工程应是施工企业（乙方）向业主（甲方或建设单位）办理工程结算的已完分部分项工程。严格意义上说，分部分项工程不具有完整的使用价值，不是竣工工程。但是，由于施工企业已完成全部施工活动，已经可以确定工程数量和工程质量，因此可以将其视为已完工程，计算它的预算成本和预算造价，向客户进行点交并收取工程价款。

根据《建设工程价款结算办法》的规定：建设工程价款采用"按合同预付、按月或分段结算与竣工结算"相结合的工程价款结算方式；工程竣工结算分为单位工程竣工结算、单项工程竣工结算和建设项目竣工总结算；每次结算工程价款时，施工企业应当提交"已完工程量计算报告"。

根据《企业会计准则第15号——建造合同》的规定，施工企业应按照完成合同法、完工百分比法或成本补偿法确认建造合同收入与合同费用；合同成本在合同完工时，即竣工结算时才予以转销；"工程施工"账户的余额反映尚未完工的建造合同和毛利，相应设置的"工程结算"账户的余额反映尚未完工的建造合同已办理结算的累计金额。

要计算已完工程的实际成本，必须先计算未完工程的实际成本。只有从本月施工工程实际成本中，加上月初未完工程成本，减去月末未完工程成本，才能计算出本月已完工程实际成本。

施工企业会计实务中，难以分清已完工程成本和未完工程成本，因此，在资产负债表上列示"存货"项目时，一般以"工程施工"账户的借方余额减去"工程结算"账户的贷方余额填列。未完工程与已完工程的会计处理涉及工程成本的核算，具体内容将在后续章节介绍。

第五节 存货清查

一、存货清查的核算

施工企业的存货品种规格多、数量大、收发频繁。在存货的收发和保管过程中，由于计量误差、管理不善、核算差错、检验疏忽、自然损耗等原因，常会发生账实不符的现象。为保护存货的安全完整，对存货进行定期或不定期的清查是保证账实相符的必要手段。

施工企业存货清查通常采用实际盘点和技术推算的方法。前者即通过盘点确定各种存货的实际库存数，并与账面结存数相核对；后者是对那些大量的成堆的存货，采用量方、计尺等技术方法，对存货的实存数进行推算。企业存货平时可以进行不定期清查，年末编制年报前，进行定期、全面清查。

（一）存货盘存的方法

企业存货的实物数量需要通过盘存予以确定，常用的方法有实地盘存制和永续盘存制两种。

1. 实地盘存制

实地盘存制是指会计期末通过对存货进行实地盘点，确定期末存货的结存数量，并据以倒挤本期发出存货数量，然后，用存货的结存单价计算期末存货的金额，最后计算本期耗用或销售存货成本的一种盘存方法。实地盘存制又称定期盘存制或"以存计销"（商品流通企业）、"以存计耗"（制造业企业）。

采用实地盘存制，平时只登记存货的增加数，不登记减少数，期末根据清点所得的实存数，计算发出存货的成本。因此，平时的核算工作比较简便。但是，这种方法不能随时反映各种物资的收付存情况，不能随时结转成本，缺乏连续性资料，不利于对存货进行全面控制。而且，它将所有未列入期末结存数量中的存货皆视同发出存货，势必会将损失、浪费、失盗、差错等短缺数隐含于发出数量之中，从而影响企业成本与收益计算的准确性。其计算公式为

期初存货＋本期收货－期末存货＝本期耗用或销货

实地盘存制只适用于单位价值较低、自然损耗大、数量不稳定、进出频繁的特定物资。

2. 永续盘存制

永续盘存制是指企业设置既记数量又记金额的存货明细账，根据有关凭证，逐日逐笔登记存货的收发、领退情况，随时结出账面结存数量和金额的一种盘存方法。

采用永续盘存制，可以及时掌握各种存货的动态，有利于存货的各项管理。

实行永续盘存制，亦要求进行存货的实物盘点，盘点可以定期或不定期进行。企业通常在生产经营活动的间隙盘点部分或全部存货；会计年终应进行全面的盘点清查，并编制盘点表，保证账物相符，如有不符应及时查明原因予以处理。

永续盘存制对于大多数企业具有广泛的适用性。

（二）存货清查的核算

存货的盘盈、盘亏、毁损，通过"待处理财产损益"账户核算。存货盘点结果如与账面记录不符，应于期末前查明原因，并根据企业的管理权限，经股东大会或董事会，或经理（厂长）会议或类似机构批准后，在期末结账前处理完毕。盘盈的存货，应冲减当期的管理费用；盘亏、毁损的存货，在减去过失人或保险公司等赔款和残料价值后，计入当期管理费用，属于非常损失的，计入营业外支出。

【例 4-21】方兴建筑工程公司在存货清查中盘盈主要材料钢材一批，按市场价格计算其

成本为 2 000 元。应编制会计分录如下。

盘盈，原因待查，会计分录如下。

  借：原材料   2 000
    贷：待处理财产损益——待处理流动资产损益   2 000

经批准后处理，会计分录如下。

  借：待处理财产损益——待处理流动资产损益   2 000
    贷：管理费用   2 000

【例 4-22】 方兴建筑工程公司在存货清查中，盘亏木材一批其计划成本 4 000 元，材料成本差异率为 2%，经查属于定额内损耗 1 280 元，自然灾害造成损失 2 000 元，应由保险公司赔偿的损失 800 元。应编制会计分录如下。

盘亏，原因待查，会计分录如下。

  借：待处理财产损益——待处理流动资产损益   4 080
    贷：原材料   4 000
      材料成本差异   80

经批准后处理，会计分录如下。

  借：营业外支出——非常损失   2 000
    管理费用   1 280
    其他应收款——某保险公司   800
    贷：待处理财产损益——待处理流动资产损益   4 080

二、存货期末计提跌价准备

企业会计准则规定，存货应在期末按成本与可变现净值孰低计价。当可变现净值低于成本时，按其差额，计提存货跌价准备，列入当期损益。如前所述，这里的"成本"是指期末存货的实际成本；"可变现净值"是指正常生产经营情况下的存货预计未来现金流量。

① 成本低于可变现净值时，如果以前期间未计提跌价准备，则不需要做账务处理；如果以前期间计提了减值准备，则将跌价准备账户余额冲回。资产负债表中的存货仍按期末账面价值列示。

② 可变现净值低于成本时，其差额为存货跌价损失，应进行相应账务处理，期末存货调整为可变现净值。

企业采用备抵法核算存货跌价损失，应设置"存货跌价准备"账户，该账户属于存货的备抵账户，贷方登记计提的跌价准备数；借方登记冲减的跌价准备，期末贷方余额，反映企业已提取的跌价准备。当可变现净值低于成本时，计算出应计提的准备，与"存货跌价准备"账户的余额比较，多冲少补。提取时借记"资产减值损失"账户，贷记"存货跌价准备"账户；冲减时则作相反的分录。其冲减的数额应以"存货跌价准备"账户的余额减至零为限。

【例 4-23】 方兴建筑工程公司在 2016 年末开始计提存货跌价准备，有关资料如表 4-6 所示。

表 4-6 存货资料表   单位：元

日期	成本	可变现净值	日期	成本	可变现净值
2016.12.31	200 000	180 000	2018.12.31	240 000	234 000
2017.12.31	220 000	196 000	2019.12.31	250 000	256 000

① 2016 年末，应计提跌价准备为

应计提跌价准备　　　　200 000－180 000＝20 000(元)

应编制会计分录如下。

  借：资产减值损失——计提的存货跌价准备　　　　20 000
   贷：存货跌价准备　　　　　　　　　　　　　　　　20 000

该年末计提后，"存货跌价准备"账户贷方余额为 20 000 元。

② 2017 年末，应计提跌价准备为

应计提跌价准备　　(220 000－196 000)－20 000＝4 000(元)

应编制会计分录如下。

  借：资产减值损失——计提的存货跌价准备　　　　4 000
   贷：存货跌价准备　　　　　　　　　　　　　　　　4 000

该年末计提后，"存货跌价准备"账户贷方余额为

$$20\,000+4\,000=24\,000(元)$$

③ 2018 年末，应冲减跌价准备为

$$24\,000-(240\,000-234\,000)=18\,000(元)$$

应编制会计分录如下。

  借：存货跌价准备　　　　　　　　　　　　　　　　18 000
   贷：资产减值损失——计提的存货跌价准备　　　　18 000

该年末冲减后，"存货跌价准备"账户贷方余额为

$$24\,000-18\,000=6\,000(元)$$

④ 2019 年末，应冲减跌价准备 6 000 元。应编制会计分录如下。

  借：存货跌价准备　　　　　　　　　　　　　　　　6 000
   贷：资产减值损失——计提的存货跌价准备　　　　6 000

该年末冲减后，"存货跌价准备"账户贷方余额为

$$6\,000-6\,000=0(元)$$

第五章 投 资

投资是企业为了获得收益或者实现资本增值而进行的资金投放。随着我国金融市场的培育与成熟，企业选择金融投资，适时获取投资收益的机会日益增多。本章将归纳阐述以公允价值计量且其变动计入当期损益的金融资产、持有至到期投资、可供出售金融资产和长期股权投资等为主要内容的投资交易。投资交易构成了企业的外部业务，属于企业生产经营之外持有的资产项目。投资交易是一种以契约权利为表现形式的，具有理财风险的企业资产。

第一节 交易性金融资产

一、交易性金融资产概述

交易性金融资产是指企业为了近期内出售而持有的、在活跃市场上有公开报价、公允价值能够可靠获得的金融资产。通常情况下，企业以赚取差价为目的，利用闲置资金从二级市场购入的股票、债券和基金等属于交易性金融资产。

交易性金融资产应具备三个基本特征：一是有明确市价，并且能够在公开的资本市场上交易；二是企业持有交易性金融资产的目的是为了近期出售；三是公允价值能够持续可靠获得。不具备这些特征的金融资产一般不属于交易性金融资产。

根据交易性金融资产的特征，我们对交易性金融资产和其他金融资产进行区分，以更好地理解交易性金融资产的实质。金融资产的比较分析见图5-1。

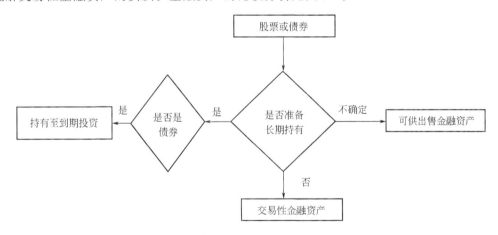

图 5-1 金融资产的比较分析

二、交易性金融资产的核算

交易性金融资产应当按照取得时的公允价值作为初始确认金额，相关交易费用应在发生时计入当期损益。支付的价款中包含已宣告但尚未发放的现金股利或已到付息期但尚未领取的债券利息，应当单独确认为应收项目。其中，交易费用是指可直接归属于购买金融工具新增的外部费用。

1. 账户设置

为了核算交易性金融资产的取得、收取现金股利或利息、处置等业务，企业应当设置"交易性金融资产""公允价值变动损益""投资收益"等科目。其中"交易性金融资产"核算企业为交易目的所持有的债券投资、股票投资、基金投资等交易性金融资产的公允价值。企业取得交易性金融资产的公允价值、资产负债表日交易性金融资产的公允价值高于其账面余额的差额等，记入该科目的借方；出售交易性金融资产，按该金融资产的账面余额，记入该科目的贷方；科目期末借方余额，反映企业持有的交易性金融资产的公允价值。该科目可以按交易性金融资产的类别和品种分别以"成本""公允价值变动"等进行明细核算。

2. 账务处理

（1）交易性金融资产取得的核算

取得交易性金融资产时，应当按照该金融资产取得时的公允价值作为其初始确认金额，记入"交易性金融资产——成本"科目。取得该金融资产所支付价款中包含了已宣告但尚未发放的现金股利或已到付息期但尚未领取的债券利息的，应当单独确认为应收项目，记入"应收股利"或"应收利息"科目。

（2）企业持有交易性金融资产期间现金股利和利息的核算

企业持有交易性金融资产期间取得的利息或现金股利，应当确认为投资收益。对于被投资单位宣告发放的现金股利，应当借记"应收股利"科目，贷记"投资收益"科目；对于企业在资产负债表日按分期付息、一次还本债券投资的票面利率计算的利息，应当借记"应收利息"科目，贷记"投资收益"科目。

（3）企业持有交易性金融资产后续计量的核算

交易性金融资产应当以公允价值进行后续计量，公允价值变动计入当期损益（公允价值变动损益）。资产负债表日，交易性金融资产的公允价值高于其账面余额的差额，借记"交易性金融资产"科目（公允价值变动），贷记"公允价值变动损益"科目；公允价值低于其账面余额的差额，做相反的会计分录。

（4）企业处置交易性金融资产的核算

企业处置交易性金融资产时，其公允价值与初始入账金额之间的差额应确认为投资收益，同时调整公允价值变动损益。

企业应按实际收到的金额，借记"银行存款"等科目；按该金融资产的账面余额，贷记"交易性金融资产"科目；按其差额，贷记或借记"投资收益"科目。同时，将原计入该金融资产的公允价值变动转出，借记或贷记"公允价值变动损益"科目，贷记或借记"投资收益"科目。

交易性金融资产会计处理归纳汇总如表 5-1 所示。

表 5-1 交易性金融资产会计处理

时点	计量原则	账务处理
初始计量	按公允价值计量	借：交易性金融资产（公允价值） 　　投资收益（交易费用） 　　应收利息或应收股利 贷：银行存款等
	相关交易费用计入当期损益	
	已宣告但尚未发放的现金股利或已到付息期但未领取的利息，确认为应收项目	
持有期间	被投资单位发放股利或利息，计入投资收益	借：应收股利或应收利息 　　贷：投资收益
后续计量	资产负债表日按公允价值计量，公允价值变动计入当期损益	借：交易性金融资产——公允价值变动 　　贷：公允价值变动损益 （公允价值低于其账面余额做相反分录）

续表

时点	计量原则	账务处理
处置	①处置时售价与账面价值的差额计入投资收益	①借：银行存款 　　贷：交易性金融资产——成本 　　　　　　　　　　——公允价值变动 　　　　投资收益（差额）（也可能在借方）
	②将交易性金融资产期间公允价值变动损益转入投资收益	②同时将原计入"公允价值变动损益"的金额转出如下。 借：公允价值变动损益（也可能在贷方） 　　贷：投资收益（也可能在借方）
	③或者可将上述处置分录①②合并	③或合并如下。 借：银行存款 　　公允价值变动损益（也可能在贷方） 　　贷：交易性金融资产——成本 　　　　　　　　　　——公允价值变动 　　　　投资收益（差额）（也可能在借方）

【例 5-1】方兴建筑工程公司购入股票、债券作为交易性金融资产，有关业务情况如下。

① 2020 年 1 月 1 日购入股票 500 000 元，债券 510 000 元，发生交易费用 2 000 元。该公司将其作为交易性金融资产，购入的股票不含已宣告但尚未发放的现金股利；购入的债券含有已到付息期但尚未领取的利息 10 000 元，款项以存入证券公司的投资款支付。应编制会计分录如下。

　　借：交易性金融资产——成本　　　　　　　　　　　　　　　1 000 000
　　　　应收利息　　　　　　　　　　　　　　　　　　　　　　　　10 000
　　　　投资收益　　　　　　　　　　　　　　　　　　　　　　　　 2 000
　　　　贷：其他货币资金——存出投资款　　　　　　　　　　　　1 012 000

② 2020 年 1 月 5 日，该公司收到所购债券购入时含有的已到付息期但尚未领取的利息 10 000 元，款项存入银行。应编制会计分录如下。

　　借：银行存款　　　　　　　　　　　　　　　　　　　　　　　10 000
　　　　贷：应收利息　　　　　　　　　　　　　　　　　　　　　　10 000

③ 2020 年 6 月 30 日，该债券的公允价值为 505 000 元（不含利息）；股票的公允价值为 510 000 元。应编制会计分录如下。

　　借：交易性金融资产——公允价值变动　　　　　　　　　　　　15 000
　　　　贷：公允价值变动损益　　　　　　　　　　　　　　　　　　15 000

④ 2020 年 7 月 1 日，出售上述所持有的全部股票和债券，取得价款 1 100 000 元，存入银行。应编制会计分录如下。

　　借：银行存款　　　　　　　　　　　　　　　　　　　　　　1 100 000
　　　　贷：交易性金融资产——成本　　　　　　　　　　　　　1 000 000
　　　　　　　　　　　　　——公允价值变动　　　　　　　　　　15 000
　　　　　　投资收益　　　　　　　　　　　　　　　　　　　　　85 000

同时

　　借：公允价值变动损益　　　　　　　　　　　　　　　　　　　15 000
　　　　贷：投资收益　　　　　　　　　　　　　　　　　　　　　　15 000

或者，编制一笔复合会计分录如下。

借：银行存款　　　　　　　　　　　　　　　　1 100 000
　　公允价值变动损益　　　　　　　　　　　　　　15 000
　贷：交易性金融资产——成本　　　　　　　　　1 000 000
　　　　　　　　　　——公允价值变动　　　　　　15 000
　　投资收益　　　　　　　　　　　　　　　　　　100 000

第二节　持有至到期投资

一、持有至到期投资的概念

持有至到期投资是指到期日固定、回收金额固定或可确定，且企业有明确意图和能力持有至到期的非衍生金融资产。持有至到期投资具有以下特征。

1. 到期日固定，回收金额固定或可确定

到期日固定，回收金额固定或可确定是指相关合同明确了投资者在确定的期间内获得或应收取现金流量（如投资利息和本金等）的金额和时间。股权投资因没有固定的到期日，不符合持有至到期投资的条件，不能划分为持有至到期投资。换言之，持有至到期投资是非权益性的投资。

2. 有明确意图将该金融资产持有至到期

投资者在取得该金融资产时其最初意图是明确的，即确定持有该投资直至到期，除非遇到企业不可控制、预期不会重复发生，并且难以合理预计的独立事项，否则将持有至到期。

存在下列情况之一的，表明企业没有明确意图将该金融资产持有至到期。

① 持有该金融资产的期限不确定。

② 发生市场利率变化、流动性需求变化、替代投资机会及其投资收益率变化、融资来源和条件变化、外汇风险变化等情况时，将出售该金融资产。

③ 该金融资产的发行方可以按照明显低于其账面摊余成本的金额清偿。

④ 其他表明企业没有明确意图将该金融资产持有至到期的情况。

3. 企业有能力将金融资产持有至到期

有能力将金融资产持有至到期，是指企业有足够的财务资源，并不受外部因素影响将投资持有至到期。存在下列情况之一的，表明企业没有能力将具有固定期限的金融资产投资持有至到期。

① 没有可利用的财务资源持续地为该金融资产投资提供资金支持，以使金融资产投资持有至到期。

② 受法律、行政法规限制，使企业难以将该金融资产投资持有至到期。

③ 其他表明企业没有能力将具有固定期限的金融资产投资持有至到期的情况。

企业应当在资产负债表日对持有至到期投资的意图和能力进行评估，如果企业对持有至到期投资的意图和能力发生变化，则应当将其重新分类至可供出售的金融资产进行处理。

持有至到期投资通常具有长期性质，但期限较短（一年以内）的债券投资、符合持有至到期投资条件的特别股权，也可将其划分为持有至到期投资。

二、持有至到期投资的计量

（一）取得时的计量

取得持有至到期投资的初始计量，应当按照公允价值和相关交易费用之和作为初始入账金额。实际支付的价款中包括的已到付息期但尚未领取的债券利息，应单独确认为应收

项目。

持有至到期投资初始确认时，应当计算确定其实际利率，并在该持有至到期投资预期存续期间或适用的更短期间内保持不变。

实际利率是指将金融资产在预期存续期间或适用的更短期间内的现金流量，折现为该金融资产当前账面价值所使用的利率。

（二）持有期间的计量

持有至到期投资持有期间，应当采用实际利率法，按摊余成本进行后续计量。

实际利率法是指按照金融资产（含一组金融资产）的实际利率计算其摊余成本及各期利息收入或利息费用的方法。

金融资产摊余成本是指该金融资产的初始确认金额经下列调整后的结果。

① 扣除已偿还的本金。

② 加上或减去采用实际利率法将该初始确认金额与到期日金额（通常为面值）之间的差额进行摊销形成的累计摊销额。

③ 扣除已发生的减值损失。

企业应在持有至到期投资持有期间，采用实际利率法，按照摊余成本和实际利率计算确认利息收入，计入投资收益。实际利率应当在取得持有至到期投资时确定，实际利率与票面利率差别较小的，也可按票面利率计算利息收入，计入投资收益。

资产负债表日，如果企业对持有至到期投资测试的结果表明该项投资发生了减值，应当按其账面价值与预计未来现金流量现值之间的差额计算确认减值损失，计提减值准备。

（三）处置、终止和转换时的计量

处置持有至到期投资时，应将所取得价款与持有至到期投资账面价值之间的差额，计入当期损益。

持有至到期投资的终止确认有两种情况，一是持有的债券到期，收取该投资现金流量的合同权利终止；二是企业因持有投资的意图或能力发生改变，使某项投资不再符合持有至到期投资的标准。

持有至到期投资在到期收回时，相关的债券溢折价已在持有期间摊销完毕，只需转销该项投资的成本和应收未收利息即可。持有至到期投资终止确认时产生的利得或损失，应当计入当期损益。

企业因持有至到期投资部分出售或重分类的金额较大，且不属于企业会计准则所允许的例外情况，使该投资的剩余部分不再适合划分为持有至到期投资的，企业应当将该投资的剩余部分重分类为可供出售金融资产，并以公允价值进行后续计量。重分类日，该投资剩余部分的账面价值与其公允价值之间的差额计入所有者权益，在该可供出售金融资产发生减值或终止确认时转出，计入当期损益。

三、持有至到期投资的核算

（一）主要核算账户的设置

为核算持有至到期投资业务，企业应设置"持有至到期投资""持有至到期投资减值准备"等主要核算账户。"持有至到期投资"账户属于长期资产类账户，该账户的总分类账户下分别设置"成本""利息调整"和"应计利息"等明细分类账户，其中"成本"核算债券的面值或其他债权的本金；"利息调整"核算债券投资的溢折价及交易费用的发生与摊销；"应计利息"核算到期一次还本付息的债券利息或其他债权利息。若为分期付息债券，应单独设置"应收利息"核算利息。

(二) 持有至到期投资的实务处理

持有至到期投资的核算主要解决实际利率的计算、摊余成本的确定、持有期间收益的确定以及处置收益的处理等。持有至到期投资的会计处理，包括取得投资时、持有期间和处置、终止及转换时三个步骤。

1. 取得时

企业取得持有至到期投资，关键是确定投资成本。持有至到期投资初始确认时，应当按照公允价值计量和相关交易费用之和作为初始入账金额，实际支付的价款中包括的已到付息期但尚未领取的债券利息，应单独确认为应收项目。账务处理是：按该投资的面值，借记"持有至到期投资——成本"账户；支付的价款中若包含已到付息期但尚未领取的利息，借记"应收利息"账户；按实际支付的金额，贷记"银行存款"等账户；按其差额，借记或贷记"持有至到期投资——利息调整"账户。即

借：持有至到期投资——成本（即面值）
　　持有至到期投资——利息调整（若溢价购入时）
贷：银行存款
　　持有至到期投资——利息调整（若折价购入时）

持有至到期投资的溢折价＝持有至到期投资的公允价值＋相关交易费用－债券面值

2. 持有期间

持有期间需要关注两件事：一是各期末计算利息和确定摊余成本；二是各期末计提减值准备。

（1）存续期间，应用的有关计算公式

应收利息＝持有至到期投资面值×票面利率×对应期限

利息收益＝持有至到期投资摊余成本×实际利率×对应期限

本期利息调整摊销额＝应收利息－利息收益

各期末摊余成本＝各期初摊余成本±本期利息调整摊销额

或者　各期末摊余成本＝各期初摊余成本＋实际利息收入－票面利息收入（现金流入）

具体账务处理如下。

① 持有至到期投资为分期付息、一次还本债券投资的，应按票面利率计算确定的应收未收利息，借记"应收利息"账户；按持有至到期投资摊余成本和实际利率计算确定的利息收入，贷记"投资收益"账户；按其差额，借记或贷记"持有至到期投资——利息调整"账户。

② 持有至到期投资为一次还本付息债券投资的，应于资产负债表日按票面利率计算确定的应收未收利息，借记"持有至到期投资——应计利息"账户；按持有至到期投资摊余成本和实际利率计算确定的利息收入，贷记"投资收益"账户；按其差额，借记或贷记"持有至到期投资——利息调整"账户。

（2）期末计提减值准备

借：资产减值损失
贷：持有至到期投资减值准备

3. 处置、终止和转换时

出售或收回持有至到期投资，主要是应确定转让损益。具体账务处理如下。

按实际收到的金额，借记"银行存款"等账户；按其账面余额，贷记"持有至到期投资——成本、利息调整、应计利息"账户；按其差额，贷记或借记"投资收益"账户。已计提减值准备的，还应同时结转减值准备。

持有至到期投资经重分类转换为可供出售金融资产时，应在重分类日按其公允价值，借记"可供出售金融资产"账户；按其账面余额，贷记"持有至到期投资"账户；按其差额，贷记或借记"资本公积"账户。已计提减值准备的，还应同时结转减值准备。

根据上述对持有至到期投资会计处理的分析，将持有至到期投资会计处理归纳如表5-2所示。

表5-2 持有至到期投资会计处理

初始计量	按公允价值和交易费用之和计量
	已到付息期但尚未领取的利息，应当确认为应收项目
后续计量	采用实际利率法，按摊余成本计量
持有至到期投资转换为可供出售金融资产	可供出售金融资产按公允价值计量，公允价值与账面价值的差额计入资本公积
处置	处置时，售价与账面价值的差额计入投资收益
减值	账面价值与预计未来现金流量现值之间差额，确认为减值损失，计入当期损益

【例5-2】2019年1月1日，方兴公司从活跃市场上支付价款200万元（含交易费用10万元）购买乙公司的债券，划分为持有至到期投资。该债券5年期，面值为250万元，票面年利率为4.72%，实际利率为10%，每年末付息，到期一次还本。假定不考虑其他因素的影响。

本例中方兴公司属于分期付息，到期一次收回本金的持有至到期投资，根据票面利率4.72%计算的每年应收利息为11.8万元。在初始确认时，需要计算实际利率，实际利率是使所购买债券的未来现金流量的现值等于该债券的入账金额的折现率。通常采用插值法确定债券的实际利率。

在债券分期付息的情况下，债券面值在到期时一次收回，其现值应根据债券面值乘以复利现值系数计算；债券票面利息分期等额收回，其现值应根据各期债券票面利息乘以年金现值系数计算，其计算公式为：

债券初始入账价值＝债券面值×$(P/F,r,n)$＋债券票面利息×$(P/A,r,n)$

采用插值法即可计算出债券实际利率r。

$$\frac{11.8}{(1+r)^1}+\frac{11.8}{(1+r)^2}+\frac{11.8}{(1+r)^3}+\frac{11.8}{(1+r)^4}+\frac{11.8+250}{(1+r)^5}=200(万元)$$

上式可变形为 $200=250\times(P/F,r,5)+250\times4.72\%\times(P/A,r,5)$

式中，P为复利现值；F为复利终值；r为利率；n为期限；A为年金；$(P/F,r,5)$是利率为r，期限为5的复利现值系数；$(P/A,r,5)$是利率为r，期限为5的年金现值系数，可采用插值法确定债券的实际利率为10%。

根据实际利率10%计算的各年实际利息收入（投资收益）、期初和期末摊余成本计算，可以编制利息调整贷差摊销表（为简便计算，计算结果保留两位小数），如表5-3所示。

表5-3 利息调整贷差摊销表（分期付息） 单位：万元

期次/年	实收利息 ①＝面值×4.72%	投资收益 ②＝期初⑤×10%	利息调整贷差摊销 ③＝②－①	利息调整贷差余额 ④＝期初④－③	摊余成本 ⑤＝期初⑤＋③
购买时				50	200
1	11.8	20	8.20	41.8	208.2
2	11.8	20.82	9.02	32.78	217.22

续表

期次/年	实收利息 ①＝面值×4.72%	投资收益 ②＝期初⑤×10%	利息调整贷差摊销 ③＝②－①	利息调整贷差余额 ④＝期初④－③	摊余成本 ⑤＝期初⑤＋③
3	11.8	21.72	9.92	22.86	227.14
4	11.8	22.71	10.91	11.95	238.05
5	11.8	23.75①	11.95	0	250

① 含尾数调整。

(1) 方兴公司 2019 年 1 月 1 日购入债券时，应编制会计分录如下。

  借：持有至到期投资——成本   2 500 000
   贷：银行存款   2 000 000
    持有至到期投资——利息调整   500 000

(2) 2019 年 12 月 31 日，应当按照摊余成本和实际利率计算确认利息收入，计入投资收益如下。

  借：应收利息   118 000
   持有至到期投资——利息调整   82 000
   贷：投资收益   200 000

收利息时

  借：银行存款   118 000
   贷：应收利息   118 000

(3) 2020 年 12 月 31 日，应当按照摊余成本和实际利率计算确认利息收入，计入投资收益如下。

  借：应收利息   118 000
   持有至到期投资——利息调整   90 200
   贷：投资收益   208 200

收利息时

  借：银行存款   118 000
   贷：应收利息   118 000

(4) 2021 年 12 月 31 日，应当按照摊余成本和实际利率计算确认利息收入，计入投资收益如下。

  借：应收利息   118 000
   持有至到期投资——利息调整   99 200
   贷：投资收益   217 200

收利息时

  借：银行存款   118 000
   贷：应收利息   118 000

(5) 2022 年 12 月 31 日，应当按照摊余成本和实际利率计算确认利息收入，计入投资收益如下。

  借：应收利息   118 000
   持有至到期投资——利息调整   109 100
   贷：投资收益   227 100

收利息时

  借：银行存款   118 000

贷：应收利息　　　　　　　　　　　　　　　　　　　　　　118 000

（6）2023 年 12 月 31 日，应当按照摊余成本和实际利率计算确认利息收入，计入投资收益如下。

　　借：应收利息　　　　　　　　　　　　　　　　　　　　　　118 000
　　　　持有至到期投资——利息调整　　　　　　　　　　　　　119 500
　　　　贷：投资收益　　　　　　　　　　　　　　　　　　　　237 500

收利息时

　　借：银行存款　　　　　　　　　　　　　　　　　　　　　　118 000
　　　　贷：应收利息　　　　　　　　　　　　　　　　　　　　118 000
　　借：银行存款　　　　　　　　　　　　　　　　　　　　　2 500 000
　　　　贷：持有至到期投资——成本　　　　　　　　　　　　2 500 000

【例 5-3】方兴公司 2019 年 1 月 1 日购入乙公司发行的五年期公司债券，票面利率为 12%，债券面值为 1 000 元，准备持有至到期。方兴公司按 1 050 元的价格购入 80 张该债券。该债券每年付息一次，最后一年归还本金并支付最后一期利息，方兴公司计提利息并按实际利率法摊销债券的溢价。方兴公司编制与该债权投资相关的会计分录如下（计算结果保留整数）。

实际利率计算为

$84\,000 = 80\,000 \times (P/F, r, 5) + 80\,000 \times 12\% \times (P/A, r, 5)$

采用插值法计算得出，实际利率 $r = 10.66\%$

为了方便各期的账务处理，可以编制持有至到期投资利息调整借差摊销表，如表 5-4 所示。

表 5-4　利息调整借差摊销表（分期付息）　　　　　　　　　　　单位：元

期次/年	实收利息 ①=面值×12%	投资收益 ②=期初⑤×10.66%	利息调整贷差摊销 ③=②-①	利息调整贷差余额 ④=期初④-③	摊余成本 ⑤=期初⑤-③
购买时				4 000	84 000
1	9 600	8 954	646	3 354	83 354
2	9 600	8 886	714	2 640	82 640
3	9 600	8 809	791	1 849	81 849
4	9 600	8 725	875	974	80 974
5	9 600	8 626①	974	0	80 000

① 含尾数调整。

（1）方兴公司 2019 年 1 月 1 日购入债券时，应编制会计分录如下。

　　借：持有至到期投资——成本　　　　　　　　　　　　　　　80 000
　　　　持有至到期投资——利息调整　　　　　　　　　　　　　 4 000
　　　　贷：银行存款　　　　　　　　　　　　　　　　　　　　84 000

（2）2019 年 12 月 31 日，应当按照摊余成本和实际利率计算确认利息收入，计入投资收益如下。

　　借：应收利息　　　　　　　　　　　　　　　　　　　　　　 9 600
　　　　贷：投资收益　　　　　　　　　　　　　　　　　　　　 8 954
　　　　　　持有至到期投资——利息调整　　　　　　　　　　　　 646

收利息时

  借：银行存款 9 600
    贷：应收利息 9 600

（3）2020年12月31日，应当按照摊余成本和实际利率计算确认利息收入，计入投资收益如下。

  借：应收利息 9 600
    贷：投资收益 8 886
      持有至到期投资——利息调整 714

收利息时

  借：银行存款 9 600
    贷：应收利息 9 600

（4）2021年12月31日，应当按照摊余成本和实际利率计算确认利息收入，计入投资收益如下。

  借：应收利息 9 600
    贷：投资收益 8 809
      持有至到期投资——利息调整 791

收利息时

  借：银行存款 9 600
    贷：应收利息 9 600

（5）2022年12月31日，应当按照摊余成本和实际利率计算确认利息收入，计入投资收益如下。

  借：应收利息 9 600
    贷：投资收益 8 725
      持有至到期投资——利息调整 875

收利息时：

  借：银行存款 9 600
    贷：应收利息 9 600

（6）2023年12月31日，应当按照摊余成本和实际利率计算确认利息收入，计入投资收益如下。

  借：应收利息 9 600
    贷：投资收益 8 626
      持有至到期投资——利息调整 974

（7）到期，收回本息，编制会计分录如下。

  借：银行存款 89 600
    贷：应收利息 9 600
      持有至到期投资——成本 80 000

【例5-4】方兴公司于2019年1月1日以银行存款737 260元购买了A公司于当日发行的总面值为800 000元、票面利率为5%、5年期到期一次付息债券，作为持有至到期投资。债券利息按单利计算，于债券到期时一次支付。方兴公司还以银行存款支付了购买该债券发生的交易费用10 000元。

  此例中实际利率未给出，故首先需要计算实际利率。在债券到期一次还本付息的情况下，无论是面值购入还是溢价或折价购入，无论是否含有初始直接费用，其实际利率均可采用下列公式计算：

债券初始入账价值×(1+实际利率 r)^n=债券到期价值

因此

$$实际利率\ r = \sqrt[n]{\frac{债券入账价值}{债券初始入账价值}} - 1$$

式中，r 为实际利率；n 为债券到期价值折现的期数。例如，企业取得 5 年期债券，如按年确认投资收益，则折现期为 5 期，实际利率 r 为年利率；如按半年确认投资收益，则折现期为 10 期，实际利率 r 为半年利率。本例中按照上面公式可计算出实际利率为：

$$实际利率\ r = \sqrt[5]{\frac{800\,000 + 800\,000 \times 5\% \times 5}{747\,260}} - 1 = 6\%$$

利息调整贷差摊销表（到期一次付息）如表 5-5 所示。

表 5-5　利息调整贷差摊销表（到期一次付息）　　　　　单位：元

期次/年	实计利息 ①=面值×5%	投资收益 ②=期初⑤×6%	利息调整贷差摊销 ③=②-①	利息调整贷差余额 ④=期初④-③	摊余成本 ⑤=期初⑤+①+③
购买时				52 740	747 260
1	40 000	44 835.60	4 835.60	47 904.40	792 095.60
2	40 000	47 525.74	7 525.74	40 378.66	839 621.34
3	40 000	50 377.28	10 377.28	30 001.38	889 998.62
4	40 000	53 399.92	13 399.92	16 601.46	943 398.54
5	40 000	56 601.46①	16 601.46	0	1 000 000

① 含尾数调整。

(1) 方兴公司 2019 年 1 月 1 日购入债券时，应编制会计分录如下。

持有至到期投资入账金额=737 260+10 000=747 260（元）

借：持有至到期投资——成本　　　　　　　　　　　　　　　800 000
　　贷：银行存款　　　　　　　　　　　　　　　　　　　　　747 260
　　　　持有至到期投资——利息调整　　　　　　　　　　　　 52 740

(2) 2019 年 12 月 31 日，应当按照摊余成本和实际利率计算确认利息收入，计入投资收益如下。

借：持有至到期投资——应计利息　　　　　　　　　　　　　 40 000
　　持有至到期投资——利息调整　　　　　　　　　　　　　 4 835.6
　　贷：投资收益　　　　　　　　　　　　　　　　　　　　　44 835.6

(3) 2020 年 12 月 31 日，应当按照摊余成本和实际利率计算确认利息收入，计入投资收益如下。

借：持有至到期投资——应计利息　　　　　　　　　　　　　 40 000
　　持有至到期投资——利息调整　　　　　　　　　　　　　 7 525.74
　　贷：投资收益　　　　　　　　　　　　　　　　　　　　　47 525.74

(4) 2021 年 12 月 31 日，应当按照摊余成本和实际利率计算确认利息收入，计入投资收益如下。

借：持有至到期投资——应计利息　　　　　　　　　　　　　 40 000
　　持有至到期投资——利息调整　　　　　　　　　　　　　 10 377.28
　　贷：投资收益　　　　　　　　　　　　　　　　　　　　　50 377.28

(5) 2022 年 12 月 31 日，应当按照摊余成本和实际利率计算确认利息收入，计入投资收益如下。

借：持有至到期投资——应计利息　　　　　　　　　40 000
　　持有至到期投资——利息调整　　　　　　　　　13 399.92
　贷：投资收益　　　　　　　　　　　　　　　　　　53 399.92

（6）2023年12月31日，应当按照摊余成本和实际利率计算确认利息收入，计入投资收益如下。

借：持有至到期投资——应计利息　　　　　　　　　40 000
　　持有至到期投资——利息调整　　　　　　　　　16 601.46
　贷：投资收益　　　　　　　　　　　　　　　　　　56 601.46

（7）到期，收回本息，编制会计分录如下。

借：银行存款　　　　　　　　　　　　　　　　　1 000 000
　贷：持有至到期投资——成本　　　　　　　　　　800 000
　　　　　　　　　　——应计利息　　　　　　　　200 000

第三节　可供出售金融资产

一、可供出售金融资产的概念

可供出售金融资产是指初始确认时即被指定为可供出售的非衍生金融资产，以及除下列各类资产以外的金融资产：贷款和应收款项；持有至到期投资；以公允价值计量且其变动计入当期损益的金融资产。

企业购入的在活跃市场上有报价的股票、债券和基金等，没有划分为以公允价值计量且其变动计入当期损益的金融资产、持有至到期投资等金融资产的，可以归为可供出售金融资产。

从可供出售金融资产的定义可以看出，其具有以下特征。

① 该项资产属于非衍生金融资产。

② 该项金融资产有活跃市场，公允价值易于取得。

③ 该项金融资产持有限期不确定，即企业在初次确认时并不能确定是否在短期内出售以获利，还是长期持有以获利。其持有意图界于交易性金融资产与持有至到期投资之间。

④ 由于可供出售金融资产可能短期或者长期持有，为了保持计量的一致性，因此与交易性金融资产将公允价值变动计入当期损益不同，其公允价值变动计入所有者权益。

二、可供出售金融资产的计量

（1）可供出售金融资产取得时的计量

可供出售金融资产取得时的计量，应当按照取得该项金融资产的公允价值和相关交易费用之和作为初始入账金额。实际支付的价款中包括的已到付息期但尚未领取的债券利息或已宣告但尚未发放的现金股利，应单独确认为应收项目。

（2）可供出售金融资产持有期间的计量

可供出售金融资产持有期间获取的利息或现金股利，应当计入投资收益。资产负债表日，可供出售金融资产应当以公允价值计量，且公允价值变动计入资本公积（其他资本公积）。资产负债表日，可供出售金融资产发生的减值损失，应当计入当期损益。

（3）可供出售金融资产出售处置时的计量

可供出售金融资产出售时，应终止确认该项金融资产投资。处置可供出售金融资产时，应将取得的价款与该金融资产账面价值之间的差额,计入投资损益;同时,将原计入所有者权益的公允价值变动累计额所对应处置部分的金额也计入投资损益。

三、可供出售金融资产的核算

(一) 主要核算账户的设置

为核算可供出售金融资产业务,企业应设置"可供出售金融资产"账户。该账户用来核算企业持有的可供出售金融资产的公允价值,包括划定为可供出售的股票投资、债券投资等金融资产。

企业应按可供出售金融资产的类别和品种,分别设置"成本""利息调整""应计利息""公允价值变动"等明细账户,进行明细分类核算。

(二) 可供出售金融资产的实务处理

可供出售金融资产的账务处理也可分为取得时、持有期间和出售处置时3个步骤。

(1) 取得时

① 企业取得可供出售的金融资产为股权投资的,应按其公允价值与交易费用之和,借记"可供出售金融资产——成本"账户,支付的价款中包含的已宣告但尚未发放的现金股利,借记"应收股利"账户,按实际支付的金额,贷记"银行存款"等账户。

② 企业取得的可供出售金融资产为债券投资的,应按债券的面值,借记"可供出售金融资产——成本"账户,支付的价款中包含的已到付息期但尚未领取的利息,借记"应收利息"账户,按实际支付的金额,贷记"银行存款"等账户,并且,应将其间的差额,借记或贷记"可供出售金融资产——利息调整"账户。

(2) 持有期间 持有期间需要关注两件事:一是各期间获得股利或利息的处理;二是各期末按照公允价值计量。

① 资产负债表日。可供出售债券为分期付息、一次还本债券投资的,应按票面利率计算确定的应收未收利息,借记"应收利息"账户,按可供出售债券的摊余成本和实际利率计算确定的利息收入,贷记"投资收益"账户,按其差额,借记或贷记"可供出售金融资产——利息调整"账户。

可供出售债券为一次还本付息债券投资的,应于资产负债表日按票面利率计算确定的应收未收利息,借记"可供出售金融资产——应计利息"账户,按可供出售债券的摊余成本和实际利率计算确定的利息收入,贷记"投资收益"账户,按其差额,借记或贷记"可供出售金融资产——利息调整"账户。

② 资产负债表日。可供出售金融资产的公允价值高于其账面余额的差额,借记"可供出售金融资产——公允价值变动"账户,贷记"资本公积——其他资本公积"账户;公允价值低于其账面余额的差额做相反的会计分录。

③ 资产负债表日。可供出售金融资产经测试,确认发生减值的,应借记"资产减值损失"账户,按应转出原计入资本公积的累计损失,贷记"资本公积——其他资本公积"账户,按其差额,贷记"可供出售金融资产——公允价值变动"账户。

(3) 出售处置时 出售可供出售的金融资产,应按实际收到的金额,借记"银行存款"等账户,按其账面余额,贷记"可供出售金融资产——成本、公允价值变动、利息调整、应计利息"账户,按应从所有者权益中转出的公允价值累计变动额,借记或贷记"资本公积——其他资本公积"账户,按其差额,贷记或借记"投资收益"账户。

根据上述对可供出售金融资产会计处理的分析,将可供出售金融资产会计处理归纳如表 5-6 所示。

表 5-6　可供出售金融资产会计处理

初始计量	债券投资	按公允价值和交易费用之和计量（其中交易费用在"可供出售金融资产——利息调整"科目核算）
		已到付息期但尚未领取的利息，应当确认为应收项目
	股票投资	按公允价值和交易费用之和计量
后续计量		资产负债表日按公允价值计量，公允价值变动计入所有者权益（资本公积——其他资本公积）
溢折价摊销	债券投资	按照摊余成本和实际利率计算确认利息收入，计入投资收益
持有至到期投资转换为可供出售金融资产		可供出售金融资产按公允价值计量，公允价值与账面价值的差额计入资本公积
处置		处置时，售价与账面价值的差额计入投资收益
		将持有可供出售金融资产期间产生的资本公积——其他资本公积转入投资收益

【例 5-5】方兴公司 2020 年 8 月购入乙公司股票 100 万股，每股市价 10 元，发生的交易税费为 50 000 元，公司管理层将其划分为可供出售金融资产。2020 年 12 月 31 日，乙公司股票每股市价为 9 元。2021 年 3 月 20 日乙公司宣告分红，方兴公司分享 300 000 元。2021 年 4 月 10 日收到现金股利。假定 2021 年 12 月 31 日，乙公司股票每股市价为 7 元。2022 年 12 月 31 日，乙公司股票市价恢复，每股市价为 8.50 元。2023 年 3 月 15 日，方兴公司将乙公司的股票全部售出，取得价款合计为 9 200 000 元。

方兴公司编制与该可供出售金融资产相关的会计分录如下。

（1）方兴公司 2020 年 8 月购入股票时，编制会计分录如下。

　　借：可供出售金融资产——股票投资（成本）　　　　10 050 000
　　　　贷：银行存款　　　　　　　　　　　　　　　　　　10 050 000

（2）2020 年 12 月 31 日，将公允价值变动形成的损失，直接计入所有者权益（资本公积——其他资本公积），编制会计分录如下。

　　借：资本公积——其他资本公积　　　　　　　　　　1 050 000
　　　　贷：可供出售金融资产——股票投资（公允价值变动）　1 050 000

（3）2021 年 3 月 20 日，确认投资收益，编制会计分录如下。

　　借：应收股利　　　　　　　　　　　　　　　　　　300 000
　　　　贷：投资收益　　　　　　　　　　　　　　　　　　300 000

（4）2021 年 4 月 10 日，收到现金股利，编制会计分录如下。

　　借：银行存款　　　　　　　　　　　　　　　　　　300 000
　　　　贷：应收股利　　　　　　　　　　　　　　　　　　300 000

（5）2021 年 12 月 31 日，将公允价值变动形成的损失，直接计入所有者权益（资本公积——其他资本公积），编制会计分录如下。

　　借：资本公积——其他资本公积　　　　　　　　　　2 000 000
　　　　贷：可供出售金融资产——股票投资（公允价值变动）　2 000 000

（6）2022 年 12 月 31 日，将公允价值变动形成的利得，直接计入所有者权益（资本公积——其他资本公积），编制会计分录如下。

　　借：可供出售金融资产——股票投资（公允价值变动）　1 500 000
　　　　贷：资本公积——其他资本公积　　　　　　　　　　1 500 000

（7）2023 年 3 月 15 日，处置可供出售金融资产，编制会计分录如下。

　　借：银行存款　　　　　　　　　　　　　　　　　　9 200 000

可供出售金融资产——股票投资（公允价值变动）	1 550 000
贷：可供出售金融资产——股票投资（成本）	10 050 000
投资收益	700 000

将公允价值变动转入投资收益。

借：资本公积——其他资本公积	1 550 000
贷：投资收益	1 550 000

【例 5-6】2019 年 1 月 1 日，方兴公司支付价款 10 282 400 元购入 A 公司发行的 3 年期公司债券，该公司债券的票面总金额为 10 000 000 元，票面年利率为 4%，实际利率为 3%。利息每年末支付，本金到期支付。方兴公司将该公司债券划分为可供出售金融资产。2019 年 12 月 31 日，该债券的市场价格为 10 000 900 元。假定不考虑交易费用和其他因素的影响，方兴公司的账务处理如下。

（1）2019 年 1 月 1 日，购入债券，编制会计分录如下。

借：可供出售金融资产——成本	10 000 000
——利息调整	282 400
贷：银行存款	10 282 400

（2）2019 年 12 月 31 日，收到债券利息、确认公允价值变动，编制会计分录如下。

应收利息＝10 000 000×4%＝400 000（元）

实际利息＝1 028.24×3%＝30.8472≈30.85（元）

年末摊余成本＝10 282 400＋308 500－400 000＝10 190 900（元）

公允价值减少额＝10 190 900－10 000 900＝190 000（元）

计算应收利息时。

借：应收利息	400 000
贷：投资收益	308 500
可供出售金融资产——利息调整	91 500

收到银行存款时。

借：银行存款	400 000
贷：应收利息	400 000

确认公允价值变动时。

借：资本公积——其他资本公积	190 000
贷：可供出售金融资产——公允价值变动	190 000

第四节 长期股权投资

长期股权投资是企业金融资产投资以外的权益性投资。长期股权投资属于产权投资，它是通过持股方式向被投资企业投入长期资本，并使被投资企业作为一个独立的经济实体而为投资企业实现总体经营目标服务。

一、长期股权投资的概念

（一）长期股权投资的内容

根据长期股权投资具体准则，确认为长期股权投资的，包括以下四项内容。

① 对子公司的权益性投资。

② 对合营企业的权益性投资。

③ 对联营企业的权益性投资。

④ 对被投资单位不具有控制、共同控制或重大影响，并且在活跃市场中没有报价，公允价值不能可靠计量的权益性投资。

(二) 长期股权投资的类型

与上述确认为长期股权投资的内容项目相对应，按照投资企业对被投资企业所产生的权益影响程度，长期股权投资可以分为以下四种类型。

(1) 控制　是指有权决定被投资企业的财务与经营政策。此种类型对应于对子公司的权益性投资，控股比例一般大于50%，或者控股比例小于50%，但具有实质控制权。

(2) 共同控制　是指按照合同约定对某项经济活动所共有的控制。共同控制是在对被投资单位的财务与经营政策由多个投资企业共同决定、决策权一致同意、共同分享的情况下存在的。此种类型对应于对合营企业的权益性投资，控股比例大致在20%～50%。

(3) 重大影响　是指对被投资企业的财务与经营政策拥有参与决策的权力，但并不能决定这些政策的制定。此种类型对应于对联营企业的权益性投资，控股比例大致在20%～50%。

(4) 无控制、无共同控制或重大影响　是指除上述三种类型之外的权益性投资。此种类型对应于对被投资单位不具有控制、共同控制或重大影响，并且在活跃市场中没有报价、公允价值不能可靠计量的权益性投资，控股比例一般小于20%。

二、长期股权投资的计量

(一) 长期股权投资初始计量的原则

长期股权投资在取得时，应按初始投资成本入账，长期股权投资的初始投资成本，应按企业合并和非企业合并两种情况确定。

1. 企业合并形成的长期股权投资取得时的计量

企业合并是指将两个或者两个以上单独的企业合并形成一个报告主体的交易或事项。在我国将企业合并分为同一控制下的企业合并和非同一控制下的企业合并。

(1) 同一控制下企业合并形成的长期股权投资取得时的计量　同一控制下的企业合并，是指参与合并的企业在合并前后均受同一方或相同的多方最终控制，且该控制并非是暂时性的企业合并。对于同一控制下的企业合并，在合并日取得对其他参与合并企业控制权的一方为合并方，参与合并的其他企业为被合并方。合并日是指合并方实际取得对被合并方控制权的日期。

合并方应当按照下列规定确定其取得时的初始投资成本。

① 以支付现金、转让非现金资产或承担债务方式作为合并对价的，应当在合并日按照取得被合并方所有者权益账面价值的份额作为长期股权投资的初始投资成本。长期股权投资初始投资成本与支付的现金、转让的非现金资产以及所承担债务账面价值之间的差额，应当调整资本公积；资本公积不足冲减的，调整留存收益。

② 合并方以发行权益性证券作为合并对价的，应当在合并日按照取得被合并方所有者权益账面价值的份额作为长期股权投资的初始投资成本。按照发行股份的面值总额作为股本，长期股权投资初始投资成本与所发行股份面值总额之间的差额，应当调整资本公积；资本公积不足冲减的，调整留存收益。

(2) 非同一控制下企业合并形成的长期股权投资取得时的计量　非同一控制下的企业合并，是指参与合并的各方在合并前后不受同一方或相同的多方最终控制的企业合并。非同一控制下的企业合并，在购买日取得对其他参与合并企业控制权的一方为购买方，参与合并的其他企业为被购买方,购买日是指购买方实际取得对被购买方控制权的日期。

非同一控制下的企业合并,购买方在购买日应当区别下列情况确定企业合并成本,并将其作为长期股权投资取得时的初始投资成本。

① 一次交易实现的企业合并,合并成本为购买方在购买日为取得对被购买方的控制权而付出的资产、发生或承担的负债以及发行的权益性证券的公允价值。

② 通过多次交易分步实现的企业合并,合并成本为每一单项交易成本之和。

③ 购买方为进行企业合并发生的各项直接相关费用也应当计入企业合并成本,该直接相关费用不包括为企业合并发行的债券或承担其他债务支付的手续费、佣金等,也不包括企业合并中发行权益性证券发生的手续费、佣金等费用。

④ 在合并合同或协议中对可能影响合并成本的未来事项做出约定的,购买日如果估计未来事项很可能发生并且对合并成本的影响金额能够可靠计量的,购买方应当将其计入合并成本。

无论是同一控制下的企业合并还是非同一控制下的企业合并形成的长期股权投资,实际支付的价款或对价中包含的已宣告但尚未发放的现金股利或利润,应作为应收项目处理。

2. 非企业合并形成的长期股权投资取得时的计量

非企业合并形成的长期股权投资,又称之为企业合并形式以外,其他方式取得的长期股权投资。除企业合并形成的长期股权投资以外,其他方式取得的长期股权投资,应当按照下列规定确定其初始投资成本。

① 以支付现金取得的长期股权投资,应当按照实际支付的购买价款作为初始投资成本。初始投资成本包括与取得长期股权投资直接相关的费用、税金及其他必要支出。企业取得长期股权投资,实际支付的价款或对价中包含的已宣告但尚未发放的现金股利或利润,应作为应收项目处理。

② 以发行权益性证券取得的长期股权投资,应当按照发行权益性证券的公允价值作为初始投资成本。

③ 投资者投入的长期股权投资,应当按照投资合同或协议约定的价值作为初始投资成本,但合同或协议约定价值不公允的除外。

④ 通过非货币性资产交换或者通过债务重组取得的长期股权投资,其初始投资成本应当参照非货币性资产交换和债务重组的相关规定处理。

(二) 长期股权投资持有期间的计量

1. 持有期间的后续计量

长期股权投资持有期间的后续计量有两种方法:一是成本法;二是权益法。长期股权投资持有期间的计量方法的确定取决于投资企业对被投资单位的影响程度及是否存在活跃市场、公允价值能否可靠取得等情况。

(1) 采用成本法计量的范围　成本法是指长期股权投资按投资成本计价的方法。长期股权投资采用成本法计量的范围如下。

① 投资企业能够对被投资单位实施控制的长期股权投资,亦即对子公司的长期股权投资。

② 投资企业对被投资单位不具有共同控制或重大影响,并且在活跃市场中没有报价、公允价值不能可靠计量的长期股权投资。

(2) 采用权益法计量的范围　权益法是指长期股权投资以初始成本计量后,根据持有期间内投资企业享有被投资单位所有者权益份额的变动对账面价值进行调整的计价方法。长期股权投资采用权益法计量的范围如下。

① 投资企业能够对被投资单位实施共同控制的长期股权投资，亦即对合营企业的长期股权投资。

② 投资企业能够对被投资单位实施重大影响的长期股权投资，亦即对联营企业的长期股权投资。

2. 持有期间各期末的计量

企业应当在资产负债表日判断长期股权投资是否存在可能发生减值的迹象。对于存在发生减值迹象的长期股权投资，应当估计其可回收金额。可回收金额应当根据长期股权投资的公允价值减去处置费用后的净额与资产预计现金流量的现值两者之间较高者确定。可回收金额的计量结果表明，长期股权投资的可回收金额低于其账面价值的，应当将长期股权投资的账面价值减记至可回收金额，减记的金额确认为资产减值损失，计入当期损益，同时，计提相应的资产减值准备。资产减值一经确认，在以后会计期间不得转回。

（三）长期股权投资处置的计量

处置长期股权投资，其账面价值与实际取得价款的差额，应当计入当期损益。采用权益法核算的长期股权投资，因被投资单位除净损益以外所有者权益的其他变动而计入所有者权益的，处置该项投资时应当将原计入所有者权益的部分按相应比例转入当期损益。亦即将原计入资本公积账户的金额转入投资收益账户。

（四）长期股权投资核算方法转换的计量

由于减少投资或追加投资等各种原因，致使投资企业对被投资企业财务和经营决策的影响程度发生变化时，应根据权益法和成本法适用的范围，重新判断新的影响程度下原来的核算方法是否仍然适用。于是，就产生了成本法和权益法相互转换的会计处理问题。

由于追加或减少投资等原因，导致对被投资企业由不构成转为构成共同控制或者重大影响的，投资企业应将成本法改为权益法进行核算；由于减少或追加投资等原因，导致对被投资企业由不构成转为构成控制或者无控制、无共同控制、无重大影响的，投资企业应改权益法为成本法进行核算，两者的基本原则都是以转换当时长期股权投资的账面价值作为新方法核算的初始投资成本。

1. 成本法转为权益法

长期股权投资核算由成本法转为权益法的两种类型及处理原则如下。

（1）因持股比例上升，由成本法转为权益法　因追加投资导致持股比例上升，使原持有的无控制、无共同控制、无重大影响的长期股权投资，转为能够对被投资单位实施共同控制或者施加重大影响的，应区分以下情况处理。

① 原持有长期股权投资的账面余额与按照原持股比例计算确定应享有原取得投资时被投资单位可辨认净资产公允价值的份额之间的差额，属于通过投资体现的商誉部分，不调整长期股权投资的账面价值；属于原取得时投资成本小于应享有被投资单位可辨认净资产公允价值份额的差额，一方面应调整长期股权投资的账面价值，另一方面应同时调整留存收益。

② 对于新取得的股权部分，应比较新增投资的成本与取得该部分投资时应享有被投资单位可辨认净资产公允价值的份额，其中投资成本大于投资时应享有被投资单位可辨认净资产公允价值份额的，不调整长期股权投资的成本；对于投资成本小于应享有被投资单位可辨认净资产公允价值份额的，应调整增加长期股权投资的成本，同时计入取得当期的营业外收入。

上述与原持股比例相对应的商誉或是应计入留存收益的金额与新取得投资过程中体现的商誉与计入当期损益的金额应综合考虑，在此基础上确定与整体投资相关的商誉或是因投资成本小于应享有被投资单位可辨认净资产公允价值份额应计入留存收益或是损益的金额。

③ 对于原取得投资后至新取得投资的交易日之间被投资单位可辨认净资产公允价值的变动相对于原持股比例的部分，属于在此期间被投资单位实现净损益中应享有份额的，应当调整长期股权投资的账面价值，同时，对于原取得投资时至新增投资当期期初按照原持股比例应享有被投资单位实现的净损益调整留存收益，对于新增投资当期期初至新增投资交易日之间应享有被投资单位实现的净损益计入当期损益；属于其他原因导致的被投资单位可辨认净资产公允价值变动中应享有的份额，在调整长期股权投资账面价值的同时，应当计入"资本公积——其他资本公积"。

（2）因持股比例下降，由成本法转为权益法　因处置投资等导致对被投资单位的影响能力由控制转为实施共同控制或者具有重大影响的，应依照以下步骤进行处理。

① 应按处置或收回投资的比例结转应终止确认的长期股权投资成本。

② 应当比较剩余的长期股权投资成本与按照剩余持股比例计算原投资时应享有被投资单位可辨认净资产公允价值的份额，属于投资作价中体现的商誉部分，不调整长期股权投资的账面价值；属于投资成本小于应享有被投资单位可辨认净资产公允价值份额的，在调整长期股权投资账面价值的同时，应调整留存收益。

③ 属于原取得投资后至转变为权益法核算之间被投资单位实现净损益中按照持股比例计算应享有份额的，应当调整长期股权投资的账面价值，同时，对于原取得投资时至处置投资当期期初被投资单位实现的净损益（扣除已发放及已宣告发放现金股利及利润）中应享有的份额调整留存收益，对于处置投资当期期初至处置投资之日被投资单位实现的净损益中享有的份额计入当期损益；属于其他原因导致被投资单位所有者权益变动中应享有的份额的，在调整长期股权投资的账面价值的同时，应当计入"资本公积——其他资本公积"。

2. 权益法转为成本法

长期股权投资核算由权益法转为成本法的两种类型及处理原则如下。

① 因持股比例上升，由权益法转为成本法。因追加投资导致持股比例上升，转为能够对被投资单位实施控制，则长期股权投资账面价值的调整，参照长期股权投资初始成本的计量处理。

② 因持股比例下降，由权益法转为成本法。因处置或收回投资等原因导致持股比例下降，转为无控制、无共同控制、无重大影响的情况，则应以转换时长期股权投资的账面价值作为按照成本法核算的基础。继后期间，自被投资单位分得的现金股利或利润未超过转换时被投资单位账面未分配利润中本企业享有份额的，应冲减长期股权投资的成本，不作为投资收益。自被投资单位分得的现金股利或利润超过转换时被投资单位账面未分配利润中本企业享有份额的，确认为当期损益。

三、长期股权投资的核算

（一）主要核算账户的设置

为核算长期股权投资业务，企业应设置以下主要核算账户。

1. "长期股权投资"账户

该账户用来反映企业以购买股票或其他方式进行长期股权投资而投出的资金、投资的变动和投资的处置。该账户借方主要登记取得股权投资的实际成本；贷方主要登记处置股权投资的成本。在长期股权投资持有期间，该账户的具体登记方法不仅取决于实际投资额的变动，还取决于长期股权投资成本法与权益法的具体应用，如该账户的借方，在成本法下，还用来登记将已冲减的初始投资成本予以恢复的金额；在权益法下，还用来登记根据被投资单位实现的净利润及净损益以外的其他所有者权益变动，按持股比例调增长期股权投资账面价值的金额。该账户的贷方，在成本法下，还用来登记将获得的超过投资后被投资单位累计净利润的分配额冲减初始投资成本的金额；在权益法下，还用来登记根据被投资单位实现的净亏损及净损益以外的其他所有者权益变动，按持股比例调减长期股权投资账面价值的金额。该账户的期末余额在借方，反映企业持有长期股权投资的价值。该账户一般按被投资单位设户进行明细核算。采用权益法核算的，该账户还应按"成本""损益调整""其他权益变动"分别设置明细账户，进行明细分类核算。

2. "投资收益"账户

该账户用来反映企业对外投资所发生的损益。该账户的贷方登记取得的投资收益；借方登记发生的投资损失。对于长期股权投资而言，投资损益的确认与具体核算方法的应用存在密切关系。

3. "长期股权投资减值准备"账户

该账户用来核算企业长期股权投资发生减值迹象时确定计提的减值准备。该账户的贷方登记资产负债表日，企业根据资产减值准则或金融工具确认和计量准则确定长期股权投资发生的减值金额；借方登记处置长期股权投资时，应同时结转的已计提长期股权投资的减值准备。该账户的期末贷方余额，反映企业已计提但尚未转销的长期股权投资减值准备。"长期股权投资减值准备"账户一般按照被投资单位进行明细核算。

（二）长期股权投资的实务处理

1. **取得的核算**

（1）企业合并形成的长期股权投资

① 同一控制下的企业合并形成的长期股权投资。合并方在做具体会计处理时，在合并日应按确定的享有被合并方所有者权益账面价值的份额，借记"长期股权投资"账户；应按享有被合并方已宣告但尚未发放的现金股利或利润，借记"应收股利"账户；合并成本与取得的被合并方所有者权益的份额之间的差额，应当调整资本公积（资本溢价或股本溢价）；资本公积不足冲减的，借记"盈余公积"（再不足冲减的，借记"利润分配——未分配利润"）账户。

a. 合并方以支付现金、转让非现金资产或承担债务方式作为合并对价的核算。

【例 5-7】N、M 两家建筑工程公司同为 A 集团的子公司，N 公司通过转让一项账面价值为 900 000 元的专利权（属于无形资产），取得 M 公司 60%的股份，实现了对 M 公司的控制，合并日 M 公司的所有者权益总额为 1 000 000 元，N 公司的资本公积余额为 200 000 元，留存收益充裕。合并方 N 公司应编制会计分录如下。

```
借：长期股权投资——M 公司           600 000
    资本公积                          200 000
    盈余公积                          100 000
  贷：无形资产                                900 000
```

【例 5-8】同【例 5-7】，如果 N 公司以银行存款 950 000 元，取得 M 公司 60%的股份，且 N 公司的盈余公积余额为 100 000 元。则合并方 N 公司应编制会计分录如下。

```
借：长期股权投资——M 公司           600 000
    资本公积                          200 000
    盈余公积                          100 000
    利润分配——未分配利润              50 000
  贷：银行存款                                950 000
```

b. 合并方以发行权益性证券作为合并对价的核算。

【例 5-9】N、M 两家建筑工程公司同为 A 集团的子公司，根据 N、M 公司达成的协议，2020 年 4 月 1 日，N 公司增发权益性证券取得 M 公司 80% 的股权。N 公司增发的普通股为 3 500 万股，每股面值 1 元。N 公司于当日取得 M 公司的控制权，M 公司的所有者权益总额为 50 000 000 元。则合并方 N 公司应编制会计分录如下。

借：长期股权投资　　　　　　　　　　　　　　　　　　　40 000 000
　　贷：股本　　　　　　　　　　　　　　　　　　　　　　35 000 000
　　　　资本公积——股本溢价　　　　　　　　　　　　　　5 000 000

② 非同一控制下的企业合并形成的长期股权投资。合并方在做具体会计处理时，在购买日应按照合并成本作为长期股权投资的初始投资成本，借记"长期股权投资"账户；应按享有被合并方已宣告但尚未发放的现金股利或利润，借记"应收股利"账户；应按支付合并对价的账面价值，贷记有关资产或借记有关负债账户；应按发生的直接费用，贷记"银行存款"账户；应按其差额，贷记"营业外收入"或借记"营业外支出"等账户。

此外，若涉及以转让存货资产的形式作为合并对价的，应视同销售，按照存货的公允价值，贷记"主营业务收入"或"其他业务收入"账户，并同时结转相关的成本，涉及增值税的，还应贷记"应交税费"账户。

【例 5-10】N、M 两家施工产品生产公司是不具有关联方关系的独立公司。2020 年 4 月 1 日，N 公司与 M 公司达成合并协议，约定 N 公司以一批产品作为对价投资于 M 公司，取得 M 公司 60% 的股权。该产品的成本为 3 500 000 元，公允价值为 5 000 000 元，该产品的应交增值税销项税额为 650 000 元。则合并方 N 公司应编制会计分录如下。

借：长期股权投资——M 公司　　　　　　　　　　　　　　5 850 000
　　贷：主营业务收入　　　　　　　　　　　　　　　　　　5 000 000
　　　　应交税费——应交增值税（销项税额）　　　　　　　650 000

同时，结转该批产品成本。

借：主营业务成本　　　　　　　　　　　　　　　　　　　3 500 000
　　贷：库存商品　　　　　　　　　　　　　　　　　　　　3 500 000

（2）非企业合并形成的长期股权投资

① 以支付现金取得的长期股权投资，应当按照实际支付的购买价款（合并成本）作为初始投资成本。

【例 5-11】N 建筑工程公司从证券市场购入 M 公司发行在外的普通股股票 400 万股，每股为 11 元，其中 1 元为 M 公司已宣告的但尚未发放的现金股利，购买中另支付相关税费 1 000 000 元，N 公司取得该项股权后，对 M 公司的财务与经营政策构成重大影响。N 公司应编制会计分录如下。

借：长期股权投资——M 公司　　　　　　　　　　　　　　41 000 000
　　应收股利——M 公司　　　　　　　　　　　　　　　　　4 000 000
　　贷：银行存款　　　　　　　　　　　　　　　　　　　　45 000 000

② 以发行权益性证券取得的长期股权投资，应当按照发行权益性证券的公允价值作为初始投资成本。

【例 5-12】N 建筑工程公司以增发普通股股票 100 万股的方式，作为对价投资于 M 公司，该股票每股面值 1 元。实际发行价为每股 5 元。N 公司应编制会计分录如下。

借：长期股权投资——M 公司　　　　　　　　　　　　　　5 000 000
　　贷：股本　　　　　　　　　　　　　　　　　　　　　　1 000 000
　　　　资本公积——股本溢价　　　　　　　　　　　　　　4 000 000

③ 投资者投入的长期股权投资，是指投资者以其持有的第三方的投资作为出资投入企业，接受投资的企业原则上应当按照投资各方在投资合同或协议中约定的价值作为取得投资的初始投资成本。但合同或协议约定价值不公允者除外。

【例 5-13】N 建筑工程公司设立，主要出资方之一的 I 公司将其持有的对 B 公司的长期股权投资作为出资投入 N 公司。投资各方投资合同共同确定，该项长期股权投资价值 30 000 000 元。N 公司注册资本为 120 000 000 元，I 公司的出资占 N 公司注册资本的 20%。则 N 公司应编制会计分录如下。

借：长期股权投资——B 公司　　　　　　　　　　　30 000 000
　　贷：实收资本（或股本）——I 公司　　　　　　　　24 000 000
　　　　资本公积——股本溢价　　　　　　　　　　　　 6 000 000

2. 持有期间的核算

（1）长期股权投资成本法的核算

① 成本法的会计处理方法

a. 长期股权投资的初始投资成本一般保持不变，无论被投资企业的经营情况如何，净资产是否变动，但追加或减少投资情况除外，追加或减少投资，应按调整后的成本作为账面价值。

b. 被投资企业发放现金股利或利润时，投资企业应当按照享有被投资单位宣告发放的现金股利或利润确认投资收益。根据企业会计准则解释第 3 号规定，"不再划分是否属于投资前和投资后被投资单位实现的净利润"，不再将享有投资前被投资单位实现的净利润作为清算性股利而冲减成本。企业按照该规定确认自被投资单位应分得的现金股利或利润后，应当考虑长期股权投资是否发生减值。在判断该类长期股权投资是否存在减值迹象时，应当关注长期股权投资的账面价值是否大于享有被投资单位净资产（包括相关商誉）账面价值的份额等类似情况。出现类似情况时，企业应当按照《企业会计准则第 8 号——资产减值》对长期股权投资进行减值测试，可收回金额低于长期股权投资账面价值的，应当计提减值准备。

c. 被投资单位宣告发放股票股利时，投资企业只做备忘记录，不做会计处理。

② 成本法的实务核算

【例 5-14】2015 年 1 月 10 日，N 建筑工程公司以每股 4 元购入 Q 公司面值 1 元的普通股 40 万股作为长期股权投资，取得 Q 公司 2% 的具有表决权的股份，支付的价款中包含 Q 公司已宣告但尚未分派的现金股利每股 0.2 元。Q 公司为非上市企业，其股权的公允价值不能可靠计量，购买过程中 N 公司支付相关税费 8 000 元。2018 年 12 月 31 日，Q 公司实现净利润 7 500 000 元，2019 年 1 月 5 日，Q 公司宣告分派每股 0.25 元的现金股利。2019 年 12 月 31 日，Q 公司实现净利润 12 500 000 元，2020 年 1 月 5 日，Q 公司宣告分派每股 0.3 元的现金股利。则 N 公司的账务处理如下。

① 2018 年 1 月 10 日，应编制会计分录如下。

购入时初始投资成本 = 400 000 × (4 − 0.2) + 80 000 = 1 528 000（元）

借：长期股权投资——Q 公司　　　　　　　　　　　1 528 000
　　应收股利——Q 公司　　　　　　　　　　　　　　　 80 000
　　贷：银行存款　　　　　　　　　　　　　　　　　1 608 000

② 2019 年 1 月 5 日，应编制会计分录如下。

借：应收股利——Q 公司　　　　　　　　　　　　　　100 000
　　贷：投资收益　　　　　　　　　　　　　　　　　　100 000

③ 2020 年 1 月 5 日，应编制会计分录如下。

借：应收股利——Q公司　　　　　　　　　　　　　　120 000
　　贷：投资收益　　　　　　　　　　　　　　　　　　　　120 000

(2) 权益法

① 权益法的会计处理方法

a. 关于长期股权投资初始投资成本的调整。企业取得长期股权投资时应按照初始投资成本入账，取得以后确认采用权益法核算时，应对初始投资成本进行调整。

如果长期股权投资的初始投资成本大于应享有的被投资单位可辨认净资产公允价值的份额，两者之间的差额实质是通过投资所体现出来的商誉或不符合确认条件的资产价值，该差额不调整已确认的初始投资成本。

如果长期股权投资的初始投资成本小于应享有的被投资单位可辨认净资产公允价值的份额，两者之间的差额实质是被投资单位的让步所体现出来的价值，该差额应调整已确认的初始投资成本，并计入营业外收入。

b. 关于被投资单位净资产的变动。在持有期间被投资单位实现净利润的处理如下。在持有期间按被投资单位实现净利润中应享有的份额调增"长期股权投资——损益调整"，并确认为投资收益。这里的净利润应依据取得投资时被投资单位的各项可辨认净资产的公允价值为基础，对其账面净利润进行调整。例如，以被投资单位按固定资产公允价值计提的折旧额相对于被投资单位按账面价值计提的折旧额进行净利润的调整。

在持有期间被投资单位发生亏损时应按如下顺序处理。冲减长期股权投资的账面价值；不足冲减的，应冲减在被投资单位长期权益的账面价值，通常指长期性应收项目；仍不足冲减的，按照投资合同或协议约定企业仍承担的额外义务，确定预计负债并计入当期损益；如果仍有未确认的金额，投资企业应先做备忘录。待被投资企业以后年度实现盈利后，再按照应享有的收益份额，依次按上述反向顺序恢复。

c. 关于被投资企业发放现金股利及利润时的处理。被投资单位发放现金股利或利润时，会导致其净资产的减少，因此，投资企业应按享有的份额冲减长期股权投资的账面价值。

借：应收股利
　　贷：长期股权投资——损益调整

被投资单位分派股票股利时，投资企业不做处理，但应在备查账簿中增加登记的股份；以后计算现金股利时应以增加后的股数为基数。

d. 关于被投资企业净资产、净收益以外的其他所有者权益变动。企业的收益一部分进入利润表，一部分直接进入资产负债表。对于进入利润表的部分，在取得投资时在各项可辨认净资产的公允价值基础上进行调整后计入投资收益。但是有一部分净损益以外的所有者权益的变动进入资产负债表，如可供出售金融资产公允价值变动的计入资本公积——其他资本公积，对于被投资企业这类变动，投资企业应按照持有的份额调整长期股权投资——其他权益变动，同时增加或减少资本公积——其他资本公积。

借（或贷）：长期股权投资——其他权益变动
　　贷（或借）：资本公积——其他资本公积

e. 未实现内部交易的抵消。投资企业与联营企业及合营企业之间发生的未实现内部交易损益按照持股比例计算归属于投资企业的部分应当予以抵消，在此基础上确认投资损益。投资企业与被投资单位发生的内部交易损失，按照《企业会计准则第8号——资产减值》等规定属于资产减值损失的，应当全额确认。投资企业对于纳入其合并范围的子公司与其联营企业及合营企业之间发生的内部交易损益，也应当按照上述原则进行抵消，在此基础上确认投资损益。

未实现内部交易的抵消具体处理原则如下。

a. 逆流交易（联营企业或合营企业向投资企业出售资产）。对于联营企业或合营企业向投资企业出售资产的逆流交易，在该交易存在未实现内部交易损益的情况下，在将该资产出售给外部独立第三方之前，不应确认因该交易产生的损益中本企业应享有的部分。

若本年存在内部未实现损益，则

本年调整后的净利润＝被投资单位实现的净利润－（资产售价－账面价值）×未出售的比例

若以后年度出售该资产，则

出售当年调整后的净利润＝被投资单位实现的净利润＋（资产售价－账面价值）×该年度出售的比例

如果该企业还有子公司，在编制合并财务报表时，因该未实现内部交易损益应体现在投资企业持有资产的账面价值当中，则进行调整如下。

借：长期股权投资——损益调整
　　贷：存货

b. 顺流交易（投资企业向其联营企业或合营企业出售资产）。在被投资单位实现净利润时，应按照持股比例对未实现内部交易损益属于本企业的部分予以抵消，调整被投资单位实现的净利润。如果该企业还有子公司，在编制合并财务报表时，在合并财务报表中对该未实现内部交易损益应在个别报表已确认投资损益的基础上进行调整如下。

借：营业收入（主营业务收入或其他业务收入）
　　贷：营业成本（主营业务成本或其他业务成本）
　　　　投资收益

② 权益法的实务核算

【例 5-15】2018 年 1 月 10 日，N 建筑工程公司以每股 4 元购入 M 公司面值 1 元的普通股 80 万股作为长期股权投资，支付交易费用 16 000 元，取得 M 公司 40% 的能够施加重大影响的股权，其中价款中包含 M 公司已宣告但尚未分派的每股 0.2 元的现金股利。取得日 M 公司可辨认净资产的公允价值为 10 000 000 元，假设 M 公司可辨认净资产的公允价值与账面价值相等。2018 年 12 月 31 日，M 公司实现净利润 1 500 000 元，2019 年 1 月 5 日，M 公司宣告分派每股 0.25 元的现金股利。2019 年 12 月 31 日，M 公司实现净利润 2 500 000 元，2020 年 1 月 5 日，M 公司宣告分派每股 0.3 元的现金股利。则 N 公司的账务处理如下。

① 2018 年 1 月 10 日，确认取得时的初始投资成本，并编制会计分录如下。

800 000×(4－0.2)＋16 000＝3 056 000（元）

借：长期股权投资——成本　　　　　　　　　　　3 056 000
　　应收股利　　　　　　　　　　　　　　　　　　160 000
　　贷：银行存款　　　　　　　　　　　　　　　　3 216 000

对于本例长期股权投资的初始投资成本小于应享有的被投资单位可辨认净资产公允价值的差额，则 N 公司应确认如下。

10 000 000×40%－3 056 000＝944 000

借：长期股权投资——成本　　　　　　　　　　　944 000
　　贷：营业外收入　　　　　　　　　　　　　　　944 000

② 2018 年 12 月 31 日，据 M 公司实现的净利润，应编制会计分录如下。

借：长期股权投资——损益调整　　　　　　　　　600 000
　　贷：投资收益　　　　　　　　　　　　　　　　600 000

③ 2019年1月5日，据M公司宣告分派的现金股利，应编制会计分录如下。

借：应收股利　　　　　　　　　　　　　　　　　　　　　200 000
　　贷：长期股权投资——损益调整　　　　　　　　　　　　　　　200 000

④ 2019年12月31日，据M公司实现的净利润，应编制会计分录如下。

借：长期股权投资——损益调整　　　　　　　　　　　　　1 000 000
　　贷：投资收益　　　　　　　　　　　　　　　　　　　　　　1 000 000

⑤ 2020年1月5日，据M公司宣告分派的现金股利，应编制会计分录如下。

借：应收股利　　　　　　　　　　　　　　　　　　　　　240 000
　　贷：长期股权投资——损益调整　　　　　　　　　　　　　　　240 000

（3）长期股权投资的减值

① 对子公司、联营企业及合营企业的投资，应当按照《企业会计准则第8号——资产减值》的规定确定其可收回金额及应予计提的减值准备。其中，可收回金额以公允价值减去处置费用后的净额与资产预计未来现金流量的现值两者之间的较高者确定。

② 企业持有的对被投资单位不具有共同控制或重大影响、在活跃市场中没有报价、公允价值不能可靠计量的长期股权投资，应当按照《企业会计准则第22号——金融工具确认和计量》的规定确定的金额计提减值准备。其账面价值大于类似金融资产当时市场收益率对未来现金流量折现确定的现值的部分确认为减值损失。

③ 有关长期股权投资的减值准备一经提取确认，在以后的会计期间不允许转回。

④ 长期股权投资减值的会计分录如下。

借：资产价值准备
　　贷：长期股权投资减值准备

3. 长期股权投资处置的核算

企业处置长期股权投资时，应相应结转与所售股权相对应的长期股权投资的账面价值，出售所得价款与处置长期股权投资账面价值之间的差额，应确认为处置损益。

采用权益法核算的长期股权投资，原计入资本公积中的金额，在处置时也应进行结转，将与所出售股权相对应的部分在处置时自资本公积转入当期损益。

【例5-16】N建筑工程公司决定将所持有的按权益法核算的对M公司的长期股权投资予以出售，处置时方兴公司账面上对M公司长期股权投资的构成为：投资成本250 000元，损益调整50 000元，其他权益变动20 000元。计提的长期股权投资减值准备为15 000元。出售该股权实际取得价款380 000元，当即存入银行。N公司应编制会计分录如下。

借：银行存款　　　　　　　　　　　　　　　　　　　　　380 000
　　长期股权投资减值准备　　　　　　　　　　　　　　　　15 000
　　贷：长期股权投资——成本　　　　　　　　　　　　　　　　250 000
　　　　　　　　　　——损益调整　　　　　　　　　　　　　　50 000
　　　　　　　　　　——其他权益变动　　　　　　　　　　　　20 000
　　　　投资收益　　　　　　　　　　　　　　　　　　　　　75 000

同时，还应将原计入资本公积的部分转为当期的处置损益。

借：资本公积——其他资本公积　　　　　　　　　　　　　20 000
　　贷：投资收益　　　　　　　　　　　　　　　　　　　　　　20 000

第六章 固定资产

第一节 固定资产概述

一、固定资产的定义与特征

1. 固定资产的定义

固定资产是指为生产商品、提供劳务、出租或经营管理而持有的，使用寿命超过一个会计年度的有形资产。固定资产的常见形式包括企业的房屋建筑物、机器设备、运输设备、大型的工具器具和管理工具等。

2. 固定资产的特征

① 固定资产是为生产商品、提供劳务、出租或经营管理而持有。企业持有固定资产的目的是为了生产商品、提供劳务、出租或经营管理，企业持有的固定资产是企业的劳动工具或手段，而不是直接用于出售的产品。其中出租的固定资产，是指用以出租的机器设备类固定资产，不包括以经营租赁方式出租的建筑物，后者属于企业的投资性房地产，不属于固定资产。

② 固定资产使用寿命超过一个会计年度。固定资产提供服务的期限通常超过一个经营周期，从而意味着固定资产属于长期资产，具有耐用性。固定资产的使用寿命并非是无终结年限，固定资产随着使用与磨损，最终会废弃或重置，而且，在其提供服务期间，需要通过折旧的方式，反映其逐渐磨损减少的价值。

③ 固定资产是有形资产。固定资产具有实物形态，这一特征将固定资产与无形资产区分开来。无形资产可能同时具有固定资产的其他特征，但是，正由于无形资产不具有实物形态，因此，有别于固定资产。

二、固定资产的分类

1. 按固定资产的经济用途分类

按固定资产的经济用途分类，可分为生产经营用固定资产和非生产经营用固定资产。

（1）生产经营用固定资产　是指直接服务于企业生产、经营过程的各种固定资产。如生产经营用的房屋、建筑物、机器、设备、器具、工具等。

（2）非生产经营用固定资产　是指不直接服务于生产、经营过程的各种固定资产。如员工食堂、浴室、理发室等使用的房屋、设备和其他固定资产等。

2. 按固定资产使用情况分类

（1）使用中固定资产　是指正在使用中的生产经营用和非生产经营用固定资产。由于季节性经营或大修理等原因，暂时停止使用的固定资产仍属于企业使用中的固定资产；企业出租（指经营性租赁）给其他单位使用的固定资产和内部替换使用的固定资产也属于使用中的固定资产。

（2）未使用固定资产　是指已完工或已购建的尚未交付使用的新增固定资产，以及因进行改建、扩建等原因暂停使用的固定资产。如企业购建的尚待安装的固定资产、经营任务变更停止使用的固定资产等。
（3）不需用固定资产　是指本企业多余或不适用，需要调配处理的固定资产。

3. **按所有权分类**
（1）自有固定资产　是指企业拥有所有权的各种固定资产。
（2）融资租入固定资产　是指企业在租赁期内不拥有所有权，但拥有实质控制权的各种固定资产。按照实质重于形式的会计原则，该类固定资产在租赁期内应视同于自有固定资产进行核算与管理。

4. **综合分类**
① 生产经营用固定资产。
② 非生产经营用固定资产。
③ 租出固定资产（指在经营租赁方式下出租给外单位使用的固定资产）。
④ 不需用固定资产。
⑤ 未使用固定资产。
⑥ 土地，指少数企业已作为历史遗留问题单独估价列账的土地。因征地而支付的补偿费，应计入与土地有关的房屋、建筑物的价值内，不单独作为土地价值入账。企业取得的土地使用权，不作为固定资产管理。
⑦ 融资租入固定资产。

第二节　固定资产的初始确认与计量

一、固定资产的初始确认

（一）固定资产确认的条件

1. **与该固定资产有关的经济利益很可能流入企业**

这是由资产的本质决定的，并成为确认固定资产的关键。判断固定资产所包含的经济利益是否很可能流入，主要依据是与该固定资产所有权相关的风险和报酬是否转移到企业。其中，与固定资产所有权相关的风险，是指由于经营情况变化造成的相关收益的变动，以及由于资产闲置、技术陈旧等原因造成的损失；与固定资产所有权相关的报酬，是指在固定资产使用寿命内使用该资产获得的收入，以及处置该资产实现的利得等。

通常情况下，取得固定资产所有权是判断与固定资产所有权有关的风险和报酬转移到企业的一个重要标志。凡是所有权已属于企业，无论企业是否收到或持有该固定资产，均可作为企业的固定资产；反之，如果没有取得所有权，即使存放在企业，也不能作为企业的固定资产。但是，所有权是否转移，不是判断与固定资产所有权相关的风险和报酬是否转移到企业的唯一标志。在有些情况下，某项固定资产的所有权虽然不属于企业，但是，企业能够控制与该固定资产有关的经济利益流入企业，在这种情况下，企业应将该项固定资产予以确认。例如，融资租入的固定资产，企业虽然不拥有该固定资产的所有权，但企业能够控制与该固定资产有关的经济利益流入企业，与该固定资产所有权相关的风险和报酬实质上已转移到了企业（承租人），因此，满足固定资产确认的第一个条件。

2. **该固定资产的成本能够可靠地计量**

成本能够可靠地计量是确认资产的一项基本条件。作为企业资产的重要组成部分，固定资产要得以确认，必须持有为取得该固定资产所发生的必要支出的确凿证据，其成本必须能够可靠地计量，这直接关系到企业资产价值、成本费用等相关信息的可靠性。当然，企业确定固定资产成本，有时需要根据所获得的最新资料进行合理的估计。如果企业能够合理地估计出固定资产的成本,则视同固定资产的成本能够可靠地计量。例如,对于已达到预定可使用状态的固定资产,在尚未竣工决算前,企业需要根据工程预算、工程造价或工程实际发生的成本等资料,按暂估价值确定固定资产的成本,待办理了竣工决算手续后再做调整。

(二) 固定资产确认的相关规定

① 企业购置的环保设备和安全设备等资产。它们的使用虽然不能直接为企业带来经济利益,但是有助于企业从相关资产中获得经济利益,或者将减少企业未来经济利益的流出,因此,对于这些设备,企业应将其确认为固定资产。例如,为净化环境或者满足国家有关排污标准的需要购置的环保设备,这些设备的使用虽然不会为企业带来直接的经济利益,但却有助于企业提高对废水、废气、废渣的处理能力,有利于净化环境,企业为此将减少未来由于污染环境而需要支付的环境净化费或者罚款,因此,企业应将这些设备确认为固定资产。

② 构成固定资产的各组成部分。如果各自具有不同的使用寿命或者以不同的方式为企业提供经济利益,从而适用不同的折旧率或者折旧方法,此时,该各组成部分实际上是以独立的方式为企业提供经济利益,企业应将其各组成部分单独确认为单项固定资产。例如,飞机的引擎,如果其与飞机机身具有不同的使用寿命,从而适用不同的折旧率或折旧方法,则企业应将其确认为单项固定资产。

③ 工业企业持有的工具、模具、管理用具、玻璃器皿等资产。施工企业持有的模板、挡板、架料等周转材料,以及地质勘探企业持有的管材等资产,企业应当根据实际情况进行核算和管理。如果这些资产项目符合固定资产的定义及其确认条件,就应当确认为固定资产;如果这些资产项目不符合固定资产的定义或没有满足固定资产的确认条件,就不应当确认为固定资产,而应当作为流动资产进行核算和管理。

④ 企业拥有的备品备件和维修设备。通常应当确认为存货,但某些备品备件和维修设备需要与相关固定资产组合发挥效用,例如,民用航空运输企业的高价周转件,就应当确认为固定资产。

二、固定资产的初始计量

(一) 固定资产的计价基础

固定资产的计价基础是指以一定的货币计量属性为依据量度固定资产价值。由于固定资产使用期限长,在其提供服务的过程中会因损耗等原因而价值逐渐减少。因此对固定资产价值指标的监管,需要从不同角度进行全面反映与客观考核。固定资产的计价基础主要有以下三种。

(1) 历史成本 历史成本亦称原始价值,或简称原值、原价,是指企业购建某项固定资产达到预定可使用状态前所发生的一切合理、必要的支出。企业新购建固定资产的计量、确定计提折旧的依据等均以历史成本为计价基础,其主要优点是具有客观性和可验证性,也就是说,以此计价基础确定的固定资产价值,均是实际发生并有支付凭据的支出,它可以客观地反映企业所拥有的固定资产的原始投资规模。因此历史成本成为固定资产的基本计价标准。

(2) 折余价值 折余价值也称为净值是指固定资产原始价值减去累计计提折旧后的净额。它可以考核企业实际占用在固定资产上的资金数额。将固定资产尚未损耗的价值与其原值相比较,便于反映固定资产的新旧程度。

(3) 现值 现值即折现价值一般是指资产按照预计从其持续使用和最终处置中所产生的未来现金流入量的折现金额。企业以延期支付价款购买固定资产的情况下,固定资产的成本以其购买价款的现值为基础确定，可以反映企业融资取得资产的货币时间价值及融资费用。

(二) 固定资产的成本构成

1. 外购固定资产

企业外购固定资产的成本包括购买价款、相关税费、使固定资产达到预定可使用状态前所发生的可归属于该项资产的运输费、装卸费、安装费和专业人员服务费等。外购固定资产分为购入不需要安装的固定资产和购入需要安装的固定资产两类。

以一笔款项购入多项没有单独标价的固定资产，应当按照各项固定资产的公允价值比例对总成本进行分配，分别确定各项固定资产的成本。

2. 融资租入固定资产

融资租入是指实质上转移了与资产所有权有关的全部风险和报酬的租赁。在融资租赁方式下，承租人应将租赁开始日租入固定资产的公允价值与最低租赁付款额现值两者中较低者作为融资租入固定资产入账价值，将最低租赁付款额作为长期应付款的入账价值，其差额作为未确认融资费用。

购买固定资产的价款超过正常信用条件延期支付的，实质上具有融资性质，此种情况的固定资产成本以购买价款的现值为基础确定。实际支付的价款与购买价款的现值之间的差额，应当在信用期间内采用实际利率法进行摊销，摊销金额除满足借款费用资本化条件应当计入固定资产成本外，均应在信用期间内确认为财务费用，计入当期损益。

3. 自行建造固定资产

自行建造固定资产的成本，由建造该项资产达到预定可使用状态前所发生的必要支出构成。其中包括工程物资成本、人工成本、交纳的相关税费、应予资本化的借款费用以及应分摊的间接费用等。企业为在建工程准备的各种物资，应按实际支付的购买价款、增值税税额、运输费、保险费等相关税费，作为实际成本。应计入固定资产成本的借款费用，应按照本书后续章节阐述的有关规定处理。企业自行建造固定资产包括自营建造和出包建造两种方式。

（1）自营方式建造固定资产　即企业自行组织工程物资采购、自行组织施工人员从事工程施工。企业以自营方式建造固定资产，其成本应当按照直接材料、直接人工、直接机械施工费等计量。

为本企业建造固定资产准备的各种物资，应当按照实际支付的买价、不能抵扣的增值税税额、运输费、保险费等相关税费作为实际成本，并按照各种专项物资的种类进行明细核算。工程完工后，剩余的工程物资，如转作本企业库存材料，按其实际成本或计划成本转作企业的库存材料。建设期间发生的盘盈、盘亏、报废、毁损的工程物资，扣除保险公司、过失人赔偿部分后的差额，工程项目尚未完工的，计入或冲减所建工程项目的成本；工程已经完工的，计入当期营业外收支。

自营方式建造固定资产应负担的职工薪酬、辅助生产费用，以及其他必要支出等也应计入所建工程项目的成本。

（2）出包方式建造固定资产　即通过招标方式将工程项目发包给建造承包商，由建造承包商组织工程项目施工。企业以出包方式建造固定资产，其成本应当按照支付的工程价款等计量。其中包括发生的建筑工程支出、安装工程支出，以及需分摊计入各固定资产价值的待摊支出。待摊支出，是指在建设期间发生的，不能直接计入某项固定资产价值、应由所建造固定资产共同负担的相关费用，其中包括：为建造工程发生的管理费、征地费、可行性研究费、临时设施费、公证费、监理费、应负担的税费、符合资本化条件的借款费用、建设期间发生的工程物资盘亏、报废及毁损净损失，以及负荷联合试车费等。

4. 其他方式取得的固定资产

（1）投资者投入固定资产　投资者投入固定资产的成本应当按照投资合同或协议约定的价值确定，但合同或协议约定价值不公允的除外。

（2）接受捐赠固定资产　接受捐赠固定资产的成本应按以下规定确定。

① 该资产附带有关文件、协议、发票、报关单等凭证的价值与公允价值差异不大的，应当以有关凭证中注明的价值作为公允价值入账。

② 该资产附带的凭证没有注明价值或注明价值与公允价值差异较大，如果存在活跃市场的，应当根据有确凿证据表明的同类或类似资产市场价格作为公允价值入账；如果不存在活跃市场的，应当根据预计未来现金流量的现值作为公允价值入账。

（3）非货币性资产交换、债务重组、企业合并等方式取得的固定资产　其成本应当分别按照《企业会计准则第 7 号——非货币性资产交换》《企业会计准则第 12 号——债务重组》《企业会计准则第 20 号——企业合并》等的有关规定确定。但是，其后续计量和披露应当执行固定资产准则的规定。

（4）盘盈固定资产　盘盈的固定资产应作为前期差错处理，在按照管理权限报经批准处理之前，应先记入"以前年度损益调整"账户。

三、固定资产取得的核算

（一）主要核算账户的设置

（1）"固定资产"账户　用于核算企业持有的固定资产原价。该账户借方登记企业增加的固定资产的原价；贷方登记企业减少的固定资产的原价；期末余额在借方，反映企业在用、未用、融资租入固定资产的原价。该账户应按固定资产的类别、使用部门和每项固定资产设置"固定资产登记簿"和"固定资产卡片"，进行明细核算。

（2）"工程物资"账户　用于核算企业为建造和更新本企业固定资产而专门储备的各种基建、技改物资的实际成本。该账户借方登记购入工程物资的实际成本；贷方登记领出工程物资的实际成本；期末余额在借方，反映企业库存各种工程物资的实际成本。

（3）"在建工程"账户　用于核算企业各项基建、技改等工程在建项目实际发生的耗用价值，包括固定资产新建工程、改扩建工程等所发生的实际支出，以及改扩建工程等转入的固定资产净值。该账户借方登记企业各项在建工程达到预定可使用状态前发生的全部净支出、工程建设期间所发生的工程物资盘亏、报废和毁损的处置损失，以及基建工程达到预定可使用状态前进行负荷联合试车发生的费用；贷方登记基建、技改等工程达到预定可使用状态转出的实际工程成本；期末借方余额，反映尚未完工的在建工程的各项实际支出。该账户应按"建筑工程""安装工程""在安装设备""待摊支出"以及单项工程等进行明细核算。

（二）账务处理

1. 外购固定资产

（1）购入不需要安装的固定资产

【例 6-1】2020 年 2 月 16 日，方兴建筑工程公司购入一台不需要安装就可投入使用设备，取得的增值税专用发票上注明的设备价款为 800 000 元，增值税税率为 13%，包装费 1 000 元，运输费 2 000 元（其中 9% 可作为增值税进项税额抵扣），机器设备投入使用。方兴公司编制会计分录如下。

固定资产原始价值 = 800 000 + 1 000 + 2 000 × (1 − 9%) = 802 820（元）

增值税进项税额 = 104 000 + 2 000 × 9% = 104 180（元）

借：固定资产——机器设备	802 820
应交税费——应交增值税（进项税额）	104 180
贷：银行存款	907 000

(2) 购入需要安装的固定资产

【例 6-2】 方兴建筑工程公司购入了一台需要安装的机器设备，取得的增值税专用发票上注明的设备价款为 260 000 元，增值税税率为 13%，支付的运输费为 3 000 元，增值税税率为 9%，款项已通过银行支付；安装设备时，领用原材料一批，价值 24 200 元，购进该批原材料时支付的增值税税率为 13%；支付安装工人的工资为 4 800 元；假定不考虑其他相关税费。方兴公司编制会计分录如下。

① 支付设备价款和运输费合计为 263 000 元，增值税单独核算。

借：在建工程	263 000
应交税费——应交增值税（进项税额）	34 070
贷：银行存款	297 070

② 领用本公司原材料，支付安装工人工资等费用合计为 33 114 元。

借：在建工程	32 146
贷：原材料	24 200
应交税金——应交增值税（进项税额转出）	3 146
应付职工薪酬	4 800

③ 设备安装完毕达到预定可使用状态。

借：固定资产	295 146
贷：在建工程	295 146

2. 自行建造固定资产

(1) 自营工程

自营工程的核算一般分为三步：购入工程物资、投入建设和工程完工交付使用。

【例 6-3】 方兴建筑工程公司准备自行建造一座厂房，为此购入工程物资一批，价款为 250 000 元，增值税税率为 13%，款项以银行存款支付。1~6 月，工程先后领用工程物资 272 500 元（含增值税额）；剩余工程物资转为该公司的存货，其所含的增值税进项税额可以抵扣；领用生产用原材料一批，价值为 32 000 元，购进该批原材料时支付的增值税进项税额为 5 440 元；辅助生产车间为工程提供有关劳务支出为 35 000 元；计提工程人员工资为 65 800 元；6 月底，工程达到预定可使用状态并交付使用。假定不考虑其他相关税费。方兴公司编制会计分录如下。

① 购入为工程准备的物资，应编制会计分录如下。

借：工程物资	250 000
应交税费——应交增值税（进项税额）	32 500
贷：银行存款	282 500

② 工程领用物资，应编制会计分录如下。

借：在建工程——厂房	272 500
贷：工程物资	272 500

③ 工程领用原材料，应编制会计分录如下。

借：在建工程——厂房	36 160
贷：原材料	32 000
应交税费——应交增值税（进项税额转出）	4 160

④ 辅助生产车间为工程提供劳务支出，应编制会计分录如下。
　　借：在建工程——厂房　　　　　　　　　　　　　　　35 000
　　　贷：生产成本——辅助生产成本　　　　　　　　　　　35 000
⑤ 计提工程人员工资，应编制会计分录如下。
　　借：在建工程——厂房　　　　　　　　　　　　　　　65 800
　　　贷：应付职工薪酬　　　　　　　　　　　　　　　　65 800
⑥ 6 月底，工程达到预定可使用状态并交付使用，应编制会计分录如下。
　　借：固定资产——厂房　　　　　　　　　　　　　　　409 460
　　　贷：在建工程——厂房　　　　　　　　　　　　　　409 460
⑦ 剩余工程物资转作存货，应编制会计分录如下。
　　借：原材料　　　　　　　　　　　　　　　　　　　　8 849.56
　　　应交税费——应交增值税（进项税额）　　　　　　　1 150.44
　　　贷：工程物资　　　　　　　　　　　　　　　　　　10 000

（2）出包工程

一般说来，出包工程又可分为包工包料和包工不包料两种情况，这里仅介绍承包方既包工又包料的情况。出包工程承包方包工包料的核算一般分为三步：预付工程款、补付工程款和工程完工交付使用。

【例 6-4】 方兴建筑工程公司通过招投标方式委托临港专业施工公司新建一个结构件厂。为此发生经济业务如下。

① 按合理估计的发包工程进度和合同规定向临港公司预付工程款 600 000 元，应编制会计分录如下。
　　借：在建工程——建筑工程　　　　　　　　　　　　　600 000
　　　贷：银行存款　　　　　　　　　　　　　　　　　　600 000
② 工程完工后，收到临港公司有关工程结算单据，补付工程款 200 000 元，应编制会计分录如下。
　　借：在建工程——建筑工程　　　　　　　　　　　　　200 000
　　　贷：银行存款　　　　　　　　　　　　　　　　　　200 000
③ 工程达到预定可使用状态交付使用，应编制会计分录如下。
　　借：固定资产　　　　　　　　　　　　　　　　　　　800 000
　　　贷：在建工程——建筑工程　　　　　　　　　　　　800 000

第三节　固定资产计提折旧

一、固定资产折旧的概念

折旧是指在固定资产的使用寿命内，按照确定的方法对应计折旧额进行的系统分摊。应计折旧额，是指应当计提折旧的固定资产的原价扣除其预计净残值后的余额。

折旧概念的产生是企业由收付实现制向权责发生制转变的重要标志，其概念基础是权责发生制以及体现这一制度要求的配比原则。按照配比原则，固定资产的成本不仅仅是为取得当期收入而发生的耗费，也是为取得后续期间各项收入而发生的耗费，即固定资产的成本是固定资产有效使用期内为取得收入而发生的耗费。为确定其合理的补偿，企业的固定资产应在经济寿命期内依照磨损程度系统转移其价值，这部分逐渐转移的价值以累计折旧的形式计入费用成本，并与企业的收入相互配合。

二、影响固定资产折旧的因素

（1）固定资产的原值　是指取得固定资产的初始成本。它是企业确定固定资产计提折旧额的基础。

（2）固定资产的净残值　是指假定固定资产预计使用寿命已满并处于使用寿命终了时的预期状态，企业目前从该项资产处置中获得的扣除预计处置费用以后的金额。由于在计算折旧时，对固定资产的残余价值和清理费用是人为估计的，所以净残值的确定有一定的主观性。在我国，为避免人为的干扰，国家对各类固定资产预计净残值率的上下限作了统一规定，各行业企业应在其相应范围内确定适用的固定资产预计残值率。

（3）固定资产的使用寿命　是指企业使用固定资产的预计期间，或者该固定资产所能生产产品或提供劳务的数量。固定资产使用寿命的长短直接影响各期应计提的折旧额。在确定固定资产使用寿命时，主要应当考虑下列因素。

① 该项资产预计生产能力或实物产量。

② 该项资产预计有形损耗。有形损耗是指固定资产由于使用和自然力的影响而引起的使用价值和价值的损失，如设备使用中发生磨损、房屋建筑物受到自然侵蚀等。

③ 该项资产预计无形损耗。无形损耗是指由于科技进步等而引起的固定资产价值的损失，如因新科技的出现而使现有的资产技术水平相对陈旧、市场需求变化使产品过时等。

④ 法律或者类似规定对该项资产使用的限制。

三、固定资产折旧的范围

1. 计提折旧的固定资产

① 房屋、建筑物（无论是否使用）。

② 在用的机器设备、仪表仪器、运输车辆、工具器具。

③ 季节性停用和修理停用的设备。

④ 以经营租赁方式租出的固定资产。

⑤ 以融资租赁方式租入的固定资产等。

2. **不提折旧的固定资产**

① 房屋、建筑物以外的未使用、不需用的固定资产。

② 以经营租赁方式租入的固定资产。

③ 已提足折旧仍在继续使用的固定资产。

④ 以前已经单独估价入账的土地。

⑤ 未提足折旧提前报废的固定资产（不补提折旧）。

⑥ 在建工程项目交付使用以前的固定资产。

四、固定资产折旧的方法

可供选择的折旧方法主要包括平均年限法、工作量法、双倍余额递减法和年数总和法等。固定资产的折旧方法一经确定，不得随意变更。如需变更，应按照规定程序经批准后报送有关各方备案，并在会计报表附注中予以说明。固定资产应当按月计提折旧，并根据其用途计入相关的成本或者当期损益。企业应当根据固定资产所含经济利益的预期实现方式，合理选择固定资产折旧方法。

1. 平均年限法

平均年限法又称直线法，是最简单并且常用的一种方法。此法是以固定资产的原价减去预计净残值除以预计使用年限，求得每年的折旧费用。在各使用年限中，固定资产转移到产品成本中的价值均是相等的，折旧的累计额呈直线上升的趋势。

(1) 计算公式

$$年折旧额 = \frac{固定资产原始价值 \times (1 - 预计净残值率)}{预计使用年限}$$

$$年折旧率 = \frac{年折旧额}{固定资产原始价值} \times 100\%$$

$$月折旧额 = 年折旧额 \div 12$$

(2) 年限平均法的缺点

① 固定资产在使用前期操作效能高，使用资产所获得收入比较高。根据收入与费用配比的原则，前期应提的折旧额应该相应比较多。

② 固定资产使用的总费用包括折旧费和修理费两部分。通常在固定资产使用后期的修理费会逐渐增加，而平均年限法的折旧费用在各期是不变的。这造成了总费用逐渐增加，不符合配比的原则。

③ 平均年限法未考虑固定资产的利用程度和强度，忽视了固定资产使用磨损程度的差异及工作效能的差异。

④ 平均年限法没有考虑到无形损耗对固定资产的影响。

(3) 平均年限法的优点 平均年限法最大的优点是简单明了，易于掌握，简化了会计核算。因此在实际工作中得到了广泛的应用。

(4) 适用范围 在实际工作中，又有哪些固定资产使用平均年限法比较合适呢？根据影响折旧方法的合理性因素，当一项固定资产在各期使用情况大致相同，其负荷程度也相同，修理和维护费用在资产的使用期内没有显著的变化，资产的收入在整个年限内差不多。满足或部分满足这些条件时，选择平均年限法比较合理。在实际工作中，平均年限法适用于房屋等固定资产折旧的计算。

【例 6-5】方兴公司购入一辆吊车，原始价值为 5 000 000 元，预计净残值率为 10%，预计使用年限为 10 年，采用平均年限法计提折旧，则年折旧额和年折旧率计算如下。

$$年折旧额 = \frac{5\,000\,000 \times (1 - 10\%)}{10} = 450\,000（元）$$

$$年折旧率 = \frac{450\,000}{5\,000\,000} \times 100\% = 9\%$$

$$月折旧额 = 450\,000 \div 12 = 37\,500（元）$$

2. 工作量法

工作量法是指根据固定资产在使用期间预计完成的工作总量，平均计算固定资产折旧的一种方法。这种方法应当按照固定资产的实际工作量计算每期应提折旧额。计算公式如下。

单位工作量折旧额 = (固定资产原值 − 预计净残值) ÷ 预计总工作量

或　　单位工作量折旧额 = 固定资产原值 × (1 − 预计净残值率) ÷ 预计总工作量

某项固定资产月折旧额 = 该项固定资产当月实际完成工作量 × 单位工作量折旧额

【例 6-6】2014 年 1 月方兴建筑工程公司购入一辆汽车，原价 160 000 元，预计净残值 10 000 元，预计行驶 30 万千米，采用工作量法计提折旧。2020 年 12 月行驶了 0.2 万千米。

2020 年 12 月该辆汽车应计提折旧额 = (160 000 − 10 000) ÷ 300 000 × 2 000 = 1 000(元)

除了以上两种传统折旧方法之外，施工企业对于那些技术进步较快或使用寿命受工作环境影响较大的建筑机械和运输设备，在经财政部门批准后，可采用双倍余额递减折旧法和年数总和折旧法来计提固定资产折旧。双倍余额递减折旧法和年数总和折旧法均属于加速折旧法。

3. 双倍余额递减法

双倍余额递减法是指根据固定资产每期期初账面净值和两倍的直线法折旧率，计算固定资产折旧的一种方法。其计算公式为

$$年折旧率（双倍直线折旧率）=2\div 预计使用寿命\times 100\%$$

$$年折旧额=年初固定资产账面净值\times 双倍直线折旧率$$

按现行财务制度的规定，采用双倍余额递减折旧法计算折旧的固定资产，在其预计使用年限到期前两年应转换成直线法，亦即在固定资产使用寿命的最后两年应将固定资产净值扣除预计净残值后的净额予以平均摊销。

【例 6-7】 方兴建筑工程公司某项施工设备原值 120 000 元，预计使用寿命 5 年，预计净残值率为 4%。方兴公司按双倍余额递减法计提折旧，每年折旧额计算如下。

年折价率 $=2\div 5\times 100\%=40\%$

第一年应计提的折旧额 $=120\ 000\times 40\%=48\ 000$（元）

第二年应计提的折旧额 $=(120\ 000-48\ 000)\times 40\%=28\ 800$（元）

第三年应计提的折旧额 $=(120\ 000-48\ 000-28\ 800)\times 40\%=17\ 280$（元）

第四年起改为直线法，第四年、第五年应计提的折旧额均为

$[(120\ 000-48\ 000-28\ 800-17\ 280)-(120\ 000\times 4\%)]\div 2=[25\ 920-4\ 800]\div 2=10\ 560$（元）

方兴公司每年折旧额列示如表 6-1 所示。

表 6-1　固定资产折旧计算表（双倍余额递减法）　　　　　　　　　单位：元

年份	年初账面净值	折价率	各年折旧额	累计折旧额	期末账面净值
1	120 000	40%	48 000	48 000	72 000
2	72 000	40%	28 800	76 800	43 200
3	43 200	40%	17 280	94 080	25 920
4	25 920	—	10 560	104 640	15 360
5	15 360	—	10 560	115 200	4 800

4. 年数总和法

年数总和法亦称年限积数折旧法或级数递减法，是指以固定资产的原值减去预计净残值后的净值为基数，以一个逐年递减的分数为折价率，计算固定资产折旧的一种方法。采用年数总和法计算固定资产折旧时的折旧率和折旧额，按照下列公式计算。

$$年折旧率=尚可使用年限\div 预计使用寿命的年数总和\times 100\%$$

$$月折旧率=年折旧率\div 12$$

$$月折旧额=(固定资产原值-预计净残值)\times 月折旧率$$

【例 6-8】 沿用【例 6-7】的资料，若采用年数总和折旧法计提折旧，则方兴公司每年折旧额列示如表 6-2 所示。

表 6-2　固定资产折旧计算表（年数总和法）　　　　　　　　　单位：元

年份	原值－净残值	年折价率	各年折旧额	累计折旧额	期末账面净值
1	115 200	5/15	38 400	38 400	81 600
2	115 200	4/15	30 720	69 120	50 880
3	115 200	3/15	23 040	92 160	27 840
4	115 200	2/15	15 360	107 520	12 480
5	115 200	1/15	7 680	115 200	4 800

双倍余额递减折旧法和年数总和折旧法都属于递减折旧法。采用这两种折旧方法的理由，主要是考虑到固定资产在使用过程中，一方面它的效率或收益能力逐年下降，另一方面它的修理费用会逐年增加。为了均衡固定资产在折旧年限内各年的使用费，固定资产在早期所提的折旧额应大于后期所提的折旧额。加快固定资产折旧速度，可以使固定资产价值在预计的耐用年限内较快得到补偿，并且较符合谨慎性原则。

五、固定资产折旧的会计处理

固定资产折旧的核算应设置"累计折旧"账户，该账户属于固定资产账户的备抵调整账户，该账户的贷方登记提取的折旧额；借方登记随固定资产转出或处置而转销的折旧额；期末余额在贷方，反映企业已提取的固定资产折旧累计数。该账户只进行总分类核算，不进行明细分类核算。

施工企业固定资产折旧应按照使用的部门及用途计入相关的成本或者当期损益。诸如，施工部门所使用的固定资产计提的折旧，应列计工程成本，记入"机械作业"或"工程施工（间接费用）"账户；管理部门所使用的固定资产计提的折旧，应列计期间费用，记入"管理费用"账户；工业生产或辅助生产部门所使用的固定资产计提的折旧，应列计相关产品成本或劳务成本，记入"制造费用"等账户；专设销售机构所使用的固定资产计提的折旧，应列计期间费用，记入"销售费用"账户；经营租出固定资产计提的折旧应列计附属业务成本，记入"其他业务成本"账户；自行建造固定资产过程中所使用的固定资产计提的折旧，应列计工程成本，记入"在建工程"账户等。

【例 6-9】方兴建筑工程公司 2020 年 7 月计提本月固定资产折旧情况如下。总公司的房屋及办公设备计提折旧 45 800 元；施工部门的办公设备计提折旧 500 元，机械设备计提折旧 38 000 元；附属业务经营部门的办公设备计提折旧 1 000 元，应编制会计分录如下。

借：管理费用　　　　　　　　　　　　　　　　　　45 800
　　工程施工——间接费用　　　　　　　　　　　　　500
　　机械作业　　　　　　　　　　　　　　　　　　38 000
　　其他业务成本　　　　　　　　　　　　　　　　 1 000
　　贷：累计折旧　　　　　　　　　　　　　　　　85 300

第四节　固定资产后续支出

一、固定资产后续支出的确认原则

固定资产后续支出是指固定资产在使用过程中发生的更新改造支出、修理费用等。固定资产的后续支出确认原则与其初始确认原则基本相同，即与固定资产有关的后续支出，符合经济利益很可能流入企业，且该固定资产的成本能够可靠地计量的，应将发生的后续支出计入固定资产成本；不符合固定资产确认条件的，应当在发生后续支出时，计入当期损益。

根据实质重于形式原则，固定资产后续支出可以分为资本化处理和费用化处理两种方式。

二、固定资产资本化后续支出

固定资产资本化后续支出主要包括固定资产改扩建支出、更新改造支出和固定资产装修支出等。固定资产资本化后续支出的会计处理原则是，将发生的后续支出计入固定资产成本，如有被替代的部分，应当终止确认被替代部分的账面价值。

一般说来，固定资产后续支出具备以下条件之一者，可以认为符合固定资产确认条件：

延长了固定资产的使用寿命；使产品的质量实质性提高；使产品成本实质性降低。

企业对固定资产进行改扩建或者更新改造，通常应将该项固定资产的原值、已计提折旧和减值准备予以转销，将固定资产账面价值转入在建工程，并停止计提折旧。待固定资产发生的资本化后续支出完工并达到预定可使用状态时，再从在建工程转为固定资产，并按重新确定的使用寿命、预计净残值和折旧方法计提折旧。

【例 6-10】方兴建筑工程公司经批准对其所拥有的一台施工机械设备进行更新改造，以提高生产效能。该设备原值 500 000 元，已提折旧 150 000 元，更新改造过程中以银行存款支付拆除费 2 500 元，被拆除的部件账面价值为 6 000 元，拆除后的部件不再具有使用价值。该项更新改造工程以出包方式完成，以银行存款支付 113 500 元出包款。方兴公司的会计处理如下。

① 设备进入更新改造时，应编制会计分录如下。

  借：在建工程   350 000
    累计折旧   150 000
   贷：固定资产   500 000

② 支付拆除费时，应编制会计分录如下。

  借：在建工程   2 500
   贷：银行存款   2 500

③ 终止被拆除部件的账面价值时，应编制会计分录如下。

  借：营业外支出   6 000
   贷：在建工程   6 000

④ 支付出包款时，应编制会计分录如下。

  借：在建工程   113 500
   贷：银行存款   113 500

⑤ 经更新改造后，该项施工机械设备的原值为

    350 000＋2 500－6 000＋113 500＝460 000(元)

更新改造完工，交付使用时，应编制会计分录如下。

  借：固定资产   460 000
   贷：在建工程   460 000

三、固定资产费用化后续支出

固定资产的后续支出，如果不符合固定资产确认条件的，应予以费用化处理，在其发生时一次计入当期损益。固定资产费用化后续支出，主要包括固定资产的大修理、中小修理等维护性支出。这类支出的目的是为了恢复或保持固定资产的原有性能和使用状态，以确保该资产经济利益流入企业的实现，因此，应直接作为费用性支出处理，与此同时，废止采用待摊或预提的核算方式。

施工企业的建工部门和行政管理部门等发生的固定资产修理费用等后续支出，计入管理费用；专设销售机构的相关固定资产修理费用等后续支出，计入销售费用。

四、固定资产后续支出的特殊情况

1. 固定资产改扩建工程

固定资产改扩建过程中的净支出应予以资本化，即固定资产改扩建后续支出，应增加固定资产的账面价值。固定资产改扩建工程应以固定资产改扩建前的账面价值减去改扩建过程中的变价收入，加上改扩建过程中发生的全部支出为扩建完工后交付使用的原价。

2. 固定资产装修

作为固定资产后续支出的装修费用，不同于固定资产修理费用。对于固定资产装修费用，凡是不符合资本化原则的，应于发生时计入当期损益；凡是符合资本化原则的，应在"固定资产"账户下单独设置"固定资产装修"专户核算，并在两次装修期间与固定资产尚可使用寿命两者中较短的期间内，采用合理的方法单独计提折旧。如果下次装修时，该项固定资产的装修费用尚未提足折旧，应将"固定资产装修"专户明细账的余额减去已计提折旧后的差额，一次计入当期的营业外支出。

3. 融资租入固定资产的后续支出

融资租入固定资产的后续支出，应比照自有固定资产后续支出处理。二者所不同的是，融资租入固定资产发生的装修费用，符合资本化原则，后续支出已做资本性处理后，应将记入专户明细账的固定资产装修费用，在两次装修期间、剩余租赁期与固定资产尚可使用寿命三者中取较短者作为折旧年限，并采用合理的折旧方法单独计提折旧。

4. 经营租赁方式租入固定资产的后续支出

以经营租赁方式租入固定资产发生的不能予以资本化的后续支出，应随租金一并计入相关费用。发生的可予以资本化的固定资产改良支出，应在"长期待摊费用"账户单独核算，并在剩余租赁期与租赁资产尚可使用年限两者中较短的期间内，采用合理的方法单独计提摊销额。

第五节　固定资产的处置与期末计量

一、固定资产的处置

固定资产处置是指固定资产因出售、转让、报废或毁损、对外投资、非货币性资产交换、债务重组、对外捐赠等终止现有工作状态，而对其账面价值及其相关收入、支出的处理。

（一）固定资产终止确认的条件

固定资产满足下列条件之一的，应当予以终止确认。

① 该固定资产处于处置状态。

② 该固定资产预期通过使用或处置不能产生经济利益。

（二）固定资产处置的会计处理

1. 固定资产处置核算的主要账户设置

企业固定资产终止确认的核算，除固定资产盘亏应通过"待处理财产损益——待处理固定资产损益"账户外，固定资产处置的核算均需通过"固定资产清理"账户核算。

2. 固定资产处置的会计处理步骤

（1）转入清理　固定资产转入清理时，按固定资产的账面价值，借记"固定资产清理"账户，按已计提的累计折旧，借记"累计折旧"账户；按已计提的减值准备，借记"固定资产减值准备"账户，按固定资产原值，贷记"固定资产"账户。

（2）发生的清理费用　固定资产清理过程中发生的清理费用以及应支付的相关税费，借记"固定资产清理"账户，贷记"银行存款""应交税费"等账户。

（3）出售收入和残料等的处理　企业收回出售固定资产的价款、残料价值和变价收入等，应冲减清理支出。按实际收到的出售价款以及残料变价收入等，借记"银行存款""原材料"等账户，贷记"固定资产清理"账户。

（4）保险赔偿的处理　企业计算或收到的应由保险公司或过失人赔偿的损失，应冲减清理支出，借记"其他应收款""银行存款"等账户，贷记"固定资产清理"账户。

(5) 清理净损益的处理　固定资产清理完成后的净损失，属于生产经营期间正常发生的数额，借记"营业外支出——处置非流动资产损失"账户，贷记"固定资产清理"账户；属于生产经营期间由于自然灾害等非正常原因造成的数额，借记"营业外支出——非常损失"账户，贷记"固定资产清理"账户。固定资产清理完成后的净收益数额，借记"固定资产清理"账户，贷记"营业外收入"账户。

3. 固定资产处置的实务核算

【例 6-11】 方兴建筑工程公司现有一台设备由于性能等原因决定提前报废，原价 500 000 元，已计提折旧 450 000 元，未计提减值准备，报废时的残值变价收入 20 000 元，报废清理过程中发生清理费用 3 500 元。有关收入、支出均通过银行办理结算。假定不考虑相关税收影响，应编制会计分录如下。

(1) 将报废固定资产转入清理时

　　借：固定资产清理　　　　　　　　　　　　　　　　50 000
　　　　累计折旧　　　　　　　　　　　　　　　　　　450 000
　　　贷：固定资产　　　　　　　　　　　　　　　　　　500 000

(2) 收回残料变价收入时

　　借：银行存款　　　　　　　　　　　　　　　　　　20 000
　　　贷：固定资产清理　　　　　　　　　　　　　　　　20 000

(3) 支付清理费用时

　　借：固定资产清理　　　　　　　　　　　　　　　　3 500
　　　贷：银行存款　　　　　　　　　　　　　　　　　　3 500

(4) 结转报废固定资产发生的净损失时

　　借：营业外支出——非流动资产处置损失　　　　　　33 500
　　　贷：固定资产清理　　　　　　　　　　　　　　　　33 500

二、固定资产的期末计量

企业会计制度规定，固定资产的期末按账面价值与可收回金额孰低计价并填列报表，并要求计提固定资产的减值准备。

(一) 固定资产减值定义和判定标准

1. **固定资产减值定义**

固定资产的减值是指固定资产的可收回金额低于其账面价值。可收回金额是指资产的销售净价与预期从该资产的持续使用和使用寿命结束时的处置中形成的现金流量的现值两者之中的较高者。其中，销售净价是指资产的销售价格减去处置资产所发生的相关税费后的余额。

2. **固定资产减值的判定标准**

(1) 资产市价大幅度下跌，其跌幅大大高于因时间推移或正常使用而预计的下跌，并且预计在近期内不可能恢复。

(2) 企业所处经营环境，如技术、市场、经济或法律环境，或者产品营销市场在当期发生或在近期发生重大变化，并对企业产生负面影响。

(3) 同期市场利率等大幅度提高，进而很可能影响企业计算固定资产可收回金额的折现率，并导致固定资产可收回金额大幅度降低。

(4) 固定资产陈旧过时或发生实体损坏等。

（5）固定资产预计使用方式发生重大不利变化，如企业计划终止或重组该资产所属的经营业务、提前处置资产等情形，从而对企业产生负面影响。

（6）企业的净资产账面金额大于其市场资本化金额。

（7）内部报告提供的证据表明，资产的经济绩效已经或将要比预期的差。

如果固定资产的可收回金额低于其账面价值，企业应当按可收回金额低于账面价值的差额计提固定资产减值准备，并计入当期损益，在"资产减值损失——固定资产减值损失"账户反映。

已计提减值准备的固定资产，应当按照该固定资产的账面价值以及尚可使用寿命重新计算确定折旧率和折旧额；如果已计提减值准备的固定资产价值又得以恢复，应当按照固定资产价值恢复后的账面价值，以及尚可使用寿命重新计算确定折旧率和折旧额。

对于固定资产提取减值准备后，当固定资产价值日后恢复后是否可以转回的问题，不同国家有不同的规定。我国新企业会计准则规定了"已经计提的减值准备不允许转回"。

（二）固定资产减值会计处理

固定资产可收回金额的计量结果表明，固定资产可收回金额低于其账面价值的，应当将固定资产的账面价值减记至可收回金额，借记"资产减值损失"科目，贷记"固定资产减值准备"科目。

固定资产减值损失确认后，减值固定资产的折旧费用应当在未来期间做相应调整，以使该固定资产在剩余使用寿命内，系统地分摊调整后的固定资产账面价值。处置固定资产时，应当同时结转已计提的固定资产减值准备。

【例 6-12】方兴建筑工程公司有一台设备由于陈旧过时，预计可能会发生减值。2019 年末，账面价值 580 000 元，经专业评估师的评估，该项固定资产预计可收回金额 530 000 元。由于该项固定资产预计可收回金额低于其账面价值，因此该项固定资产实际上发生了减值，应该计提减值准备，编制会计分录如下。

借：资产减值损失　　　　　　　　　　　　　　　　50 000
　　贷：固定资产减值准备　　　　　　　　　　　　　　50 000

第七章　无形资产与投资性房地产

第一节　无形资产

一、无形资产概述

（一）无形资产的含义及特征

无形资产是指企业拥有或者控制的没有实物形态的可辨认非货币性资产。这是我国《企业会计准则第6号——无形资产》对无形资产所表述的定义。无形资产的特征主要表现在以下几个方面。

（1）没有实物形态。无形资产所代表的是企业拥有的某些特殊权利或优势。无形资产是通过拥有的某些特殊权利或优势使企业获得高于一般盈利水平的额外经济利益，具有极大的潜在价值。无形资产与固定资产通过实物价值的磨损和转移为企业带来未来经济利益具有显著区别。但是，没有实物形态并不是无形资产独有的特征，还有许多资产也不具有实物形态，如应收账款、对外投资等。

（2）将在较长时间内为企业提供经济利益。无形资产所代表的特权或优势一般可以在较长时间内存在，不会很快消逝，企业可以长期受益。

（3）企业持有无形资产的目的是为了生产商品、提供劳务、出租给他人，或是用于企业的管理而不是其他方面。

（4）所提供的经济利益具有高度的不确定性。无形资产能否为企业提供未来的经济利益以及提供多大的经济利益在很大程度上要受到企业外部因素的影响，如技术进步、市场需求变化、同行业竞争等，使其预期的获利能力具有高度的不确定性。

（二）无形资产的分类

无形资产依据不同的标准可以按经济内容、来源途径和使用寿命是否有期限进行分类。

1. 按经济内容分类

无形资产的内容主要包括专利权、非专利技术、商标权、著作权、土地使用权和特许权等项目。

（1）专利权　专利权是指国家专利主管机关依法授予发明创造专利申请人，对其发明创造在法定期限内所享有的专有权利，包括发明专利权、实用新型专利和外观设计专利权。

（2）非专利技术　非专利技术也称专有技术，是指不为外界所知、在生产经营活动中已采用了的、不享有法律保护的、可以带来经济效益的各种技术和诀窍。非专利技术一般包括工业专有技术、商业贸易专有技术、管理专有技术等。非专利技术可以用蓝图、配方、技术记录、操作方法的说明等具体资料表现出来，也可以通过卖方派出技术人员进行指导，或接受买方人员进行技术实习等手段实现。非专利技术并不是专利法保护的对象，非专利技术以自我保密的方式来维护其独占性，非专利技术具有经济性、机密性和动态性等特点。

（3）商标权　商标权是指专门在某类指定的商品或产品上使用特定的名称或图案的权利。商标是用来辨认特定的商品或劳务的标记。商标权包括独占使用权和禁止权两个方面。独占使用权是指商标享有人在商标的注册范围内独家使用其商标的权利；禁止权指商标权享有人排除和禁止他人对商标独占使用权进行侵犯的权利。

（4）著作权　著作权也称版权，是指作者对其创作的文学、科学和艺术作品依法享有的某些特殊权利。著作权包括两方面的权利，即精神权利（人身权利）和经济权利（财产权利）。前者指作者署名发表作品、确认作者身份、保护作品的完整性、修改已经发表的作品等项权利，包括发表权、署名权、修改权和保护作品完整权；后者指以出版、表演、广播、展览、录制唱片、摄制影片等方式使用作品以及因授权他人使用作品而获得经济利益的权利。

（5）土地使用权　土地使用权是指国家准许某企业在一定期间内对国有土地享有开发、利用、经营的权利。根据我国土地管理法的规定，我国土地实行公有制，任何单位和个人不得侵占、买卖或者以其他形式非法转让。企业取得土地使用权的方式大致有以下几种：行政划拨取得、外购取得、投资者投入取得等。

（6）特许权　特许权也称经营特许权、专营权，是指企业在某一地区经营或销售某种特定商品的权利或是一家企业接受另一家企业使用其商标、商号、技术秘密等的权利。前者一般是由政府机构授权，准许企业使用或在一定地区享有经营某种业务的特权，如水、电、邮电通信等专营权、烟草专卖权等；后者是指企业间依照签订的合同，有限期或无限期使用另一家企业的某些权利，如连锁店分店使用总店的名称等。

2. 按来源途径分类

无形资产按取得来源不同，可分为外购的无形资产、自行开发的无形资产、投资者投入的无形资产、企业合并取得的无形资产、债务重组取得的无形资产、以非货币性资产交换取得的无形资产以及政府补助取得的无形资产等。这种分类的目的主要是为了使无形资产的初始计量更加准确和合理。因为从不同来源渠道取得的无形资产，期限初始成本的确定方法以及所包括的经济内容是不同的。

3. 按使用寿命是否有期限分类

无形资产按其使用寿命是否有期限，可分为有期限无形资产和无期限无形资产。无形资产的使用寿命是否有期限应在企业取得无形资产时就应加以判断。这种分类的目的主要是为了正确地将无形资产的应摊销金额在无形资产的使用寿命内系统而合理地进行摊销。因为按照会计准则的规定，使用寿命有限的无形资产才存在价值的摊销问题，而使用寿命不能确定的无形资产，其价值是不能进行摊销的。

二、无形资产的初始计量

无形资产通常按照实际成本计量，即以满足无形资产确认条件后至达到预定用途前所发生的支出总额，作为无形资产的成本。

对于不同来源渠道取得的无形资产，其初始成本构成的具体内容也不尽相同。

1. 外购无形资产

企业购入无形资产的实际成本，包括购买价款、相关税费以及直接归属于使该项资产达到预定用途所发生的其他支出，如律师费、咨询费、公证费、鉴定费、注册登记费等。企业应根据购入无形资产的实际成本，借记"无形资产"科目，贷记"银行存款"等科目。

如果购入无形资产超过正常信用条件延期支付价款，实质上具有融资性质，应按所取得无形资产购买价款的现值计量其成本。现值与应付价款之间的差额作为未确认的融资费用，在付款期间内按照实际利率法确认为财务费用。

注意：下列各项不包括在无形资产初始成本中。

（1）为引入新产品进行宣传发生的广告费、管理费用及其他间接费用；

（2）无形资产已经达到预定用途以后发生的费用。

【例7-1】2020年2月5日,方兴建筑工程公司以28 000 000元的价格从产权交易中心竞价获得一项专利权,另支付相关税费900 000元。为推广由该专利权生产的产品,方兴公司发生宣传广告费用250 000元、展览费150 000元,上述款项均用银行存款支付。

无形资产的入账价值＝28 000 000＋900 000＝28 900 000(元)

借:无形资产——专利权　　　　　　　　　　　　　28 900 000
　　贷:银行存款　　　　　　　　　　　　　　　　　　28 900 000

2. 投资者投入的无形资产

投资者投入的无形资产在合同或协议约定的价值公允的前提下,应按照投资合同或协议约定的价值作为入账价值。如果合同或协议约定的价值不公允,则应按无形资产的公允价值入账。无形资产的入账价值与折合资本额之间的差额作为资本(或股本)溢价,计入资本公积。

【例7-2】方兴建筑工程公司因业务发展需要接受北方公司以一项专利权向企业进行的投资。根据投资双方签订的投资合同,此项专利权的价值为220 000元,折合为公司的股票50 000股,每股面值1元。

借:无形资产——专利权　　　　　　　　　　　　　220 000
　　贷:股本　　　　　　　　　　　　　　　　　　　　50 000
　　　　资本公积——股本溢价　　　　　　　　　　　170 000

3. 自行研究开发无形资产

研究开发项目区分为研究阶段与开发阶段。企业应当根据研究与开发的实际情况加以判断。

(1) 研究阶段

研究是指为获取并理解新的科学或技术知识而进行的独创性的有计划调查。研究阶段基本上是探索性的,为进一步开发活动进行资料及相关方面的准备,已进行的研究活动将来是否会转入开发、开发后是否会形成无形资产等均具有较大的不确定性。因此,企业内部研究开发项目研究阶段的支出应予以费用化。企业应根据自行研究开发项目在研究阶段发生的支出,借记"研发支出——费用化支出"科目,贷记有关科目;期末应根据发生的全部研究支出,借记"管理费用"科目,贷记"研发支出——费用化支出"科目。

(2) 开发阶段

开发是指在进行商业性生产或使用前,将研究成果或其他知识应用于某项计划或设计,以生产出新的或具有实质性改进的材料、装置、产品等。企业内部研究开发项目开发阶段的支出同时满足下列条件的,才能确认为无形资产。

① 完成该无形资产以使其能够使用或出售在技术上具有可行性。

② 具有完成该无形资产并使用或出售的意图。

③ 无形资产产生经济利益的方式。无形资产是否能够为企业带来经济利益,应当对运用该无形资产生产产品的市场情况进行可靠预计,以证明所生产的产品存在市场并能够带来经济利益,或能够证明市场上存在对该无形资产的需求。

④ 有足够的技术、财务资源和其他资源支持,以完成该无形资产的开发,并有能力使用或出售该无形资产。

⑤ 归属于该无形资产开发阶段的支出能够可靠地计量。

内部开发活动形成的无形资产,其成本由可直接归属于该资产的创造、生产并使该资产能够以管理层预定的方式运作的所有必要支出组成。可直接归属于该资产的成本包括:开发该无形资产时耗费的材料、劳务成本、注册费、在开发该无形资产过程中使用的其他专利权和特许权的摊销、按照《企业会计准则第 17 号——借款费用》的规定资本化的利息支出，以及为使该无形资产达到预定用途前所发生的其他费用。在开发无形资产过程中发生的除上述可直接归属于无形资产开发活动的其他销售费用、管理费用等间接费用、无形资产达到预定用途前发生的可辨认的无效和初始运作损失、为运行该无形资产发生的培训支出等，不构成无形资产的开发成本。

企业开发阶段发生的资本化支出，应借记"研发支出——资本化支出"科目，贷记有关科目；在确认无形资产时，借记"无形资产"科目，贷记"研发支出——资本化支出"科目。企业开发阶段发生的费用化支出，其核算方法与研究阶段发生支出的核算方法相同。

企业研究开发阶段的会计处理可总结如图 7-1 所示。

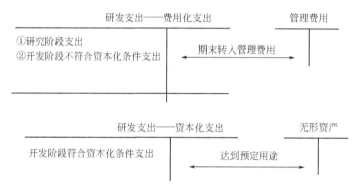

图 7-1 企业研究开发阶段的会计处理

【例 7-3】2020 年 1 月 1 日，方兴建筑工程股份有限公司经董事会批准研发某项新产品专利技术，该公司董事会认为，研发该项目具有可靠的技术和财务等资源的支持，并且一旦研发成功将降低该公司生产产品的生产成本。该公司在研究开发过程中发生材料费 60 000 000 元、人工工资 20 000 000 元，以及其他费用 20 000 000 元，总计 100 000 000 元，其中，符合资本化条件的支出为 60 000 000 元。2020 年 3 月 31 日，该专利技术已经达到预定用途。

分析：首先，方兴公司经董事会批准研发某项新产品专利技术，并认为完成该项新型技术无论从技术上，还是财务等方面能够得到可靠的资源支持，并且一旦研发成功将降低公司的生产成本，因此，符合条件的开发费用可以资本化。其次，方兴公司在开发该项新型技术时，累计发生 100 000 000 元的研究与开发支出，其中符合资本化条件的开发支出为 60 000 000 元，符合"归属于该无形资产开发阶段的支出能够可靠地计量"的条件。方兴公司的账务处理如下。

(1) 发生研发支出，编制会计分录如下。

借：研发支出——费用化支出　　　　　　　　　　　　40 000 000
　　　　　　——资本化支出　　　　　　　　　　　　　60 000 000
　　贷：原材料　　　　　　　　　　　　　　　　　　　60 000 000
　　　　应付职工薪酬　　　　　　　　　　　　　　　　20 000 000
　　　　银行存款　　　　　　　　　　　　　　　　　　20 000 000

(2) 2020 年 3 月 31 日，该专利技术已经达到预定用途，编制会计分录如下。

借：管理费用　　　　　　　　　　　　　　　　　　　40 000 000
　　无形资产　　　　　　　　　　　　　　　　　　　60 000 000
　　贷：研发支出——费用化支出　　　　　　　　　　40 000 000
　　　　　　　　——资本化支出　　　　　　　　　　60 000 000

三、无形资产的后续计量

(一) 无形资产后续计量的原则

1. 估计无形资产的使用寿命

企业应当于取得无形资产时分析判断其使用寿命。无形资产的使用寿命为有限或确定的，应当估计该使用寿命的年限或者构成使用寿命的产量等类似计量单位数量。无法预见无形资产为企业带来经济利益期限的，应当视为使用寿命不确定的无形资产。

2. 无形资产使用寿命的确定

(1) 企业持有的无形资产，通常来源于合同性权利或其他法定权利，而且合同规定或法律规定有明确的使用年限。来源于合同性权利或其他法定权利的无形资产，其使用寿命不应超过合同性权利或其他法定权利的期限；合同性权利或其他法定权利能够在到期时因续约等延续，且仅当有证据表明企业续约不需要付出大额成本时，续约期应当计入使用寿命。

(2) 合同或法律没有规定使用寿命的，企业应当综合各方面因素判断，以确定无形资产能为企业带来经济利益的期限。例如，与同行业的情况进行比较、参考历史经验或聘请相关专家进行论证等。

通过上述方法仍无法合理确定无形资产为企业带来经济利益期限的，才能将其作为使用寿命不确定的无形资产。

3. 无形资产使用寿命的复核

企业至少应当于每年年度终了对使用寿命有限的无形资产的使用寿命及摊销方法进行复核。如果无形资产的使用寿命及摊销方法与以前估计不同，应当改变摊销期限和摊销方法。

企业应当在每个会计期间对使用寿命不确定的无形资产的使用寿命进行复核。如果有证据表明无形资产的使用寿命是有限的，应当估计其使用寿命，视为会计估计变更按使用寿命有限的无形资产的有关规定处理。

(二) 使用寿命有限的无形资产

1. 摊销期和摊销方法

企业摊销无形资产，应当自无形资产可供使用时起，至不再作为无形资产确认时止。当月增加的无形资产，当月开始摊销；当月减少的无形资产，当月不再摊销。

企业选择的无形资产摊销方法，应当能够反映与该项无形资产有关的经济利益的预期实现方式，包括直线法和产量法等。无法可靠确定其预期实现方式的，应当采用直线法摊销。

2. 残值的确定

使用寿命有限的无形资产，其残值应当视为零，但下列情况除外。

(1) 有第三方承诺在无形资产使用寿命结束时购买该无形资产。

(2) 可以根据活跃市场得到无形资产预计残值信息，并且该市场在该项无形资产使用寿命结束时很可能存在。

3. 使用寿命有限的无形资产摊销的会计处理

无形资产的摊销金额一般应当计入当期损益（管理费用、其他业务成本等）。某项无形资产包含的经济利益通过所生产的产品或其他资产实现的，其摊销金额应当计入相关资产的成本。

【例7-4】 2020年1月1日，方兴建筑工程公司从外单位购得一项非专利技术，支付价款8 000 000元，款项已支付，估计该项非专利技术的使用寿命为10年，该项非专利技术用于产品生产；同时，购入一项商标权，支付价款1 500 000元，款项已支付，估计该商标权的使用寿命为15年。假定这两项无形资产的净残值均为零，并按直线法摊销。

本例中，方兴公司外购的非专利技术的估计使用寿命为10年，表明该项无形资产是使用寿命有限的无形资产,且该项无形资产用于产品生产,因此,应当将其摊销金额计入相关产品的制造成本。方兴公司外购的商标权的估计使用寿命为 15 年,表明该项无形资产同样也是使用寿命有限的无形资产,而商标权的摊销金额通常直接计入当期管理费用。方兴公司的账务处理如下。

(1) 取得无形资产时,编制会计分录如下。

　　借:无形资产——非专利技术　　　　　　　　　　　　8 000 000
　　　　　　——商标权　　　　　　　　　　　　　　　　1 500 000
　　　贷:银行存款　　　　　　　　　　　　　　　　　　　　　　9 500 000

(2) 按年摊销时,编制会计分录如下。

　　借:制造费用——非专利技术　　　　　　　　　　　　　800 000
　　　　管理费用——商标权　　　　　　　　　　　　　　　100 000
　　　贷:累计摊销　　　　　　　　　　　　　　　　　　　　　　900 000

如果方兴公司 2021 年 12 月 31 日根据科学技术发展的趋势判断,2020 年购入的该项非专利技术在 4 年后将被淘汰,不能再为企业带来经济利益,决定对其再使用 4 年后不再使用,为此,方兴公司应当在 2021 年 12 月 31 日据此变更该项非专利技术的估计使用寿命,并按会计估计变更进行处理。

2021 年 12 月 31 日该项无形资产累计摊销金额为 160(80×2)万元,2022 年 12 月 31 日该项无形资产的摊销金额为 160[(800-160)/4]万元。

方兴公司 2022 年对该项非专利技术按年摊销的账务处理如下。

　　借:制造费用——非专利技术　　　　　　　　　　　　1 600 000
　　　贷:累计摊销　　　　　　　　　　　　　　　　　　　　　　1 600 000

四、无形资产的处置

无形资产的处置和报废主要是指无形资产对外出租、出售,或者是无法为企业带来未来经济利益时,应予转销并终止确认。

(一) 无形资产的出租

企业让渡无形资产使用权并收取租金,在满足收入确认条件的情况下,应确认相关的收入和费用。出租无形资产取得租金收入时,借记"银行存款"等科目,贷记"其他业务收入"等科目;摊销出租无形资产的成本和发生与转让有关的各种费用支出时,借记"其他业务成本""营业税金及附加"等科目,贷记"累计摊销""应交税费"等科目。

【例 7-5】2020 年 1 月 1 日,方兴建筑工程公司将某专利权出租给南汇公司使用,租期为 4 年,每年收取租金 500 000 元。租金收入适用的增值税税率为 6%,方兴公司在出租期间内不再使用该商标权。该商标权系方兴公司于 2020 年 1 月 1 日购入的,初始入账价值为 1 200 000 元,剩余摊销年限为 4 年,假定不考虑增值税以外的其他税费,该公司专利权的账务处理如下。

(1) 每年取得租金时,编制会计分录如下。

　　借:银行存款　　　　　　　　　　　　　　　　　　　　500 000
　　　贷:其他业务收入　　　　　　　　　　　　　　　　　　　　500 000

(2) 摊销专利权并计算应交的增值税时,编制会计分录如下。

　　借:其他业务成本——专利权摊销　　　　　　　　　　　300 000
　　　贷:累计摊销　　　　　　　　　　　　　　　　　　　　　　300 000
　　借:营业税金及附加(500 000×6%)　　　　　　　　　　 30 000

　　　　　贷：应交税费——应交增值税　　　　　　　　　　　　　　　30 000

（二）无形资产出售

　　企业出售无形资产，表明企业放弃该无形资产的所有权，应将所取得的价款与该无形资产账面价值的差额作为资产处置利得或损失，计入当期损益。但是，企业出售无形资产确认其利得的时点，应按照收入确认中的相关原则进行确定。

　　出售无形资产时，应按实际收到的金额，借记"银行存款"等科目；按已计提的累计摊销额，借记"累计摊销"科目；按原已计提减值准备的金额，借记"无形资产减值准备"科目；按应支付的相关税费及其他费用，贷记"应交税费""银行存款"等科目；按其账面余额，贷记"无形资产"科目；按其差额，贷记"资产处置损益——无形资产处置损益"科目或借记"资产处置损益——无形资产处置损益"科目。

　　【例7-6】方兴建筑工程公司出售一项非专利技术，所得价款为10 000 000元，应交纳的增值税税率9%，为900 000元。该非专利技术的账面余额为9 000 000元，累计摊销额为5 000 000元。已计提的减值准备为2 000 000元（不考虑其他税费）。企业的账务处理如下。

　　　借：银行存款　　　　　　　　　　　　　　　　　　　10 000 000
　　　　　累计摊销　　　　　　　　　　　　　　　　　　　 5 000 000
　　　　　无形资产减值准备　　　　　　　　　　　　　　　 2 000 000
　　　　贷：无形资产——非专利技术　　　　　　　　　　　 9 000 000
　　　　　　应交税费——应交增值税　　　　　　　　　　　　 900 000
　　　　　　资产处置损益——无形资产处置损益　　　　　　 7 100 000

（三）无形资产报废

　　如果无形资产预期不能为企业带来未来经济利益，例如某无形资产已被其他新技术所替代或超过法律保护期，不能再为企业带来经济利益的，则不再符合无形资产的定义，应将其报废并予以转销，其账面价值转作当期损益。

　　转销时，应按已计提的累计摊销额，借记"累计摊销"科目，按已计提的减值准备，借记"无形资产减值准备"科目，按无形资产账面余额，贷记"无形资产"科目，按其差额，借记"营业外支出"科目。

　　【例7-7】方兴建筑工程公司原拥有一项专利技术预期不能为企业带来经济利益，将其予以转销。该专利技术的账面价值余额为450 000元，累计摊销额为300 000元，已计的提减值准备120 000元，假定不考虑其他相关因素。企业的账务处理如下。

　　　借：资产处置损益——无形资产处置损益　　　　　　　　 30 000
　　　　　累计摊销　　　　　　　　　　　　　　　　　　　　300 000
　　　　　无形资产减值准备——专利权　　　　　　　　　　　120 000
　　　　贷：无形资产——专利权　　　　　　　　　　　　　　450 000

第二节　投资性房地产与其他资产

一、投资性房地产

1. 投资性房地产的性质

　　投资性房地产是指为赚取租金或资本增值，或者两者兼有而持有的房地产。投资性房地产业务具有经营活动性质。投资性房地产应当能够单独计量和出售。

　　投资性房地产一般包括：已出租的土地使用权、持有并准备增值后转让的土地使用权、企业拥有并已出租的建筑物等。投资性房地产不包括自用房地产（即为生产商品、提供劳务或者经营管理而持有的房地产），也不包括作为存货的房地产。

2. 投资性房地产确认的条件

将某个项目确认为投资性房地产，首先，应当符合投资性房地产的定义，其次，要同时满足投资性房地产的以下两个确认条件。

① 与该项投资性房地产相关的经济利益很可能流入企业。

② 该项投资性房地产的成本能够可靠地计量。

3. 投资性房地产的计量

（1）投资性房地产的初始计量　企业取得的投资性房地产，应当按照取得时的成本进行初始计量。

① 外购投资性房地产的成本，包括购买价款、相关税费和可直接归属于该资产的其他支出。

② 自行建造投资性房地产的成本，由建造该项资产达到预定可使用状态前所发生的必要支出构成。

③ 以其他方式取得的投资性房地产的成本，按照相关会计准则的规定确定。

此外，与投资性房地产有关的后续支出，满足准则规定的确认条件的，应当予以资本化，计入投资性房地产成本；不满足准则规定的确认条件的，应当予以费用化，在发生时计入当期损益。

（2）投资性房地产的后续计量　根据房地产投资准则的规定，投资性房地产应当按照成本进行初始计量，并在资产负债表日对投资性房地产进行后续计量。

投资性房地产进行后续计量通常应采用成本模式，有确凿证据表明投资性房地产的公允价值能够持续可靠取得的，也可以采用公允价值模式。采用公允价值模式的投资性房地产，应当同时满足下列两个条件。

① 投资性房地产所在地有活跃的房地产交易市场。

② 企业能够从活跃的房地产交易市场上取得同类或类似房地产的市场价格及其他相关信息，从而对投资性房地产的公允价值做出科学合理的估计。

企业对投资性房地产的计量模式一经确定，不得随意变更。特殊情况下，成本模式需要转为公允价值模式的，应当作为会计政策变更处理；已采用公允价值模式计量的投资性房地产，不得从公允价值模式转为成本模式。

4. 投资性房地产的会计处理

（1）投资性房地产的主要账户设置　"投资性房地产"账户，用来核算投资性房地产的价值，包括采用成本模式计量的投资性房地产和采用公允价值模式计量的投资性房地产。

以成本模式计量的投资性房地产在"投资性房地产""投资性房地产累计折旧（摊销）""投资性房地产减值准备"账户中记录相关业务；以公允价值模式计量的投资性房地产在"投资性房地产——成本"和"投资性房地产——公允价值变动"账户中记录相关业务。

（2）投资性房地产的会计处理原则　采用成本模式计量的投资性房地产，适用参照固定资产、无形资产、资产减值等相关的具体准则。

采用公允价值模式计量的投资性房地产，在其持有期间不对投资性房地产计提折旧或进行摊销，并应当以资产负债表日投资性房地产的公允价值为基础调整其账面价值，公允价值与账面价值之间的差额计入当期损益。

企业有确凿证据表明房地产用途发生改变，满足下列条件之一的，应当将投资性房地产转换为其他资产或者将其他资产转换为投资性房地产。

① 投资性房地产开始自用。

② 作为存货的房地产，改为出租。
③ 自用土地使用权停止自用，用于赚取租金或资本增值。
④ 自用建筑物停止自用，改为出租。

在成本计量模式下，应当将房地产转换前的账面价值作为转换后的入账价值。

在公允价值计量模式下，投资性房地产转换为自用房地产时，应当以其转换当日的公允价值作为自用房地产的账面价值，公允价值与原账面价值的差额计入当期损益。

自用房地产或存货转换为采用公允价值模式计量的投资性房地产时，投资性房地产按照转换当日的公允价值计价，转换当日的公允价值小于原账面价值的，其差额计入当期损益；转换当日的公允价值大于原账面价值的，其差额计入所有者权益。

当投资性房地产被处置，或者永久退出使用且预计不能从其处置中取得经济利益时，应当终止确认该项投资性房地产。

企业出售、转让、报废投资性房地产或者发生投资性房地产毁损，应当将处置收入扣除其账面价值和相关税费后的金额计入当期损益。

(3) 投资性房地产的实务核算 采用成本模式计量的投资性房地产比照固定资产或无形资产进行核算。采用公允价值模式计量的投资性房地产的主要账务处理。

① 企业外购、自行建造等取得的投资性房地产，应按投资性房地产准则确定的成本，借记"投资性房地产——成本"账户，贷记"银行存款""在建工程"等账户。

② 将作为存货的房地产转换为采用公允价值模式计量的投资性房地产，应按该项房地产在转换日的公允价值，借记"投资性房地产"（成本）账户，原已计提跌价准备的，借记"存货跌价准备"账户，按其账面余额，贷记"开发产品"等账户，同时，转换日的公允价值小于账面价值的，按其差额，借记"公允价值变动损益"账户；转换日的公允价值大于账面价值的，按其差额，贷记"资本公积——其他资本公积"账户。待该项投资性房地产处置时，因转换计入资本公积的部分需一并结转，借记"资本公积——其他资本公积"账户，贷记"其他业务收入"账户。

将自用土地使用权或建筑物转换为采用公允价值模式计量的投资性房地产，应按该项土地使用权或建筑物在转换日的公允价值，借记"投资性房地产（成本）"账户，按其账面余额，贷记"固定资产"或"无形资产"账户；按已计提的累计摊销或累计折旧，借记"累计摊销""累计折旧"账户，原已计提减值准备的，借记"无形资产减值准备""固定资产减值准备"账户。同时，转换日的公允价值小于账面价值的，按其差额，借记"公允价值变动损益"账户；转换日的公允价值大于账面价值的，按其差额，贷记"资本公积——其他资本公积"账户。待该项投资性房地产处置时，因转换计入资本公积的部分也需一并结转，借记"资本公积——其他资本公积"账户，贷记"其他业务收入"账户。

③ 投资性房地产进行改良或装修时，应按该项投资性房地产的账面余额，借记"在建工程"账户，按该项投资性房地产的成本，贷记"投资性房地产——成本"账户，按该项投资性房地产的公允价值变动，贷记或借记"投资性房地产——公允价值变动"账户。

④ 资产负债表日，投资性房地产的公允价值高于其账面余额的差额，借记"投资性房地产——公允价值变动"账户，贷记"公允价值变动损益"账户；公允价值低于其账面余额的差额，做相反的会计分录。

⑤ 将采用公允价值模式计量的投资性房地产转为自用时，应按该项投资性房地产在转换日的公允价值，借记"固定资产""无形资产"账户，按该项投资性房地产的成本，贷记"投资性房地产——成本"账户，按该项投资性房地产的累计公允价值变动，贷记或借记"投资性房地产——公允价值变动"账户，按其差额，贷记或借记"公允价值变动损益"

账户。

⑥ 出售投资性房地产时，应按实际收到的金额，借记"银行存款"等账户，贷记"其他业务收入"账户。按该项投资性房地产的账面余额，借记"其他业务成本"账户，贷记"投资性房地产——成本"账户，贷记或借记"投资性房地产——公允价值变动"账户；同时，按该项投资性房地产的公允价值变动，借记或贷记"公允价值变动损益"账户，贷记或借记"其他业务收入"账户。按该项投资性房地产在转换日计入资本公积的金额，借记"资本公积——其他资本公积"账户，贷记"其他业务收入"账户。

5. 投资性房地产的信息披露

企业应当在财务报告的附注中披露与投资性房地产有关的信息，其中包括以下几项。

① 投资性房地产的种类、金额和计量模式。

② 采用成本模式的，投资性房地产的折旧或摊销，以及减值准备的计提情况。

③ 采用公允价值模式的，公允价值的确定依据和方法，以及公允价值变动对损益的影响。

④ 房地产转换情况、理由，以及对损益或所有者权益的影响。

⑤ 当期处置的投资性房地产及其对损益的影响。

二、商誉

（一）商誉的性质

商誉是指企业获得超额收益的能力。商誉通常是由于企业所处的地理位置优越，或由于组织得当、生产经营效益高，或由于技术先进、掌握了生产诀窍等原因赢得了客户的信任等而形成的价值。商誉的价值具体表现在企业的获利能力和超过一般企业的获利水平。

商誉产生于企业合并。商誉的价值与企业整体相关，商誉一般难于独立确认，因此有助于形成商誉的个别因素不能单独计价，而且商誉不能与企业可辨认的各种资产分开交易。

商誉所代表的是企业合并中合并方取得的由于不符合确认条件未予确认的资产以及被并方有关资产产生协同效应或合并盈利的能力。

（二）商誉的确认

企业合并成本大于合并取得被购买方各项可辨认资产、负债公允价值份额的差额，应确认为商誉。商誉的存在无法与企业自身分离，不具有可辨认性，不属于无形资产准则所规范的内容。

商誉的存在并得以确认，说明商誉具有以下特点。

① 商誉是企业合并的产物。投资方合并被投资方取得股权有两种情况：一是同一控制下的企业合并取得股权，如企业集团内的企业合并；二是非同一控制下的企业合并取得股权。商誉产生于非同一控制下的企业合并。

② 商誉的存在是指"正商誉"的确认。商誉的确认不包括"负商誉"。如果"企业合并成本大于合并取得被购买方各项可辨认资产、负债公允价值份额的差额"作为商誉（正商誉）处理；如果企业合并成本小于合并取得被购买方各项可辨认资产、负债公允价值份额的差额，即"负商誉"，则计入当期损益。

③ 商誉的确认以"公允价值份额"为基础。

④ 商誉与企业自身不可分离，不具有可辨认性。

⑤ 商誉属于无实物形态资产，但不属于"无形资产"规范的内容。商誉按《企业会计准则第20号——企业合并》和《企业会计准则第33号——合并财务报表》的规定进行处理。

(三) 商誉的计量

1. 商誉的初始计量

商誉计量取决于企业合并成本大于合并中取得的被购买方可辨认净资产公允价值份额的差额。但商誉的具体确认与初始计量则应视企业合并方式的不同而有所不同。

企业合并分为吸收合并、新设合并和控股合并。

在吸收合并和新设合并条件下形成的商誉，购买方应在其账簿及个别财务报表中予以确认和计量；在控股合并条件下形成的商誉，购买方应在其编制合并财务报表的工作底稿中通过抵消分录予以确认和计量，并在合并财务报表中列示。

(1) 吸收合并时产生的商誉

【例 7-8】N 建筑工程公司以银行存款 90 000 000 元对 S 公司实现吸收合并，购买日 S 公司持有的可辨认项目情况：固定资产账面价值 25 000 000 元，公允价值 50 000 000 元；长期股权投资账面价值 30 000 000 元，公允价值 40 000 000 元；长期借款的账面价值与公允价值相同，均为 17 500 000 元。N 公司在购买日应编制会计分录如下。

商誉 = 90 000 000 − (50 000 000 + 40 000 000 − 17 500 000) = 17 500 000(元)

借：固定资产　　　　　　　　　　　　　　　50 000 000
　　长期股权投资　　　　　　　　　　　　　40 000 000
　　商誉　　　　　　　　　　　　　　　　　17 500 000
　贷：长期借款　　　　　　　　　　　　　　17 500 000
　　　银行存款　　　　　　　　　　　　　　90 000 000

(2) 控股合并时产生的商誉

【例 7-9】N 建筑工程公司以银行存款 20 000 000 元收购 T 公司 85% 的股权，实现了控股合并。购买日 T 公司可辨认资产账面价值 38 000 000 元，公允价值 40 000 000 元，可辨认负债账面价值 16 000 000 元，公允价值 17 000 000 元。N 公司购买日应进行如下计算和处理。

T 公司可辨认净资产的公允价值 = 40 000 000 − 17 000 000 = 23 000 000(元)

N 公司购买日确认的投资额 = 23 000 000 × 85% = 19 550 000(元)

N 公司购买日确认的商誉 = 20 000 000 − 19 550 000 = 450 000(元)

N 公司购买日在工作底稿上所作的抵消分录如下。

借：长期股权投资　　　　　　　　　　　　　19 550 000
　　商誉　　　　　　　　　　　　　　　　　　　450 000
　贷：银行存款　　　　　　　　　　　　　　20 000 000

注意：此处的商誉为 450 000 元，仅为 A 企业收购了 B 公司拥有 85% 股权时产生的归属 A 公司的商誉，另 15% 的少数股东权益的商誉为 79 400 元（450 000 ÷ 85% × 15% ≈ 79 400）。

2. 商誉的期末计量

(1) 商誉的减值　企业合并所形成的商誉无论是否存在减值迹象，每年都应当进行减值测试。在合并财务报表中反映的商誉，不包括子公司归属于少数股东的商誉。但对相关资产组（或者资产组组合）进行减值测试时，应当调整资产组的账面价值，将归属于少数股东权益的商誉包括在内，然后根据调整后的资产组账面价值与其可收回金额（可收回金额的预计包括了少数股东在商誉中的权益价值部分）进行比较，以确定资产组（包括商誉）是否发生了减值。如果资产组已发生减值，应当按照资产减值准则规定计提减值准备。由于商誉减值损失包括了应由少数股东权益承担的部分，应当将该损失在可归属于母公司和少数股东权益之间按比例进行分摊,以确认归属于母公司的商誉减值损失。

(2) 商誉的期末列报　根据《〈企业会计准则第 30 号——财务报表列报〉应用指南》和《〈企业会计准则第 33 号——合并财务报表〉应用指南》的规定,会计期末,商誉在资产负债表"资产"栏中单独设立"商誉"项目予以反映。

三、长期待摊费用

长期待摊费用是指企业已经支出,但摊销期限在 1 年以上(不含 1 年)的各项费用,包括开办费、租入固定资产的改良支出等。长期待摊费用应当单独核算,在费用项目的受益期限内分期平均摊销。

施工企业发生的长期待摊费用,按实际发生的待摊销费用金额,借记"长期待摊费用"账户,贷记有关账户。摊销时,按每期应摊销的金额,借记"工程施工""机械作业""管理费用"等相关成本费用账户,贷记"长期待摊费用"账户。

四、长期应收款

长期应收款是指企业融资租赁产生的应收款项和采用递延方式分期收款,实质上具有融资性质的销售商品和提供劳务等经营活动产生的应收款项。

1. 长期应收款的账户设置

企业应设置"长期应收款"账户,用来核算企业融资租赁产生的应收款项和采用递延方式分期收款,实质上具有融资性质的销售商品和提供劳务等经营活动产生的应收款项。

① 出租人融资租赁产生的应收租赁款,应按租赁开始日最低租赁收款额与初始直接费用之和借记本账户;按未担保余值,借记"未担保余值"账户;按最低租赁收款额、初始直接费用及未担保余值的现值,贷记"固定资产清理"等账户;按发生的初始直接费用,贷记"银行存款"等账户;按其差额,贷记"未实现融资收益"账户。

② 企业采用递延方式分期收款,实质上具有融资性质的销售商品或提供劳务等经营活动产生的长期应收款,满足收入确认条件的,按应收合同或协议价款,借记本账户;按应收合同或协议价款的公允价值,贷记"主营业务收入"等账户;按专用发票上注明的增值税额,贷记"应交税费——应交增值税(销项税额)"账户;按其差额,贷记"未实现融资收益"账户。

③ 根据合同或协议每期收到承租人或购货单位(接受劳务单位)偿还的款项,借记"银行存款"账户,贷记本账户。

④ 该账户的期末借方余额,反映企业尚未收回的长期应收款。

该账户应当按照承租人或购货单位(或接受劳务单位)等设置明细分类账,进行明细核算。

2. 长期应收款的实务核算

【例 7-10】方兴公司 2020 年初以分期收款方式销售产品一批,该批产品成本为 400 000 元,销售合同中规定价税合计为 585 000 元,其中增值税 85 000 元,在出货时即以现款收妥。500 000 元价款(公允价值为 480 000 元)在两年内每年年底各收取 250 000 元。假定未实现融资收益在两年内平均摊销,且不考虑该项业务对所得税的纳税影响。方兴公司的账务处理如下。

① 出货当期即确认收入,应编制会计分录如下。

　　借:长期应收款　　　　　　　　　　　　　　　　　　500 000
　　　　银行存款　　　　　　　　　　　　　　　　　　　 85 000
　　　贷:主营业务收入　　　　　　　　　　　　　　　　　　　480 000

应交税费——应交增值税（销项税额）	85 000
未实现融资收益	20 000

同时，结转成本，编制会计分录如下。

借：主营业务成本	400 000
贷：库存商品	400 000

② 两年内每年年底收到款项时，应编制会计分录如下。

借：银行存款	250 000
贷：长期应收款	250 000

同时，摊销未实现融资收益，编制会计分录如下。

借：未实现融资收益	10 000
贷：财务费用	10 000

五、其他长期资产

其他长期资产是指具有特定用途，不参加正常生产经营过程的，除流动资产、长期投资、固定资产、无形资产、投资性房地产、商誉、长期待摊费用、长期应收款以外的资产。一般包括经国家特批的特准储备物资、银行冻结存款和冻结物资、涉及诉讼中的财产等，施工企业的临时设施也属于此类项目。

（1）特准储备物资　是指经国家批准的在正常经营范围以外储备的，具有特定专门用途，不参加生产经营周转的物资。特准储备物资不得任意挪作他用。

（2）银行冻结存款和冻结物资　是指法院对被执行人在银行的存款或企业的物资实施强制执行的，经冻结后不得支取的存款和不得处置的物资。

（3）涉及诉讼中的财产　主要是指由于产权纠纷等，进入司法程序后被法院认定为涉及诉讼、尚未判定所有权的财产。这里诉讼，是指司法机关在案件当事人和其他诉讼参与人的参加和配合下，为解决案件而依照法定程序进行的一系列活动。

企业对银行冻结存款和冻结物资、涉及诉讼中的财产不得进行隐藏、转移、变卖、毁损等处置。这些财产虽然不属于严格意义上的企业经济资源，但与企业未来的经济利益相联系，因此不应将其排除在企业的资产之外，而应列入其他长期资产。

（4）临时设施　是指施工企业为了保证施工生产和管理工作的正常进行而在施工现场建造的生产和生活用的各种临时性的简易设施。工程完工后，这些临时设施就失去了原来的作用，需要拆除或做其他处理。

由于临时设施的使用期限一般较长，在使用过程中又基本上保持其原有的实物形态，因此，其价值也应逐渐地转移到受益的工程成本中去。因此，临时设施的摊销方法，一般应采用分期摊销法，按照临时设施的预计使用期限或工程的受益期限平均摊销，其原理与固定资产的平均年限法计提折旧基本相同。需要注意的是，由于临时设施一般在工程完工后需要拆除，所以其摊销期限是按预计使用期限与工程的施工期限孰短原则确定的。如果临时设施的价值较低，按照重要性原则，也可以采用一次摊销法，直接计入工程成本。如果临时设施为两个以上成本核算对象服务，还应按照一定的标准，在各受益的成本核算对象之间进行分配。

为了核算临时设施的成本及摊销清理情况，施工企业应设置"临时设施""临时设施摊销"和"临时设施清理"三个账户。

①"临时设施"账户的借方登记购置或搭建的各种临时设施的实际成本；贷方登记出售、拆除、报废不需用或不能用的临时设施的转出成本。

②"临时设施摊销"账户的借方登记出售、拆除、报废、盘亏的临时设施的已计提摊销额；贷方登记按月计入工程成本中的摊销额。该账户是"临时设施"账户的备抵调整账户。

③"临时设施清理"账户的借方登记出售、拆除、报废等原因转入清理的临时设施的净值及其清理费用；贷方登记收回出售临时设施的价款和清理过程中的残料价值或变价收入，临时设施清理完毕后，如果本账户为贷方余额，则将该余额转入"营业外收入"账户的贷方，如果为借方余额，则将该余额转入"营业外支出"账户的借方。

施工企业购置临时设施所发生的各项实际支出，可以直接记入"临时设施"账户。对于需要搭建安装活动才能完成的临时设施，其实际支出可以先通过"在建工程"账户核算，待临时设施搭建安装活动完成交付使用时，再将实际成本从"在建工程"账户转入"临时设施"账户。

第八章 流动负债

负债是指企业过去的交易或者事项形成的，预期会导致经济利益流出企业的现时义务。负债具有如下一些基本特征。

第一，负债是企业在过去的交易或事项中形成的，目前所承担的经济义务或经济责任。这些经济义务通常是企业为了筹集资金、购买货物或接受劳务而引起的，如向银行取得借款、赊购商品等，有时则源于国家法律的强制性规定，如应交税费等。

第二，企业目前承担的负债，代表着企业未来经济利益的流出。负债的清偿可以采取多种方式，如支付现金、付以实物、提供劳务、举新债还旧债、将负债转为产权等。无论采用哪种方式了结债务责任，企业均需付出相应的代价，从而导致经济利益流出企业，除非债权人放弃债权。

第三，负债是能够用货币确切计量或合理估计的债务责任，即负债通常有一个可预计的到期偿付金额。

负债按其流动性，即偿还期长短可分为流动负债和非流动负债。

流动负债是指将在1年（含1年）或超过1年的一个营业周期内偿还的债务，包括短期借款、应付票据、应付账款、预收账款、应付职工薪酬、应交税费、应付股利、其他应付款、其他应交款、预计负债等。

流动负债和非流动负债相比，有诸多不同。流动负债需在短期内偿还，而非流动负债偿还期限较长。流动负债一般不计息或利息较低，而非流动负债利息较高。非流动负债一旦形成，其利息就成为企业长期固定的负担，企业举借非流动负债必须充分考虑利息负担。流动负债一般作为流动资产的资金来源，而非流动负债一般用于形成非流动资产。流动负债一般金额较小，而非流动负债金额往往很大，企业在非流动负债到期前往往需建立偿债基金，以便按期还本付息。由于流动负债和非流动负债有诸多差别，因此，在会计上应分别单独核算，在会计报表上也应分别列示。

第一节 短期借款

一、短期借款核算的内容

短期借款是指企业向银行或其他金融机构等借入的期限在一年以下（含一年）的各种借款。无论借入款项的来源如何，企业均需要向债权人按期偿还借款的本金及利息，并及时反映款项的借入、利息的结算和本息的偿还情况。

二、短期借款的账户设置

应设置"短期借款"账户，贷方登记取得借款的本金数额，借方登记偿还借款的本金数额，余额在贷方，表示尚未偿还的借款本金数额。本账户按照债权人的名称设置明细账，并按借款种类进行明细核算。

三、短期借款的账务处理

1. 取得借款的处理

短期借款的债权人一般是银行或非银行的金融机构,期限不长,通常在取得借款时,按取得的本金入账,借记"银行存款"账户,贷记"短期借款"账户。

2. 借款利息的处理

① 如果短期借款的利息是按期支付的(如按季),或者利息是在借款到期时连同本金一起归还,并且数额较大的,为了正确计算各期的盈亏,可以采用预提的办法,按月预提计入费用。预提时,按预计应计入费用的借款利息,借记"财务费用"账户,贷记"应付利息"账户;实际支付月份,按照已经预提的利息金额,借记"应付利息"账户;按实际支付的利息金额与预提数的差额(尚未提取的部分),借记"财务费用"账户;按实际支付的利息金额,贷记"银行存款"账户。

② 如果企业的短期借款利息是按月支付的,或者利息非按月支付,但是数额不大,可以不采用预提的方法,而在实际支付或收到银行的计息通知时,直接计入当期损益,借记"财务费用"账户,贷记"银行存款"账户。

短期借款利息核算的最主要特点是在预提或实际支付时均不通过"短期借款"账户,而是通过"应付利息"或"财务费用"账户。

3. 归还借款的处理

短期借款到期时,应及时归还。不论是按期支付利息,或者利息是在借款到期时连同本金一起归还,在归还借款时,通过"短期借款"账户核算的金额仍然是借入时的取得金额(本金),应归还的利息则通过"应付利息"或"财务费用"账户核算。

四、短期借款的核算举例

【例 8-1】方兴建筑产品生产公司于 4 月 1 日取得短期借款 1 000 000 元,年利率为 6.6%。半年后一次还本,利息每季度末支付。会计处理如下。

① 取得借款时,编制会计分录如下。

借:银行存款 1 000 000
　　贷:短期借款 1 000 000

② 4 月末计提利息费用,编制会计分录如下。

借:财务费用——利息支出($1\,000\,000 \times 6.6\% \times \frac{1}{12}$) 5 500
　　贷:应付利息 5 500

5 月底作同样的分录。

③ 6 月 30 日支付本季利息,编制会计分录如下。

借:应付利息 11 000
　　财务费用——利息支出 5 500
　　贷:银行存款 16 500

④ 7 月 8 日计提利息费用的分录,与 4 月、5 月相同。

⑤ 9 月 30 日将后三个月的利息和借款本金一次付清,编制会计分录如下。

借:应付利息 11 000
　　财务费用——利息支出 5 500
　　短期借款 1 000 000
　　贷:银行存款 1 016 500

第二节 应付票据

一、应付票据核算的内容

应付票据是由出票人出票，委托付款人在指定日期无条件支付确定的金额给收款人或持票人的票据，是委托付款人允诺在一定时期内支付一定款项的书面证明。应付票据与应付账款不同，虽然都是由于过去交易而引起的流动负债，但应付账款是尚未结清的债务，而应付票据是一种期票，是延期付款的证明，有承诺付款的票据作为凭据。在我国，应付票据是在商品往来活动中由于采用商业汇票结算方式而形成的。商业汇票按承兑人不同分为银行承兑汇票和商业承兑汇票。

在采用商业承兑汇票方式下，承兑人应为付款人，承兑人对这项债务在一定时期内支付的承诺，作为企业的一项负债。付款人应于商业承兑汇票到期前将票款足额交存开户银行，商业承兑汇票到期日付款人账户不足支付的，开户银行不负责付款，而将商业承兑汇票退还给收款人和被背书人，由收款人和付款人自行处理。

在采用银行承兑汇票方式情况下，商业汇票应由在承兑银行开立存款账户的存款人签发，由银行承兑。付款人应于商业承兑汇票到期前将票款足额交存开户银行，银行承兑汇票到期时，若付款人账户未能足额支付，银行将无条件支付票据款，并对付款人尚未支付的汇票金额按每天万分之五，计收罚息。但是，由银行承兑的银行承兑汇票，只是为收款方按期收回债权提供了可靠的信用保证，对付款人来说，不会由于银行承兑而使这项负债消失。因此，即使是由银行承兑的汇票，付款人的现存义务依然存在，应将其作为一项负债。我国商业汇票的付款期限最长不超过6个月。因此，将应付票据归于流动负债进行管理和核算。

应付票据按是否带息分为带息应付票据和不带息应付票据两种。带息应付票据是在票面上注明利息率的票据。这种票据到期时，除需支付票面金额外，还要按票面利率支付利息。不带息应付票据是指票面上不注明利息率的票据。这种票据到期时，只需按票面金额偿付。

二、应付票据的账户设置

为了核算企业购买材料、商品或接受劳务供应等而开出、承兑的商业汇票，应设置"应付票据"账户。"应付票据"账户的贷方发生额反映企业因购买材料、商品等而开出、承兑的商业汇票；其借方发生额反映已支付的商业汇票；期末余额在贷方，反映尚未到期支付的商业汇票。

企业应设置应付票据备查簿，详细登记每一应付票据的种类、号数、签发日期、到期日、票面金额、合同交易号、收款人姓名或单位名称，以及付款日期和金额等详细资料。应付票据到期付清时，应在备查簿内逐笔注销。

三、应付票据的账务处理

1. 应付票据发生、归还的账户处理

对于发生的应付商业承兑汇票，应借记"材料采购""原材料""应交税费——应交增值税（进项税额）"等账户；贷记"应付票据"账户。如企业以开出、承兑商业承兑汇票抵付原欠货款或应付账款时，借记"应付账款"账户；贷记"应付票据"账户。对于发生的银行承兑汇票，在按面值的万分之五向承兑银行交纳手续费时，应当作为财务费用处理，借记"财务费用"账户，贷记"银行存款"账户。应付票据无论是否带息，均按面值入账。

收到银行支付到期商业汇票的付款通知时，借记"应付票据"账户，贷记"银行存款"账户。

【例8-2】 方兴建筑产品生产公司开出一张面值为 565 000 元、期限 3 个月的不带息商业承兑汇票，用以采购一批材料，货款 500 000 元，进项税额 65 000 元。应编制会计分录如下。

  借：材料采购   500 000
    应交税费——应交增值税（进项税额）   65 000
   贷：应付票据   565 000

【例8-3】 假设上例中的商业汇票为银行承兑汇票，已交纳承兑手续费 282.50 元（565 000×0.0 005）。应编制会计分录如下。

  借：财务费用   282.50
   贷：银行存款   282.50

【例8-4】 方兴建筑产品生产公司开出商业承兑汇票一张，面值 400 000 元，用于抵付其之前欠勤思公司的货款。该票据为带息票据，票面利率 10%，期限 4 个月。应编制会计分录如下。

  借：应付账款——勤思公司   400 000
   贷：应付票据   400 000

2. 计算应付票据利息及到期偿付

  应付票据如为带息票据，期末时企业应按照票据的存续期间和票面利率计算应付利息，并相应增加应付票据的账面价值，同时计入财务费用。

  应付票据到期全额付票款时，借记"应付票据""财务费用"等账户，贷记"银行存款"账户。

【例8-5】 方兴建筑产品生产公司 2020 年 6 月 1 日购入并验收价值为 678 000 元的物资，同时出具一张期限为 3 个月的带息票据，年利率为 6.6%，货款 600 000 元，增值税税率 13%。到期还本付息（该企业物资按实际成本计价核算）。企业应做如下会计处理。

① 2020 年 6 月 1 日购入并验收时，编制会计分录如下。

  借：原材料   600 000
   应交税费——应交增值税（进项税额）   78 000
   贷：应付票据   678 000

② 2020 年 7 月 31 日，计算两个月的应付利息 7 458（$678\,000 \times 6.6\% \times \frac{2}{12}$）元，编制会计分录如下。

  借：财务费用   7 458
   贷：应付票据   7 458

③ 2014 年 9 月 1 日到期付款时，编制会计分录如下。

  借：应付票据   685 458
    财务费用（$678\,000 \times 6.6\% \times \frac{1}{12}$）   3 729
   贷：银行存款   689 187

3. 逾期应付票据的处理

  企业开出并承兑的商业承兑汇票到期时，如无力支付票款，若为不带息商业承兑票据，应按"应付票据"面值，借记"应付票据"账户，贷记"应付账款"账户。若为带息的商业承兑票据，应按"应付票据"账户账面余额，包括带息票据已记入"应付票据"账户的利息部分，借记"应付票据"账户，按未计利息，借记"财务费用"账户，按汇票本息，贷记

"应付账款"账户。商业承兑汇票到期,付款人不能支付票款,按票面金额对其处以 5% 但不低于 1 000 元罚款;收到银行罚息通知时,借记"营业外支出"账户,贷记"银行存款"账户。如果以签发新的票据方式清偿原应付票据的,再从"应付账款"账户转回"应付票据"账户。

银行承兑汇票如果票据到期,企业无力支付到期票款时,承兑银行除凭票向持票人无条件付款外,对出票人尚未支付的汇票金额转作逾期贷款处理,并按照每天万分之五计收罚息。企业无力支付到期银行承兑汇票,在接到银行转来的"××号汇票无款支付转入逾期贷款户"等有关凭证时,借记"应付票据"账户,贷记"短期借款"账户。对计收的利息,按短期借款利息的处理办法处理。

【例 8-6】上述【例 8-2】的商业承兑汇票到期,企业无力支付票款,应编制会计分录如下。

借:应付票据　　　　　　　　　　　　　　　　　　　　565 000
　　贷:应付账款　　　　　　　　　　　　　　　　　　　　　585 000

【例 8-7】上述【例 8-2】的商业承兑汇票到期,企业无力支付票款,收到银行按票面金额每天 282.50 元(565 000×0.000 5×90)的罚息 25 425 元通知时。应编制会计分录如下。

借:营业外支出　　　　　　　　　　　　　　　　　　　　25 425
　　贷:银行存款　　　　　　　　　　　　　　　　　　　　　25 425

【例 8-8】上述【例 8-3】的银行承兑汇票到期,企业无力支付票款,承兑银行已代为支付,转为企业的短期借款。应编制会计分录如下。

借:应付票据　　　　　　　　　　　　　　　　　　　　565 000
　　贷:短期借款　　　　　　　　　　　　　　　　　　　　　565 000

【例 8-9】月末,若上述【例 8-7】的未付款票据已过 20 天,企业应付利息 5 850 元(565 000×0.000 5×20)。应编制会计分录如下。

借:财务费用　　　　　　　　　　　　　　　　　　　　565 000
　　贷:应付利息　　　　　　　　　　　　　　　　　　　　　565 000

【例 8-10】若上述【例 8-7】的未付款票据过期 46 天后才筹集到资金,以银行存款付讫。其中本月应计利息 7 345 元[565 000×0.000 5×(46-20)]。应编制会计分录如下。

借:短期借款　　　　　　　　　　　　　　　　　　　　565 000
　　应付利息　　　　　　　　　　　　　　　　　　　　　5 650
　　财务费用　　　　　　　　　　　　　　　　　　　　　7 345
　　贷:银行存款　　　　　　　　　　　　　　　　　　　　　577 995

第三节　应付账款

一、应付账款核算的内容

应付账款是指企业因购买材料、商品或接受劳务供应等而应付给供应单位的款项,包括价款、增值税额以及供货方垫付的运杂费等。

1. 应付账款入账时间的确定

从理论上说,应付账款入账时间的确定应以所购买物资的所有权转移或接受劳务已发生为标志,即在企业取得所购物资的所有权或已接受劳务时确认应付账款。但是,在实际工作中,应区别情况处理。

① 在货物和发票账单同时到达,但尚未付款的情况下,应付账款应待货物验收入库后,

才按发票账单登记入账。目的是为了确认所购入的物资在质量上、在数量上、品种上是否与合同标明的条款相符,避免先入账而在验收入库时发现购入物资错、漏、破损等问题时再行调账。

② 在物资已到,但发票账单未到而未付款的情况下,由于这笔负债已经成立,应作为一项负债反映。在实务中,为了在资产负债表上客观反映企业所拥有的资产和承担的债务,采用在月份终了时,将所购物资和应付账款估价入账,下月初再用红字予以冲回。待收到有关发票账单后,再按正常程序进行会计处理。

2. 应付账款入账金额的确定

应付账款应按实际发生额入账,即应付账款应按交易或事项发生时确定的到期应付款金额入账,而不是按到期应付金额的现值入账,不必考虑货币的时间价值。如果购入的资产在形成一笔应付账款时带有现金折扣的,应付账款入账金额的确定按发票上记载的应付金额的总值(即不扣除折扣)入账。若在折扣期内付款,获得的现金折扣作为理财收入,冲减财务费用。

二、应付账款的账户设置

为了核算企业因购买材料、商品或接受劳务供应等而应付给供应单位的款项,应设置"应付账款"账户。本账户贷方登记企业因购买材料物资、接受劳务供应等所形成的应付未付款项;借方登记偿还的应付账款,或开出商业汇票抵付应付账款的款项,或冲销无法支付的应付账款;期末余额在贷方,表示尚未偿还的应付账款。企业应按供应单位名称设置明细账户。

三、应付账款的账务处理

企业购入材料、商品等验收入库,但货款尚未支付,应根据有关凭证(发票账单),借记"原材料""材料采购""库存商品""应交税费——应交增值税(进项税额)"等账户,贷记"应付账款"账户;企业接受供应单位提供劳务而发生的应付未付款项,应根据供应单位的发票账单,借记"工程施工""生产成本""管理费用"等账户,贷记"应付账款"账户。支付时,借记"应付账款"账户,贷记"银行存款"等账户;企业开出、承兑商业汇票抵付应付账款时,借记"应付账款"账户,贷记"应付票据"账户。有些应付账款由于债权单位撤销或其他原因而使企业无法支付这笔应付款项,在核销时直接转入"营业外收入"账户,借记"应付账款"账户,贷记"营业外收入"账户。

【例 8-11】方兴建筑产品生产公司向美媛公司赊购物资一批,货款 120 000 元,增值税税率为 13%,对方代垫运杂费 1 000 元(按规定准予抵扣进项税额的 9%)。物资已运到并验收入库(该企业物资按实际成本计价核算),款项尚未支付。应编制会计分录如下。

借:原材料 121 000
　　应交税费——应交增值税(进项税额)(120 000×13%+1 000×9%)
　　　　　　　　　　　　　　　　　　　　　　　　15 690
　贷:应付账款——美媛公司 136 690

【例 8-12】一个月后【例 8-11】中的上述款项通过银行支付。应编制会计分录如下。

借:应付账款——美媛公司 136 690
　贷:银行存款 136 690

【例 8-13】根据供电部门通知,企业本月应付动力电厂电费 80 000 元,其中生产车间电费 60 000 元,企业行政管理部门电费 20 000 元,款项尚未支付。应编制会计分录如下。

借:制造费用 60 000

    管理费用   20 000
    贷：应付账款——动力电厂   80 000

【例 8-14】企业 6 月 25 日收到外地某企业运来的钢材 60 吨，验收入库，发票账单到月终仍未收到，月终时，按 1 500 元/吨计划价格估价入账。

① 6 月末，编制会计分录如下。

    借：原材料   90 000
     贷：应付账款——暂估应付账款   90 000

② 7 月初用红字冲回时，编制会计分录如下。

    借：原材料   90 000（红字）
     贷：应付账款——暂估应付账款   90 000（红字）

③ 7 月 5 日收到发票账单，价款 78 000 元，增值税 13 260 元，运杂费 5 000 元（其中：9% 可以作为增值税进项税额抵扣），当日即以银行存款付讫。该批钢材计划价格 90 000 元（该企业物资按计划成本计价核算），编制会计分录如下。

    借：材料采购 （78 000＋5 000×0.93）   83 000
      应交税费——应交增值税（进项税额）   10 140
     贷：银行存款   93 140

同时

    借：原材料   90 000
     贷：材料采购   83 000
       材料成本差异   7 000

【例 8-15】方兴建筑公司有一笔应付滨海公司账款 8 000 元，确已无法支付，经批准后转销，编制会计分录如下。

    借：应付账款——滨海公司   8 000
     贷：营业外收入   8 000

第四节 预 收 账 款

一、预收账款核算的内容

  预收账款是核算单位按照工程合同规定预收发包单位的款项，包括从客户方实际收到的工程预付款、备料款、工程进度款、垫付款以及工程借款等。

二、预收账款的账户设置

  为了核算企业各种预收账款的收入和实现的情况，企业应设置"预收账款"账户，贷方登记从客户方实际收到的工程预付款、备料款、工程进度款、垫付款以及工程借款等。借方登记实现的工程结算款，即从应收代建工程项目结算价款中扣还的预收代建工程款，多收的代建工程款；期末余额在贷方，表示尚未扣还的代建工程款。

  企业应按预收账款的类别设置明细账，本账户下设两个二级明细账户，即预收工程款和预收备料款，二级账户下按客户名称设三级明细账户。在资产负债表日，将预收账款与应收账款相对冲后的余额反映在资产负债表中。

三、预收账款的账务处理

  对于施工企业按合同规定向业主预收工程款时，借记"银行存款"账户，贷记"预收账款"账户；工程完成形象部分结算款、代建的工程竣工时，借记"预收账款"账户，贷记

"主营业务收入"账户。

【例8-16】2020年5月1日,方兴建筑公司按合同规定,预收洋流公司委托代建工程款2 000 000元,编制会计分录如下。

借:银行存款　　　　　　　　　　　　　　　　　　　　　　2 000 000
　　贷:预收账款——预收工程款(洋流公司)　　　　　　　　　　　2 000 000

【例8-17】12月5日,方兴建筑公司代建的工程竣工,经验收合格,交付洋流公司,并按合同规定的结算价格3 500 000元进行结算,编制会计分录如下。

借:预收账款——预收工程款(洋流公司)　　　　　　　　　　　3 500 000
　　贷:主营业务收入——工程结算收入　　　　　　　　　　　　　3 500 000

【例8-18】12月20日,收到洋流公司交来的工程款1 500 000元,编制会计分录如下。

借:银行存款　　　　　　　　　　　　　　　　　　　　　　1 500 000
　　贷:预收账款——洋流公司　　　　　　　　　　　　　　　　　1 500 000

第五节　应付职工薪酬

一、应付职工薪酬核算的内容

应付职工薪酬是企业应付职工的货币性和非货币性薪酬总额。薪酬总额是企业在一定时期内直接支付给本单位全体职工的劳动报酬,是对职工个人的一种负债,反映企业使用职工的知识、技能、时间和精力而给予职工的一种补偿(报酬)而产生的结算关系。薪酬总额包括的内容有计时工资、计件工资、奖金、工资性津贴和补助;职工福利费、医疗保险、养老保险、失业保险、工伤保险和生育保险等社会保险费用;住房公积金、工会经费和职工教育经费;非货币性福利;因解除与职工的劳动关系而给与的补偿;其他与获得职工提供的服务相关的支出等。

二、应付职工薪酬的账户设置

为了核算企业应付给职工的劳动报酬,在会计上设置"应付职工薪酬"账户,进行核算。"应付职工薪酬"账户,核算应付职工的工资总额,即构成职工工资总额的内容,企业按规定从净利润中提取的职工奖励及福利基金也在本账户中核算。贷方登记分配职工薪酬的数额,借方登记实际支付给职工薪酬的数额,期末余额在贷方,反映应付未付的薪酬。本账户可按工资、社会保险费、住房公积金、工会经费、职工教育经费、非货币性福利、辞退福利等进行明细核算。

企业应按照劳动工资制度的规定,根据考勤记录、工时记录、产量记录、工资标准、工资等级等,编制工资单计算各种工资。工资单的格式和内容,由企业根据实际情况自行规定。

三、应付职工薪酬的账务处理

（1）应付职工薪酬

对企业本月应发放的工资,要在月份终了时进行分配,计入有关的费用。工资应按照职工所在岗位进行分配,应由生产产品、提供劳务负担的职工薪酬,计入"工程施工""机械作业""材料采购——采购保管费"等账户;行政管理人员的工资计入"管理费用"账户。工资的分配数记入"应付职工薪酬"账户的贷方。离休、退休、退职人员的工资,由于不构成工资总额,因此,支付这些人员的工资,不通过"应付职工薪酬"账户核算。

【例 8-19】 方兴建筑公司根据 6 月末"工资结算汇总表"结算本月应付工资总额 350 000 元，其中：生产人员工资为 200 000 元，机械工作人员工资为 100 000，企业行政管理人员工资为 50 000 元。代扣个人所得税 17 500 元，编制会计分录如下。

  借：工程施工   200 000
    机械作业   100 000
    管理费用   50 000
    贷：应付职工薪酬——工资   350 000
发放工资时
  借：应付职工薪酬——工资   332 500
    贷：银行存款   332 500
代扣款项时
  借：应付职工薪酬——工资   17 500
    贷：应交税费——应交个人所得税   17 500

（2）应付福利费

企业职工福利费是指企业为职工提供的除职工工资、奖金、津贴、纳入工资总额管理的补贴、职工教育经费、社会保险费和补充养老保险费（年金）、补充医疗保险费及住房公积金以外的福利待遇支出，包括发放给职工或为职工支付的各项现金补贴和非货币性集体福利。职工福利费主要用于医护人员的工资、医务经费、职工因公负伤赴外地就医路费、职工生活困难补助、职工浴室、理发室、幼儿园、托儿所人员的工资等；离退休人员统筹外费用、职工疗养费用、防暑降温费、企业尚未分离的内设福利部门设备设施的折旧及维修保养费用、符合国家有关财务规定的供暖费补贴等。

企业发生的职工福利费应当在实际发生时根据实际发生额计入当期损益或相关资产成本。

【例 8-20】 按【例 8-19】，企业发生的职工福利费，生产人员为 26 000 元，机械工作人员为 12 900，企业行政管理人员为 7 000 元，编制会计分录如下。

  借：工程施工   26 000
    机械作业   12 900
    管理费用   7 000
    贷：应付职工薪酬——职工福利   45 900

四、应付社会保险费和住房公积金

（1）社会保险费和住房公积金的计提

社会保险费是按国家规定由企业和职工共同负担的费用，包括医疗保险费、养老保险费、失业保险费、工伤保险费和生育保险费等。医疗保险金是按照社保是基数或当地最低平均工资，（如北京地区的社保是基数是 1 680 元，个人负担比率 2%，单位负担比率 6.5%）；养老保险金（个人负担比率 8%，单位负担比率 20%）；失业保险金（个人负担比率 1%，单位负担比率 2%）；工伤保险费（单位负担比率 0.8%）和生育保险费（单位负担比率 0.8%），个人不交钱。住房公积金是按照国家规定由企业和职工共同负担用于解决职工住房问题的费用。住房公积金按上一年度的职工总额的 5%～20% 的比例计提。2009 年下半年起，全北京市统一规定所有用人单位按工资的 12% 办理缴纳住房公积金。为了反映社会保险费和住房公积金的提取和缴纳情况，应计入"应付职工薪酬——社会保险费"明细科目和"应付职工薪酬——住房公积金"明细科目。

应由职工个人负担的社会保险费和住房公积金，属于职工工资的组成部分应根据职工工资的一定比例计算，并在职工工资中扣除，借记"应付职工薪酬——工资"科目，贷记"其他应付款"科目。

应由企业负担的社会保险费和住房公积金，应在职工为其提供服务的会计期间，根据职工工资的一定比例计算，并按照规定的用途进行分配。借记"生产成本""制造费用""管理费用""销售费用""在建工程""研发支出"等科目，贷记"应付职工薪酬——社会保险费（住房公积金）"科目。

（2）社会保险费和住房公积金的缴纳

【例 8-21】方兴公司本月应向社会保险经办机构缴纳职工医疗保险费共计 64 680 元，其中，生产人员的金额为 44 800 元，机械作业人员的金额为 9 800 元，企业管理人员的金额为 10 080 元，编制会计分录如下。

```
借：工程施工                                  44 800
    机械作业                                   9 800
    管理费用                                  10 080
  贷：应付职工薪酬——社会保险费（医疗保险费）      64 680
```

五、应付工会经费和职工教育经费

（1）工会经费和职工教育经费的计提

工会经费是按照国家规定由企业负担的用于工会活动方面的经费（2%）。职工教育经费是按国家规定由企业负担的用于职工教育方面的经费（1.5%）。

为了反映工会经费和职工教育经费的提取和使用情况，应在"应付职工薪酬"科目下设"工会经费"和"职工教育经费"明细科目。

企业计提工会经费和职工教育经费时，应根据职工工资的一定比例计算，并按职工工资的用途进行分配，借记"工程施工""机械作业""管理费用""研发支出"等科目，贷记"应付职工薪酬——工会经费（或职工教育经费）"科目。

（2）工会经费和职工教育经费的使用

企业的工会作为独立法人，一般可以在银行独立开户，实行独立核算。企业划拨工会经费时，应借记"应付职工薪酬——工会经费"科目，贷记"银行存款"科目。如果企业的工会经费由企业代管，则在发生工会经费支出时，借记"应付职工薪酬——工会经费"科目，贷记有关科目。

企业计提的职工教育经费由企业管理。发生各项支出时，借记"应付职工薪酬——职工教育经费"科目，贷记有关科目。

六、应付非货币性福利

（1）非货币性福利的支付

非货币性福利是指企业以非货币性资产支付给职工的薪酬，主要包括企业以自己的产品或其他有形资产发放给职工作为福利，向职工无偿提供自己拥有的资产供其使用，以及为职工无偿提供类似医疗保健服务等。为了反映非货币性福利的支付与分配情况，应在"应付职工薪酬"科目下设置"非货币性福利"明细科目。

企业以其生产的产品或外购商品作为非货币性福利提供给职工的，应当作为正常产品（商品）销售处理，按照该产品（商品）的公允价值确定非货币性福利金额，借记"应付职工薪酬——非货币性福利"科目，贷记"主营业务收入""应交税费——应交增值税（销项税额）"科目。

企业无偿向职工提供住房等资产使用的,应当根据该住房每期应计提的折旧确定非货币性福利金额,借记"应付职工薪酬——非货币性福利"科目,贷记"累计折旧"等科目。租赁住房等资产供职工无偿使用的,应当根据将每期应付的租金确定非货币性福利金额,借记"应付职工薪酬——非货币性福利"科目,贷记"银行存款"等科目。

(2) 非货币性福利的分配

企业应按照用途对实际发生的非货币性福利进行分配。企业分配非货币性福利时,应借记"工程施工""机械作业""管理费用""研发支出"等科目,贷记"应付职工薪酬——非货币性福利"科目。

【例 8-22】方兴公司为总部各部门经理级别以上的职工提供每人一辆汽车免费使用,方兴公司总部各部门经理级别人员有 20 名,该汽车每辆每月计提折旧 1 000 元;同时为副总裁以上高级管理人员每人租赁一套住房,每月租金 8 000 元,该公司副总裁以上高级管理人员有 5 名,编制会计分录如下。

① 确认非货币性福利

借:管理费用　　　　　　　　　　　　　　　　　　　　　　60 000
　　贷:应付职工薪酬——非货币性福利　　　　　　　　　　　　　60 000

② 计提汽车折旧

借:应付职工薪酬——非货币性福利　　　　　　　　　　　　20 000
　　贷:累计折旧　　　　　　　　　　　　　　　　　　　　　　20 000

③ 支付租金

借:应付职工薪酬——非货币性福利　　　　　　　　　　　　40 000
　　贷:银行存款　　　　　　　　　　　　　　　　　　　　　　40 000

七、因解除与职工的劳动关系给予的补偿

1. 解除劳动关系补偿的提取

因解除与职工的劳动关系给予的补偿是指企业为职工发放的辞退福利。

辞退福利一般包括两方面的内容:一是在职工劳动合同尚未到期前,不论职工本人是否愿意,企业决定解除与职工的劳动关系而给予的补偿;二是在职工劳动合同尚未到期前,为鼓励职工自愿接受裁减而给予的补偿,职工有权利选择继续在职或接受补偿离职。辞退福利通常采取解除劳动关系时一次性支付补偿的方式,也有通过提高退休后养老金或其他离职后福利标准的方式,或者将职工薪酬的工资部分支付到辞退后未来某一期末。

企业在职工劳动合同到期之前解除与职工的劳动关系,或者为鼓励职工自愿接受裁减而提出给予补偿的建议,同时满足下列条件的,应当确认因解除与职工的劳动关系给予补偿而产生的应付职工薪酬,同时计入当期损益。

(1) 企业已经制定正式的解除劳动关系计划或提出自愿裁减建议,并即将实施。该计划或建议应当包括拟解除劳动关系或裁减的职工所在部门、职位及数量;根据有关规定按工作类别或职位确定的解除劳动关系或裁减补偿金额;拟解除劳动关系或裁减的时间。

(2) 企业不能单方面撤回解除劳动关系计划或裁减建议。为了反映解除劳动关系补偿的提取和支付情况,应在"应付职工薪酬"科目下设置"辞退福利"明细科目。

对于职工没有选择权的辞退计划,应当根据计划条款规定拟解除劳动关系的职工数量、每一职位的辞退补偿等,计提应付职工薪酬(辞退福利);对于自愿接受裁减的建议,由于接受裁减的职工数量不确定,企业应当预计将会接受裁减建议的职工数量,根据预计的职工数量和每一职位的辞退补偿等,计提应付职工薪酬(辞退福利)。正式的辞退计划或建议应

当经过董事会或类似权力机构批准。辞退工作一般应当在一年内实施完毕,但因付款程序等原因使部分付款推迟到一年后支付的,视为符合应付职工薪酬负债的确认条件。

由于被辞退职工不能再给企业带来任何经济利益,辞退福利应当计入当期费用而不计入资产成本。企业应当根据已确定的解除劳动关系计划或自愿裁减建议,借记"管理费用"科目,贷记"应付职工薪酬——辞退福利"科目。

职工虽然没有与企业解除劳动合同,但未来不再为企业带来经济利益,企业承诺提供实质上具有辞退福利性质的经济补偿,比照辞退福利处理。

2. 解除劳动关系补偿的支付

企业实际支付辞退福利时,应借记"应付职工薪酬——辞退福利"科目,贷记"银行存款"等科目。

第六节 应交税费

一、应交税费核算的内容

应交税费是指企业根据税法规定计算的应当缴纳的各种税款,包括增值税、消费税、营业税、所得税、资源税、土地增值税、城市维护建设税、房产税、土地使用税、车船使用税、矿产资源补偿费、与税费相关的地方性收费项目等。

二、应交税费的账户设置

为了核算应交税费的形成及其交纳情况,企业应设置"应交税费"账户。该账户贷方登记应交纳的各种税金、税务机关退回多交的税金等;借方登记实际交纳的税金;若余额在贷方,表示企业尚未交纳的税金;若余额在借方,表示多交的税金。本账户按照应交税金的种类设置以下二级账户:"应交增值税""应交营业税""应交消费税""应交资源税""应交所得税""应交土地增值税""应交城市维护建设税""应交房产税""应交土地使用税""应交车船使用税""应交个人所得税""应交教育费附加"等,进行明细分类核算。

三、增值税的核算

增值税是在我国境内销售货物或者提供加工、修理修配劳务,以及进口货物的单位和个人,就其取得的货物或应税劳务的销售额,以及进口货物的金额计算税款,并实行税款抵扣制的一种流转税。从计税原理而言,增值税是对商品生产和流通中各环节的新增价值或商品附加值进行征税,所以称为"增值税"。

增值税的纳税人:我国境内销售货物,进口货物,或者提供加工、修理修配劳务的单位和个人,就其取得的货物或应税劳务的销售额,以及进口货物的金额计算税款,并实行税款抵扣制的一种流转税。分为一般纳税企业和小规模纳税企业。

实行增值税的一般纳税企业,从税务角度看,一是可以使用增值税专用发票,企业销售货物或提供劳务可以开具增值税专用发票;二是购入货物取得的增值税专用发票上注明的进项税额可以抵扣销项税额;三是如果企业销售货物或者提供劳务采用销售额和销项税额合并定价方法的,按公式"销售额 $=\dfrac{含税销售额}{1+税率}$"还原为不含税销售额,并按不含税销售额计算销项税额;四是如果企业会计核算不健全,或者不能够提供准确税务资料或者虽然符合一般纳税人条件,但不申请办理一般纳税人认定手续的,按照销售额和规定的增值税税率计算应纳税额,不得抵扣进项税额,也不能使用增值税专用发票。

一般纳税企业在账务处理上的主要特点有以下两个。一是在购进阶段,实行价与税的分离,价与税分离的依据为增值税专用发票上注明的价款和增值税,属于价款部分,计入购入货物的成本;属于增值税额部分,计入进项税额。二是在销售阶段,销售价格中不再含税,如果定价时含税,应还原为不含税价格作为销售收入,向购买方收取的增值税作为销项税额。目前一般纳税企业增值税的基本税率为13%。

1. 计税方法

一般纳税企业销售货物或者提供应税劳务,应纳税额为当期销项税额抵扣当期进项税额后的余额,应纳税额计算公式为

$$应纳税额=当期销项税额-当期进项税额$$

2. 扣税和记账依据

企业购入货物或接受应税劳务支付的增值税(即进项税额),可以从销售货物或提供劳务按规定收取的增值税(即销项税额)中抵扣,按照规定,企业购入货物或接受劳务必须具备以下凭证,其进项税额才能予以扣除。

① 增值税专用发票。一般纳税企业销售货物或者提供应税劳务均应开具增值税专用发票,发票上记载了销售货物的售价、税率以及税额等,购货方以增值税专用发票上记载的购入货物已支付的税额,作为扣税和记账的依据。

② 完税凭证。企业进口货物必须交纳增值税,其交纳的增值税在完税凭证上注明。进口货物交纳的增值税以从海关取得的完税凭证上注明的增值税额,作为扣税和记账依据。

③ 收购凭证。一般纳税企业购进免税农产品或收购废旧物资,按照经税务机关批准的收购凭证上注明的价款或收购金额的一定比率(目前为10%)计算进项税额,并以此作为扣税和记账的依据。

④ 运费结算单据。一般纳税企业外购货物(固定资产除外)所支付的运输费用,根据经批准使用的运费结算单据所列运费金额和7%的扣除率计算进项税额,按照计算出的进项税额作为扣税和记账的依据,但随同运费支付的装卸费、保险费等其他杂费不得计算扣除进项税额。

按照规定企业购入货物或者接受应税劳务,没有按照规定取得并保存增值税扣税凭证,或者增值税扣税凭证上未按照规定注明增值税额及其他有关事项的,其进项税额不能从销项税额中抵扣,会计核算中,如果企业不能取得有关的扣税证明,则购进货物或接受应税劳务支付的增值税额不能作为进项税额扣税,其已支付的增值税只能计入购入货物或接受劳务的成本。

3. 账户设置

企业应交的增值税,在"应交税费"账户下设置"应交增值税"明细账户进行核算。"应交增值税"明细账户的借方发生额,反映企业购进货物或接受应税劳务支付的进项税额、实际已交纳的增值税等;贷方发生额,反映销售货物或提供应税劳务应交纳的增值税额、出口货物退税、转出已支付或应分担的增值税等;期末余额在借方,反映企业尚未抵扣的增值税。"应交税费——应交增值税"账户下分别设置"进项税额""已交税金""销项税额""出口退税""进项税额转出"等专栏。

(1) "进项税额"专栏 记录企业购入货物或接受应税劳务而支付的按规定准予从销项税额中抵扣的增值税额。购入货物或接受应税劳务支付的进项税额,用蓝字登记;退回所购货物应冲销的进项税额,用红字登记。

(2) "已交税金"专栏 记录企业本月已交纳的增值税额。本月已交纳的增值税额用蓝字登记。退回本月多交的增值税额用红字登记。

(3) "销项税额"专栏 记录企业销售货物或提供应税劳务应收取的增值税额。销售货

物或提供应税劳务应收取的销项税额用蓝字登记。退回销售货物应冲销的销项税额，用红字登记。

（4）"出口退税"专栏　记录企业出口适用规定退税率的货物，海关办理报关出口手续后，凭出口报关单等有关凭证，向税务机关申报办理出口退税而收到退回的税款。出口货物退回的增值税额，用蓝字登记。出口货物办理退税后发生退货或退关而补交已退税款，用红字。

（5）"进项税额转出"专栏　记录企业的购进货物、在产品、产成品等发生非正常损失以及其他原因而不应从销项税额中抵扣，按规定转出的进项税额。

4. 账务处理

以下分一般购销业务的账务处理、不予抵扣项目的账务处理两种情况进行介绍。

（1）一般购销业务的账务处理　企业采购货物、接受应税劳务等要进行增值税进项税额的核算。即按增值税专用发票上注明的增值税额，借记"应交税费——应交增值税（进项税额）"账户，按发票上记载的应计入采购成本或加工修理等货物成本的金额，借记"材料采购"等账户，按应付或实际支付的金额，贷记"应付账款""应付票据""银行存款"等账户。企业销售货物或提供应税劳务等要进行增值税销项税额的核算。即按实现的销售收入和应交的增值税，借记"应收账款""应收票据""银行存款"等账户，按实现的销售收入贷记"主营业务收入""其他业务收入"等账户，按当期的销售收入和规定的税率计算出的增值税，贷记"应交税费——应交增值税（销项税额）"账户。如果发生销售退回，则做相反的会计分录。

【例 8-23】方兴建筑产品生产公司购入一批原材料，增值税专用发票上注明的原材料价款 12 000 000 万元，增值税额为 1 560 000 元。货款已经支付，材料已经到达并验收入库。该企业当期销售产品收入为 24 000 000 元（不含应向购买者收取的增值税），货款尚未收到。假如该产品的增值税税率为 13%，不交纳消费税。根据上述经济业务，企业应做如下会计处理（该企业采用计划成本进行日常材料核算，计划成本为 12 400 000 元）。

采购材料时，编制会计分录如下。

借：材料采购　　　　　　　　　　　　　　　　　12 000 000
　　应交税费——应交增值税（进项税额）　　　　1 560 000
　　贷：银行存款　　　　　　　　　　　　　　　13 560 000

材料验收入库，编制会计分录如下。

借：原材料　　　　　　　　　　　　　　　　　　12 400 000
　　贷：材料采购　　　　　　　　　　　　　　　12 000 000
　　　　材料成本差异　　　　　　　　　　　　　　　400 000

销售货物时销项税额 = 2 400 0000×13% = 408 000（元）

借：应收账款　　　　　　　　　　　　　　　　　27 120 000
　　贷：主营业务收入　　　　　　　　　　　　　24 000 000
　　　　应交税费——应交增值税（销项税额）　　 3 120 000

（2）视同销售的账务处理　对于企业下列行为，视同销售货物计算交纳增值税：将货物交付他人代销；销售代销货物；设有两个以上机构并实行统一核算的纳税人，将货物从一个机构移送其他机构用于销售，但相关机构设在同一县（市）的除外；将自产或委托加工的货物用于非应税项目；将自产、委托加工或购买的货物作为投资，提供给其他单位或个体经营者；将自产、委托加工或购买的货物分配给股东或投资者；将自产、委托加工的货物用于集体福利或个人消费；将自产、委托加工或购买的货物无偿赠送他人。

税法规定，对视同销售征税而无销售额的按下列顺序确定销售额：其一，按纳税人当月同类货物的平均销售价格确定；其二，按纳税人最近时期同类货物的平均销售价格确定；其三，按组成计税价格确定。组成计税价格的公式为：

$$组成计税价格 = 成本 \times (1 + 成本利润率)$$

在具体会计处理上，不同的视同销售行为应分别采取不同的会计核算方法。

① 通过非货币性资产交换取得的长期股权投资。企业将自产、委托加工或购买的货物作为投资的，投资方视同销售，吸收投资方视同购入处理，并按规定分别计算货物的销项税额和确认进项税额。

【例 8-24】方兴建筑产品生产公司用原材料对美媛公司进行投资。该批原材料的成本为 1 000 000 元，按规定确定的计税价格为 1 100 000 元。假如该原材料的增值税率为 13%，并开具增值税专用发票，注明税额 143 000 元。根据上述经济业务，方兴公司和美媛公司应分别做如下会计处理。

方兴公司对外投资转出原材料时，应编制会计分录如下。

　　借：长期股权投资　　　　　　　　　　　　　　　　　1 243 000
　　　　贷：其他业务收入　　　　　　　　　　　　　　　1 100 000
　　　　　　应交税费——应交增值税（销项税额）　　　　　143 000
　　借：其他业务成本　　　　　　　　　　　　　　　　　1 000 000
　　　　贷：原材料　　　　　　　　　　　　　　　　　　1 000 000

美媛公司收到投资时，应编制会计分录如下。

　　借：原材料　　　　　　　　　　　　　　　　　　　　1 100 000
　　　　应交税费——应交增值税（进项税额）　　　　　　　143 000
　　　　贷：实收资本　　　　　　　　　　　　　　　　　1 243 000

② 用于非应税项目或用于集体福利或个人消费。企业将自产或委托加工的货物用于非应税项目或作为集体福利的，也应视同销售计算应交的增值税。

由于这些货物当初购进时根据增值税专用发票上注明的增值税额计入了"进项税额"，待由以后的销项税额抵扣，因此，会计处理上应按照视同销售计算出销项税额和货物的成本，借记"在建工程"等账户；按计算出的销项税额，贷记"应交税费——应交增值税（销项税额）"账户；按货物的成本，贷记"库存商品""自制半成品"等账户。

③ 企业将自产、委托加工或购买的货物无偿赠送他人，或用于广告、样品，也视同销售货物计算应交的增值税。核算时原则与上述投资相同，即不通过销售核算，捐赠支出作为营业外支出处理，用于馈赠的作为管理费用，用于广告、样品的作为销售费用。

【例 8-25】方兴建筑产品生产公司将自产的成本为 5 000 000 元的货物赠予美媛公司，该货物的增值税率为 13%，若以货物的成本金额作为计税价格，双方应编制会计分录如下。

方兴公司捐赠货物应交增值税：$5\ 000\ 000 \times 13\% = 650\ 000$（元）

　　借：营业外支出　　　　　　　　　　　　　　　　　　5 650 000
　　　　贷：库存商品　　　　　　　　　　　　　　　　　5 000 000
　　　　　　应交税费——应交增值税（销项税额）　　　　　650 000

美媛公司收到捐赠的原材料，按确认的价值以及增值税专用发票上注明的增值税额记账。

　　借：原材料　　　　　　　　　　　　　　　　　　　　5 000 000
　　　　应交税费——应交增值税（进项税额）　　　　　　　650 000
　　　　贷：营业外收入　　　　　　　　　　　　　　　　5 850 000

④ 将货物分配给股东或投资者。按规定，企业将自产、委托加工或购买的货物分配给股东或投资者也视同销售，这一行为虽然没有直接的货币流出，但事实上将货物出售后取得货币资产，然后再分配利润给股东，与将货物直接分配给股东，从严格意义上来说并无大的区别，只是这里没有货币的流入流出，而直接以货物流出的形式体现，并且体现的是企业内部与外部的关系。因此，这也视同销售行为，应作为销售处理。

【例 8-26】方兴建筑公司将自己生产的产品按照利润分配出去，产品的成本为 500 000 元，销售价格为 800 000 元（不含税），该产品的增值税率为 13%。企业应编制会计分录如下。

计算销项税额 = 800 000 × 13% = 104 000（元）

借：利润分配——应付利润　　　　　　　　　　　　　904 000
　　贷：应付股利　　　　　　　　　　　　　　　　　　904 000
借：应付股利　　　　　　　　　　　　　　　　　　　　904 000
　　贷：主营业务收入　　　　　　　　　　　　　　　　800 000
　　　　应交税费——应交增值税（销项税额）　　　　　104 000
借：主营业务成本　　　　　　　　　　　　　　　　　　500 000
　　贷：库存商品　　　　　　　　　　　　　　　　　　500 000

另外，《中华人民共和国增值税暂行条例实施细则》还对减免税、出口退税、特殊业务的税收政策等，均有详细的规定，在此不再赘述。

四、消费税的核算

消费税是指在我国境内生产、委托加工和进口烟、酒、化妆品、珠宝首饰、鞭炮、汽油、柴油、小轿车、汽车轮胎等产品的单位和个人，就其销售额而征收的一种销售税。消费税应纳税额计算有两种方法。

（1）从价定率计算　该方法应纳税额的计算公式为

应纳税额 = 销售额 × 税率

（2）从量定额计算　应纳税额的计算公式为

应纳税额 = 销售数量 × 单位税额

消费税实行价内征收，企业对应交纳的消费税，视应税产品的用途不同，分别记入"生产成本""营业税金及附加"等账户，企业按规定应交的消费税，在"应交税费"账户下设置"应交消费税"明细账户核算。借方登记企业实际交纳的消费税和待抵扣的消费税；贷方登记按规定应交的消费税；期末余额若在贷方，反映尚未交纳的消费税；若在借方，反映多交或待抵扣的消费税。

【例 8-27】某公司 2020 年 9 月销售摩托车 10 辆，每辆售价 6 500 元（不含增值税），货款尚未收到，摩托车每辆成本 5 600 元。适用消费税税率为 10%。根据这项经济业务，企业应编制会计分录如下。

应向购买方收取增值税额 = 6 500 × 10 × 13% = 8 450(元)
应交纳的消费税 = 6 500 × 10 × 10% = 6 500(元)

借：应收账款　　　　　　　　　　　　　　　　　　　　76 050
　　贷：主营业务收入　　　　　　　　　　　　　　　　65 000
　　　　应交税费——应交增值税（销项税额）　　　　　11 050
借：营业税金及附加　　　　　　　　　　　　　　　　　6 500
　　贷：应交税费——应交消费税　　　　　　　　　　　6 500

借：主营业务成本 56 000
　　贷：库存商品 56 000

五、应交城市维护建设税的核算

城市维护建设税是以应交纳的增值税、消费税、营业税为计税依据征收的一种税。其纳税人为交纳增值税、消费税、营业税的单位和个人。税率因纳税人所在地不同从1%～7%不等。计算公式为

$$应纳税额=（应交增值税+应交消费税+应交营业税）\times 适用税率$$

为了核算城市维护建设税的应交及实交情况，应设置"应交税费——应交城市维护建设税"账户，贷方登记应交纳的城市维护建设税，借方登记已交纳的城市维护建设税，期末余额在贷方，表示尚未交纳的城市维护建设税。计算出应交城市维护建设税时，借记"主营业务税金及附加""其他业务支出""固定资产清理"等账户，贷记"应交税费——应交城市维护建设税"账户；实际交纳时，借记"应交税费——应交城市维护建设税"账户，贷记"银行存款"账户。

【例8-28】 方兴建筑公司所在地为市区，当月根据取得的各项收入形成并交纳的增值税、消费税和营业税及城市维护建设税税率（7%），计算、结转城市维护建设税如下。

销售产品交纳增值税100 000元、应交城市维护建设税7 000元、销售产品交纳消费税50 000元、应交城市维护建设税3 500元。

编制会计分录如下。

借：税金及附加 10 500
　　贷：应交税费——应交城市维护建设税 10 500

教育费附加也在此账户核算，核算方法同城市维护建设税，不再赘述。

六、资源税的核算

为了保护自然资源，促进自然资源的合理开发和利用，凡在我国境内开采原油、煤炭、黑色、有色和其他非金属原矿、天然气等矿产品或者生产盐的单位和个人，就其开采资源的数量相规定的单位税额计算征收的一种税。其应纳税额的计算公式为

$$应纳税额=课税数量\times 单位税额$$

会计核算时，按规定计算出销售的应税产品应缴纳的资源税。

借：营业税金及附加
　　贷：应交税费——应交资源税

企业计算出自产自用的应税产品应缴纳的资源税。

借：生产成本
　　贷：应交税费——应交资源税

七、房产税、土地使用税、车船使用税和印花税的核算

房产税是国家对在城市、县城、建制镇和工矿区征收的由产权所有人缴纳的税。房产税依照房产原值一次减除10%～30%后的余值计算交纳。没有房产原值作为依据的，由房产所在地税务机关参考同类房产核定；房产出租的，以房产租金收入为房产税的计税依据。

土地使用税是国家为了合理利用城镇土地，调节土地级差收入，提高土地使用效益，加强土地管理而开征的一种税，以纳税人实际占用的土地面积为计税依据，依照规定税额计算征收。

车船使用税由拥有并且使用车船的单位和个人交纳，按照适用税额计算应交纳税额。

企业按规定计算应交的房产税、土地使用税、车船使用税，借记"管理费用"账户，贷记"应交税费——应交房产税""土地使用税""车船使用税"账户；交纳时，借记"应交税费——应交房产税""土地使用税""车船使用税"账户，贷记"银行存款"账户。

印花税是对书立、领受购销合同等凭证行为征收的税款，实行由纳税人根据规定自行计算应纳税额，并一次贴足印花税票的交纳方法。应纳税凭证包括：购销、加工承揽、建设工程承包、财产租赁、货物运输、仓储保管、借款、财产保险、技术合同或者具有合同性质的凭证；产权转移书据；营业账簿；权利、许可证照等。纳税人根据应纳税凭证的性质，分别按比例税率或者按件定额计算应纳税额。即一般情况下，企业需要预先购买印花税票，待发生应税行为时，再根据凭证的性质和规定的比例税率或者按件计算应纳税额，将已购买的印花税票粘贴在应纳税凭证上，"并在每枚税票的骑缝处盖戳注销或者划销"办理完税手续。企业交纳的印花税，不会发生应付未付税款的情况，不需要预计应纳税金额，同时也不存在与税务机关结算或清算的问题，因此，企业交纳的印花税不需要通过"应交税费"账户核算，在购买印花税票时，直接借记"管理费用"账户，贷记"银行存款"账户。

八、土地增值税的核算

土地增值税是指对在我国境内有偿转让土地使用权及地上建筑物和其他附着物产权的单位和个人征收的税种。土地增值税实行四级超率累进税率。为了核算土地增值税的应交及实交情况，应设置"应交税费——应交土地增值税"账户，贷方登记应交纳的土地增值税，借方登记已交纳的土地增值税，期末余额在贷方，表示尚未交纳的土地增值税。计算出应交土地增值税时，借记"固定资产清理""在建工程"或"营业税金及附加"等账户，贷记"应交税费——应交土地增值税"账户；实际交纳时，借记"应交税费——应交土地增值税"账户，贷记"银行存款"账户。

转让国有土地使用权、地上建筑物及其附着物并取得收入的单位和个人，均应缴纳土地增值税。土地增值税按转让房地产的增值额计算征税。这里的增值额是转让房地产取得的收入减除规定扣除项目后的余额。计算土地增值税的主要扣除项目有：取得土地使用权所支付的金额；开发土地的成本、费用；新建房屋及配套设施的成本、费用或者旧房及建筑物的评估价格；与转让房地产有关的税金。

兼营房地产业务的企业，应由当期营业收入负担的土地增值税，借记"其他业务成本"账户，贷记"应交税费——应交土地增值税"账户。转让的国有土地使用权连同地上建筑物及其附着物一并在"固定资产"或"在建工程"账户核算的，转让时应缴纳的土地增值税，借记"固定资产清理""在建工程"账户，贷记"应交税费——应交土地增值税"账户。

企业在项目全部竣工结算前转让房地产所取得的收入，按税法规定预交的土地增值税，借记"应交税费——应交土地增值税"账户，贷记"银行存款"等账户；待该房地产销售收入实现时，再按上述销售业务的会计处理方法进行处理。该项目全部竣工，办理结算后进行清算，收到退回多交的土地增值税，借记"银行存款"等账户，贷记"应交税费——应交土地增值税"账户，补交的土地增值税做相反的会计分录。

所得税的核算在本书其他章节将做详细介绍，此处不再赘述。

第七节 应付股利

一、应付股利核算的内容

应付股利是指企业应付给投资者的利润或现金股利。在向投资者分配利润前，首先应按国家规定，对净利润进行若干分配，即应先提取有关的盈余公积、公益金后才能向投资者进行分配；其次，确定分配的投资利润或现金股利在尚未支付前构成企业的一项流动负债。

二、应付股利的账户设置

为了总括反映应付、已付利润或股利的情况，在会计核算中，设置"应付股利"账户进行核算。贷方反映应付的投资利润或现金股利，借方反映已经支付的投资利润或股利；期末余额在贷方，反映尚未支付的投资者利润或股利。

三、应付股利的账务处理

企业计算出应付给投资者的利润或股利时，借记"利润分配"账户，贷记"应付股利"账户；实际支付利润或现金股利时，借记"应付股利"账户，贷记"银行存款"等账户。本账户应按投资者开设明细账户，进行明细核算。

【例8-29】方兴建筑公司年末按协议规定应付给其他投资单位投资利润200 000元，并开出转账支票支付应付的利润。

确定应付股利时，编制会计分录如下。

  借：利润分配——应付股利   200 000
    贷：应付股利   200 000

支付股利时，编制会计分录如下。

  借：应付股利   200 000
    贷：银行存款   200 000

企业与其他单位或个人的合作项目，如按协议或合同规定应支付给其他单位或个人的利润，也应通过"应付股利"账户核算。

在我国，股利的支付通常有两种基本形式：第一种为现金股利，企业以现金形式向股东派发的股利；第二种为股票股利，企业用增发的股票向股东派发的股利（红股、送股）。

第九章 非流动负债

非流动负债是指偿还期在1年或者超过1年的一个营业周期以上的债务，包括长期借款、应付债券、长期应付款等。

第一节 长期借款

一、长期借款核算的内容

长期借款是指企业向银行等金融机构借入的偿还期在1年以上（不含1年）的各项借款。一般用于固定资产购建、改扩建工程、大修理工程以及流动资产的正常需要等方面。长期借款是企业长期负债的重要组成部分，必须加强管理与核算。

二、借款费用及其会计处理

借款费用是指因借款而发生的利息、折价或溢价的摊销和辅助费用，以及外币借款而发生的汇兑差额。因借款而发生的辅助费用包括手续费、佣金、印刷费等。借款费用除为购建固定资产的专门借款所发生的借款费用外，其他借款费用均应于发生当期确认为费用，直接计入当期财务费用。主要包括以下几项。

① 属于流动负债性质的借款费用，或者虽然是长期借款性质但不是用于购建固定资产的专门借款所发生的借款费用，其发生时直接计入当期损益。

② 需要经过相当长的时间才能达到可销售状态的存货，其借款费用不计入所制造的存货的价值内。

③ 如果是为投资而发生的借款费用，不予以资本化，应直接计入当期财务费用。

④ 虽属于为购建固定资产的专门借款，但不符合资本化条件的借款费用，也应直接计入当期财务费用。

⑤ 筹建期间发生的借款费用，其发生时计入长期待摊费用。企业筹建期间所发生的费用，先通过"长期待摊费用"账户归集，待企业开始生产经营当月起，将筹建期间所发生的费用全部一次计入开始生产经营当月的损益。

⑥ 在清算期间发生的长期借款费用，其发生时计入清算损益。

三、长期借款的账户设置

为了总括地反映和监督企业长期借款的借入、应计利息和归还本息的情况，应设置"长期借款"账户。贷方登记长期借款本息的增加额，借方登记本息的减少额，期末余额在贷方，表示企业尚未偿还的长期借款的本息。该账户应当按照提供贷款银行等金融机构和贷款种类，设置"本金""利息调整"等账户进行明细核算。

四、长期借款的账务处理

企业借入长期借款并将其存入银行时，应借记"银行存款"账户，贷记"长期借款"账户；如果已经直接将借款购置了固定资产或用于在建工程项目，则应借记"固定资产"或"在建工程"账户，贷记"长期借款"账户。

企业发生的借款费用（包括利息、汇兑损失等），应按照借款费用会计处理的规定，分别计入有关账户：属于筹建期间的，借记"长期待摊费用"账户，贷记"长期借款"账户；属于生产经营期间的，借记"财务费用"账户，贷记"长期借款"账户；属于发生的与固定资产购建有关的专门借款的借款费用，在固定资产达到预定可使用状态前按规定应予以资本化的，借记"在建工程"账户，贷记"长期借款"账户；固定资产达到预定可使用状态后所发生的借款费用以及按规定不能予以资本化的借款费用，借记"财务费用"账户，贷记"长期借款"账户。长期借款利息有单利和复利两种计算方法。

单利的计算公式为

$$本利和 = 本金 + 本金 \times 利率 \times 期数$$

复利的计算公式为

$$本利和 = 本金 \times (1+利率)^{期数}$$

（一）长期借款按单利计算

【例 9-1】方兴建筑产品生产公司于 2020 年 6 月 30 日从工商银行借入资金 1 000 000 元，借款期限为 5 年。年利率为 6%（按单利计算），款项已存入银行，本息于到期日一次支付。该借款用于购买生产所需的一台设备，7 月 15 日收到该设备，价款 950 000 元，安装费为 50 000 元，均用银行存款于 7 月 1 日支付，设备已于当日交付使用。有关会计处理如下。

① 取得借款时，编制会计分录如下。

借：银行存款　　　　　　　　　　　　　　　　　　　　　　1 000 000
　　贷：长期借款　　　　　　　　　　　　　　　　　　　　　　1 000 000

② 支付设备款和安装费时，编制会计分录如下。

借：在建工程　　　　　　　　　　　　　　　　　　　　　　1 000 000
　　贷：银行存款　　　　　　　　　　　　　　　　　　　　　　1 000 000

【例 9-2】根据【例 9-1】的资料，计算方兴建筑产品生产公司借入工商银行款项的利息，并进行会计处理。

① 计算应计入固定资产成本的利息并结转固定资产。

方兴建筑产品生产公司于 6 月 30 日借入款项，7 月 15 日设备投入使用，因此在 6 月 30 日至 7 月 15 日间发生的利息应当计入固定资产的成本，7 月 16 日以后发生的利息应当计入当期损益。

应计入固定资产成本的利息金额为

$$1\ 000\ 000 \times 6\% \div 12 \times 0.5 = 2\ 500(元)$$

借：在建工程　　　　　　　　　　　　　　　　　　　　　　2 500
　　贷：长期借款　　　　　　　　　　　　　　　　　　　　　　2 500

结转固定资产时，编制会计分录如下。

借：固定资产　　　　　　　　　　　　　　　　　　　　　　1 002 500
　　贷：在建工程　　　　　　　　　　　　　　　　　　　　　　1 002 500

② 2020 年 12 月 31 日，此笔长期借款应计提的利息为

$$1\ 000\ 000 \times 6\% \div 12 \times 5.5 = 27\ 500(元)$$

借：财务费用　　　　　　　　　　　　　　　　　　　　　　27 500
　　贷：长期借款　　　　　　　　　　　　　　　　　　　　　　27 500

③ 2021 年 12 月 31 日，此笔长期借款应计提的利息为

$$1\ 000\ 000 \times 6\% = 60\ 000(元)$$

借：财务费用　　　　　　　　　　　　　　　　　　　　　　60 000
　　贷：长期借款　　　　　　　　　　　　　　　　　　　　　　60 000

2022年、2023年、2024年12月31日的会计处理同上。

④ 2025年12月30日，企业应计提的利息为

$$1\,000\,000 \times 6\% \div 12 \times 6 = 30\,000(元)$$

借：财务费用　　　　　　　　　　　　　　　　　　　　30 000
　　贷：长期借款　　　　　　　　　　　　　　　　　　　　30 000

由于这笔长期借款的利息金额较大，企业也可以按月计提利息。

（二）长期借款按复利计算

【例9-3】 方兴建筑产品生产公司向银行借入五年期长期借款1 000 000元，年利率6%，每年计息一次，到期本息一次归还。

① 借款取得时，编制会计分录如下。

借：银行存款　　　　　　　　　　　　　　　　　　　　1 000 000
　　贷：长期借款　　　　　　　　　　　　　　　　　　　　1 000 000

② 按复利计算利息，各年利息额计算如下。

第一年利息=1 000 000×6%=60 000(元)
第二年利息=1 060 000×6%=63 600(元)
第三年利息=1 123 600×6%=67 416(元)
第四年利息=1 191 016×6%=71 460.96(元)
第五年利息=1 262 476.96×6%=75 748.62(元)

五年利息合计为338 225.58元。

五年后本利合=1 000 000+338 225.58=1 338 225.58(元)

或五年后本利合=$1\,000\,000 \times (1+6\%)^5 = 1\,338\,225.58$(元)

企业每年年末应根据当年应付利息额，区别具体情况，编制会计分录如下。

借：财务费用、在建工程
　　贷：长期借款

③ 如果企业按月或按季结算损益，则应根据当年应付的利息支出计算每月或每季应负担的利息。

借：财务费用、在建工程
　　贷：长期借款

（三）归还长期借款

归还长期借款的本金和利息时，应按归还的金额，借记"长期借款"账户，贷记"银行存款"账户。

【例9-4】 按【例9-1】和【例9-2】中的资料，企业于2025年6月30日一次性归还长期借款（按单利计算）的本金和利息共计1 300 000元。按复利计算的本金和利息共计1 338 225.58元。

① 按单利计息，编制会计分录如下。

借：长期借款　　　　　　　　　　　　　　　　　　　　1 300 000
　　贷：银行存款　　　　　　　　　　　　　　　　　　　　1 300 000

② 按复利计息，编制会计分录如下。

借：长期借款　　　　　　　　　　　　　　　　　　　　1 338 225.58
　　贷：银行存款　　　　　　　　　　　　　　　　　　　　1 338 225.58

【例9-5】 按【例9-1】和【例9-2】中的资料，借款是为购建固定资产而借入的，固定资产当年建成，五年分五次还本付息。

（1）按单利计息，各年还本付息情况如表 9-1 所示。

表 9-1　长期借款还本付息表（单利）　　　　　　　　　单位：元

年数	应计利息 ①=④×6%	应还本金 ②=本金/5	应还本息 ③=①+②	未还本金 ④
0	—	—	—	1 000 000
1	60 000	200 000	260 000	800 000
2	48 000	200 000	248 000	600 000
3	36 000	200 000	236 000	400 000
4	24 000	200 000	224 000	200 000
5	12 000	200 000	212 000	0
合计	180 000	1 000 000	1 180 000	—

第一年有关会计分录如下。
① 取得借款时，编制会计分录如下。
　　借：银行存款　　　　　　　　　　　　　　　　1 000 000
　　　　贷：长期借款　　　　　　　　　　　　　　　　1 000 000
② 年末计算利息时，编制会计分录如下。
　　借：在建工程　　　　　　　　　　　　　　　　60 000
　　　　贷：长期借款　　　　　　　　　　　　　　　　60 000
③ 年末分期还款时，编制会计分录如下。
　　借：长期借款　　　　　　　　　　　　　　　　260 000
　　　　贷：银行存款　　　　　　　　　　　　　　　　260 000
第二年有关会计分录如下。
① 年末计算利息时，编制会计分录如下。
　　借：财务费用　　　　　　　　　　　　　　　　48 000
　　　　贷：长期借款　　　　　　　　　　　　　　　　48 000
② 年末分期还款时，编制会计分录如下。
　　借：长期借款　　　　　　　　　　　　　　　　248 000
　　　　贷：银行存款　　　　　　　　　　　　　　　　248 000
第三年有关会计分录如下。
① 年末计算利息时，编制会计分录如下。
　　借：财务费用　　　　　　　　　　　　　　　　36 000
　　　　贷：长期借款　　　　　　　　　　　　　　　　36 000
② 年末分期还款时，编制会计分录如下。
　　借：长期借款　　　　　　　　　　　　　　　　236 000
　　　　贷：银行存款　　　　　　　　　　　　　　　　236 000
第四年有关会计分录如下。
① 年末计算利息时，编制会计分录如下。
　　借：财务费用　　　　　　　　　　　　　　　　24 000
　　　　贷：长期借款　　　　　　　　　　　　　　　　24 000
② 年末分期还款时，编制会计分录如下。
　　借：长期借款　　　　　　　　　　　　　　　　224 000

贷：银行存款　　　　　　　　　　　　　　　　　　　224 000
第五年有关会计分录如下。
① 年末计算利息时，编制会计分录如下。
　　借：财务费用　　　　　　　　　　　　　　　　　　　12 000
　　　贷：长期借款　　　　　　　　　　　　　　　　　　　12 000
② 年末分期还款时，编制会计分录如下。
　　借：长期借款　　　　　　　　　　　　　　　　　　　212 000
　　　贷：银行存款　　　　　　　　　　　　　　　　　　　212 000
（2）按复利计息，长期借款还本付息情况如表 9-2 所示。设各年还本付息额 A，则
$$1\,000\,000 = A \times 年金现值系数$$
查年金现值表，利率为 6%。5 年期的年金现值系数为 4.212。
则有 $1\,000\,000 = 4.212A$　　$A = 1\,000\,000 \div 4.212 = 237\,416.90$（元）

表 9-2　长期借款还本付息表（复利）　　　　　　　　　　　单位：元

年数	应计利息 ①=④×6%	借款本息 ②=④+①	归还本息 ③=年金	未还本息 ④=②-③
0	—	—	—	1 000 000.00
1	60 000.00	1 060 000.00	237 416.90	822 583.10
2	49 354.99	871 938.09	237 416.90	634 521.19
3	38 071.27	672 592.46	237 416.90	435 175.56
4	26 110.53	461 286.09	237 416.90	223 869.19
5	13 432.15	237 301.34	237 301.34	0
合计	186 968.94	—	1 186 968.94	—

第一年有关会计分录如下。
① 取得借款时，编制会计分录如下。
　　借：银行存款　　　　　　　　　　　　　　　　　　　1 000 000
　　　贷：长期借款　　　　　　　　　　　　　　　　　　　1 000 000
② 年末计算利息时，编制会计分录如下。
　　借：在建工程　　　　　　　　　　　　　　　　　　　60 000
　　　贷：长期借款　　　　　　　　　　　　　　　　　　　60 000
③ 年末分期还款时，编制会计分录如下。
　　借：长期借款　　　　　　　　　　　　　　　　　　　237 416.90
　　　贷：银行存款　　　　　　　　　　　　　　　　　　　237 416.90
第二年有关会计分录如下。
① 年末计算利息时，编制会计分录如下。
　　借：财务费用　　　　　　　　　　　　　　　　　　　49 354.99
　　　贷：长期借款　　　　　　　　　　　　　　　　　　　49 354.99
② 年末分期还款时，编制会计分录如下。
　　借：长期借款　　　　　　　　　　　　　　　　　　　237 416.90
　　　贷：银行存款　　　　　　　　　　　　　　　　　　　237 416.90
第三年有关会计分录如下。

① 年末计算利息时，编制会计分录如下。
借：财务费用　　　　　　　　　　　　　　38 071.27
　　贷：长期借款　　　　　　　　　　　　　　　　38 071.27
② 年末分期还款时，编制会计分录如下。
借：长期借款　　　　　　　　　　　　　　237 416.90
　　贷：银行存款　　　　　　　　　　　　　　　　237 416.90
第四年有关会计分录如下。
① 年末计算利息时，编制会计分录如下。
借：财务费用　　　　　　　　　　　　　　26 110.53
　　贷：长期借款　　　　　　　　　　　　　　　　26 110.53
② 年末分期还款时，编制会计分录如下。
借：长期借款　　　　　　　　　　　　　　237 416.90
　　贷：银行存款　　　　　　　　　　　　　　　　237 416.90
第五年有关会计分录如下。
① 年末计算利息时，编制会计分录如下。
借：财务费用　　　　　　　　　　　　　　13 432.15
　　贷：长期借款　　　　　　　　　　　　　　　　13 432.15
② 年末分期还款时，编制会计分录如下。
借：长期借款　　　　　　　　　　　　　　237 416.90
　　贷：银行存款　　　　　　　　　　　　　　　　237 416.90

第二节　应付债券

一、应付债券核算的内容

应付债券是企业为筹集长期使用资金而发行的一种约定在一定期限内还本付息的一种书面债务契约。企业通过发行债券取得资金是以将来履行归还购买债券者的本金和利息的义务作为保证的，这种未来需履行的义务构成了企业的一项长期负债。

由于企业债券是企业依照法定程序发行的、约定在一定期限还本付息的有价证券，根据《公司法》规定，股份公司发行债券，必须符合以下条件。

① 企业净资产额不低于人民币3 000万元。
② 累计发行债券总额不超过企业净资产额的40%。
③ 最近三年平均可分配利润足以支付公司债券一年的利息。
④ 筹集的资金投向符合国家产业政策的项目。
⑤ 债券的利率不得超过国务院限定的利率水平。
⑥ 国务院规定的其他条件。

发行公司债券筹集的资金，必须用于审批机关批准的用途，不得用于弥补亏损和非生产性支出。

应付债券的核算主要包括债券发行的核算、债券利息的核算、债券折价与溢价摊销的核算、债券还本付息的核算等内容。

二、应付债券的账户设置

企业发行的长期债券，设置"应付债券"账户，用来总括地反映和监督应付债券的发行、还本和付息情况。贷方登记应付债券的本息增加额，借方登记归还债券的本息，期末余额在贷方表示尚未归还的债券本息。在"应付债券"账户下设置下设"面值""利息调整"和"应计利息"三个二级账户。在此基础上按债券的种类进行明细分类核算。

此外，企业还应设置"企业债券登记簿"账户，详细登记发行债券的票面金额、票面利率，还本付息期限与方式、发行总额、发行日期、编号、委托代售部门、转换股份等内容。

三、应付债券的发行价格

企业债券发行价格的高低一般取决于债券票面金额、债券票面利率、发行当时的市场利率以及债券期限的长短等因素。债券发行有面值发行、溢价发行和折价发行三种情况。

债券的面值，又称票面额、本金、到期金额，是债券上规定的举债人于到期日所应支付的金额。债券的发行价格等于债券面值的现值与利息的现值之和。

债券的面值与实际发行价格会由于市场利率与票面利率的不同而形成差异。

债券的发行价格受同期限银行存款利率的影响较大，一般情况下，债券的票面利率高于银行利率，可按超过债券票面金额的价格发行，按超过票面金额的价格发行，称为溢价发行。溢价发行表明企业以后期多付利息而事先得到的补偿；如果债券的票面利率低于银行利率，可按低于债券票面金额的价格发行，按低于票面金额的价格发行，称为折价发行。折价发行表明企业以后期少付利息而预先给投资者的补偿；如果债券的票面利率与银行利率一致，可按票面金额发行，按票面金额的价格发行称为按面值发行。溢价或折价实质上是发行债券企业在债券存续期内对利息费用的一种调整。为了进行应付债券的核算，要学习几个有关概念。

（一）现值和终值

企业发行债券后，都要在若干年后按照债券的面值偿还债券本金。因此债券面值就是债券的到期值，也叫终值。由于利息的因素，一定量的货币若干年后的价值并不等于其目前的价值。例如，以 1 000 元存入银行，按年利率 10% 计算，一年后本利和为 1 100 元。即目前的 1 000 元在一年后的终值为 1 100 元，反过来一年后的 1 100 元的现值就是 1 000 元。由于债券偿还期很长，因此它的终值和现值相差很大，应该加以考虑。

现值是指未来某一时点上的一定量现金折合到现在的价值，俗称"本金"，通常记作 P。终值又称将来值或本利和，是指现在一定量的资金在未来某一时点上的价值，通常记作 F。

（二）名义利率和实际利率

名义利率，即"票面利率"发行债券票面所规定的利率，名义利率是固定不变的，通常以年利率表示。年利率乘以债券的面值，即为债券发行单位每年应付的债券利息。如债券利息每半年支付一次，那就按年息折半计算。

实际利率，即债券发行单位实际负担的利率，或债券持有人实际获得的利率。

四、应付债券发行的账务处理

1. 平价发行债券的账务处理

平价发行即按面值发行，指发行债券时票面利率与实际利率相等，没有溢价和折价的情况。

【例 9-6】方兴建筑产品生产公司 2020 年 7 月 1 日发行 5 年期一次还本付息的长期债券，面值为 100 000 元，年利率 5%，每年付息两次，若当时的市场利率也为 5%，债券可按平价发行，则会计处理如下。

① 发行时，编制会计分录如下。

借：银行存款	100 000	
贷：应付债券——面值		100 000

② 到付息日计算应付利息，编制会计分录如下。

借：财务费用（100 000×5%/2）	2 500	
贷：应付债券——应计利息		2 500

③ 支付利息时，编制会计分录如下。

借：应付债券——应计利息	2 500	
贷：银行存款		2 500

④ 如果在付息日计算利息时当即支付，编制会计分录如下。

借：财务费用	2 500	
贷：银行存款		2 500

⑤ 债券到期还本时，编制会计分录如下。

借：应付债券——面值	100 000	
贷：银行存款		100 000

2. 溢价发行债券的账务处理

【例 9-7】承【例 9-6】设债券发行时市场利率为 4%，则债券的发行价格应考虑以下因素：按市场利率，每半年的利率为 2%，从复利现值表和年金现值表中查得利率为 2%，期限为 10 期的复利现值系数和年金现值系数分别为 0.82 和 8.982。

面值的现值＝100 000×0.82＝82 000(元)

10 期利息现值＝100 000×2.5%×8.982＝22 455(元)

发行价格＝82 000＋22 455＝104 455(元)

债券溢价＝104 455－100 000＝4 455(元)

此债券如果溢价发行，取得现款，编制会计分录如下。

借：银行存款	104 455	
贷：应付债券——面值		100 000
——利息调整		4 455

债券溢价是整个债券期间内企业利息费用的一项调整，是债券发行单位对债权人多付利息的事先收回。债券溢价是企业今后按票面利率计付的利息高于按实际市场利率计付的利息差额的提前收回。企业每期按票面利率计算并支付的利息，并不是企业实际负担的利息费用，因为企业每期付出的利息已有一部分以溢价发行的方式在发行时就事先收回了。因此，每期计付利息的同时应对溢价进行摊销，以确定企业实际负担的利息费用。

在资产负债表日，企业按摊余成本和实际利率计算债券利息费用，借记"在建工程""制造费用""财务费用""研发支出"账户；贷记"应付债券——应计利息"账户。按差额，借记或贷记"应付债券——利息调整"账户。债券溢价摊销方法可以分为直线法和实际利率法。

我国《企业会计准则》规定，对应付债券的后续计量应采用实际利率法计算其摊余成本及各期的利息收入或利息费用。如有客观证据表明该应付债券的实际利率与名义利率分别计算的各期利息收入或利息费用相差不大，也可以采用名义利率摊余成本。

(1) 直线法　直线法是将债券的溢价平均分摊于各期的一种方法。这种方法简便易行，但不够准确。

以【例 9-7】说明直线法下债券溢价摊销方法。债券溢价转销表见表 9-3。

表 9-3　债券溢价转销表（直线法）　　　　　　　单位：元

付息日 \ 项目	支付利息 ①＝面值×$\frac{票面利率}{2}$	利息费用 ②＝①－③	溢价转销 ③＝$\frac{溢价总额}{10}$	未转销溢价 ④－③	账面价值 ⑤－③
2020.07.01	—	—	—	4 455	104 455
2020.12.31	2 500	2 054.50	445.50	4 009.50	104 009.50
2021.07.01	2 500	2 054.50	445.50	3 564	103 564
2021.12.31	2 500	2 054.50	445.50	3 118.50	103 118.50
2022.07.01	2 500	2 054.50	445.50	2 673	102 673
2022.12.31	2 500	2 054.50	445.50	2 227.50	102 227.50
2023.07.01	2 500	2 054.50	445.50	1 782	101 782
2023.12.31	2 500	2 054.50	445.50	1 336.50	101 336.50
2024.07.01	2 500	2 054.50	445.50	891	100 891
2024.12.31	2 500	2 054.50	445.50	445.50	100 445.50
2025.07.01	2 500	2 054.50	445.50	0	100 000
合计	25 000	20 545	4 455	—	—

根据表 9-3，每到付息日支付利息并摊销溢价时，编制会计分录如下。

　　借：财务费用　　　　　　　　　　　　　　　　　2 054.50
　　　　应付债券——利息调整　　　　　　　　　　　　445.50
　　　　贷：银行存款　　　　　　　　　　　　　　　　　　2 500

"应付债券——利息调整"账户经 10 次摊销，待债券到期时恰好结平，故到期还本时只需编制会计分录如下。

　　借：应付债券——面值　　　　　　　　　　　　100 000
　　　　贷：银行存款　　　　　　　　　　　　　　　　　　100 000

（2）实际利率法　是各期的利息费用，以实际利率乘以应付债券的摊余成本而得的，即以实际利率乘以期初账面价值确定各期利息费用。由于债券的账面价值逐期不同，因此计算出来的利息费用也就逐期不同。仍以【例 9-7】说明实际利率法下债券溢价摊销方法，债券溢价转销表见表 9-4。

表 9-4　债券溢价转销表（实际利率法）　　　　　　单位：元

付息日 \ 项目	支付利息 ①＝面值×$\frac{票面利率}{2}$	利息费用 ②＝⑤×$\frac{实际利率}{2}$	溢价转销 ③＝①－②	未转销溢价 ④－③	账面价值 ⑤－③
2020.07.01	—	—	—	4 455	104 455
2020.12.31	2 500	2 089.1	410.90	4 044.10	104 044.10
2021.07.01	2 500	2 080.88	419.12	3 624.98	103 624.98
2021.12.31	2 500	2 072.50	427.50	3 197.48	103 197.48
2022.07.01	2 500	2 063.95	436.05	2 761.43	102 761.43
2022.12.31	2 500	2 055.23	444.77	2 316.66	102 316.66
2023.07.01	2 500	2 046.33	453.67	1 862.99	101 862.99
2023.12.31	2 500	2 037.26	462.74	1 400.25	101 400.25
2024.07.01	2 500	2 028.01	471.99	928.26	100 928.26

续表

付息日 \ 项目	支付利息 ①=面值×票面利率/2	利息费用 ②=⑤×实际利率/2	溢价转销 ③=①-②	未转销溢价 ④-③	账面价值 ⑤-③
2024.12.31	2 500	2 018.57	481.43	446.83	100 446.83
2025.07.01	2 500	2 053.17	446.83	0	100 000.00
合计	25 000	20 545	4 455	—	—

第一个付息日支付利息并摊销溢价时，编制会计分录如下。
　　借：财务费用　　　　　　　　　　　　　　　　　　　　　　2 089.10
　　　　应付债券——利息调整　　　　　　　　　　　　　　　　　410.90
　　　贷：银行存款　　　　　　　　　　　　　　　　　　　　　　2 500

第二个付息日支付利息并摊销溢价时，编制会计分录如下。
　　借：财务费用　　　　　　　　　　　　　　　　　　　　　　2 080.88
　　　　应付债券——利息调整　　　　　　　　　　　　　　　　　419.12
　　　贷：银行存款　　　　　　　　　　　　　　　　　　　　　　2 500

第三个付息日支付利息并摊销溢价时，编制会计分录如下。
　　借：财务费用　　　　　　　　　　　　　　　　　　　　　　2 072.50
　　　　应付债券——利息调整　　　　　　　　　　　　　　　　　427.50
　　　贷：银行存款　　　　　　　　　　　　　　　　　　　　　　2 500

以后各付息日账务处理依此类推。债券到期时，编制归还本金分录如下。
　　借：应付债券——面值　　　　　　　　　　　　　　　　　　100 000
　　　贷：银行存款　　　　　　　　　　　　　　　　　　　　　100 000

3. 折价发行债券的账务处理

按【例 9-7】，假设债券发行时市场利率为 6%，则从复利现值表和年金现值表中查得利率为 3%，期限为 10 期的复利现值系数和年金现值系数分别为 0.744 和 8.53，有关数据应计算如下。

面值的现值=100 000×0.744=74 400(元)
10 期利息的现值=100 000×2.5%×8.53=21 325(元)
债券的发行价格=74 400+21 325=95 725(元)
债券折价=100 000-95 725=4 275(元)

如果折价发行，取得现款后，编制会计分录如下。
　　借：银行存款　　　　　　　　　　　　　　　　　　　　　　95 725
　　　　应付债券——利息调整　　　　　　　　　　　　　　　　　4 275
　　　贷：应付债券——面值　　　　　　　　　　　　　　　　　100 000

从本例可以看出，在市场利率大于债券票面利率时，债券发行价格必定小于其面值，债券将以折价方式发行。

债券折价与溢价一样，也是整个债券期间内企业利息费用的一项调整，是债券发行单位提前支付给债权人的利息，也就是说，债券折价是发行单位今后按票面利率计付的利息小于按实际市场利率计付的利息的差额的提前预付。发行企业每期按票面利率计付的利息，不是企业实际负担的全部利息费用，而只是利息费用的一部分，因为企业因折价发行已少收了一部分货币资金，这部分折价也应在每期计付利息时摊入利息费用。折价摊销方法有直线法和实际利率法。

(1) 直线法　现以【例 9-7】说明直线法下折价的摊销方法，债券折价转销表见表 9-5。

表 9-5　债券折价转销表（直线法）　　　　　　　　　单位：元

付息日 \ 项目	支付利息 ①=②+③	利息费用 ②=面值×$\frac{票面利率}{2}$	折价转销 ③=$\frac{折价总额}{10}$	未转销折价 ④−③	账面价值 ⑤+③
2020.07.01	—	—	—	4 275	95 725
2020.12.31	2 927.50	2 500	427.50	3 847.50	96 152.50
2021.07.01	2 927.50	2 500	427.50	3 420	96 580
2021.12.31	2 927.50	2 500	427.50	2 992.50	97 007.50
2022.07.01	2 927.50	2 500	427.50	2 565	97 435
2022.12.31	2 927.50	2 500	427.50	2 137.50	97 862.50
2023.07.01	2 927.50	2 500	427.50	1 710	98 290
2023.12.31	2 927.50	2 500	427.50	1 282.50	98 717.50
2024.07.01	2 927.50	2 500	427.50	855	99 145
2024.12.31	2 927.50	2 500	427.50	427.50	99 572.50
2025.07.01	2 927.50	2 500	427.50	0	100 000.00
合计	29 275	25 000	4 275	—	—

根据表 9-5，每到付息日支付利息并摊销折价时，编制会计分录如下。

借：财务费用　　　　　　　　　　　　　　　　2 927.50
　　贷：应付债券——利息调整　　　　　　　　　　427.50
　　　　银行存款　　　　　　　　　　　　　　　2 500

"应付债券——利息调整"账户经 10 次摊销，待债券到期时恰好结平，故到期还本时只编制会计分录如下。

借：应付债券——面值　　　　　　　　　　　　100 000
　　贷：银行存款　　　　　　　　　　　　　　　100 000

(2) 实际利率法　仍沿用上例说明在实际利率法下债券折价的转销方法。债券折价转销表见表 9-6。

表 9-6　债券折价转销表（实际利率法）　　　　　　单位：元

付息日 \ 项目	支付利息 ①=面值×$\frac{票面利率}{2}$	利息费用 ②=⑤×$\frac{实际利率}{2}$	折价转销 ③=①−②	未转销折价 ④−③	账面价值 ⑤−③
2020.05.01	—	—	—	4 275	95 725
2020.11.01	2 871.75	2 500	371.75	3 903.25	96 096.75
2021.05.01	2 882.90	2 500	382.90	3 520.35	96 479.65
2021.11.01	2 894.39	2 500	394.39	3 125.96	96 874.04
2022.05.01	2 906.22	2 500	406.22	2 719.74	97 280.26
2022.11.01	2 918.41	2 500	418.41	2 301.33	97 698.67
2023.05.01	2 930.96	2 500	430.96	1 870.37	98 129.63

续表

项目 付息日	支付利息 ①=面值×$\frac{票面利率}{2}$	利息费用 ②=⑤×$\frac{实际利率}{2}$	折价转销 ③=①-②	未转销折价 ④-③	账面价值 ⑤-③
2023.11.01	2 943.89	2 500	443.89	1 426.48	98 573.52
2024.05.01	2 957.21	2 500	457.21	969.27	99 030.73
2024.11.01	2 970.92	2 500	470.92	498.35	99 501.65
2025.05.01	2 998.35	2 500	498.35	0	100 000
合计	29 275	25 000	4 275	—	—

第一个付息日支付利息并摊销折价时，编制会计分录如下。

借：财务费用 2 871.75
　　贷：应付债券——利息调整 371.75
　　　　银行存款 2 500

第二个付息日支付利息并摊销折价时，编制会计分录如下。

借：财务费用 2 882.90
　　贷：应付债券——利息调整 382.90
　　　　银行存款 2 500

第三个付息日支付利息并摊销折价时，编制会计分录如下。

借：财务费用 2 894.39
　　贷：应付债券——利息调整 394.39
　　　　银行存款 2 500

以后各付息日账务处理可依此类推，到债券到期时，编制归还本金分录。

借：应付债券——面值 100 000
　　贷：银行存款 100 000

五、可转换公司债券

可转换债券是债券的一种，它可以转换为债券发行公司的股票，通常具有较低的票面利率。从本质上讲，可转换债券是在发行公司债券的基础上，附加了一份期权，并允许购买人在规定的时间范围内将其购买的债券转换成指定公司的股票。

企业发行的可转换公司债券，应当在初始确认时将其包含的负债成分和权益成分进行分拆，将负债成分确认为应付债券，将权益成分确认为资本公积。在进行分拆时，应当先对负债成分的未来现金流量进行折现确定负债成分的初始确认金额，再按发行价格总额扣除负债成分初始确认金额后的金额确定权益成分的初始确认金额。发行可转换公司债券发生的交易费用，应当在负债成分和权益成分之间按照各自的相对公允价值进行分摊。

企业发行的可转换公司债券，应按实际收到的金额，借记"银行存款"等科目，按该项可转换公司债券包含的负债成分的面值，贷记"应付债券——可转换公司债券（面值）"科目，按权益成分的公允价值，贷记"资本公积——其他资本公积"科目，按其差额，借记或贷记"应付债券——可转换公司债券（利息调整）"科目。

对于可转换公司债券的负债成分，在转换为股份前，其会计处理与一般公司债券相同，即按照实际利率和摊余成本确认利息费用，按照面值和票面利率确认应付债券，差额作为利息调整进行摊销。可转换公司债券持有者在债券存续期间内行使转换权利，将可转换公司债券转换为股份时，对于债券面额不足转换1股股份的部分，企业应当以现金偿还。

可转换公司债券持有人行使转换权利，将其持有的债券转换为股票，按可转换公司债券的余额，借记"应付债券——可转换公司债券（面值、利息调整）"科目，按其权益成分的金额，借记"资本公积——其他资本公积"科目，按股票面值和转换的股数计算的股票面值总额，贷记"股本"科目，按其差额，贷记"资本公积——股本溢价"科目。如用现金支付不可转换股票的部分，还应贷记"银行存款"等科目。

【例 9-8】 方兴建筑公司经批准于 2019 年 1 月 1 日按面值发行 5 年期一次还本付息的可转换债券 200 000 000 元，款项已收存银行，债券票面年利率为 6%。债券发行 1 年后可转换为普通股股票，初始转股价为每股 10 元，股票面值为每股 1 元。债券持有人若在当期付息前转换股票的，应按债券面值和应计利息之和除以转股价，计算转股的股份数。假定 2015 年 1 月 1 日债券持有人将持有的可转换公司债券全部转换为普通股股票，方兴建筑公司发行可转换债券时二级市场上与之类似的没有附带转换权的债券市场利率为 9%。方兴建筑公司的账务处理如下。

(1) 2019 年 1 月 1 日发行可转换公司债券时，编制会计分录如下。

借：银行存款　　　　　　　　　　　　　　　　　　200 000 000
　　应付债券——可转换公司债券（利息调整）　　　 23 343 600
　贷：应付债券——可转换公司债券（面值）　　　　 200 000 000
　　　资本公积——其他资本公积　　　　　　　　　　23 343 600

可转换公司债券负债成分的公允价值为：$200\,000\,000 \times (P/F, 9\%, 5) + 200\,000\,000 \times 6\% \times (P/A, 9\%, 5) = 200\,000\,000 \times 0.6499 + 200\,000\,000 \times 6\% \times 3.8897 = 176\,656\,400$（元）

其中，$(P/F, 9\%, 5)$ 表示复利现值系数，其值经查表为 0.6499；$(P/A, 9\%, 5)$ 表示年金现值系数，其值经查表为 3.8897。

可转换公司债券权益成分的公允价值为：$200\,000\,000 - 176\,656\,400 = 23\,343\,600$（元）

(2) 2019 年 12 月 31 日确认利息费用时，编制会计分录如下。

借：财务费用等　　　　　　　　　15 899 076（176 656 400×9%）
　贷：应付债券——可转换公司债券（应计利息）
　　　　　　　　　　　　　　　　12 000 000（200 000 000×6%）
　　　　——可转换公司债券（利息调整）　　　3 899 076

(3) 2020 年 1 月 1 日债券持有人行使转换权时，编制会计分录如下。

转换的股份数为：$(200\,000\,000 + 12\,000\,000) \div 10 = 21\,200\,000$（股）

借：应付债券——可转换公司债券（面值）　　　　200 000 000
　　　　——可转换公司债券（应计利息）　　　　 12 000 000
　　资本公积——其他资本公积　　　　　　　　　　23 343 600
　贷：股本　　　　　　　　　　　　　　　　　　　21 200 000
　　　应付债券——可转换公司债券（利息调整）
　　　　　　　　　　　　　19 444 524（23 343 600－3 899 076）
　　　资本公积——股本溢价　　　　　　　　　　　194 699 076

第三节　长期应付款

一、长期应付款核算的内容

长期应付款是在较长时间内应付的款项，是指除长期借款和应付债券以外的其他各种长期应付款项,包括应付融资租入固定资产的租赁费、以分期付款方式购入固定资产等发生的应付款项等。

1. 应付融资租赁款

应付融资租赁款是企业融资租入固定资产而发生的应付款,是在租赁开始日承租人应向出租人支付的最低租赁付款额。融资租入固定资产,属于分期付款购买固定资产性质。租入时,企业应与租赁公司等出租单位签订租赁协议,明确规定租入设备的名称、规格、价款、数量、租赁期限和租赁费用等有关条款,由出租单位向供货方付款购入该设备后,再将其出租给企业使用,企业按期交付租赁费。

2. 以分期付款方式购入固定资产发生的应付款

企业分期付款购买固定资产时,固定资产的成本以购买价款的现值为基础确定,以实际支付的价款作为长期应付款的入账价值,两者之间的差额作为未确认融资费用,应当在信用期间内采用实际利率法进行摊销。

二、长期应付款的账户设置

为了总括地反映长期应付款的发生和归还情况,企业应设置"长期应付款"账户。该账户的贷方登记发生的应付款,借方登记归还的应付款。期末余额在贷方,表示企业尚未偿付的各种长期应付款。"长期应付款"账户应按长期应付款的种类设置明细账,进行明细分类核算。

三、长期应付款的账务处理

融资租入固定资产时,在租赁期开始日,按应计入固定资产成本的金额,借记"在建工程"或"固定资产"账户,按应支付的金额,贷记"长期应付款"账户,按发生的初始直接费用,贷记"银行存款"等账户,按其差额,借记"未确认融资费用"账户。按期支付融资租赁费时,借记"长期应付款——应付融资租赁款"账户,贷记"银行存款"账户。

融资租入固定资产计提折旧时,应采用与自有固定资产相一致的折旧政策。能够合理确定租赁期届满时会取得租赁资产所有权的,应在租赁资产尚可使用年限内计提折旧;无法合理确定租赁期届满时能够取得租赁资产所有权的,应在租赁期与租赁资产尚可使用年限两者中较短的期间内计提折旧。

【例 9-9】 方兴建筑公司以融资租赁方式租入一台设备,租赁开始日出租方设备的公允价值为 102 000 元,租赁合同规定的利率为 10%,分 5 年付款,每年末支付 26 380 元,该设备不需要安装。租赁期满后,该设备的所有权归承租方。假定未发生可直接归属于该租赁项目的初始直接费用。

(1) 租入设备

设备的公允价值=102 000(元)

设备租赁付款额=26 380×5=131 900(元)

$$\text{最低租赁付款额的现值} = \frac{26\,380}{(1+10\%)^1} + \frac{26\,380}{(1+10\%)^2} + \frac{26\,380}{(1+10\%)^3} + \frac{26\,380}{(1+10\%)^4} + \frac{26\,380}{(1+10\%)^5}$$
$$= 26\,380 \times (P/A, 10\%, 5) = 100\,000 \text{(元)}$$

其中,$(P/A, 10\%, 5)$ 表示年金现值系数,其值为 3.7907506。因此,应该以最低付款额的现值作为融资租入固定资产的入账价值。

借:固定资产——融资租入固定资产　　　　　　　　　　100 000
　　未确认融资费用　　　　　　　　　　　　　　　　　 31 900
　　贷:长期应付款——应付融资租赁款　　　　　　　　　　131 900

(2) 未确认融资费用 实际利率法下的分摊表见表9-7。

表9-7 未确认融资费用分摊表（实际利率法） 单位：元

期次	租金①	确认的融资费用 ②＝初期④×10%	应付本金减少额 ③＝①－②	应付本金期末余额 ④＝期初④－③
0				100 000
1	26 380	10 000	16 380	83 620
2	26 380	8 362	18 018	65 602
3	26 380	6 560	19 820	45 782
4	26 380	4 578	21 802	23 980
5	26 380	2 400	23 980①	0

① 含尾数调整。

① 第一年
  借：长期应付款——应付融资租赁款　　　　　　　　　26 380
    贷：银行存款　　　　　　　　　　　　　　　　　　26 380
  借：财务费用　　　　　　　　　　　　　　　　　　　10 000
    贷：未确认融资费用　　　　　　　　　　　　　　　10 000

② 第二年
  借：长期应付款——应付融资租赁款　　　　　　　　　26 380
    贷：银行存款　　　　　　　　　　　　　　　　　　26 380
  借：财务费用　　　　　　　　　　　　　　　　　　　8 362
    贷：未确认融资费用　　　　　　　　　　　　　　　8 362

③ 第三年
  借：长期应付款——应付融资租赁款　　　　　　　　　26 380
    贷：银行存款　　　　　　　　　　　　　　　　　　26 380
  借：财务费用　　　　　　　　　　　　　　　　　　　6 560
    贷：未确认融资费用　　　　　　　　　　　　　　　6 560

④ 第四年
  借：长期应付款——应付融资租赁款　　　　　　　　　26 380
    贷：银行存款　　　　　　　　　　　　　　　　　　26 380
  借：财务费用　　　　　　　　　　　　　　　　　　　4 578
    贷：未确认融资费用　　　　　　　　　　　　　　　4 578

⑤ 第五年
  借：长期应付款——应付融资租赁款　　　　　　　　　26 380
    贷：银行存款　　　　　　　　　　　　　　　　　　26 380
  借：财务费用　　　　　　　　　　　　　　　　　　　2 400
    贷：未确认融资费用　　　　　　　　　　　　　　　2400

第四节　预 计 负 债

一、或有事项的特征

或有事项是指过去的交易或者事项形成的，其结果需由某些未来事项的发生或不发生才能决定的不确定事项。典型的或有事项有未决诉讼和未决仲裁、债务担保、产品质量保证、票据贴现和背书转让等。或有事项具有以下特征。

1. 或有事项是因过去的交易或者事项形成的

或有事项作为一种不确定事项，是因企业过去的交易或者事项形成的。因过去的交易或者事项形成，是指或有事项的现存状况是过去交易或者事项引起的客观存在。

由于或有事项具有因过去的交易或者事项而形成这一特征，未来可能发生的自然灾害、交通事故、经营亏损等事项，不属于企业会计准则规范的或有事项。

2. 或有事项的结果具有不确定性

或有事项的结果具有不确定性，是指或有事项的结果是否发生具有不确定性，或者或有事项的结果预计将会发生，但发生的具体时间或金额具有不确定性。

3. 或有事项的结果须由未来事项决定

由未来事项决定是指或有事项的结果只能由未来不确定事项的发生或不发生才能决定。

或有事项的结果（例如，对企业是产生有利影响还是不利影响，或虽已知是有利影响或不利影响，但影响有多大）在或有事项发生时是难以确定的。这种不确定性的消失，只能由未来不确定事项的发生或不发生才能证实。例如，未决诉讼只能等到法院判决才能决定其结果。又如，企业为其他单位提供债务担保的，只有在被担保方到期无力还款时，企业（担保方）才承担偿还债务的连带责任。而该担保事项最终是否会要求企业履行偿还债务的连带责任，一般只能看被担保方的未来经营情况和偿债能力。如果被担保方经营情况和财务状况良好且有较好的信用，那么企业将不需要履行该连带责任。

对或有事项产生的有利事项不应确认、计量和披露，如果很可能导致未来经济利益流入企业，应当披露其形成原因、预计产生的财务影响，否则一般不作披露。

对不利事项有两种处理办法：一是确认为预计负债；二是作为或有负债披露。企业应当在附注中对或有负债（不包括极小可能导致经济利益流出企业的或有负债）做如下披露。

（1）或有负债的种类及其形成原因，包括已贴现商业承兑汇票、未决诉讼、未决仲裁、对外提供担保等形成的或有负债。

（2）经济利益流出不确定的说明。

（3）或有负债预计产生的财务影响，以及获得补偿的可能性；无法预计的，应当说明原因。

二、预计负债的确认

预计负债是基于或有事项引发的义务而确认的负债。其主要特点是：相关义务的发生本身、或发生的具体时间或金额等方面具有一定的不确定性，其计量需要某种程度的估计或预计。

根据企业会计准则的规定，与或有事项相关的义务同时满足下列条件的，应当确认为预计负债。

1. 该义务是企业承担的现时义务

该义务是企业承担的现时义务，是指与或有事项相关的义务是在企业当前条件下已承担的义务，企业没有其他现时的选择，只能履行该现时义务。

2. 履行该义务很可能导致经济利益流出企业

履行该义务很可能导致经济利益流出企业，是指履行与或有事项相关的现时义务时，导致经济利益流出企业的可能性超过50%但尚未达到基本确定的程度。企业通常可以结合情况判断经济利益流出的可能性（见表9-8）。

表 9-8　经济利益流出的可能性

结果的可能性	对应的概率区间	结果的可能性	对应的概率区间
基本确定	大于95%但小于100%	可能	大于5%但小于或等于50%
很可能	大于50%但小于或等于95%	极小可能	大于0但小于或等于5%

3. 该义务的金额能够可靠地计量

该义务的金额能够可靠地计量，是指与或有事项相关的现时义务的金额能够合理地估计。由于或有事项具有不确定性，因或有事项产生的现时义务的金额也具有不确定性，需要估计。要对或有事项确认一项负债，相关现时义务的金额应当能够可靠估计。

与或有事项相关的义务，不能同时满足上述确认条件者，通常作为或有负债。或有负债不需要在表内反映，企业应根据具体情况决定是否应当在表外披露。

由于预计负债的金额要在资产负债表内反映，因此，预计负债的计量是一个很重要的问题。

二、预计负债的计量

1. 最佳估计数

我国现行会计准则规定，预计负债应当按照履行相关现时义务所需支出的最佳估计数进行初始计量。最佳估计数的确定应当分别根据以下两种情况处理。

（1）所需支出存在一个连续范围，且该范围内各种结果发生的可能性相同，则最佳估计数应当按照该范围内的中间值，即上、下限金额的平均数确定。

（2）所需支出不存在一个连续范围，或者虽然存在一个连续范围但该范围内各种结果发生的可能性不相同。在这种情况下，最佳估计数按照如下方法确定。

① 或有事项涉及单个项目的，按照最可能发生金额确定。涉及单个项目指或有事项涉及的项目只有一个，如一项未决诉讼、一项未决仲裁或一项债务担保等。

② 或有事项涉及多个项目的，按照各种可能结果及相关概率计算确定。涉及多个项目指或有事项涉及的项目不止一个，如产品质量保证。在产品质量保证中，提出产品保修要求的可能有许多客户。相应地，企业对这些客户负有保修义务。

资产负债表日对预计负债账面价值需要进行复核。企业应当在资产负债表日对预计负债的账面价值进行复核。有确凿证据表明该账面价值不能真实反映当前最佳估计数的，应当按照当前最佳估计数对该账面价值进行调整。

2. 预期可获得的补偿

由于企业的经济业务复杂，可能存在各种不同的、与预期负债的确认和计量相关的情况，还涉及第三方补偿的问题等。企业清偿预计负债所需支出全部或部分预期由第三方补偿的，补偿金额只有在基本确定能够收到时才能作为资产单独确认。确认的补偿金额不应当超过预计负债的账面价值。可能获得补偿的情况通常有：

① 发生交通事故等情况时，企业通常可以从保险公司获得合理的赔偿；

② 在某些索赔诉讼中，企业可以通过反诉的方式对索赔人或第三方另行提出赔偿要求；

③ 在债务担保业务中，企业在履行担保义务的同时，通常可以向被担保企业提出额外追偿要求。

在进行预计负债计量时还要综合考虑以下因素对预计负债计量产生的影响。

（1）风险和不确定性　企业在确定最佳估计数时，应当综合考虑与或有事项有关的风险、不确定性和货币时间价值等因素。风险是对交易或事项结果的变化可能性的一种描述。

风险的变动可能增加负债计量的金额。企业在不确定的情况下进行判断需要谨慎，使得收益或资产不会被高估，费用或负债不会被低估。但是，不确定性并不说明应当确认过多的预计负债和故意夸大负债。

企业需要谨慎从事，充分考虑与或有事项有关的风险和不确定性，既不能忽略风险和不确定性对或有事项计量的影响，也要避免对风险和不确定性进行重复调整，从而在低估和高估预计负债金额之间寻找平衡点。

（2）货币时间价值 相关现时义务的金额通常应当等于未来应支付的金额。但是，因货币时间价值的影响，资产负债表日后不久发生的现金流出，要比一段时间之后发生的同样金额的现金流出负有更大的义务。所以，如果预计负债的确认时点距离实际清偿，有较长的时间跨度，货币时间价值的影响重大，那么在确定预计负债的确认金额时，有必要考虑采用现值计量，即通过对相关未来现金流出进行折现后确认最佳估计数。例如，油气井或核电站的弃置费用等，应当按照未来应支付金额的现值确定。确定预计负债的金额不应考虑预期处置相关资产形成的利得。

（3）未来事项 企业应当考虑可能影响履行现时义务所需金额的相关未来事项。也就是说，对于这些未来事项，如果有足够的客观证据表明它们将发生，则应当在预计负债计量中予以反映。

预期的未来事项可能对预计负债的计量较为重要。例如，某核电企业预计在生产结束时清理核废料的费用将因未来技术的变化而显著降低。那么，该企业因此确认的预计负债金额应当反映有关专家对技术发展以及清理费用减少做出的合理预测。但是，这种预计需要得到相当客观的证据予以支持。

四、预计负债的账务处理

1. 未决诉讼或未决仲裁形成的预计负债

诉讼是指当事人不能通过协商解决争议，因而在人民法院起诉、应诉，请求人民法院通过审判程序解决纠纷的活动。诉讼尚未裁决之前，对于被告来说，可能形成一项或有负债或者预计负债；对于原告来说，则可能构成一项或有资产。

仲裁是指经济法的各方当事人依照事先约定或事后达成的书面仲裁协议，共同选定仲裁机构并由其对争议依法做出具有约束力裁决的一种活动。作为当事人一方，仲裁的结果在仲裁决定公布以前是不确定的，会构成一项潜在义务或现时义务，或者潜在资产。

【例 9-10】 2019 年 11 月 1 日，方兴股份有限公司因合同违约而被某公司起诉。2019 年 12 月 31 日，公司尚未接到法院的判决。某公司预计，如无特殊情况很可能在诉讼中获胜，假定某公司估计将来很可能获得赔偿金额 1 900 000 元。在咨询了公司的法律顾问后，方兴股份有限公司认为最终的法律判决很可能对公司不利。假定方兴股份有限公司预计将要支付的赔偿金额、诉讼费等费用为 1 600 000 元至 2 000 000 元之间的某一金额，而且这个区间内每个金额的可能性都大致相同，其中诉讼费为 30 000 元。

方兴股份有限公司应在资产负债表中确认一项预计负债，金额为：

$(1\ 600\ 000 + 2\ 000\ 000)/2 = 1\ 800\ 000(元)$

同时在 2019 年 12 月 31 日的附注中进行披露。

方兴股份有限公司的有关账务处理如下。

借：管理费用——诉讼费	30 000
营业外支出	1 770 000
贷：预计负债——未决诉讼	1 800 000

2. 产品质量保证形成的预计负债

产品质量保证通常指销售商或制造商在销售产品或提供劳务后,对客户提供服务的一种承诺。在约定期内(或终身保修),若产品或劳务在正常使用过程中出现质量或与之相关的其他属于正常范围的问题,企业负有更换产品、免费或只收成本价进行修理等责任。按照权责发生制原则,上述相关支出符合一定的确认条件就应在销售成立时确认。

【例 9-11】 方兴股份有限公司 2020 年 2 月销售 A 产品 10 000 台,公司承诺在产品售出后两年内免费保修。根据以往经验判断,约有 5% 的 A 产品需要返修,预计每台 A 产品的保修费用为 150 元。

方兴股份有限公司于 2020 年 2 月末进行财务处理如下。

预计保修费用 $=10\,000\times 5\%\times 150=75\,000$(元)

  借:销售费用   75 000
    贷:预计负债——产品质量保证   75 000

3. 亏损合同形成的预计负债

亏损合同产生的义务满足预计负债确认条件时,应将企业退出该合同的最低净成本确认为预计负债,在数量上等于履行该合同的成本与未能履行该合同而发生的补偿成本或处罚二者之中的较低者。

【例 9-12】 B 公司于 2016 年 1 月以经营租赁的方式租入某住宅区的附属商业用房,从事餐饮经营,租赁期 5 年,年租金为 1 500 000 元。该租赁合同为不可撤销合同。至 2017 年年末,该餐饮业务连续出现较大的亏损,公司决定从 2018 年 1 月 1 日起停业。由于商用房屋租赁市场不景气,租赁价格下跌。该房屋如果按 3 年的租期转租,每年的转租价格扣除流转税后预计为 1 200 000 元。B 公司如果继续在原处经营餐饮,预计要比转租的损失更大,B 公司无论是继续经营餐饮还是转租,都是亏损,因此该租赁合同变为亏损合同。假定合同规定每年的租金都在年末一次支付。B 公司应当在 2017 年年末根据预计未来期间(2018 年至 2020 年)可能发生的最小损失金额,确认预计负债。

该亏损合同涉及未来 3 年,未来应支付金额与其现值相差较大,应按未来应支付金额的现值确定预计负债的入账价值。假定公司确定的与该项亏损相关的折现率为 5%。

(1) 2017 年 12 月 31 日确认亏损合同形成的预计负债

未来 3 年可能发生的最小损失的现值 $=(1\,500\,000-1\,200\,000)\times (P/A,5\%,3)$
             $=300\,000\times 2.72325=816\,975$(元)

其中,$(P/A,5\%,3)$ 为年金现值系数,其值为 2.72325。

  借:营业外支出   816 975
    贷:预计负债——亏损合同   816 975

(2) 2018 年 12 月 31 日确认利息费用、支付租金和收到租金

2018 年应负担的利息 $=816\,975\times 5\%=40\,849$(元)

  借:财务费用   40 849
    贷:预计负债——亏损合同   40 849
  借:其他业务成本   1 200 000
    预计负债——亏损合同   300 000
    贷:银行存款   1 500 000
  借:银行存款   1 200 000
    贷:其他业务收入   1 200 000

2018 年末预计负债的余额 $=816\,975-300\,000+40\,849=557\,824$(元)

(3) 2019年12月31日确认利息费用、支付租金和收到租金

2019年应负担的利息＝557 824×5％＝27 891(元)

  借：财务费用   27 891
    贷：预计负债——亏损合同   27 891
  借：其他业务成本   1 200 000
    预计负债——亏损合同   300 000
    贷：银行存款   1 500 000
  借：银行存款   1 200 000
    贷：其他业务收入   1 200 000

2019年末预计负债的余额＝557 824－300 000＋27 891＝285 715(元)

(4) 2020年12月31日确认利息费用、支付租金和收到租金

2020年应负担的利息＝285 715×5％＝14 285(元)

  借：财务费用   14 285
    贷：预计负债——亏损合同   14 285
  借：其他业务成本   1 200 000
    预计负债——亏损合同   300 000
    贷：银行存款   1 500 000
  借：银行存款   1 200 000
    贷：其他业务收入   1 200 000

2020年末预计负债的余额为0。

除上述业务外，在债务担保、固定资产弃置业务以及企业重组业务中，也会根据不同的情况产生预计负债，企业也应予以计量和核算。

第十章 所有者权益

所有者权益是企业资产扣除负债后由所有者享有的剩余权益。公司的所有者权益又称为股东权益。所有者权益的来源包括所有者投入的资本、直接计入所有者权益的利得和损失、留存收益等，通常由实收资本（或股本）、资本公积、盈余公积和未分配利润构成。其中，盈余公积和未分配利润又合称为留存收益，反映企业历年实现的净利润留存于企业的部分。所有者凭借着产权投资在受资企业中享有决策表决权、收益分配权、资产处置权、清算求偿权等。所有者既是企业资产增值的受益者，又是企业风险的最终承担者。

所有者权益与债权人权益尽管可以泛称作权益，同处于会计等式的一方，但是，二者又有着明显的区别，主要表现在：债权人与企业之间是一种借贷关系；债权人仅享有到期收回本金和利息的权利，而无权参与企业的管理决策和收益分配。所有者与企业之间是一种投资与被投资的关系；所有者以产权人的身份向企业注入可供长期使用的资本，因而享有管理或委托他人管理企业的重要权利及其他派生权利；所有者权益在企业的经营期内无需偿还；利润分派也具有一定的随机性，或分派或不分派，或多分或少分，均按经营情况而定；在企业持续经营期间，所有者一般不得中途抽回投资。

所有者权益的内容应包括实收资本（或股本）、资本公积、盈余公积和未分配利润。

第一节 实收资本

一、实收资本核算的内容

实收资本是企业按照章程规定或合同、协议约定，接受投资者投入企业的资本。实收资本的构成比例或股东的股权比例，即投资者的出资比例或股东的股份比例，通常是确定所有者在企业所有者权益中所占的份额和参与企业财务经营决策的基础，是确定所有者在企业所有者权益中份额的基础，也是企业进行利润或股利分配的主要依据，同时还是企业清算时确定所有者对净资产的要求权的依据。

我国《公司法》规定，股东可以用货币出资，也可以用实物、知识产权、土地使用权等出资，可以用货币估价并可以依法转让的非货币财产作价出资，但是法律、行政法规规定不得作为出资的财产除外。企业应当对作为出资的非货币财产评估作价，核实财产，不得高估或者低估作价。法律、行政法规对评估作价有规定的，从其规定。全体股东的货币出资金额不得低于有限责任公司注册资本的30%。不论以何种方式出资，投资者如在投资过程中违反投资合约或协议约定，不按规定如期缴足出资额，企业可以依法追究投资者的违约责任。

二、实收资本的账户设置

除股份有限公司外，其他企业应设置"实收资本"账户，核算投资者投入资本的增减变动情况。该账户贷方核算投资者实际缴入的资本数额和由公积金转增的资本数额；借方核算企业按法定程序办理减资的数额；期末余额在贷方，表示企业按核定份额实际到位的注册资本数额。该账户应按投资者的户名设置明细账户，进行明细分类核算。

初建有限责任公司时，各投资者按照合同、协议或公司章程投入企业的资本，应全部记入"实收资本"账户，注册资本为在公司登记机关登记的全体股东认缴的出资额。在企业增资时，如有新投资者介入，新介入的投资者缴纳的出资额大于其按约定比例计算的其在注册资本中所占的份额部分，不记入"实收资本"账户，而作为资本公积，记入"资本公积"账户。

股份有限公司应设置"股本"账户，核算股东投入股份有限公司的股本，股票的面值与股份总额的乘积为股本。值得注意的是，股份有限公司发行股票取得的收入与股本总额往往不一致，公司发行股票取得的收入大于股本总额的，称为溢价发行；小于股本总额的，称为折价发行；等于股本总额的，为面值发行。我国不允许公司折价发行股票。在采用溢价发行股票的情况下，企业应将相当于股票面值的部分记入"股本"账户，其余部分在扣除发行手续费、佣金等发行费用后记入"资本公积——股本溢价"账户。

实收资本与注册资本是两个密切相关却又有所不同的概念。注册资本是企业在设立时向工商行政管理部门登记的资本总额，即法定资本。一般而言，实收资本应与注册资本相一致。但是，如果在资本分次募集的情况下，当认缴资本尚未全部缴足之前，实收资本小于注册资本；如果认缴资本缴足，而实际缴纳资本数额又多于认缴资本数额时，实收资本应等于注册资本。

三、实收资本的账户处理

（一）实收资本增加的账户处理

企业在特定条件下，按规定程序办理增资手续后可扩充资本。其中，一是通过所有者后续投入资本，后续投入可以是原有股东追加资本投入或公司发放股票股利，也可以是公司吸收新股东的资本投入；二是通过公积金转增资本。

企业公积金转增资本的账务处理，其基本会计分录为：借记"资本公积"账户，贷记"实收资本"（或"股本"）账户；或者借记"盈余公积"账户，贷记"实收资本"（或"股本"）账户。股份公司采用发放股票股利的方式实现增资的，应按照股东原来持有的股份数分配股票股利，发放股票股利时，借记"利润分配——转作股本的普通股股利"账户，贷记"股本"账户。

1. 所有者投入

（1）接受现金资产投资　企业接受现金资产投资时，应以实际收到的金额或存入企业开户银行的金额，借记"银行存款"等账户，按投资合同或协议约定的投资者在企业注册资本中所占份额的部分，贷记"实收资本"账户，企业实际收到或存入开户银行的金额超过投资者在企业注册资本中所占份额的部分，贷记"资本公积——资本溢价"账户。

股份有限公司发行股票收到现金资产时，借记"银行存款"等账户，按每股股票面值和发行股份总额的乘积计算的金额，贷记"股本"账户，实际收到的金额与该股本之间的差额，贷记"资本公积——股本溢价"账户。

股份有限公司发行股票发生的手续费、佣金等交易费用，应从溢价中抵扣，冲减资本公积（股本溢价）。

对于接受以现金资产投资的，其数额主要根据收款凭证加以确认和验证。

① 以人民币出资。

【例 10-1】 方兴建筑公司初始建立，A、B、C、D 四个公司为出资人，法定注册资本最低限额为 50 万元，合约规定，各股东分别按其出资份额以货币资金一次缴足，实缴情况为：股东 A 出资 160 000 万元，股东 B 出资 140 000 元，股东 C 出资 100 000 元，股东 D 出资 100 000 元，一并存入银行。编制会计分录如下。

  借：银行存款   500 000
    贷：实收资本——A 公司   160 000
        ——B 公司   140 000
        ——C 公司   100 000
        ——D 公司   100 000

② 以外币出资。如果出资者以外币出资，收到出资的外币现汇，应当折合为记账本位币（一般为人民币）。在将外币资产折合为人民币记账时，其折合汇率应按以下原则确定。

对于各项外币资产账户，一律按收到出资额当日的汇率折合。对于实收资本账户，合同约定汇率的，按合同约定的汇率折合；合同没有约定汇率的按收到出资额当日的汇率折合。

【例 10-2】 方兴建筑公司由中方 M 公司与外方 W 公司共同出资创办。合同规定，资本总额为人民币 10 000 000 元，其中中方拥有 55%的股份，外方拥有 45%的股份，该有限公司以人民币为记账本位币，M 公司与 W 公司分别以人民币和美元于同日将股款一次缴足，存入银行。

a. 假定合同中未约定出资额的折算汇率。设若缴款当日美元汇率为 6.828 元，该有限公司编制会计分录如下。

  借：银行存款——人民币户   5 500 000
    贷：实收资本——中方 M 公司   5 500 000

同时

  借：银行存款——美元户（US＄65 905.10）   4 500 000
    贷：实收资本——外方 W 公司   4 500 000

b. 假定合同中有约定出资额的折算汇率。设若合同中约定的美元折算汇率为 6.828 元，缴款当日美元汇率为 7.0 元，该有限公司编制会计分录如下。

中方 M 公司的会计分录同前。同时：

  借：银行存款——美元户（US＄65 905.10）   461 335.70
    贷：实收资本——外方 W 公司（US＄65 905.10）   450 000
      资本公积——外币资本折算差额   11 335.70

设若合同中约定的美元折算汇率为 6.828 元。缴款当日美元汇率为 6.6 元，该有限公司编制会计分录如下。

中方 M 公司的会计分录同前。同时

  借：银行存款——美元户（US＄65 905.10）   4 349 736.60
    资本公积——外币资本折算差额   150 263.40
    贷：实收资本——外方 W 公司（US＄54 878.05）   4 500 000

(2) 接受非现金资产投资 企业接受固定资产、无形资产等非现金资产投资时，应按投资合同或协议约定的价值（不公允的除外）作为固定资产、无形资产的入账价值，按投资合同或协议约定的投资者在企业注册资本或股本中所占份额的部分作为实收资本或股本入账，投资合同或协议约定的价值（不公允的除外）超过投资者在企业注册资本或股本中所占份额的部分，计入资本公积。

① 以固定资产投入资本。

【例 10-3】 方兴建筑公司初建，收到法人股 M 公司按其认缴股份新置的不需要安装的机器设备一台，该设备经出资各方确认，其价值与购置单据金额一致，为 200 000 元。编制会计分录如下。

  借：固定资产——机器设备   200 000
    贷：实收资本——M 公司   200 000

  ② 以存货投入资本。企业接收出资人作价投入的材料物资、库存商品等存货，应按出资各方确认的价值，借记"原材料"账户（或"库存商品"）账户，一般工商企业按增值税专用发票上注明的增值税额，借记"应交税金——应交增值税（进项税额）"账户，按两项合计数额，贷记"实收资本"账户。

  【例 10-4】 某公司收到法人股 N 公司作为资本投入的原材料一批，该材料经评估确认的价值为 200 000 元，经税务部门认定，应交增值税额为 34 000 元，由法人股 N 公司开具增值税专用发票。编制会计分录如下。

  该有限公司若为一般工商企业，会计分录应为

    借：原材料   200 000
      应交税费——应交增值税（进项税额）   26 000
      贷：实收资本——N 公司   226 000

  该有限公司若为施工企业或房地产开发企业，会计分录应为

    借：原材料   226 000
      贷：实收资本——N 公司   226 000

  ③ 无形资产形式的投入资本。对于以工业产权、非专利技术或者土地使用权等无形资产出资的，应按各方共同确认的价值作价。土地使用权按核实作价，依照法律、行政法规的规定办理。

  以工业产权、非专利技术作价出资的，金额不得超过有限责任公司注册资本的 20%，国家对采用高新技术成果有特别规定的除外。

  企业接收出资人作价投入的无形资产，应按各方共同确认的价值入账，借记"无形资产"账户，贷记"实收资本"账户。

  【例 10-5】 方兴建筑公司收到法人股 S 公司作为资本投入的专利权一项，经各方共同确认，该项专利权的价值为 60 000 元。编制会计分录如下。

    借：无形资产——专利权   60 000
      贷：实收资本——S 公司   60 000

  2. 将资本公积或盈余公积转为实收资本或者股本

  企业采用资本公积或盈余公积转增资本时，应按转增的资本金额确认实收资本或股本。用资本公积转增资本时，借记"资本公积——资本溢价（或股本溢价）"账户，贷记"实收资本"（"股本"）账户。用盈余公积转增资本时，借记"盈余公积"账户，贷记"实收资本"（"股本"）账户。用资本公积或盈余公积转增资本时，应按原投资者各自出资比例计算确定各投资者相应增加的出资额。

  【例 10-6】 方兴建筑公司由 A、B 公司共同投资设立，原注册资本为 50 000 000 元，A、B 公司出资分别为 40 000 000 元和 10 000 000 元，占注册资本比例为 80% 和 20%，为了扩大经营规模，经股东大会批准，公司按照原出资比例将资本公积 5 000 000 元转增资本，则公司账务处理为

    借：资本公积   5 000 000
      贷：实收资本——A 公司   4 000 000
         ——B 公司   1 000 000

（二）实收资本减少的账户处理

在我国，企业一般不得减少其注册资本。企业在特定条件下按规定程序办理减资手续的，经有关机构批准后才可以减少注册资本。企业减资的特种情况主要有两个：一是因资本过剩而减资；二是因重大亏损而减资。

1. 企业因资本过剩而减资，一般要发还实收资本（或股本）

就股份公司而言，由于采用股票方式筹集股本，发还股款则要收购发行的股票，并应于10日内注销购回的股票。我国规定，购回本公司股票时，应按面值注销股本，回购价超过面值的部分，应依次冲减股本溢价、盈余公积和未分配利润；回购价低于面值的部分应增加股本溢价。就非股份公司而言，减少其注册资本时，应按批准减少的金额发还给投资人，并借记"实收资本"账户，贷记"银行存款"等账户。

2. 企业因重大亏损而减资，一般采用注销资本（或股本）的办法

因重大亏损而减资，实际上就是以实收资本（或股本）弥补亏损，企业在注销资本（或股本）时应借记"实收资本"（或"股本"）账户；贷记"利润分配——未分配利润"账户。

（1）有限责任公司和一般企业按法定程序报经批准减少注册资本时，编制会计分录如下。

　　借：实收资本
　　　　贷：库存现金、银行存款等

（2）股份有限公司由于采用的是发行股票的方式筹集股本，发还股款时，则要回购发行的股票，发行股票的价格与股票面值可能不同，回购股票的价格也可能与发行价格不同。股份有限公司因减少注册资本而回购本公司股份时，编制会计分录如下。

　　借：库存股（按实际支付的金额）
　　　　贷：银行存款

① 注销库存股时，回购价格超过应按股票面值和注销股数计算的股本及股票发行时原记入资本公积的溢价部分，编制会计分录如下。

　　借：股本
　　　　资本公积——股本溢价
　　　　盈余公积
　　　　利润分配——未分配利润
　　　　贷：库存股

② 如回购价格低于回购股份所对应的股本，编制会计分录如下。

　　借：股本（回购股份所对应的股本面值）
　　　　贷：库存股（注销库存股的账面余额）
　　　　　　资本公积——股本溢价

【例10-7】 某股份有限公司截至2019年12月31日共发行股票50 000 000股，股票面值为1元，资本公积（股票溢价）为15 000 000元，盈余公积为5 000 000元。经股东大会批准，公司以现金回购本公司股票5 000 000股并注销。假定公司按照每股5元回购股票，不考虑其他因素，公司的账务处理如下。

库存股的成本＝5 000 000×5＝25 000 000（元）

　　借：库存股　　　　　　　　　　　　　　　　　　　　25 000 000
　　　　贷：银行存款　　　　　　　　　　　　　　　　　　　　25 000 000
　　借：股本　　　　　　　　　　　　　　　　　　　　　5 000 000
　　　　资本公积——股本溢价　　　　　　　　　　　　　15 000 000
　　　　盈余公积　　　　　　　　　　　　　　　　　　　5 000 000

　　　　贷：库存股　　　　　　　　　　　　　　　　　　　　　25 000 000

四、股份有限公司的股本

（一）股份有限公司的设立

股份有限公司的设立可以采取发起设立和募集设立两种方式。

（1）发起设立　采取发起设立方式，发起人应认购公司发行的全部股份，且发起人为2人以上200人以下，首次出资额不应低于注册资本的20%。

（2）募集设立　采取募集设立方式，发起人应认购公司发行股份的一部分（《公司法》规定不得少于公司发行股份总额的35%），其余部分向社会公众募集。发起人一般不应少于5人，但如果为国有企业改建的股份有限公司，发起人可以少于5人。

不论采取发起方式或募集方式设立股份有限公司，均由全体股东组成股东大会。股东大会是股份有限公司的权力机构，股东出席股东大会，所持每一股份（普通股）有一表决权。股东一般不直接参与企业管理，而是先选举董事会，由董事会来维护其合法权益；然后再由董事会任命总经理，由总经理全面负责公司的日常经营管理。

（二）公司股票类别

股份有限公司股东持有的股票，按其享有的权利，可以分为普通股和优先股两大类。

1. 普通股

普通股是股份有限公司的基本股份。普通股股东的权利主要有以下几项。

（1）投票表决权　股份有限公司的重大事项，一般应由股东大会投票表决决定。普通股股东有权参加股东大会，每持有一份普通股股份，拥有一份投票权。按照我国公司法的规定，股东大会做出决议，必须经出席股东大会的普通股股东所持表决权的半数以上通过。股东大会对公司合并、分立或解散做出决议，必须经代表2/3以上表决权的股东通过。

（2）优先认股权　当股份有限公司增发股票时，普通股股东有按其持股比例优先认购新股的权利，以保持其在公司股份中的比例。

（3）收益分配权　普通股股东主要以获取公司分配的股利作为投资回报。但普通股股东能够获取多少股利，应以公司董事会的宣告为准，在董事会宣告分派股利之前，普通股股东对公司的净利润没有直接的要求权。

（4）剩余财产权　当股份有限公司清算时，全部资产变卖以后所得收入，在偿还债务和优先股股东的投资以后，如果还有剩余，将按普通股股东的持股比例予以分配。

2. 优先股

优先股股票是一种处于公司债券和普通股股票之间的混合性证券。优先股股票规定有固定的股利率，这方面与公司债券相似；但其又没有固定的偿还日期，这方面又与普通股股票相似。优先股股东与普通股股东相比，一般不具有投票表决权和优先认股权。其之所以优先，主要是在收益和剩余财产的分配方面具有优先权。就优先分配股利而言，优先股可以分为以下类别。

（1）按公司当年未分配或分配不足的优先股股利以后是否补付分类，可以分为累积分派优先股和非累积分派优先股。累积分派优先股是指公司当年未分配或分配不足的优先股股利，将累积到以后年度予以补付；非累积分派优先股是指公司当年未分配或分配不足的优先股股利，以后年度将不再补付。

（2）按在分配优先股股利后是否参与剩余股利的分配，可以分为参与优先股和非参与优先股。参与优先股是指在按规定的股利率优先分得当期股利以外，还将按一定的方法同普通股一起再次参与剩余股利的分配;非参与优先股是指在按规定的股利率优先分得当期股利以后,不再参与剩余股利的分配。

上述两类优先股往往是结合在一起发行的,如参与累积分派优先股、参与非累积分派优先股、非参与累积分派优先股、非参与非累积分派优先股等。企业是否发行优先股,发行何种类型的优先股,应根据企业筹资政策而定。一般来说,优先股股东具有较多的优先权,风险较小,收益也应较普通股股东的少些,股份有限公司发行的优先股大多为非参与累积分派优先股。

此外,公司还可能发行可转换优先股,即可以按一定条件转换为本公司普通股的优先股。

(三) 公司股票发行

股份有限公司发行股票,不论是普通股还是优先股,均应设置"股本"科目进行核算。该科目贷方登记已发行的股票面值,借方登记经批准核销的股票面值,贷方余额反映发行在外的股票面值。该科目还应按股票的类别设置二级科目。

公司发行的股票,可以按面值发行,也可以溢价发行,但不得折价发行。公司溢价发行股票,实际收到的款项大于股票面值的部分,应在"资本公积"科目下设置"股本溢价"二级科目进行核算。

公司在股票发行之前或发行过程中,可能会发生各项发行费支出,如手续费、佣金和股票印制成本等。在公司溢价发行股票的情况下,各项发行费支出减去发行股票冻结期间所产生的利息收入的差额,应先抵减溢价收入。溢价收入扣除发行费净支出后,如果还有余额,应作为股本溢价,计入资本公积;如果溢价收入不足以弥补发行费净支出,则发行费净支出大于溢价收入的差额,应计入长期待摊费用。

股份有限公司发行股票收到现金资产时,借记"银行存款"等账户,按每股股票面值和发行股份总额的乘积计算的金额,贷记"股本"账户,实际收到的金额与该股本之间的差额,贷记"资本公积——股本溢价"账户。

【例10-8】 方兴股份有限公司委托某证券公司代理发行普通股股票10 000 000股,每股面值1元,按每股价格1.50元溢价发行。证券公司按发行收入的1%收取手续费150 000元,从溢价收入中扣除。发行股票资金冻结期间所产生的利息收入为5 000元。根据以上资料,编制会计分录如下。

公司实收价款=1.50×10 000 000-(150 000-5000)=14 855 000(元)

普通股股本=10 000 000(元)

股本溢价=14 855 000-10 000 000=4 855 000(元)

借:银行存款　　　　　　　　　　　　　　　　　　　14 855 000
　　贷:股本——普通股　　　　　　　　　　　　　　　　10 000 000
　　　　资本公积——股本溢价　　　　　　　　　　　　　4 855 000

第二节　资 本 公 积

一、资本公积核算的内容

资本公积是指归所有者所共有,而并非由收益转化而形成的资本。资本公积是一种资本储备形式。因此,资本公积是企业收到投资者出资额超出其在注册资本(或股本)中所占份额的部分,以及直接计入所有者权益的利得和损失等。资本公积包括资本溢价(或股本溢价)和直接计入所有者权益的利得和损失等。

资本公积与盈余公积尽管同属公积金,但盈余公积形成于净利润的分配,而资本公积的形成有特定的来源，与净利润的分配无关。资本公积与实收资本（或股本）尽管同属广义的投入资本，但实收资本（或股本）是所有者的资本投入，并通过这种投入谋求相应的收益，而资本公积对资本投入只具有一定的依附性，也不一定要谋求收益。

资本公积的构成主要包括资本（或股本）溢价、拨款转入、外币资本折算差额等，分述如下。

（1）资本溢价　是指企业投资者交付企业的出资额大于其在注册资本中所占份额的部分；股本溢价，是指股份有限公司溢价发行股票时实际收到的款项超过股票面值的数额；形成资本溢价（或股本溢价）的原因有溢价发行股票、投资者超额缴入资本等。

（2）直接计入所有者权益的利得和损失　是指不应计入当期损益、会导致所有者权益发生增减变动的、与所有者投入资本或者向所有者分配利润无关的利得或者损失，如企业的长期股权投资采用权益法核算时，因被投资单位除净损益以外所有者权益的其他变动，投资企业按应享有份额而增加或减少的资本公积。

资本公积由所有者共同享有。资本公积可用于转增资本，当其转增资本时，再按各个所有者在实收资本或股本总额中的所占比例，分别转增其份额。

此外，企业根据国家有关规定实行股权激励的，如果在等待期内取消了授予的权益工具，企业应在进行权益工具加速行权处理时，将剩余等待期内应确认的金额立即计入当期损益，并同时确认资本公积。

二、资本公积的账户设置

企业应设置"资本公积"账户，核算企业资本公积的形成及使用情况，该账户贷方核算由各项来源形成的资本公积的增加额；借方核算资本公积转增资本等业务的减少额，期末余额在贷方为资本公积的累计结存额。"资本公积"账户应分别按照"资本溢价（股本溢价）""其他资本公积"账户进行明细核算。

三、资本公积的账户处理

1. 资本（或股本）溢价

（1）资本溢价　有限公司创立时，出资者认缴的出资额应全部记入"实收资本"账户。有限公司重组并有新的出资者加入时，为了维护原有出资者的权益，新加入出资者的出资额，很可能不全部作为实收资本处理。这是因为企业创立时投资风险大，资本回报率低，而企业进入正常生产经营阶段，投资风险降低，资本投入的获利能力提高，因此，新加入的出资者即使与企业创立时原出资者投入的资本在数额上相同，也不能与原出资者享有同等权益。况且，企业进入正常生产经营阶段后，已有一定的留存收益（即企业净利润形成的积累）。新加入的出资者若与原出资者共享这部分留存收益，则要求其付出大于原出资者的出资额，才能取得与原出资者相同的投资比例。出资者资本投入按其投资比例计算的出资额部分，应记入"实收资本"账户，其超出部分即资本溢价，应记入"资本公积"账户。

有限责任公司重组并有新的出资者加入时，为了维护原有出资者的权益，新加入出资者的出资额，很可能不全部作为实收资本处理。主要原因如下。

① 企业创立时投资风险大，资本回报率低，而企业进入正常生产经营阶段，投资风险降低，资本投入的获利能力提高，因此，新加入的出资者即使与企业创立时原出资者投入的资本在数额上相同，也不能与原出资者享有同等权益。因而新股东加入时，应以高于原股东的出资额占有与原股东等量的股份，才能取得与原出资者相同的投资比例。

② 原股东的出资额与其实际占有的资本不同。企业在经营一段时间以后，已有一定的留存收益（即企业净利润形成的积累）。新加入的出资者若与原出资者共享这部分留存收益，

这部分资本公积和留存收益虽未转入实收资本，但归原股东所共有。因而新股东加入时，如与原股东共享这部分资本公积和留存收益，也应付出高于原股东的出资额而占有与原股东等量的股份。

企业收到新股东的出资额时，应根据其实际出资额，借记"银行存款"等科目；根据其在注册资本中占有的份额，贷记"实收资本"科目；根据两者的差额，贷记"资本公积"科目。

【例 10-9】 方兴建筑公司由 A、B 两位股东各出资 600 000 元而设立，设立时的实收资本为 1 200 000 元。经过 3 年的经营，该公司的留存收益已达 300 000 元。此时又有投资人 C 有意加盟，并愿出资 750 000 元享有该公司 1/3 的股权。该公司接收 C 股东出资额时，编制会计分录如下。

```
借：银行存款                           750 000
    贷：实收资本                           600 000
        资本公积——资本溢价                 150 000
```

（2）股本溢价　股份公司溢价发行股票会产生股本溢价（有关财务处理前面已作介绍）。这里需要提请注意的是，在溢价发行股票的情况下，委托证券商代理发行股票所支付的手续费、佣金等，应从溢价发行收入中扣除。公司应按相当于股票面值的部分记入"股本"账户，超出股票面值的溢价部分应按扣除手续费和佣金后的数额记入"资本公积"账户。发行费从发行股票的溢价中不够抵销的，或者平价发行股票无溢价的，若金额较小，直接计入当期损益；若金额较大，可作为长期待摊费用，在不超过两年的期限内平均摊销，递延计入损益。

【例 10-10】 方兴建筑公司委托证券公司代理发行 200 万股普通股，每股面值 10 元，发行价为 16 元，公司与受托单位商定，给付证券公司的手续费等按 2.5% 从发行收入中扣除。该股份公司收到股款并存入银行。

该股份公司收到的股款总额 $=200\times16\times(1-2.5\%)=3\,120$（万元）

该股份公司应记入资本公积的数额 $=200\times(16-10)-200\times16\times2.5\%$
$=1200-80=1120$（万元）

该股份公司的会计分录为

```
借：银行存款                        31 200 000
    贷：股本                            20 000 000
        资本公积——股本溢价              11 200 000
```

2. 其他资本公积的会计处理

其他资本公积是指在资本公积所属的子项目中，其他资本公积与资本（或股本）溢价等都属于已实现的资本公积。已实现的资本公积可以按规定直接转增资本（或股本），资本公积（其他资本公积）则不能直接转增资本（或股本）。主要包括直接计入所有者权益的利得和损失。

直接计入所有者权益的利得和损失主要由以下交易或事项引起。

（1）采用权益法核算的长期股权投资　长期股权投资采用权益法核算的，在持股比例不变的情况下，被投资单位除净损益以外所有者权益的其他变动，企业按持股比例计算应享有的份额，如果是利得，应当增加长期股权投资的账面价值，同时增加资本公积（其他资本公积）；如果是损失，应当做相反的会计分录。当处置采用权益法核算的长期股权投资时，应当将原记入资本公积的相关金额转入投资收益。

（2）以权益结算的股份支付　以权益结算的股份支付换取职工或其他方提供服务的，行

权日之前，会计分录为

　　借：管理费用
　　　　贷：资本公积——其他资本公积

在行权日，会计分录为

　　借：资本公积——其他资本公积
　　借（或贷）：资本公积——资本溢价（或股本溢价）
　　　　　　　　　　　（实收资本与资本公积其他资本公积的差额）
　　　　贷：实收资本（或股本）

(3) 存货或自用房地产转换为投资性房地产　企业将作为存货的房地产转换为采用公允价值模式计量的投资性房地产时，会计分录为

　　借：投资性房地产——成本（该项房地产在转换日的公允价值）
　　　　存货跌价准备
　　　　公允价值变动损益（转换日的公允价值小于账面价值）
　　　　贷：开发产品
　　　　　　资本公积——其他资本公积（转换日的公允价值大于账面价值）

企业将自用的建筑物等转换为采用公允价值模式计量的投资性房地产时，会计分录为

　　借：投资性房地产——成本
　　　　固定资产减值准备
　　　　累计折旧
　　　　公允价值变动损益（转换日的公允价值小于账面价值）
　　　　贷：固定资产
　　　　　　资本公积——其他资本公积（转换日的公允价值大于账面价值）

等该项投资性房地产处置时，因转换计入资本公积的部分应转入当期的其他业务收入，会计分录为

　　借：资本公积——其他资本公积
　　　　贷：其他业务收入

(4) 可供出售金融资产公允价值的变动　可供出售金融资产公允价值变动形成的利得，除减值损失和外币货币性金融资产形成的汇兑差额外，会计分录为

　　借：可供出售金融资产——公允价值变动
　　　　贷：资本公积——其他资本公积

公允价值变动形成的损失，做相反的会计分录。

(5) 金融资产的重分类　将可供出售金融资产重分类为采用成本或摊余成本计量的金融资产，重分类日该金融资产的公允价值或账面价值作为成本或摊余成本，该金融资产没有固定到期日的，与该金融资产相关、原直接计入所有者权益的利得或损失，应当仍然记入"资本公积——其他资本公积"账户；在该金融资产被处置时转出，记入当期损益。

将持有至到期投资重分类为可供出售金融资产，并以公允价值进行后续计量，重分类日，该投资的账面价值与其公允价值之间的差额记入"资本公积——其他资本公积"账户，在该可供出售金融资产发生减值或终止确认时转出，记入当期损益。

按照金融工具确认和计量的规定应当以公允价值计量，但以前公允价值不能可靠计量的可供出售金融资产，企业应当在其公允价值能够可靠计量时改按公允价值计量，将相关账面价值与公允价值之间的差额记入"资本公积——其他资本公积"账户，在其发生减值或终止

确认时将上述差额转出，记入当期损益。

四、认股权证

认股权证是指股份公司在发行除普通股以外的其他证券（如优先股股票、公司债券等）时附带发送的能够按照规定价格购买本公司普通股股票的证明。

1. 认股权证的计价

认股权证是否有价值，取决于规定的普通股股票的购买价格高低。如果规定的购买价格低于市场价格，其差额即为认股权证的价值；如果规定的价格高于市场价格，则认股权证没有价值。普通股股票的市场价格一般按发送认股权证时的市价确定，也可以按未来购买普通股股票时的预测市价确定。

2. 随优先股股票发送的认股权证

股份公司在发行优先股股票时，往往附带发送能够在规定时间内按照规定价格购买本公司普通股股票的认股权证。

（1）认股权证的发送　股份公司发行优先股股票时，附带发送的认股权证规定的价格如果高于市价，认股权证没有价值，发行优先股股票的核算方法与发行不附认股权证的优先股股票的核算方法相同。

股份公司发行优先股股票时，附带发送的认股权证规定的价格如果低于市价，其差额应作为认股权证的价值入账。公司发行优先股股票时，应按实际收到的价款，借记"银行存款"科目；按认股权证的价值，贷记"认股权证"科目；按已发行优先股股票的面值，贷记"股本——优先股股本"科目；按实际价款减去认股权证价值和优先股股本后的余额，贷记"资本公积——股本溢价"科目。

"认股权证"科目的贷方余额，在资产负债表上应作为股东权益的项目列示。

（2）持证人行使认股权　公司在日后发行普通股股票时，如果认股权证规定的价格低于股票的市价，则持证人有可能购买股票。在持证人凭认股权证购买普通股股票以后，公司应以认股权证规定的价格与认股权证的账面价值之和作为股票的发行价格。公司应按实际收取的价款，借记"银行存款"科目；按收回认股权证的价值，借记"认股权证"科目；按已发行普通股股票的面值，贷记"股本"科目；按收取的价款和认股权证价值之和与普通股面值的差额，贷记"资本公积——股本溢价"科目。

（3）持证人未行使认股权　公司在日后发行普通股股票时，如果认股权证规定的价格高于股票的市价，则持证人不会行使认股权，不会按照规定的价格购买股票。在规定期满时，认股权证已经失效，公司应将尚未收回的认股权证价值转为股本溢价，借记"认股权证"科目，贷记"资本公积——股本溢价"科目。

【例 10-11】　方兴股份有限公司根据发生的有关认股权证业务，编制会计分录如下：

① 发行附带认股权证的优先股股票 100 000 股，每股面值为 1 元，发行价格为 1.40 元，实收价款 140 000 元；认股权证规定可以购买面值为 1 元的普通股股票 1 股，价格为 1.20 元，普通股股票当时的市价为 1.30 元。

认股权证价值 =（1.30－1.20）×100 000 = 10 000（元）

优先股股本 = 1×100 000 = 100 000（元）

优先股股本溢价 = 140 000－10 000－100 000 = 30 000（元）

借：银行存款　　　　　　　　　　　　　　　　　140 000
　　贷：认股权证　　　　　　　　　　　　　　　　　10 000
　　　　股本——优先股股本　　　　　　　　　　　100 000

资本公积——股本溢价	30 000

② 如果在规定期限内，持证人全部行使了认股权，公司实收价款 120 000 元，发行普通股股票 100 000 股，每股面值 1 元。

借：银行存款　　　　　　　　　　　　　　　120 000
　　认股权证　　　　　　　　　　　　　　　 10 000
　　贷：股本——普通股股本　　　　　　　　　100 000
　　　　资本公积——股本溢价　　　　　　　　 30 000

3. 随公司债券发送的认股权证

股份公司在发行公司债券时，如果附送了认股权证，则发行公司债券所得全部价款减去认股权证价值后的余额，为公司债券的实际发行价格。公司债券如有溢价或折价，应按照第九章所述的公司债券溢价、折价核算方法处理；认股权证的价值，则可按照第九章所述可转换债券转换权的核算方法处理。

五、库存股

库存股是指公司已发行但由于各种原因回到公司手中，为公司所持有的股票。公司的库存股，主要有经批准减资而收回的股票、为奖励职工而收回的股票以及日后还要再发行而收回的股票。尚未发行的股票，不属于库存股。为了反映库存股的收回和处置情况，应设置"库存股"科目。

1. 经批准减资而收回的股票

在我国，企业一般不得减少其注册资本。企业在特定条件下按规定程序办理减资手续的，经有关机构批准后才可以减少注册资本。企业减资的特种情况主要有两个：一是因资本过剩而减资；二是因重大亏损而减资。

（1）企业因资本过剩而减资，一般要发还实收资本（或股款）

就股份有限公司而言，由于采用股票方式筹集股本，经有关部门批准，可以在《公司法》规定的股份有限公司最低注册资本以上的范围内，收回已发行的股票，以核销股本。发还股款则要收购发行的股票，并应于 10 日内注销购回的股票。购回本公司股票时，应按面值注销股本，回购价超过面值的部分，应依次冲减股本溢价、盈余公积和未分配利润；回购价低于面值的部分应增加股本溢价。就非股份有限公司而言，减少其注册资本时，应按批准减少的金额发还给投资人，并借记"实收资本"账户，贷记"银行存款"等账户。股份公司收回的股票注销时，应按股票的面值，借记"股本"科目；收回股票实际成本大于股票面值的差额，首先应冲销该股票（普通股或优先股）发行时形成的股本溢价（以股本溢价与股本总额的比例为限），其余部分则应冲销留存收益（盈余公积和未分配利润），借记"资本公积——股本溢价""盈余公积""利润分配"等科目；同时按库存股的实际成本，贷记"库存股"科目。以减资为目的收回的库存股，应按实际支付的价款计价，借记"库存股"科目，贷记"银行存款"等科目。

如果公司收回股票的实际成本低于面值，其差额应计入资本公积，增加股本溢价。

（2）企业因重大亏损而减资，一般采用注销资本（或股本）的办法

因重大亏损而减资，实际上就是以实收资本（或股本）弥补亏损，企业在注销资本（或股本）时应借记"实收资本"（或"股本"）账户；贷记"利润分配——未分配利润"账户。

① 有限责任公司和一般企业按法定程序报经批准减少注册资本时，编制会计分录如下。

借：实收资本
　　贷：库存现金、银行存款等

② 股份有限公司由于采用的是发行股票的方式筹集股本，发还股款时，则要回购发行的股票，发行股票的价格与股票面值可能不同，回购股票的价格也可能与发行价格不同。股份有限公司因减少注册资本而回购本公司股份时，编制会计分录如下。

　　借：库存股（按实际支付的金额）
　　　　贷：银行存款

当注销库存股时，回购价格超过应按股票面值和注销股数计算的股本及股票发行时原记入资本公积的溢价部分，编制会计分录如下。

　　借：股本
　　　　资本公积——股本溢价
　　　　盈余公积
　　　　利润分配——未分配利润
　　　　贷：库存股

如回购价格低于回购股份所对应的股本，编制会计分录如下。

　　借：股本（回购股份所对应的股本面值）
　　　　贷：库存股（注销库存股的账面余额）
　　　　　　资本公积——股本溢价

企业应当将因减资而注销股份、发还股款，以及因减资需要更新股票的变动情况，在股本账户的明细账及有关备查簿中详细记录。

投资者按规定转让其出资的，企业应当于有关的转让手续办理完毕后，将出让方所转让的出资额，在资本或股本账户的有关明细账户及备查登记簿中转为受让方。

【例10-12】 方兴股份有限公司截至2019年12月31日共发行股票5 000万股，股票面值为1元，资本公积（股票溢价）为15 000 000元，盈余公积为5 000 000元。经股东大会批准，公司以现金回购本公司股票500万股并注销。假定公司按照每股5元回购股票，不考虑其他因素，公司的账务处理如下。

库存股的成本＝5 000 000×5＝25 000 000（元）

　　借：库存股　　　　　　　　　　　　　　　　　　　　　25 000 000
　　　　贷：银行存款　　　　　　　　　　　　　　　　　　　　25 000 000
　　借：股本　　　　　　　　　　　　　　　　　　　　　　　5 000 000
　　　　资本公积——股本溢价　　　　　　　　　　　　　　　15 000 000
　　　　盈余公积　　　　　　　　　　　　　　　　　　　　　5 000 000
　　　　贷：库存股　　　　　　　　　　　　　　　　　　　　25 000 000

假定公司以每股0.95元回购股票，其他条件不变。公司的账务处理如下。

　　借：库存股　　　　　　　　　　　　　　　　　　　　　4 750 000
　　　　贷：银行存款　　　　　　　　　　　　　　　　　　　4 750 000
　　借：股本　　　　　　　　　　　　　　　　　　　　　　　5 000 000
　　　　贷：库存股　　　　　　　　　　　　　　　　　　　　4 750 000
　　　　　　资本公积——股本溢价　　　　　　　　　　　　　250 000

2. 为奖励职工而购回的股票

企业为奖励本公司职工而收回的股票，应按实际支付的价款，借记"库存股"科目，贷记"银行存款"等科目。

企业将购回的股票奖励本公司职工时，如果向职工收取一定的价款，应根据收到的价款，借记"银行存款"科目；根据奖励股票期权的公允价值，借记"资本公积——其他资本公积"科目；根据奖励库存股的账面余额，贷记"库存股"科目；根据前述确认金额的差额，贷记或借记"资本公积——股本溢价"科目。

3. 日后还要再发行而购回的股票

在其他国家，允许股份公司由于某种原因暂时收回本公司的股票，这些股票日后还要再发行。公司在收回股票时，应按实际支付的价款，借记"库存股"科目，贷记"银行存款"等科目。

日后再发行股票时，如果实收价款大于收回成本，其差额一般作为股本溢价处理，应按实收价款借记"银行存款"等科目，按收回成本贷记"库存股"科目，按其差额贷记"资本公积——股本溢价"科目。如果实收价款小于收回成本，其差额一般应先冲销以前由于库存股交易而形成的股本溢价，其余部分冲销该类股票初次发行时形成的股本溢价或留存收益。

【例10-13】 方兴股份有限公司根据发生的有关库存股交易业务，编制会计分录如下。

① 收回本公司每股面值为1元的股票100 000股，每股价格1.40元，实付价款140 000元。

借：库存股——再发行股　　　　　　　　　　　　140 000
　　贷：银行存款　　　　　　　　　　　　　　　　　　140 000

② 再发行60 000股，每股价格1.50元，实收价款90 000元。

借：银行存款　　　　　　　　　　　　　　　　　 90 000
　　贷：库存股——再发行股　　　　　　　　　　　　 84 000
　　　　资本公积——股本溢价（库存股交易）　　　　　6 000

③ 再发行40 000股，每股价格1.30元，实收价款52 000元。

借：银行存款　　　　　　　　　　　　　　　　　 52 000
　　资本公积——股本溢价（库存股交易）　　　　　　 4 000
　　贷：库存股——再发行股　　　　　　　　　　　　 56 000

六、股份支付

1. 股份支付的性质

为了激励职工更好地为企业服务，企业可以实行股票期权等奖励政策。股份支付就是指企业为获取职工提供服务而授予股票期权等，或者承担以股票期权为基础确定的负债的交易。股份支付分为以权益结算的股份支付和以现金结算的股份支付。以权益结算的股份支付是指企业为获取服务以期权等作为对价进行结算的交易。以现金结算的股份支付是指企业为获取服务承担以期权为基础计算确定的交付现金或其他资产义务的交易。企业授予职工股票期权等以换取职工提供的服务，从而实现对职工的激励或补偿，实质上属于职工薪酬的组成部分。

2. 以权益结算的股份支付

企业以权益结算的股份支付换取职工提供的服务，应当以授予职工期权的公允价值计量。授予后立即可行权的换取职工服务的以权益结算的股份支付，应当在授予日按照权益工具的公允价值，借记"管理费用"等科目，贷记"资本公积——其他资本公积"科目。授予日是指股份支付协议获得批准的日期。可行权日是指可行权条件得到满足、职工和其他方具有从企业取得权益工具或现金的权利的日期。行权日是指职工和其他方行使权利、获取现金或权益工具的日期。

职工完成约定期内的服务或达到规定业绩条件才可行权的以权益结算的股份支付，在约定期内的每个资产负债表日，应当以对可行权期权数量的最佳估计为基础，按照期权授予日的公允价值,借记"管理费用"等科目,贷记"资本公积——其他资本公积"科目。

在资产负债表日,后续信息表明可行权期权的数量与以前估计不同的,应当进行调整,并在可行权日调整至实际可行权的期权数量。

企业在可行权日之后不再对已确认的相关成本或费用和所有者权益总额进行调整。

在行权日,企业根据实际行权的期权数量,计算确定应转入实收资本或股本的金额。根据收取的价款,借记"银行存款"等科目;根据已行权的权益工具账面余额,借记"资本公积——其他资本公积"科目;根据已行权的股本金额,贷记"股本"科目;根据前述确认金额的差额,贷记"资本公积——股本溢价"科目。

【例10-14】 方兴股份有限公司2016年12月批准了一项股份支付协议。协议规定,2017年1月1日,公司向其100名管理人员每人授予1 000份股票期权,这些管理人员必须从2017年1月1日起在公司连续服务3年,服务期满时才能够以每股6元购买1 000股该公司股票。公司估计该期权在授予日2017年1月1日的公允价值为每股9元。

第一年有5名管理人员离开该公司,该公司估计3年中离开的管理人员比例将达到15%;第二年又有3名管理人员离开公司,公司将估计的管理人员离开比例修正为10%;第三年又有1名管理人员离开。2020年1月1日,未离开的管理人员全部行权获得股票。

根据以上资料,编制会计分录如下。

① 2017年1月1日

公司预计支付股份应负担的费用=9×1 000×100=900 000(元)

授予日不做账务处理。

② 2017年12月31日

公司预计支付股份应负担的费用=900 000×(1-15%)=765 000(元)

2017年应负担的费用=$\frac{765\ 000}{3}$=255 000(元)

借:管理费用 255 000
　　贷:资本公积——其他资本公积 255 000

③ 2018年12月31日

公司预计支付股份应负担的费用=900 000×(1-10%)=810 000(元)

2018年末累计应负担的费用=810 000×$\frac{2}{3}$=540 000(元)

2018年应负担的费用=540 000-255 000=285 000(元)

借:管理费用 285 000
　　贷:资本公积——其他资本公积 285 000

④ 2019年12月31日

公司实际支付股份应负担的费用=9×1 000×(100-5-3-1)=819 000(元)

2019年应负担的费用=819 000-540 000=279 000(元)

借:管理费用 279 000
　　贷:资本公积——其他资本公积 279 000

⑤ 2020年1月1日

向职工发放股票收取价款=6×1 000×91=546 000(元)

借:银行存款 546 000
　　资本公积——其他资本公积 819 000
　　贷:股本 91 000

　　　　资本公积——股本溢价　　　　　　　　　　　　　　　　　　1 274 000

3. 以现金结算的股份支付

以现金结算的股份支付，应当按照企业承担的以股票期权等为基础计算确定的负债的公允价值计量。授予后立即可行权的以现金结算的股份支付，应当在授予日以企业承担负债的公允价值计入相关成本或费用，相应增加负债，借记"管理费用"等科目，贷记"应付职工薪酬——股份支付"科目。

完成约定期内的服务或达到规定业绩条件以后才可行权的以现金结算的股份支付，在约定期内的每个资产负债表日，应当以对可行权情况的最佳估计为基础，按照企业承担负债的公允价值金额，将当期取得的服务计入成本或费用和相应的负债，借记"管理费用"等科目，贷记"应付职工薪酬——股份支付"科目。

在资产负债表日，后续信息表明企业当期承担债务的公允价值与以前估计不同的，应当进行调整，并在可行权日调整至实际可行权水平。

在可行权日之后的每个资产负债表日以及结算日，对负债的公允价值重新计量，其变动计入当期损益，借记或贷记"公允价值变动损益"科目，贷记或借记"应付职工薪酬——股权支付"科目。

在行权日，企业应根据实际行权的金额，借记"应付职工薪酬——股权支付"科目，贷记"银行存款"等科目。

【例 10-15】 方兴股份有限公司 2016 年 12 月批准了一项股份支付协议。协议规定，2017 年 1 月 1 日，公司向其 100 名管理人员每人授予 1 000 份现金股票增值权，这些管理人员必须从 2017 年 1 月 1 日起在公司连续服务 3 年，服务期满时才能够根据股价的增值幅度行权获得现金。公司估计该期权在授予日（2017 年 1 月 1 日）的公允价值为每股 9 元。

第一年有 5 名管理人员离开该公司，年末该期权的公允价值为 12 元，该公司估计 3 年中离开的管理人员比例将达到 15%；第二年又有 3 名管理人员离开公司，年末该期权的公允价值为 14 元，公司将估计的管理人员离开比例修正为 10%；第三年又有 1 名管理人员离开，年末该期权的公允价值为 19 元。2019 年 1 月 1 日，未离开的管理人员全部行权获得现金。

根据以上资料，编制会计分录如下。

① 2017 年 1 月 1 日。授予日不做账务处理。

② 2017 年 12 月 31 日

公司预计支付现金应负担的费用 = 12 × 1 000 × 100 × (1 − 15%) = 1 020 000(元)

$$2017 \text{ 年应负担的费用} = \frac{1\,020\,000}{3} = 340\,000(元)$$

　　借：管理费用　　　　　　　　　　　　　　　　　　340 000
　　　　贷：应付职工薪酬——股份支付　　　　　　　　　　　340 000

③ 2018 年 12 月 31 日

公司预计支付现金应负担的费用 = 14 × 1 000 × 100 × (1 − 10%) = 1 260 000(元)

$$2018 \text{ 年末累计应负担的费用} = 1\,260\,000 \times \frac{2}{3} = 840\,000(元)$$

2018 年应负担的费用 = 840 000 − 340 000 = 500 000(元)

　　借：管理费用　　　　　　　　　　　　　　　　　　500 000
　　　　贷：应付职工薪酬——股份支付　　　　　　　　　　　500 000

④ 2019 年 12 月 31 日

公司实际支付股份应负担的费用 = 19 × 1 000 × (100 − 5 − 3 − 1) = 1 729 000(元)

2019 年应负担的费用 = 1 729 000 − 840 000 = 889 000(元)

```
    借：管理费用                                        889 000
        贷：应付职工薪酬——股份支付                      889 000
⑤ 2020 年 1 月 1 日
    借：应付职工薪酬——股份支付                      1 729 000
        贷：银行存款                                  1 729 000
```

七、资本公积转增资本的会计处理

按照《公司法》的规定，法定公积金（资本公积和盈余公积）转为资本时，所留存的该项公积金不得少于转增前公司注册资本的 25%。经股东大会或类似机构决议，用资本公积转增资本时，应冲减资本公积，同时按照转增前的实收资本（或股本）的结构或比例，将转增的金额记入"实收资本"（或"股本"）账户下各所有者的明细分类账。

第三节　留存收益

留存收益是指企业从历年实现的净利润中提取或形成的留存于企业的内部积累。留存收益来源于企业在生产经营活动中所实现的净利润，包括盈余公积和未分配利润。

一、盈余公积

1. 盈余公积核算的内容

盈余公积是指企业按照规定从净利润中提取的各种积累金。公司制企业的盈余公积分为法定盈余公积和任意盈余公积。两者的区别在于其各自计提的依据不同。法定盈余公积是以国家的法律或行政规章为依据提取，任意盈余公积则是由企业自行决定提取。

法定盈余公积按净利润的 10% 提取（非公司制企业也可按超出 10% 的比例提取），此项公积金已达注册资本的 50% 时，可不再提取。

任意盈余公积主要是公司制企业设置，是经股东大会或类似机构批准，按照一定的比例提取的。

2. 盈余公积的用途

企业法定盈余公积和任意盈余公积的用途主要有以下三项。

（1）弥补亏损　企业发生亏损，应由企业自行弥补。弥补亏损的渠道有三条：一是用以后年度税前利润弥补，即企业亏损在规定期限（现行税法规定为 5 年）内可由税前利润弥补；二是用以后年度税后利润弥补，即超过税法规定的税前弥补亏损期限，如仍有未弥补亏损，则应由税后利润弥补；三是用盈余公积弥补。企业以提取的盈余公积弥补亏损时，应当由公司董事会提议，并经股东大会批准。

（2）转增资本（或股本）　经股东会（或类似机构）决议，可将盈余公积转增资本（或股本）。盈余公积转增资本时，一是要先办理增资手续；二是要按所有者的出资比例（或股东原有股份比例）结转，股份公司可采用发放新股的方法增加股本；三是法定盈余公积转增资本（或股本）后，留存的该项公积金不得少于注册资本的 25%。

企业提取的盈余公积，无论是用于弥补亏损，还是用于转增资本，只不过是企业所有者权益内部做结构上的调整，比如企业以盈余公积弥补亏损时，实际是减少盈余公积留存的数额，以此抵补未弥补亏损的数额，并不引起企业所有者权益总额的变动；企业以盈余公积转增资本时，也只是减少盈余公积结存的数额，但同时增加企业实收资本或股本的数额，也并不引起所有者权益总额的变动。

（3）扩大企业生产经营　盈余公积的用途，并不是指其实际占用形态，盈余公积的计提也并不是将这项公积金从企业资金周转过程中分离出来。企业计提盈余公积，无论是用于弥补亏损，还是用于转增资本（或股本），都不过是企业所有者权益内部项目结构的转换。如，企业以盈余公积补亏，实际上是减少盈余公积留存数额，以此抵补企业亏损数额，此举并不会引起企业所有者权益总额的变动；企业以盈余公积转增资本（或股本），也只是企业实收资本（或股本）和盈余公积同时、等额的此增彼减，也不会引起企业所有者权益总额的变动。至于企业盈余公积的结存数额，实际上表现为企业的一项资本来源，其具体资金形态可能是货币资金也可能是实物资产，与企业其他来源所形成的资本一道参与企业的经营周转和资本循环。

3. 盈余公积的账户设置

为了核算盈余公积的提取和使用等增减变动的情况，企业应设置"盈余公积"账户，该账户贷方核算盈余公积的计提和增加变动额，借方核算盈余公积的动用和减少变动额，期末余额在贷方表示提取的盈余公积累计结余额。该账户下应设置"法定盈余公积""任意盈余公积"等明细账户。

（1）盈余公积的形成

【例10-16】 某股份公司2019年度实现的净利润为4 000 000元，股东代表大会通过的利润分配方案决定，在按10%的比例提取法定盈余公积，按净利润的8%提取任意盈余公积。该公司编制会计分录如下。

```
借：利润分配——提取法定盈余公积           400 000
          ——提取任意盈余公积            320 000
    贷：盈余公积——法定盈余公积            400 000
            ——任意盈余公积              320 000
```

（2）盈余公积转增资本（或股本）

【例10-17】 某股份公司根据股东大会决议，在办理增资手续后，将公司的部分法定盈余公积200 000元用于转增每股面值1元，共计20万股股本。编制会计分录如下。

```
借：盈余公积——法定盈余公积              200 000
    贷：股本                              200 000
```

（3）盈余公积补亏

【例10-18】 某股份公司经研究决定用以前年度提取的盈余公积100 000元弥补当期亏损。编制会计分录如下。

```
借：盈余公积——法定（或任意）盈余公积     100 000
    贷：利润分配——盈余公积补亏           100 000
```

二、未分配利润

未分配利润是指企业留待以后年度进行分配的结存利润。它意味着这部分净利润既没有分配给投资者，也没有指定用途。企业对未分配利润的支配与所有者权益的其他部分相比具有较大的自主性和灵活性。从数额上讲，本期未分配利润是期初未分配利润加上本年度实现的净利润，减去提取的各种盈余公积和向投资者分配利润后的余额。

第十一章 工程成本

企业在生产经营过程中，各项资产被耗费、转化，并逐渐积累，使之对象化，形成产品成本。加强成本的核算，既是正确计算产品生产成本的前提，又是实现收入与费用配比、合理确定经营损益的关键。重点阐述成本核算的一般原理、施工工程成本、房地产开发成本计算的基本方法，具有重要的意义。

第一节 工程成本核算的项目

施工企业在施工过程中要发生各种各样的生产耗费。施工企业在一定时期内为一定种类和数量的建筑与安装工程所发生的生产耗费总和称为建筑安装工程施工成本，简称工程成本，即为建造某项工程所发生的直接费用和间接费用的总和，也称合同成本。工程成本中的直接费用是指为完成该项工程而发生的、可以直接计入成本核算对象的各项支出；间接费用是指为完成该项工程而发生的、不能够直接计入成本核算对象的各项支出。

工程成本是反映施工企业经营管理水平的一个综合性指标，正确地计算工程成本，按期及时提供成本信息，对控制生产耗费、降低工程成本、增加企业盈利、提高经济效益具有十分重要的意义。

一、工程成本计算对象

核算建筑安装工程成本，首先要确定工程成本计算对象，即选择一定的目标来归集它的实际生产耗费。正确确定工程成本计算对象，对合理组织成本核算、正确分析成本升降原因有着重要的影响。

一般来说，施工企业应以每一个单位工程作为工程成本计算对象，这是因为施工图预算是按单位工程编制的，所以按单位工程来确定实际成本，便于与工程的预算成本相比较，以检查工程预算的执行情况。但是，一个施工企业要承包许多项工程，每项工程的具体情况往往很不相同。有的规模很大，工期很长；有的规模较小，工期较短；还有的在一个工地上同时进行着若干个结构相近的单位工程等。因此，工程成本计算的对象，一般应以施工图预算所列的单位工程为依据，结合施工企业生产特点、施工现场条件、工程价款结算方式和成本管理要求等具体情况来确定。

建造合同是指为建造一项资产或者在设计、技术、功能、最终用途等方面密切相关的数项资产而订立的合同。这里所讲的资产是指房屋道路、桥梁、水坝等建筑物以及船舶、飞机、大型机械设备等。建造合同的特征主要表现有：先有买主（即客户），后有标底（即资产）；建造资产的造价在签订合同时已经确定；资产的建设期长，一般都要跨越一个会计年度，有的长达数年；所建造的资产体积大，造价高；建造合同一般为不可取消的合同。

1. 建造合同的类型

建造合同分为两类，一类是固定造价合同；另一类是成本加成合同。固定造价合同是指按照固定的合同价或固定单价确定工程价款的建造合同。例如，某建造承包商与一客户签订一项建造合同，为客户建造一座办公楼，合同规定建造办公楼的总造价为 6 000 万元。该项合同即是固定造价合同。成本加成合同是指以合同允许或其他方式议定的成本为基础，加上该成本的一定比例或定额费用确定工程价款的建造合同。例如，某建造承包商与一客户签订一项建造合同，为客户建造一架飞机，双方商定以建造该飞机的实际成本为基础，合同总价款以实际成本加上实际成本的2%计算确定。该项合同即是成本加成合同。

2. 合同分立与合同合并

建造合同中有关的合同分立与合同合并，实际上是确定建造合同的会计核算对象。一组建造合同是合并为一项合同进行会计处理，还是分立为多项合同分别进行会计处理，对建造承包商的报告损益将产生重大影响。由于在一组合同中有的项目可能是盈利的，有的可能发生亏损；另外各项目可能在不同的会计期间履行，单独报告合同损益与合并报告合同损益对企业当期损益会产生重大影响。因此，凡符合合同分立条件的，必须将一组合同分立开来进行会计处理；凡是符合合同合并条件的，必须将一组合同合并为单一合同进行会计处理。

通常情况下，企业应以所订立的单项合同为对象，分别计算和确认各单项合同的收入、费用和利润。但是，在某些情况下，为了反映一项或一组合同的实质，需要将单项合同进行分立或将数项合同进行合并。

（1）合同分立 资产在建造过程中，有时只签订了一项合同，有时会签订若干项合同。因此建造合同可以分为单项合同和多项合同。资产建造时虽然形式上只签订了一项合同，但在各项资产的商务谈判、设计施工、价款结算等方面都是可以相互分离的，实质上是多项合同，在会计上应当作为不同的核算对象。一项包括建造数项资产的建造合同，同时满足下列3个条件的，每项资产应当分立为单项合同。

① 每项资产均有独立的建造计划。

② 与客户就每项资产单独进行了谈判，双方能够接受或拒绝与每项资产有关的合同条款。

③ 每项资产的收入和成本可以单独辨认。

例如，方兴建筑产品生产公司与客户签订一项合同，为客户建造一栋办公大楼和一座车库。在签订合同时，方兴建筑产品生产公司与客户分别就所建办公大楼和车库进行谈判，并达成一致意见：办公大楼的工程造价为980万元，车库的工程造价为180万元，办公大楼和车库均有独立的施工图预算，办公大楼的预计总成本为920万元，车库的预计总成本为150万元。根据上述资料分析，由于办公大楼和车库均有独立的施工图预算，因此符合条件①；由于在签订合同时，方兴建筑公司与客户分别就所建办公大楼和车库进行谈判，并达成一致意见，因此符合条件②；由于办公大楼和车库均有单独的造价和预算成本，因此符合条件③。方兴建筑产品生产公司应将建造办公大楼和车库分立为两个单项合同进行会计处理。

如果不同时满足上述3个条件，则不能将合同分立，而应将其作为一个合同进行会计处理。

（2）合同合并 资产在建造过程中，签订了若干项合同，即为多项合同。

有的资产建造虽然形式上签订了多项合同，但各项资产在设计、技术、功能、最终用途上是密不可分的，实质上是一项合同，在会计上应当作为一个核算对象。一组合同无论对应单个客户还是多个客户，同时满足下列3个条件的，应当合并为单项合同。

① 该组合同按一揽子交易签订。

② 该组合同密切相关，每项合同实际上已构成一项综合利润率工程的组成部分。

③ 该组合同同时或依次履行。

例如，为建一个轴承厂，方兴建筑产品生产公司与客户一揽子签订了三项合同，分别建筑一个铸造车间、一个精加工车间和一个装配车间。根据合同规定这三个工程将由方兴建筑公司同时施工，并根据整个项目的施工进度办理价款结算。根据上述资料分析，由于这三项合同是一揽子签订的，表明符合条件①。对客户而言，只有这三项合同全部完工交付使用时，该轴承厂才能投料生产，发挥效益；对方兴建筑公司而言，这三项合同的各自完工进度，直接关系到整个建设项目的完工进度和价款结算，并且方兴建筑公司对工程施工人员和工程用料实行统一管理。因此，该组合同密切相关，已构成一项综合利润率工程项目，表明符合条件②。该组合同时履行，表明符合条件③。因此，该建造承包商应将该组合同合并为一个合同进行会计处理。

（3）追加资产的建造　建造合同在执行中，客户可能会提出追加建造资产的要求，从而与建造承包商协商变更原合同内容或者另行签订建造追加资产的合同。根据不同情况，建造追加资产的合同可能与原合同合并为一项合同进行会计核算，也可能作为单项合同单独核算。

追加资产的建造，满足下列条件之一的，应当作为单项合同。

① 该追加资产在设计、技术或功能上与原合同包括的一项或数项资产存在重大差异。

② 议定该追加资产的造价时，不需要考虑原合同价款。

例如，方兴建筑产品生产公司与客户签订了一项建造轴承厂的合同。合同规定，方兴建筑公司为客户设计并建造一个铸造车间、一个精加工车间和一个装配车间。全部工程的造价（含设计费用）为 1 600 万元，预计总成本为 1 550 万元。合同履行一段时间后，客户决定追加建造一座地上车库，并与该建筑商协商一致，变更了原合同内容。根据上述资料分析，由于该地上车库在设计、技术和功能上与原合同包括的教学楼存在重大差异，表明符合条件①，因此该追加资产的建造应当作为单项合同。

二、工程成本项目及其内容

工程成本是建筑安装工程施工中所耗费的各项生产费用的总和，这些生产费用按其与工程的依存关系，首先可以分成直接成本和间接成本两部分；其次，按其在施工过程中的具体用途，可以进一步分成人工费、材料费、机械使用费、其他直接费和间接费用五个成本项目。其中，属于人工费、材料费、机械使用费和其他直接费等直接成本费用，直接计入有关工程成本，间接费用可先在本账户（合同成本）下设置"间接费用"明细账户进行核算，月份终了，再按一定分配标准，分配计入有关工程成本。

1. 直接成本

直接成本是指施工过程中构成工程实体或有助于工程形成的各项支出。包括：材料费、人工费、机械使用费和其他直接费等。

① 材料费。是指施工过程中耗用的构成工程实体的原材料、辅助材料、构配件、零件、半成品的费用和周转材料的摊销及租赁费用等。材料费应通过"原材料""工程施工——合同成本——××项目——材料费"等账户核算。

② 人工费。是指直接从事建筑安装工程施工的工人工资、奖金、职工福利费、工资性质的津贴以及劳动保护费等。人工费应通过"应付职工薪酬""工程施工——合同成本——××项目——人工费"等账户核算。

③ 机械使用费。是指施工过程中使用自有施工机械所发生的机械使用费和租用外单位施工机械的租赁费。以及按规定支付的施工机械安装、拆卸和进出场费等。机械使用费应通过"机械作业""工程施工——合同成本——××项目——机械使用费"等账户核算。

④ 其他直接费。是指施工过程中发生的材料二次搬运费、生产工具用具使用费、检验试验费、工程定位复测及点交费、场地清理费、夜间冬季雨季施工增加费、环境保护费、安

全生产费、临时设施摊销费、其他直接费用等。其他直接费应通过"工程施工——合同成本——××项目——其他直接费"等账户核算。

2. 间接成本

间接成本是指企业各施工单位（如工程处、施工队、工区等）为组织和管理施工生产活动所发生的各项支出，具体包括施工单位管理人员工资、管理人员其他薪酬、管理用固定资产折旧费及修理费、物料消耗、办公费、差旅交通费、工程保修费、排污费、财产保险费、业务招待费、借款费用及其他费用。间接费用应通过"工程施工——合同成本——××项目——间接费"等账户核算。

将工程成本按具体用途划分成若干成本项目，其目的在于了解和掌握工程成本的构成情况，便于工程成本的分析与考核。

三、工程成本的账户设置

为了总括地核算施工企业生产费用的发生、汇总和分配情况，反映工程成本核算的全过程，工程成本的总分类按算应设置"工程结算""工程施工""机械作业""主营业务成本"等会计账户。

1. 工程结算

"工程结算"账户属于负债类账户，用来核算施工企业根据工程施工合同的完工进度向业主开出工程价款结算单办理结算的价款。向业主开出工程价款结算单办理结算时，按结算单所列金额，借记"应收账款"账户，贷记"工程结算"账户。工程施工合同完工后，将本账户余额与相关工程施工合同的"工程施工"账户对冲，借记"工程结算"账户，贷记"工程施工"账户。本账户应按工程施工合同设置明细账，进行明细核算。本账户期末贷方余额，反映尚未完工工程已开出工程价款结算单办理结算的价款。

2. 工程施工

"工程施工"相当于"生产成本"，属于成本类账户，用来核算施工企业实际发生的工程施工合同成本和合同毛利。本账户应设置以下两个明细账户。

（1）"工程施工——合同成本"账户　用来核算各项工程施工合同发生的实际成本。一般包括施工企业在施工过程中发生的人工费、材料费、机械使用费、其他直接费、间接费用等。该账户应按成本核算对象和成本项目进行归集。成本项目一般包括人工费、材料费、机械使用费、其他直接费和间接费用。其他直接费包括有关的设计和技术援助费用、施工现场材料的二次搬运费、生产工具和用具使用费、检验试验费、工程定位复测费、工程点交费用、场地清理费用、临时设施摊销费用、水电费等。间接费用是企业下属各施工单位为组织和管理施工生产活动所发生的费用，包括施工、生产单位管理人员工资、奖金、职工福利费、劳动保护费、固定资产折旧费及修理费、物料消耗、低值易耗品摊销、取暖费、办公费、差旅费、财产保险费、工程保修费、排污费等。其中，属于人工费、材料费、机械使用费和其他直接费等直接成本费用，直接计入有关工程成本，间接费用可先在"工程施工——合同成本"账户下设置"间接费用"明细账户进行核算，月份终了，再按一定分配标准，分配计入有关工程成本。

（2）"工程施工——合同毛利"账户　用来核算各项工程施工合同确认的合同毛利。施工企业进行施工发生的各项费用，借记"工程施工——合同毛利"账户，贷记"应付职工薪酬""原材料"等账户。按规定确认工程合同收入、费用时，借记"主营业务成本"账户，贷记"主营业务收入"账户，按其差额，借记或贷记"工程施工——合同毛利"账户。合同完工结清"工程施工"和"工程结算"账户时，借记"工程结算"账户，贷记"工程施工"

账户。期末余额在借方，反映尚未完工工程施工合同成本和合同毛利。

3. 机械作业

"机械作业"账户属于成本类账户，主要是针对建筑企业有单独的设备管理部门为各项目提供设备发生的费用及内部结算的台班的核算。"机械作业"账户相当于制造业的"辅助生产成本"账户，用来核算施工企业及其内部独立核算的施工单位、机械站和运输队使用自有施工机械和运输设备进行机械作业（包括机械化施工和运输作业等）所发生的各项费用。施工企业及其内部独立核算的施工单位，从外单位或本企业其他内部独立核算的机械站租入施工机械，按照规定的台班费定额支付的机械租赁费，直接记入"工程施工"账户，不通过本账户核算。"机械作业"账户应设置"机械作业——承包工程"和"机械作业——机械作业"两个明细账户，并按施工机械或运输设备的种类等成本核算对象设置明细账，按规定的成本项目分设专栏，进行明细核算。

施工企业内部独立核算的机械施工、运输单位使用自有施工机械或运输设备进行机械作业所发生的各项费用，应按成本核算对象和成本项目进行归集。成本核算对象一般应以施工机械和运输设备的种类确定。成本项目分为人工费、燃料及动力费、折旧及修理费、其他直接费、间接费用（为组织和管理机械作业生产所发生的费用）。发生的机械作业支出，借记"机械作业"账户，贷记"原材料""应付职工薪酬""累计折旧"等账户。月份终了，分别以下情况进行分配和结转。

① 施工企业及其内部独立核算的施工单位、机械站和运输队为本单位承包的工程进行机械化施工和运输作业的成本，应转入承包工程的成本，借记"工程施工"账户，贷记"机械作业"账户。

② 对外单位、本企业其他内部独立核算单位以及专项工程等提供机械作业（包括运输设备）的成本，借记"其他业务支出"等账户，贷记"机械作业"账户。该账户在月份终了时，一般应无余额。

4. 主营业务成本

"主营业务成本"账户属于损益类账户，核算施工企业的工程合同费用。如果工程施工合同的结果能够可靠地估计，企业应当根据完工百分比法在资产负债表日确认工程合同收入和工程合同费用。如果工程施工合同的结果不能够可靠地估计，应当区别情况处理：若合同成本能够收回的，工程合同收入根据能够收回的实际合同成本加以确认，合同成本在其发生的当期确认为工程合同费用；若合同成本不能够收回的，不能收回的金额应当在发生时立即作为工程合同费用，不确认收入。按规定确认工程合同收入和工程合同费用时，按当期确认的工程合同费用，借记"主营业务成本"账户；按当期确认的工程合同收入，贷记"主营业务收入"账户；按其差额，借记或贷记"工程施工——合同毛利"账户。合同完工确认工程合同收入、费用时，应转销合同预计损失准备，按累计实际发生的合同成本减去以前会计年度累计已确认的工程合同费用后的余额，借记"主营业务成本"账户；按实际合同总收入减去以前会计年度累计已确认的工程合同收入后的余额，贷记"主营业务收入"账户；按其差额，借记或贷记"工程施工——合同毛利"账户。同时，按相关工程施工合同已计提的预计损失准备，借记"存货跌价准备——合同预计损失准备"账户，贷记"管理费用"账户。这两个账户应按施工合同设置明细账，进行明细核算。期末，应将这两个账户的余额转入"本年利润"账户，结转后这两个账户应无余额。

四、工程成本的核算程序

企业在进行工程成本核算时，对于施工过程中发生的各项费用，首先应按照费用的用途和发生的地点进行归集，凡能分清成本核算对象的，应直接计入各成本项目。不能分清成本核算对象的费用，则应按照发生地点进行归集，期末按照一定的标准分配计入各成本项目。根据以上各成本核算账户反映的内容，工程成本的总分类核算的一般程序可归纳如下。

(1) 审核、控制生产费用，确定费用是否计入工程成本。

(2) 按照费用的用途和发生地点归集当期发生或支付的各项生产费用，按照成本项目归集应计入当期工程成本的各种要素费用。

(3) 按各成本核算对象分配当期所归集的应计入工程成本的各项要素费用，按照各受益对象分配机械作业、辅助生产费用，分配结转应当由当期成本负担的费用，汇总计算各项工程成本。

(4) 将各项工程成本费用在当期已完工程和期末在建工程之间进行分配，结算当期已完工程或竣工工程的实际成本。

工程成本核算的具体步骤如下。

① 确定成本计算对象，开设成本明细账。
② 按成本计算对象和成本项目汇总分配材料、职工薪酬、折旧等生产费用。
③ 分配辅助生产费用。
④ 分配施工机械使用费。
⑤ 分配其他直接使用费。
⑥ 分配间接费用。
⑦ 计算本期已完工程和未完工程的实际成本。
⑧ 计算已完施工的预算成本。
⑨ 计算竣工单位工程的实际成本和预算成本，编制单位工程成本决算。

第二节 工程成本核算的实务

一、直接费用的归集和分配

如果只有一个成本计算对象，施工企业发生的直接费用可直接计入成本计算对象的各成本项目中；如果有两个以上的成本计算对象，则需根据一定方法进行分配。

(一) 人工费的归集与分配

工程成本中的人工费包括在施工过程中直接从事工程施工工人计时工资、计件工资、工资性津贴及补贴、奖金和社会保险及其他职工薪酬。

对构成"人工费"项目的工资，应按工程成本计算对象进行归集。若只有一个成本计算对象，可根据工资汇总分配表直接记入该成本计算对象的"人工费"项目。若同时有若干成本计算对象，且施工生产人员同时为它们施工，在计件工资制下，应根据施工任务单汇总计入各项工程成本，其中，津贴、补贴和职工福利费等，可按占计件工资总额的百分比计算记入各项工程成本的"人工费"项目。人工费的分配可根据施工项目的实际情况按照"直接费"或者"完工产值"为标准分配。

在计时工资制下，可采用"工日法"或"工时法"进行分配。工日法是按照实际工作天数来计算分配人工费的一种方法，工时法是按照实际工作小时来计算分配人工费的一种方法。两种计算方法计算过程相同。计算公式如下。

$$生产人员工资分配率=\frac{生产人员工资总额}{各单项工程直接费总额或完工产值}$$

某单项工程应分配的人工费＝该单项工程直接费×生产人员工资分配率

施工企业工程成本中的人工费用首先归集在"应付职工薪酬"账户,分配时转入"工程施工——合同成本——××项目——人工费""工程施工——待分配直接费""工程施工——待分配间接费"等账户。"人工费"的分配是通过人工费用分配表进行的。根据分配表登记工程成本卡、工程成本明细账。

【例 11-1】 方兴建筑公司为某居民小区建造工程修建一栋商品房和送暖中心,2020 年 8 月份建筑安装工人的计时工资总额为 330 000 元,实际共耗用 5 000 个工日(其中商品房耗用 2 800 个工日,送暖中心耗用 2 200 个工日)。则每日直接工资率为

$$\text{当月建筑安装工人日平均工资} = \frac{\text{本期发生的直接工资总额}}{\text{各成本计算对象本期实耗工日}} = \frac{330\,000}{5\,000} = 66\,(\text{元/工日})$$

根据求得的每工日直接工资率和建筑安装工人工日汇总表中各项工程耗用的作业工日等,编制应付职工薪酬分配表如表 11-1 所示。

表 11-1 应付职工薪酬分配表

单位名称:方兴建筑公司　　　　　　　　　年　　月　　日

工程成本计算对象	实际用工日数/工日	分配率/(元/工日)	人工费/元
商品房	2 800	66	184 800
送暖中心	2 200	66	145 200
合计	5 000	66	330 000

财务负责人:　　　　　　　　复核:　　　　　　　　制表:

根据分配结果,编制会计分录如下。

借:工程施工——合同成本——商品房——人工费　　184 800
　　　　　　——合同成本——送暖中心——人工费　　145 200
　　贷:应付职工薪酬　　　　　　　　　　　　　　　330 000

(二)材料费的归集和分配

工程成本中的材料费是指建安工程直接耗用的构成工程实体和有助于工程形成的各种主要材料、构件等的成本以及工程使用周转材料应计的摊销价值。在实际工作中,对材料的日常核算既可采用实际成本计价,也可采用计划成本计价。由于建筑材料的市场价格变化较大,为简化核算一般采用计划成本计价。

1. 材料的分类

材料按其在生产过程中的不同作用可分为下述几类。

① 主要材料。是指构成建筑产品实体的各种材料,如钢材、木材、水泥、砖、瓦、灰、沙、石等。

② 结构件。是指经过吊装、拼砌和安装,即能构成房屋及建筑物实体的各种金属的、木质的、混凝土的、钢筋混凝土的结构物、构件、砌块等。

③ 其他材料。是指虽不构成工程实体,但有助于工程形成或便于施工的各种材料,如油料、燃料、擦布、催化剂、速凝剂等。

④ 机械配件。是指施工过程中使用的施工机械、运输设备等的替换与维修所需的各种零件和配件,如齿轮、轴承、阀门等。

⑤ 周转料具。是指在施工过程中能够多次周转使用的工具性材料、材料型工具,如模板、挡板、架料等。

2. 材料费的分配

建筑产品的形成过程,实际上主要是建筑材料的耗费过程。材料费是工程成本的重要组

成部分，因其耗用量大，品种多，用途多样，月末应根据不同情况对材料费进行归集和分配。

① 对领用时即可分清用料对象、确定数量的材料应填制领料单、定额领料单、退料单、调拨单、大堆材料耗用单、已领未用材料清单等有关凭证，每月月终按成本对象编制材料费用分配表，汇总计算各成本对象耗用材料的计划成本和分摊的材料成本差异，并据以直接或分配记入各项工程成本的"材料费"项目。

② 对于领料时难以确定数量，不易分清用途的情况（如砖、瓦、沙、石等）需在各受益对象之间进行分配。分配方法有以下两种。

a. 计量耗用量分配法。对有计量数据材料，即已知各成本计算对象耗用材料数量的，可按如下公式计算。

$$某种材料费用分配率 = \frac{当期发出该种材料费用总额}{各受益对象计量耗用量之和}$$

某成本计算对象应分配材料费 = 该成本计算对象计量耗用量 × 该种材料费用分配率

b. 定额耗用量法。对在发生时难以逐一计量的材料（如大堆材料），可采用定额耗用量法进行分配。可按如下公式计算。

各成本计算对象某种材料定额耗用数量 = 各成本计算对象该种材料消耗定额
× 各成本计算对象实际产量

$$某种材料定额耗用量分配率 = \frac{当期发出该种实际耗用数量总额}{所有成本计算对象该种材料定额耗用量之和}$$

某成本计算对象应负担的某种材料费 = 该成本计算对象该种材料定额耗用数
× 该种材料定额耗用量分配率 × 该种材料单价

【例 11-2】 方兴建筑公司为居民小区建造工程修建一栋商品房和送暖中心，某月发出中粗河沙、碎石共 410 m³。中粗河沙单价 40 元，碎石单价 60 元。已知商品房实际耗用量 1 500 m³，定额耗用量 1 400 m³；送暖中心实际耗用量 1 100 m³，定额耗用量 1 000 m³。则大堆材料耗用计算单如表 11-2、表 11-3 所示。

③ 对于工程施工中采用的各种周转材料，可分不同情况采用不同的方法计入工程成本。对于租入的周转材料，按实际支付的租赁费直接记入各受益对象的"材料费"项目；对自用周转材料，可采用定额摊销法、盘存摊销法、分期摊销法和分次摊销法等方法进行分配，记入"工程成本"或"材料费"项目。

表 11-2 大堆材料耗用明细账

材料名称	规格	计量单位	期初盘存量	本期进场量	本期调出量	期末盘存量	本期实际用量
中粗河沙		m³	500	2 800		700	2 600
碎石		m³	300	1 700		500	1 500

表 11-3 大堆材料耗用计算单

材料名称及规格	中粗河沙				碎石			
单位价格	40 元/m³				60 元/m³			
使用工程名称	定额耗用量/m³	分配率	实际耗用量/m³	金额/元	定额耗用量/m³	分配率	实际耗用量/m³	金额/元
商品房	1 400		1 500	60 000	800		860	51 600
送暖中心	1 000		1 100	44 000	600		640	38 400
合计	2 400	1.08	2 600	104 000	1 400	1.07	1 500	90 000

每月月终,财会部门应根据审核无误的领料单、定额领料单、退料单、大堆材料耗用计算单、周转材料摊销计算表等原始凭证编制"工程施工材料费用分配表",按各成本计算对象汇总计算所耗用的各类材料的实际成本。工程施工材料费用分配表的一般格式如表11-4所示。

表 11-4 工程施工材料费用分配表 单位:万元

工程成本计算对象	主要材料						结构件	其他材料	周转材料摊销	合计
	钢材	水泥	沙子	碎石	其他	合计				
商品房	200	94.84	6	5.16	3	309	20	10	4	343
送暖中心	110	56.26	4.4	3.84	1.5	176	11	4	2	193
合计	310	151.1	10.4	9	4.5	485	31	14	6	533

```
借:工程施工——合同成本——商品房——材料费        3 430 000
          ——合同成本——送暖中心——材料费      1 930 000
  贷:原材料——主要材料                          4 850 000
          ——结构件                            310 000
          ——其他材料                          140 000
          周转材料摊销                          60 000
```

如果该类材料本月有材料成本差异,则月末应分配材料成本差异。会计分录为借记"工程施工——合同成本——商品房——材料费、工程施工——合同成本——送暖中心——材料费",贷记"材料成本差异"。

(三) 机械使用费的归集和分配

企业工程成本中的机械使用费包括工程施工过程中使用自有施工机械发生的机械使用费和租用外单位施工机械发生的租赁费以及施工机械的安装、拆卸和进出场费。在实际工作中,对于能够直接记入工程项目的记入单项工程机械费"工程施工——合同成本——××项目——机械使用费"账户。存在多个项目使用,不能分清使用项目的归集到"机械作业"账户。期末,可以根据各成本计算对象使用的机械台班数、作业量数,编制机械使用费分配表,将机械使用费分配给各个成本计算对象。由于企业使用的施工机械包括租赁的和自有的两种,因此对于机械使用费的核算也必然有所区别。

1. **租用机械使用费的核算**

对于从企业外部或企业内部实行独立核算的机械供应站租用的施工机械,应根据租用的台班数或完成工程数量,按规定的台班单价或结算价格支付租赁费。在这种情况下,财会部门可以根据机械租赁结算单直接计入该受益对象的机械使用费中;将租赁费记入"工程施工"账户,不必通过"机械作业"账户进行核算。

2. **自有机械使用费的核算**

由施工队自行管理的施工机械或运输设备进行机械作业所发生的各项费用,应通过"机械作业"账户进行核算。机械使用费具体内容包括人工费、燃料动力费、材料费、折旧修理费、替换工具费、部件费、运输装卸费、辅助设施费、养路费、间接费用等。

发生的机械使用费如果应由几个成本计算对象共同负担,则需在各受益对象之间按一定方法分配。自有机械使用费发生时先在"机械作业"账户中归集,月末时再按一定的方法在各受益对象之间进行分配。常用机械使用费的分配方法有三种。

(1) 台班分配法 是以各成本计算对象实际使用的工作台班数为标准分配机械使用费的一种方法。台班分配法适用于各成本计算对象有使用某种设备准确作业台班的原始记录的情况。计算公式如下。

$$某设备台班分配率 = \frac{本期该种设备实际费用总和}{各成本计算对象本期使用台班合计}$$

$$某成本计算对象应负担的某种设备费用 = 该成本计算对象本期使用设备台班数 \times 该设备台班分配率$$

【例 11-3】 方兴建筑公司本月外租推土机为商品房、送暖中心工程共用，共付租金 120 000元，当月作业台班 200 个，其中商品房工程 90 个，送暖中心工程 110 个。

$$租用推土机台班分配率 = \frac{本期该种设备实际费用总和}{各成本计算对象本期使用台班合计}$$

$$= \frac{120\ 000}{200} = 600（元/台班）$$

商品房工程应负担推土机费用 = 90×600 = 54 000（元）
送暖中心工程应负担推土机费用 = 110×600 = 66 000（元）
根据以上计算结果，编制会计分录如下。

  借：工程施工——合同成本——商品房——机械使用费 54 000
     ——合同成本——送暖中心——机械使用费 66 000
   贷：银行存款 120 000

（2）作业产量分配法 是以各成本计算对象完成的工程量为标准分配机械使用费的一种方法。作业产量分配法适用于已知某种（类）设备发生的总费用和该种（类）设备完成的总产量的情况。计算公式如下。

$$某种（类）设备单位产量分配率 = \frac{本期该种（类）设备发生费用总额}{本期该种（类）设备作业总产量}$$

$$某成本计算对象应负担的某种（类）设备费用 = 该种（类）设备为该成本计算对象本期提供的作业数 \times 该种（类）设备单位产量分配率$$

【例 11-4】 方兴建筑公司本月租用搅拌机设备一批，共支付费用 1 500 000 元，当期完成工作量 10 000m³，其中商品房工程 4 500m³，送暖中心工程 5 500m³，则

$$设备单位产量分配率 = \frac{本期该种（类）设备发生费用总额}{本期该种（类）设备作业总产量} = \frac{1\ 500\ 000}{10\ 000} = 150（元/m^3）$$

商品房工程应负担设备费 = 4 500×150 = 675 000（元）
送暖中心工程应负担设备费 = 5 500×150 = 825 000（元）
根据以上计算结果，编制会计分录如下。

  借：工程施工——合同成本——商品房——机械使用费 675 000
     ——合同成本——送暖中心——机械使用费 825 000
   贷：银行存款 1 500 000

（3）预算分配法 是以各成本计算对象的工程预算机械使用费为标准分配机械使用费的一种方法。这种方法适用于已知发生的机械使用费，但由于设备种类多，各成本计算对象交叉使用频繁，未进行多种设备作业数量记录的情况。计算公式如下。

$$本期机械分配率 = \frac{本期发生的机械使用费总额}{本期各成本计算对象已完工工程预算机械使用费之和}$$

$$某成本计算对象当期应负担机械使用费 = 某成本计算对象当期完工工程预算机械使用费 \times 当期机械使用费分配率$$

【例 11-5】 方兴建筑公司 8 月共发生 10t 起重机机械使用费 3 600 000 元，为商品房工程、送暖中心工程共用，其中商品房工程预算机械使用费为 1 400 000 元，送暖中心工程预

算机械使用费为 1 000 000 元，则

$$本月机械使用费分配率=\frac{本期发生的机械使用费总额}{本期各成本计算对象已完工工程预算机械使用费之和}$$

$$=\frac{3\ 600\ 000}{2\ 400\ 000}=1.5$$

商品房工程应负担的机械使用费＝1 400 000×1.5＝2 100 000（元）
送暖中心工程应负担的机械使用费＝1 000 000×1.5－1 500 000（元）
根据以上计算结果，编制会计分录如下。
　　借：工程施工——合同成本——商品房工程——机械使用费　2 100 000
　　　　　　——合同成本——送暖中心工程——机械使用费
　　　　　　　　　　　　　　　　　　　　　　　　　　　　 1 500 000
　　　贷：机械作业　　　　　　　　　　　　　　　　　　　　3 600 000

机械使用费分配表如表 11-5 所示。

表 11-5　机械使用费分配表

项目名称	推土机		搅拌机		起重机		合计/元
	分配率(600)		分配率(150)		分配率(1.5)		
	使用台班/个	分配金额/元	完成工作量/m³	分配金额/元	预算费用/元	分配金额/元	
商品房	90	54 000	4 500	675 000	1 400 000	2 100 000	2 829 000
送暖中心	110	66 000	5 500	825 000	1 000 000	1 500 000	2 391 000
合计	200	120 000	10 000	1 500 000	2 400 000	3 600 000	5 220 000

（四）其他直接费的归集与分配

工程成本中的其他直接费是指不包括在上述人工费、材料费、机械使用费等的其他各种直接费用，主要包括以下项目。

① 施工过程中耗用的水、电、风、气费。

② 冬雨季施工费。指为保证工程质量，采取保温、防雨措施而增加的材料、人工和各项设施的费用。

③ 夜间施工增加费。指组织夜间连续施工而发生的照明设施摊销费和夜餐补助费等。

④ 因场地狭小等原因而发生的材料两次搬运费。

⑤ 土方运输费。

⑥ 仪器仪表使用费。指通信、电子等设备安装工程所需安装、测试仪器仪表摊销及维修费用。

⑦ 生产工具用具使用费。指施工生产所需不属于固定资产的生产工具及检验用具等的购置、摊销和维修费，以及支付给工人自备工具补贴费。

⑧ 检验试验费。指对建筑材料、构件和建筑安装物进行一般鉴定、检查所发生的费用。

⑨ 特殊工种培训费。

⑩ 工程定位复测、工程点交、场地清理等费用。

⑪ 临时设施摊销费、环境保护费、安全生产费等。

由于一般建筑安装施工所需用的水、电、风、气费等都已包含在预算定额的材料费项目或机械项目内（如搅拌混凝土的用水和电等），因此，其他直接费仅是指在预算定额之外单独发生的费用。原则上如果机械化作业程度较高，将现场用电费计入机械费用。

其他直接费在分配费用时应注意两点：如果企业支付的费用中既包括直接供施工生产用的部分，又包括供管理部门、生活等方面用的部分，则应先按一定的方法进行正确的分摊；对于工程成本应负担的部分，凡能确定受益对象的就应直接计入，不能直接确定受益对象的则应按各有关工程的定额耗用量或其他有关比例进行分配。但在目前的实际生产中，受益对象比较多、比较杂，如测量实验、生产工具使用费等所有单项工程都有受益对象。在分配时，原则上按照实际发生的工程直接费为标准分配。

其他直接费分配率＝其他直接费总额÷各单项工程直接费总额或完工产值

某单项工程应分配的其他直接费＝其他直接费总额÷各单项工程直接费总额×该单项工程直接费或完工产值

能直接分清楚受益对象的会计分录如下。

　　借：工程施工——合同成本——××项目——其他直接费
　　　　贷：银行存款、应付账款等

多个受益对象的会计分录如下。

　　借：工程施工——合同成本——××项目——其他直接费
　　　　贷：工程施工——待分配直接费

【例 11-6】　方兴建筑公司 8 月共发生其他直接费 97 500 元，根据分配计算结果为商品房工程应分摊 52 500 元，送暖中心工程应分摊 45 000 元。

根据以上计算结果，编制会计分录如下。

　　借：工程施工——合同成本——商品房工程——其他直接费　　52 500
　　　　　　——合同成本——送暖中心工程——其他直接费　　45 000
　　　　贷：其他直接费　　　　　　　　　　　　　　　　　　　　97 500

二、间接费用的归集和分配

施工企业为组织和管理施工生产活动，会发生各项费用，这种费用因不能确定其为某项工程所应负担，因而无法将其直接记入各个成本计算对象，间接费用应按有关规定分设以下明细项目。

① 临时设施摊销费。是指为保证施工和管理的正常进行而建造的各种临时性生产和生活设施，以及规定范围内道路、水、电管线等临时设施的摊销费。

② 管理人员工资。是指施工单位管理人员的工资、奖金和工资性津贴。

③ 职工福利费。是指按照施工单位管理人员工资总额的 14% 提取的职工福利费。

④ 劳动保护费。是指用于施工单位职工的劳动保护用品和技术安全设施的购置、摊销和修理费，如供职工保健用的解毒剂、营养品、防暑饮料、洗涤肥皂等物品的购置费或补助费，以及工地上职工洗澡、饮水的燃料费等。

⑤ 办公费。是指施工单位管理部门办公用的文具、纸张、账表、印刷、邮电、书报、会议、水电、烧水和集体取暖（包括现场临时宿舍取暖）费用。

⑥ 差旅交通费。是指施工单位职工因公出差期间的差旅费，市内交通费和误餐补助费，职工探亲路费，劳动力招募费，职工离退休、退职一次性路费，工伤人员就医路费，工地转移费，以及现场管理使用的交通工具的油料、燃料、养路费及牌照费等。

⑦ 折旧费。是指施工单位施工管理和试验部门等使用属于固定资产的房屋、设备、仪器的折旧费。

⑧ 修理费。是指施工单位施工管理使用属于固定资产的房屋、设备、仪器所发生的修理费用。

⑨ 工具用具使用费。是指施工单位施工管理和试验部门等使用不属于固定资产的工具、器具、家具和检验、试验、测绘、消防用具等的购置、摊销和维修费。

⑩ 保险费。是指施工管理用财产、车辆保险费，以及海上、高空、井下作业等特殊工种安全保险费。

⑪ 工程保修费。是指工程竣工交付使用后，在规定保修期以内的修理费用。应采用预提方式计入。

⑫ 其他费用。是指上列各项费用以外的其他间接费用，如工程排污费、定额测定费、预算编制费等。

从间接费用明细项目中，可以看出间接费用与材料费用等变动费用不同。间接费用属于相对固定的费用，其费用总额并不随着工程量的增减而成比例的增减。但就单位工程分摊的费用来说，则随着工程数量的变动成反比例变动，即完成工程数量增加，单位工程分摊的费用随之减少；反之亦然。因此，超额完成工程任务，是降低工程成本的主要途径。当费用发生时，借记"工程施工——间接费用"，贷记"库存材料""低值易耗品""材料成本差异""应付职工薪酬""银行存款""库存现金""累计折旧""长期待摊费用"账户等。

间接费用的明细分类核算，一般要按施工单位设置"间接费用明细分类账"将发生的间接费用按明细项目分栏登记。

期末，对分配到各项工程成本的间接费用，应从"工程施工——合同成本——间接费用"账户的贷方转入"工程施工——合同成本——××工程——间接费用"账户的借方，并记入各项工程成本的间接费用项目。

间接费用的分配方法通常按各项建筑安装工程的间接费用定额所计算的间接费用的比例进行分配，以便将施工单位间接费用的实际水平与定额相比较。其计算公式如下。

$$间接费用分配率=\frac{本期实际发生的间接费用}{各工程发生人工费(或直接费用)之和}$$

某工程应分摊的间接费用＝该工程实际发生的人工费（或直接费用）×间接费用分配率

【例 11-7】 方兴建筑公司当月发生工作人员工资及福利费 171 000 元，折旧费 36 000 元，材料消耗 30 000 元，水电费 10 000 元。本月施工的建筑工程有商品房工程、送暖中心工程，其中商品房工程人工费数额为 72 800 元，送暖中心工程人工费数额为 57 200 元。相关会计处理如下。

① 编制间接费用归集时的会计分录

借：工程施工——合同成本——间接费用——人工费　　171 000
　　贷：应付职工薪酬　　　　　　　　　　　　　　　　　171 000
借：工程施工——合同成本——间接费用——折旧费　　36 000
　　贷：累计折旧　　　　　　　　　　　　　　　　　　　36 000
借：工程施工——合同成本——间接费用——物料消耗　30 000
　　贷：原材料　　　　　　　　　　　　　　　　　　　　30 000
借：工程施工——合同成本——间接费用——水电费　　10 000
　　贷：银行存款　　　　　　　　　　　　　　　　　　　10 000

② 分配间接费用。先在两类工程之间进行分配。

$$间接费用分配率=\frac{本期实际发生的间接费用}{各工程发生人工费（或直接费用）之和}$$

$$=\frac{171\,000+36\,000+30\,000+10\,000}{72\,800+57\,200}=\frac{247\,000}{130\,000}=1.9(元)$$

商品房工程＝72 800×1.9＝138 320(元)
送暖中心工程＝57 200×1.9＝108 680(元)
  借：工程施工——合同成本——商品房工程　——间接费用　138 320
      ——合同成本——送暖中心工程——间接费用　108 680
  贷：工程施工 ——间接费用　　　　　　　　　　　　　　247 000

间接费用的明细分类核算，一般要按施工单位设置"间接费用明细分类账"，将发生的间接费用按明细账目分栏登记。

三、工程施工成本明细分类账的核算

为了计算各建筑安装工程的实际成本，会计部门在接到施工单位的开工报告后，就要根据上述有关成本计算对象的说明，为各该单项工程、单位工程或同类工程开设"工程施工成本明细分类账"（也称"工程成本卡片"），用以记录各项工程的成本。同时，无论各该工程施工期限的长短，都须等到工程竣工，将各项发生或应摊费用全部记入后，工程施工成本明细分类账的记录方为完整。

要反映和考核年度内各施工单位施工工程成本的超降情况，并便于编制各施工单位的工程成本表，除了按成本计算对象设置"工程施工成本明细分类账"外，还要按施工单位设置"工程施工成本明细分类账"，用以记录各该施工单位在年度内施工工程的成本。由于按施工单位设置"工程施工成本明细分类账"是为了反映年度内施工工程成本的超降情况，因此，按年开设账页。这是与按成本计算对象设置"工程施工成本明细分类账"不同的地方。即前者按时间划分，后者按成本计算对象划分；前者用以编制工程成本表，后者用以编制单位工程竣工成本决算。

"工程施工成本明细分类账"的格式，除了按成本项目反映工程实际成本外，最好同时反映月末未完施工成本和已完工程的实际成本和预算成本，以便反映各月已完工程的成本和施工盈亏情况。"工程施工成本明细分类账"中各成本项目的实际成本栏，登记施工单位或该项工程各月发生的和分配的各项费用，这些费用根据耗用材料分配表、周转材料摊销额计算表、人工费分配表、机械使用费分配表、水、电、风、汽、运输费用分配表、间接费用分配表等所列数字记入。"工程施工成本明细分类账"中月末未完施工成本、已完工程实际成本、已完工程预算成本的计算及其登记依据，将在下面加以说明。

按施工单位和按成本计算对象设置的"工程施工成本明细分类账"的格式，列示如表 11-6 和表 11-7 所示。

表 11-6　工程施工成本明细分类账（一）

工程名称：商品房　　　　　　　　2020 年 8 月 31 日　　　　　　　　　　单位：元

摘要	工程实际成本						本月工程预算成本
	材料费	人工费	机械使用费	其他直接费	间接费用	合计	
月初累积余额	950 000	280 000	980 000	28 000	40 000	2 278 000	
分配材料费	3 430 000					3 430 000	
分配人工费		184 800				184 800	
分配机械使用费			2 829 000			2 829 000	
分配其他直接费				52 500		52 500	
分配间接费用					138 320	138 320	
本月合计	3 430 000	184 800	2 829 000	52 500	138 320	6 634 620	6 900 000
本月累计	4 380 000	464 800	3 809 000	80 500	178 320	8 912 620	9 000 000

表 11-7　工程施工成本明细分类账（二）

工程名称：送暖中心　　　　　　2020 年 8 月 31 日　　　　　　　单位：元

摘要	工程实际成本						本月工程预算成本
	材料费	人工费	机械使用费	其他直接费	间接费用	合计	
月初累积余额	2 020 000	205 600	458 000	16 000	31 000	2 730 600	
分配材料费	1 930 000					1 930 000	
分配人工费		145 200				145 200	
分配机械使用费			2 391 000			2 391 000	
分配其他直接费				45 000		45 000	
分配间接费用					108 680	108 680	
本月合计	1 930 000	145 200	2 391 000	45 000	108 680	4 619 880	
本月累计	3 950 000	350 800	2 849 000	61 000	139 680	7 350 480	8 178 000

四、工程成本的计算

建筑安装工程的施工周期较长，因此在实际工作中一般不能等到整个工程竣工以后才计算成本，而必须按月及时地计算已完工程的实际成本和预算成本，以便及时地反映工程成本的超降情况。经过对本月（或定期）发生的要素费用及综合费用的归集和分配，将本期施工工程应负担的各项费用，都集中反映在"工程成本明细账"中，为工程成本定期结算和竣工结算提供必要的核算资料，在此基础上进行工程成本的计算。

工程实际成本的计算目的，一方面是借以反映各个工程在施工过程中发生的实际耗费，以便用来考核和分析工程预算的执行结果；另一方面是用它同工程价款结算收入相比较，以确定销售工程实现了多少利润。因此，一般情况下，工程成本的计算期应根据工程价款结算方法来确定。

1. 实行竣工后一次结算的工程

实行竣工后一次结算的工程，平时应将该工程发生的费用，按期记入"工程成本明细账"的有关栏。竣工时，即可将从开工起到竣工止发生的全部费用相加计出总额，即为该竣工工程的实际成本。如根据"工程成本明细账"，即可按下列公式计算求得。

竣工工程实际成本＝月初账面费用余额＋本月费用发生额

【例 11-8】假定前例，商品房工程采用竣工后一次结算。该工程本月已竣工。"工程成本明细账"上的月初累积余额，就是反映该工程自开工起到竣工前一个月末止发生的全部费用，再加上本月发生的费用，即为该竣工工程的全部实际成本。商品房工程的实际成本如表 11-8 所示。

表 11-8　工程成本明细账资料　　　　　　　　　　　　　　　单位：元

摘　要	人工费	材料费	机械使用费	其他直接费	间接费用	合计
截至上月底累计	280 000	950 000	980 000	28 000	40 000	2 278 000
本月份	184 800	3 430 000	2 829 500	52 500	138 320	6 634 620
累计合计	464 800	4 380 000	3 809 000	80 500	178 320	8 912 620

根据上述计算结果，编制会计分录如下。

借：工程结算　　　　　　　　　　　　　　　　8 912 620
　　贷：工程施工——合同成本——商品房　　　　8 912 620

如果将上述分录记入该工程的"工程成本明细账"，则明细账无余额，表示该工程的实际成本已全部结转。

2. 实行定期结算工程成本

在成本计算期末,对施工工程进行盘点,以确定哪些是属于已完工程,哪些是未完工程。现行制度规定,采用定期结算的工程,凡是已经完成了预算定额规定的全部工程内容,在本企业不需要再进行加工的分部分项工程称为已完工程。这部分已完工程,可以按期计算其实际成本,并按预算价格向发包单位收取工程价款。凡是在期末尚未完成预算定额的全部工序与内容的分部分项工程,称为未完工程,这部分未完工程,不能向发包单位收取工程价款。例如,金属油漆工程预算定额规定应抹四遍,月末盘点时只抹了两遍,就是未完工程。那么,如何计算确定当月已完工程的实际成本呢?

假定某个施工工程按月计算工程成本,本月施工的工程都是已完工程。如果月初没有未完工程,那么本月发生的施工费用就是本月施工的已完工程的实际成本。计算公式如下。

$$本月已完工程实际成本=本月发生的施工费用$$

如果月初有未完工程,那么本月已完工程的实际成本就是月初未完工程成本与本月的施工费用之和。计算公式如下。

$$本月已完工程实际成本=月初未完工程成本+本月发生的施工费用$$

如果施工单位在本月内既有已完工程,又有未完工程,那么本月已完工程的实际成本,就是月初未完工程成本,加上本月发生的施工费用,再减去月末未完工程的成本的结果。计算公式如下。

$$本月已完工程的实际成本=月初未完工程实际成本+本月发生的施工费用$$
$$-月末未完工程的实际成本$$

在一般的施工企业中,月末未完工程在全月工作量中若所占的比例较小,同时,在正常的施工条件下,月初与月末未完工程的数额变化也不大,则为了简化核算工作,通常可以把月初未完工程的预算成本视为月末未完工程的实际成本。

如果要计算月末未完施工成本应首先在期末对未完施工进行盘点,确定未完施工实物量,然后按照预算定额规定的工序折合成已完分部分项工程量。计算公式如下。

$$折合已完工程数量=未完施工数量\times折合系数$$

其次,将已完工序的工程量折合的已完分部分项工程量,按分部分项工程的预算单价计算月末未完施工实际成本。月末未完施工实际成本一般不负担间接费用。如果月末未完施工实际成本数额较大,并且期初、期末的数量相差很大,则应分摊间接费用。计算公式如下。

$$未完施工(建筑工程)实际成本=未完施工(建筑工程)折合已完工程量\times预算单价$$
$$\times(1+施工间接费定额)$$

$$未完施工(安装工程)实际成本=未完施工(安装工程)折合已完工程量\times预算单价$$
$$\times未完施工(安装工人)人工费\times施工间接费定额$$

对于未完施工比重较大,而且月初、月末工程量相差较悬殊的工程,为了正确计算工程实际成本和结算工程利润,也可以考虑按如下公式计算未完施工成本。

$$未完施工实际成本=\frac{月初未完施工实际成本+本月工程实际成本}{本月已完工程量+月末未完施工折合已完工程量}$$
$$\times月末未完施工折合已完工程量$$

采用这种计算方法,本月工程实际成本必须按照分部分项工程分别计算,即以分部分项工程为成本计算对象,因为不同分部分项工程的工程量是不能相加计算的。

【例 11-9】 下面仍以送暖中心"工程成本明细账"资料举例说明已完工程实际成本的计算。

① 按预算定额,计算未完施工实际成本,编制未完施工盘点表见表 11-9。

表 11-9 未完施工盘点表

编制单位：方兴建筑公司　　　　　　　　　2020 年 8 月 31 日

单位工程名称	分部分项工程		到期末已做工序			应计价格/元	其中：分项成本				
	名称	预算单价/(元/m²)	名称或内容	占分项工程/%	已做数/m²	折合分部分项工程量/m²		人工费/元	材料费/元	机械使用费/元	其他直接费/元	间接费用/元
送暖中心	内墙抹灰	13.2	打底	50	5 000	2 500	33 000	12 150	15 000	5 850		
加：间接费用							5 500					5 500
合计							38 500	12 150	15 000	5 850		5 500

② 根据"工程成本明细账""未完施工盘点表"资料编制已完工程实际成本计算表见表 11-10。

表 11-10 已完工程实际成本计算表

编制单位：方兴建筑公司　　　　　　　2020 年 8 月 31 日　　　　　　　　　单位：元

工程名称	成本项目	人工费	材料费	机械使用费	其他直接费	直接费成本小计	间接费用	工程成本合计
商品房	月初余额	280 000	950 000	980 000	28 000	2 238 000	40 000	2 278 000
	加：本月发生额	184 800	3 430 000	2 829 000	52 500	6 496 300	138 320	6 634 620
	减：月末未完工程							
	本月已完工程	464 800	4 380 000	3 809 000	80 500	8 734 300	178 320	8 912 620
送暖中心	月初余额	205 600	2 020 000	458 000	16 000	2 699 600	31 000	2 730 600
	加：本月发生额	145 200	193 000	2 391 000	45 000	2 774 200	108 680	2 882 880
	减：月末未完工程	12 150	15 000	5 850		33 000	5 500	38 500
	本月已完工程	338 650	2 198 000	2 843 150	61 000	5 440 800	134 180	5 574 980
合计	月初余额	485 600	2 970 000	1 438 000	44 000	4 937 600	71 000	5 008 600
	加：本月发生额	330 000	3 623 000	5 220 000	97 500	9 270 500	247 000	9 517 500
	减：月末未完工程	12 150	15 000	5 850		33 000	5 500	38 500
	本月已完工程	803 450	6 578 000	6 652 150	141 500	14 175 100	312 500	14 487 600

3. 工程预算成本的计算

工程预算成本是指以施工图为依据，按照预算定额和规定取费标准计算的工程成本。工程预算成本是衡量和考核企业成本节约或超支的尺度，是与发包单位签订合同和结算工程价款的依据。工程预算成本反映企业的收入，实际成本反映企业的支出。实际成本与预算成本相比较的差额，为企业的降低成本额。因此，已完工程实际成本额计算出来后，也应确定其预算成本额。

已完工程预算成本是根据已完工程实物量、预算单价和施工管理定额进行计算的。其计算公式如下。

本月已完建筑工程预算成本＝本月实际完成建筑工程量×预算单价＋(1＋施工间接费)

本月已完安装工程预算成本＝本月实际完成安装工程量×预算单价
　　　　　　　　　　　　　＋本月已完安装工程人工费×施工间接费定额

按上述公式计算的是已完工程预算总成本，还必须把它分解成各成本项目的预算支出数，这样才能与实际成本的构成内容分别比较，从而考核和分析各个成本项目的节约或超支及其原因，其分解方法有以下几种。

① 根据历史资料计算确定各项工程成本中各成本项目所占的比例，以此比例乘以该项已完工程的预算总成本。

【例 11-10】 假设方兴建筑公司已完分部分项工程预算总成本为 6 178 632 元，据历史资料确定该项工程各成本项目占预算总成本的百分比为人工费占 20%，材料费占 65%，机械使

用费占3%，其他直接费占1%，间接费用占11%。则在已完分部分项工程预算总成本中

人工费＝6 178 632×20%＝1 235 726.4（元）
材料费＝6 178 632×65%＝4 016 110.8（元）
机械使用费＝6 178 632×3%＝185 358.96（元）
其他直接费＝6 178 632×1%＝61 786.32（元）
间接费用＝6 178 632×11%＝679 649.52（元）

这种方法计算手续简便，但由于是根据历史资料的比例计算的，求得的各成本项目数额不够准确。

② 根据已完各项工程实物量，查阅单位估价表或单位预算定额分析计算各项已完工程的材料费、人工费，机械使用费和其他直接费。实际工作中，已完工程预算总成本以及各成本项目的预算支出数，一般都是根据已完工程量与预算定额、管理费计取标准等，通过按成本核算对象分别编制已完工程预算价格计算表来进行的。已完工程预算价格计算表见表 11-11。

表 11-11　已完工程预算价格计算表

单位工程名称：商品房　　　　　　　　　　2020 年 8 月

定额编号	工程名称	预算单价/(元/m²)	已完工程 数量/m²	已完工程 预算成本/元	预算成本按成本项目分析/元 材料费	人工费	机械使用费	其他直接费	间接费用
	抹面灰砂浆	1.8	2 000	3 600	2 340	1 080	126	54	
	⋮								
	直接费合计			5 045 900	3 693 600	867 996	422 744	61 560	
	间接费： 直接费×16%			807 344					807 344
	⋮								
	合计				3 693 600	867 996	422 744	61 560	807 344
	临时设施： 直接费×3%			151 378					151 378
	施工机械迁移费： 直接费×3%			151 378					151 378
	预算总成本			6 156 000	3 693 600	867 996	42 744	61 560	1 110 100

注：各项比例是假定的，应根据各地区各主管部门的规定执行。应列入工程预算成本费用中的各成本项目，是按照各地区确定的取费标准所含料、工、费比重分别计算的。

4. 单位工程成本决算

建筑企业除了按月核算已完工程成本外，某项工程竣工时，还要编制竣工成本决算。竣工成本决算是确定竣工工程的预算成本和实际成本，考核竣工工程的实际成本节约或超支的主要依据。因此，在正确计算竣工工程的实际成本和预算成本的基础上，要及时办理单位工程竣工成本决算，以反映工程的预算执行情况，评价各个单位的施工管理水平，为不断降低工程成本提供资料。

为了做好竣工工程的成本决算，应做好以下准备工作。

① 单位工程竣工后，应及时编制竣工工程预算价格表，确定竣工工程的全部预算成本和预算总价值，以便与建设单位进行工程价款的最终结算。

② 及时组织清理施工现场，对剩余材料进行盘点，分别填制退料单和残料交库单，办理退料和转移手续，冲减工程成本。

③ 检查工程实际成本的记录是否完整正确，有无属于专项工程支出计入工程成本，凡应计而未计的费用应补计，凡不应计入的已计费用应予冲减。

④ 检查预算造价是否完整。当施工工程发生变化，工程设计图纸因修改而产生预算漏项或计算错误时，为了正确计算工程价款，保证企业的合理收入，对于漏项工程和漏算费用，如井点抽水费、建筑物加层、远征工程增加费等，要按规定定额和取费标准，及时办理经济签证手续，调整预算造价。

上述工作完成后，即可着手编制单位工程竣工成本决算表见表11-12。

表 11-12 单位工程竣工成本决算表

建设单位：方兴房地产开发公司

工程名称：商品房　　　　　　　　　　建筑面积：3 000m²

工程结构：砖混　　　　　　　　　　　工程造价：8 912 620 元

开工日期：2019 年 3 月 1 日　　　　　竣工日期：2020 年 12 月 20 日

层数：6 层　　　　　　　　　　　　　楼高：3m

项　目	预算成本/元	实际成本/元	降低额/元	降低率/%
直接材料	4 393 600	4 380 000	13 600	0.31
直接人工	367 996	464 800	−96 804	−26.31
机械使用费	3 645 384	3 809 000	−163 616	−4.49
其他直接费	141 560	80 500	61 060	43.13
间接费用	229 448	178 320	51 128	22.28
工程成本合计	8 777 988	8 912 620	−134 632	−1.53
补充资料				
单位成本	2 926	2 970.87	−44.87	−1.53

制表：　　　　　　　　　　　　　　　　　　　　　编制日期：2020 年 12 月 20 日

单位工程竣工成本决算表中的预算成本各项目，可以根据施工图预算分析填入，也可以根据有关该项工程已完工程预算价格计算表中的预算成本按成本项目分别加总填入。

单位工程竣工成本决算表中实际成本各项目，根据"工程成本明细账"中的自开工起实际成本累计发生数填入。如果将若干个单位工程合并为一个成本核算对象，可将几个单位工程合并办理成本决算，但各个单位工程实际成本必须按各个单位工程的预算成本或预算造价的比例计算填入。其计算公式如下。

$$\text{某竣工单位工程实际成本} = \text{该竣工单位工程预算成本} \times \frac{\text{应分配对象的实际总成本}}{\text{各竣工单位工程的预算成本之和}}$$

竣工工程成本决算表一般应一式若干份，其中一份连同竣工工程的工程成本卡和工程结算书等资料一起保存，建立竣工工程技术经济档案，备日后查阅。

为了便于分析工程成本的升降原因，考核各项预算定额的执行情况，总结经营管理经验，并为修订预算定额提供参考依据，应选择一些具有代表性的工程进行总结分析，编制工、料、机械台班用量比较表见表11-13。

表 11-13 工、料、机械台班用量比较表

项　目	单位	预算用量	定额用量	实际用量	实际与预算节超	实际与预算节超率
一、人工	工日					
二、材料：钢筋	t					
水泥	t					
三、机械：起重机	台班					
推土机	台班					

工、料、机械台班用量比较表中的预算用量，根据竣工工程预算价格计算表中有关工、料分析资料填入，实际用量根据竣工工程的"用工台账""用料台账"与"使用机械台账"资料填入。

第十二章 收入与费用及利润

第一节 收入的概述

收入是六大会计要素之一，是利润的主要来源，因此获得收入也是企业日常经营活动中最为主要的目标之一，通过取得的收入去补偿为此而发生的支出以获得一定的利润。

一、收入的概述

（一）收入的定义

收入分为广义收入和狭义收入。广义收入是指会计期间内经济利益的总流入，其表现形式为资产增加或负债减少而引起的所有者权益增加，但不包括与所有者出资等有关的资产增加或负债减少。狭义收入是指企业在日常活动中形成的、会导致所有者权益增加的、与所有者投入资本无关的经济利益的总流入。在市场经济条件下，收入作为影响利润指标的重要因素，越来越受到企业和投资者等众多信息使用者的重视。《企业会计准则第14号——收入》（以下简称"收入准则"）主要规范了收入的确认、计量和相关信息的披露要求，有助于如实反映企业的生产经营成果，准确核算企业实现的损益。长期股权投资、建造合同、租赁、原保险合同、再保险合同等形成的收入的确认、计量和报告等问题不受收入准则规范。我国企业会计准则将收入定义为狭义收入。

收入主要包括企业为完成其经营目标所从事的经常性活动实现的收入，如制造业企业生产并销售产品、商品流通企业销售商品、咨询公司提供咨询服务、软件公司为客户开发软件、安装公司提供安装服务、商业银行对外贷款、保险公司签发保单、租赁公司出租资产等实现的收入；另外，企业发生的与经常性活动相关的其他活动，如制造业企业对外出售不需要的原材料、对外转让无形资产使用权等所形成的经济利益的总流入也构成收入。

企业发生的既不属于经常性活动也不属于与经常性活动相关的其他活动，如企业处置固定资产、无形资产等形成的经济利益的总流入不属于收入。应当确认为营业外收入。

本章着重讲解不同形式的收入，即销售商品收入、提供劳务收入和让渡资产使用权收入的确认条件和计量问题。

（二）收入的分类

收入可以有不同的分类。按照收入的性质，可以分为销售商品收入、提供劳务收入、让渡资产使用权收入、房地产开发企业商品房销售收入、物业管理收入等。按照企业经营业务主次分类，可以分为主营业务收入和其他业务收入。不同行业其主营业务收入所包括的内容也不同，如制造企业主营业务收入主要包括销售产成品和半成品的收入，施工企业的主营业务收入是建造合同收入，房地产开发企业主营业务收入主要包括销售商品房收入，主营业务收入一般占企业营业收入的比重较大，对企业的经济效益产生较大的影响。而其他业务收入主要包括销售材料、提供作业或劳务、出租固定资产等取得的收入等。营业收入中的其他业务收入，一般占企业营业收入比重较小。

（三）收入核算应设置的账户

为了总括地反映已经实现的营业成果，正确确定营业净收益，各类企业对营业收入及与其相关的营业成本、费用，必须根据不同行业的特点，分别设置有关的收入、成本、费用和税金等账户进行核算。按照企业会计规定，企业应设置"主营业务收入""其他业务收入"等账户。

（1）"主营业务收入"账户　用于核算企业在销售产品、提供劳务及让渡资产使用权等日常活动中所产生的收入。该账户的贷方登记企业实现的主营业务收入，借方登记企业发生销售退回，销售折让销售折扣时冲减的主营业务收入，期末余额应一次性从本期借方转入"本年利润"账户的贷方。结转后，本账户无余额。本账户应按商品类别或劳务设置明细账。

（2）"其他业务收入"账户　核算除主营业务之外的其他业务所取得的收入，包括：材料及外购商品的销售收入、无形资产转让、固定资产出租、包装物出租、对外提供运输服务及非工业性劳务所取得的收入。此外，企业受托代销商品所得的手续费收入，也应列入其中。该账户属于权益类账户。贷方登记企业获得的非产品销售或其他业务的收入，借方登记企业发生的有关事项所应抵减的其他业务收入，以及期末转入"本年利润"账户的数额，期末应将本期其他业务的净收入结转到"本年利润"账户贷方。结转后，本账户应无余额。在总账账户下，应按各项业务的种类设置明细账户。

二、施工企业提供劳务的收入

（一）提供劳务收入概述

提供劳务的种类很多，如旅游、运输、饮食、广告、理发、照相、洗染、咨询、代理、培训、工程施工、产品安装等。提供劳务的内容不同，完成劳务的时间也不等；有的劳务一次就能完成，且一般均为现金交易，如饮食、理发、照相等；有的劳务需要花费一段较长的时间才能完成，如工程施工、安装、旅游、培训、远洋运输等。企业应根据劳务完成时间的不同，分别下列情况确认和计量劳务收入。

① 对于一次就能完成的劳务，或在同一会计年度内开始并完成的劳务，称之为不跨年度劳务。对于不跨年度劳务，提供劳务收入，按完成合同法确认，即应在劳务完成时确认收入，确认的金额为合同或协议总金额，确认方法可参照商品销售收入的确认原则。

② 如劳务的开始和完成分属不同的会计年度，称为跨年度劳务。对于跨年度劳务，提供劳务收入的确认和计量，又分为建造合同与非建造合同。

（二）跨年度劳务收入

对于跨年度的劳务，提供劳务收入按期末劳务的结果是否能够可靠地予以估计来加以确认。

1. 劳务的结果能够可靠地估计

在资产负债表日，如果提供劳务的结果能够可靠地估计，则应采用完工百分比法确认劳务收入。完工百分比法是指按照劳务的完成程度确认收入和费用的方法。

提供劳务的交易结果能否可靠估计，依据以下条件进行判断。如同时满足下列条件，则交易的结果能够可靠地估计。

① 合同总收入和总成本能够可靠地计量。合同总收入一般根据双方签订的合同或协议注明的交易总金额确定。随着劳务的不断提供，可能会根据实际情况增加或减少交易总金额，企业应及时调整合同总收入。合同总成本包括至期末止已经发生的成本和完成劳务将要发生的成本。

② 与交易相关的经济利益能够流入企业。

③ 劳务的完成程度能够可靠地确定。在采用完工百分比法确认收入时，收入和相关成本应按以下公式计算。

本期确认的收入＝劳务总收入×至本期末止劳务的完成程度－以前期间已确认的收入
本期确认的成本＝劳务总成本×至本期末止劳务的完成程度－以前期间已确认的成本

采用完工百分比法确认收入，关键是确定劳务的完成程度。

2. 劳务交易的结果不能可靠地估计

在资产负债表日，如不能可靠地估计所提供劳务的交易结果，即不能同时满足上述三个条件，则企业不能按完工百分比法确认收入。这时企业应正确预计已经收回或将要收回的款项能弥补多少已经发生的成本，分别根据以下情况进行处理。

① 已经发生的劳务成本预计能够得到补偿的，应按已经发生的劳务成本金额确认收入；同时，按相同的金额结转成本，不确认利润。

② 已经发生的劳务成本预计只能部分地得到补偿的，应按能够得到补偿的劳务成本金额确认收入，并按已经发生的劳务成本结转成本。确认的收入金额小于已经发生的劳务成本的金额，确认为当期损失。

③ 已经发生的劳务成本预计全部不能得到补偿的，不应确认收入，但应将已经发生的劳务成本确认为当期损失。

3. 提供劳务收入的账务处理

在采用完工百分比法确认劳务收入的情况下，确认劳务收入时，应按实际收到或应收的价款，借记"应收账款""银行存款"等科目，贷记"主营业务收入"等科目。结转成本时，借记"主营业务成本"科目，贷记"劳务成本""工程施工"等科目。

第二节　建造合同收入

一、建造合同总收入的组成

建造合同总收入包括合同规定的初始收入以及因合同变更、索赔、奖励等形成的收入四部分。

① 合同的初始收入。是指建造承包商与客户在双方签订的合同中最初商定的合同总金额，构成合同收入的基本内容。

② 因合同变更的收入。是指因客户改变合同规定作业内容而增加的收入。

③ 工程索赔款收入。是指因客户或第三方的原因造成的、向客户或第三方收取的、用以补偿不包括在合同造价中成本的款项。

④ 奖励款。是指工程达到或超过规定的标准，客户同意支付的额外款项。

二、建造合同收入的账户设置

为了总括地反映已经实现的营业成果，正确确定营业净收益，各类企业对营业收入及与其相关的营业成本、费用，必须根据不同行业的特点，分别设置有关的收入、成本、费用和税金等类账户进行核算。按照企业会计规定，企业应设置"工程结算""主营业务收入""主营业务成本""税金及附加"等账户。

三、建造合同收入的账务处理

在确认和计量建造合同的收入和费用时，首先应当判断建造合同的结果能否可靠地估计。合同收入与合同费用确认的基本原则如下。

① 如果建造合同的结果能够可靠估计，企业应根据完工百分比法在资产负债表日确认

合同收入和合同费用。

② 如果建造合同的结果不能够可靠估计，应分两种情况进行处理：合同成本能够收回的，合同收入根据能够收回的实际合同成本金额予以确认，合同成本在其发生的当期确认为合同费用；合同成本不可能收回的，应在发生时立即确认为合同费用，不确认合同收入。

合同预计总成本超过合同总收入的，应当将预计损失确认为当期费用。

（一）结果能够可靠估计的建造合同

在资产负债表日，建造合同的结果能够可靠地估计的，应当根据完工百分比法确认合同收入和合同费用。完工百分比法是根据合同完工进度确认合同收入和费用的方法，运用这种方法确认合同收入和费用，能为报表使用者提供有关合同进度及本期业绩的有用信息。

1. **固定造价合同的结果能够可靠估计**

① 合同总收入能够可靠地计量。
② 与合同相关的经济利益很可能流入企业。
③ 实际发生的合同成本能够清楚地区分和可靠地计量。
④ 合同完工进度和为完成合同尚需发生的成本能够可靠地确定。

2. **成本加成合同的结果能够可靠估计**

① 与合同相关的经济利益很可能流入企业。
② 实际发生的合同成本能够清楚地区分和可靠地计量。

3. **完工进度的确定**

① 根据累计实际发生的合同成本占合同预计总成本的比例确定。这种方法是确定合同完工进度比较常用的方法。计算公式如下。

$$合同完工进度 = \frac{累计实际发生的合同成本}{合同预计总成本} \times 100\%$$

累计实际发生的合同成本是指形成工程完工进度的工程实体和工作量所耗用的直接成本和间接成本，不包括与合同未来活动相关的合同成本（如施工中尚未安装、使用或耗用的材料成本），以及在分包工程的工作量完成之前预付给分包单位的款项（根据分包工程进度支付的分包工程进度款，应构成累计实际发生的合同成本）。

【例 12-1】 方兴建筑产品生产公司承建追梦桥工程，工期 2 年，工程的预计总成本为 30 000 000 元。第一年，方兴建筑公司的"工程施工——追梦桥工程"账户的实际发生额为 18 000 000 元。其中：人工费 6 000 000 元，材料费 7 200 000 元，机械作业费 4 000 000 元，其他直接费和工程间接费 800 000 元。经查明，工程领用的材料中有一批虽已运到施工现场但尚未使用，尚未使用的材料成本为 1 000 000 元。根据上述资料计算第一年的完工进度如下。

$$合同完工进度 = \frac{18\,000\,000 - 1\,000\,000}{30\,000\,000} \times 100\% = 56.67\%$$

② 根据已经完成的合同工作量占合同预计总工作量的比例确定。这种方法适用于合同工作量容易确定的建造合同，如道路工程、土石方挖掘、砌筑工程等。计算公式如下。

$$合同完工进度 = \frac{已经完成的合同工作量}{合同预计总成本} \times 100\%$$

③ 根据实际测定的完工进度确定。这种方法是在无法根据上述两种方法确定合同完工进度时所采用的一种特殊的技术测量方法，适用于一些特殊的建造合同，如水下施工工程等。需要注意的是，这种技术测量并不是由建造承包商自行随意测定，而应由专业人员现场进行科学测定。

④ 完工百分比法的运用。确定建造合同的完工进度后，就可以根据完工百分比法确认

和计量当期的合同收入和费用。当期确认的合同收入和费用可用下列公式计算。

当期合同收入＝合同总收入×累计完工进度－以前会计期间累计已确认的收入
当期合同费用＝合同预计总成本×累计完工进度－以前会计期间累计已确认费用
当期合同毛利＝(合同总收入－合同预计总成本)×完工进度－以前期间累计已确认毛利

确定建造合同的完工进度后，就可以根据完工百分比法确认和计量合同收入和费用。公式如下。

$$累计完工进度 = \frac{当期确认的合同费用＋以前会计期间累确认的费用}{合同预计总成本} \times 100\%$$

【例12-2】 方兴建筑产品生产公司签订了一项总金额为10 800 000元的固定造价合同，合同完工进度按照累计实际发生的合同成本占合同预计总成本的比例确定。工程已于2019年2月开工，预计2021年9月完工。最初预计的工程总成本为10 000 000元，到2020年年底，由于材料价格上涨等因素调整了预计总成本，预计工程总成本已为12 000 000元。方兴建筑公司于2021年9月如期完成了建造合同，施工企业增值税税率9%，建造该工程的其他有关资料如表12-1所示。

表12-1 建造该工程的其他有关资料　　　　　　　单位：元

项目	2019年	2020年	2021年
累计实际发生成本	3 200 000	8 400 000	11 800 000
预计完成合同尚需发生成本	6 800 000	3 600 000	—
结算合同价款	4 000 000	4 400 000	3 600 000
实际收到价款	3 200 000	3 600 000	5 200 000

该建筑企业对本项建造合同的有关账务处理如下。

① 2019年账务处理如下。

登记实际发生的合同成本，编制会计分录如下。

借：工程施工——合同成本　　　　　　　　　　3 200 000
　　贷：原材料、应付职工薪酬、机械作业等　　　　　　3 200 000

登记已结算的合同价款，编制会计分录如下。

借：应收账款　　　　　　　　　　　　　　　　4 000 000
　　贷：工程结算　　　　　　　　　　　　　　　　　　4 000 000

登记实际收到的合同价款，编制会计分录如下。

借：银行存款　　　　　　　　　　　　　　　　3 200 000
　　贷：应收账款　　　　　　　　　　　　　　　　　　3 200 000

确认计量当年的合同收入和费用，并登记入账。

$$2019年累计完工进度 = \frac{3\ 200\ 000}{3\ 200\ 000+6\ 800\ 000} \times 100\% = 32\%$$

2019年确认的含税合同收入＝10 800 000×32%＝3 456 000（元）
2019年确认的增值税税额＝3 456 000÷(1＋9%)×9%＝285 358（元）
2019年确认的合同费用＝(3 200 000＋6 800 000)×32%＝3 200 000（元）
2019年确认的合同毛利＝3 456 000－3 200 000＝256 000（元）

借：主营业务成本　　　　　　　　　　　　　　3 200 000
　　工程施工——合同毛利　　　　　　　　　　　256 000
　　贷：主营业务收入　　　　　　　　　　　　　　　　3 170 642

　　　　应交税费——应交增值税　　　　　　　　　　　　　285 358

② 2020年的账务处理如下。

登记实际发生的合同成本，编制会计分录如下。

　　借：工程施工——合同成本（8 400 000－3 200 000）　　5 200 000
　　　贷：原材料、应付职工薪酬、机械作业等　　　　　　　　5 200 000

登记结算的合同价款，编制会计分录如下。

　　借：应收账款　　　　　　　　　　　　　　　　　　4 400 000
　　　贷：工程结算　　　　　　　　　　　　　　　　　　　4 400 000

登记实际收到的合同价款，编制会计分录如下。

　　借：银行存款　　　　　　　　　　　　　　　　　　3 600 000
　　　贷：应收账款　　　　　　　　　　　　　　　　　　　3 600 000

确认计量当年的合同收入和费用，并登记入账。

$$2020年累计完工进度=\frac{8\ 400\ 000}{8\ 400\ 000+3\ 600\ 000}\times100\%=70\%$$

2020年确认的含税合同收入 $=10\ 800\ 000\times70\%-3\ 456\ 000=4\ 104\ 000$（元）
2020年确认的增值税税额 $=4\ 104\ 000\div(1+9\%)\times9\%=338\ 862$（元）
2020年确认的合同费用 $=(8\ 400\ 000+3\ 600\ 000)\times70\%-3\ 200\ 000=5\ 200\ 000$（元）
2020年确认的合同毛利 $=4\ 104\ 000-5\ 200\ 000=-1\ 096\ 000$（元）
2020年确认合同预计损失 $=(8\ 400\ 000+3\ 600\ 000-10\ 800\ 000)\times(1-70\%)=360\ 000$（元）

注：在2020年底，由于该合同预计总成本（12 000 000元）大于合同总收入（10 800 000元），预计发生损失总额为1 200 000元。由于已在"工程施工——合同毛利"中反映了－840 000(256 000－1 096 000)元的亏损，因此应将剩余的、为完成工程将发生的预计损失360 000元确认为当期费用。

　　借：主营业务成本[(8 400 000＋3 600 000)×70%－3 200 000]
　　　　　　　　　　　　　　　　　　　　　　　　　　　5 200 000
　　　贷：主营业务收入（10 800 000×70%－3 456 000）　　　3 765 138
　　　　应交税费——应交增值税　　　　　　　　　　　　　338 862
　　　　工程施工——合同毛利　　　　　　　　　　　　　　1 096 000
　　借：资产减值损失　　　　　　　　　　　　　　　　　360 000
　　　贷：存货跌价准备　　　　　　　　　　　　　　　　　360 000

③ 2021年的账务处理如下。

登记实际发生的合同成本，编制会计分录如下。

　　借：工程施工——合同成本（11 800 000－8 400 000）　　3 400 000
　　　贷：原材料、应付职工薪酬、机械作业等　　　　　　　　3 400 000

登记结算的合同价款，编制会计分录如下。

　　借：应收账款　　　　　　　　　　　　　　　　　　3 600 000
　　　贷：工程结算　　　　　　　　　　　　　　　　　　　3 600 000

登记实际收到的合同价款，编制会计分录如下。

　　借：银行存款　　　　　　　　　　　　　　　　　　5 200 000
　　　贷：应收账款　　　　　　　　　　　　　　　　　　　5 200 000

确认计量当年的合同收入和费用，并登记入账。

2021年确认的含税合同收入 $=(10\ 800\ 000+1\ 200\ 000)-(3\ 456\ 000+4\ 104\ 000)=$

4 440 000（元）

2021 年确认的增值税税额＝4 440 000÷(1＋9％)×9％＝366 606（元）

2021 年确认的合同费用＝11 800 000－3 200 000－5 200 000＝3 400 000（元）

2021 年确认的合同毛利＝4 440 000－3 400 000＝1 040 000（元）

借：主营业务成本　　　　　　　　　　　　　　　　3 400 000
　　工程施工——合同毛利　　　　　　　　　　　　1 040 000
　　贷：主营业务收入　　　　　　　　　　　　　　　　4 073 394
　　　　应交税费——应交增值税　　　　　　　　　　　366 606

2021 年工程全部完工，应将"存货跌价准备"账户相关余额冲减"主营业务成本"，将"工程施工"账户的余额与"工程结算"账户的余额相对冲。

借：存货跌价准备　　　　　　　　　　　　　　　　360 000
　　贷：主营业务成本　　　　　　　　　　　　　　　　360 000
借：工程结算　　　　　　　　　　　　　　　　　　12 000 000
　　贷：工程施工——合同成本　　　　　　　　　　　11 800 000
　　　　　　　——合同毛利　　　　　　　　　　　　　200 000

（二）结果不能够可靠估计的建造合同

① 合同成本能够收回的，合同收入根据能够收回的实际合同成本予以确认，合同成本在其发生的当期确认为合同费用；

② 合同成本不可能收回的，应在发生时立即确认为合同费用，不确认合同收入。

【例 12-3】 方兴建筑产品生产公司与客户签订了一项总金额为 2 400 000 元的建造合同。第一年实际发生工程成本 1 000 000 元，双方均能履行合同规定的义务，但建筑公司在年末时对该项工程的完工进度无法可靠确定。

本例中，该公司不能采用完工百分比法确认收入。由于客户能够履行合同，当年发生的成本均能收回，所以公司可将当年发生的成本金额同时确认为当年的收入和费用，当年不确认利润。其账务处理如下。

借：主营业务成本　　　　　　　　　　　　　　　　1 000 000
　　贷：主营业务收入　　　　　　　　　　　　　　　　917 431
　　　　应交税费——应交增值税　　　　　　　　　　　82 569

如果该公司当年与客户只办理含税价款结算 600 000 元，其余款项可能收不回来。这种情况下，该公司只能将 600 000 元确认为当年的收入，1 000 000 元应确认为当年的费用。其账务处理如下。

借：主营业务成本　　　　　　　　　　　　　　　　1 000 000
　　贷：主营业务收入　　　　　　　　　　　　　　　　550 459
　　　　应交税费——应交增值税　　　　　　　　　　　49 541
　　　　工程施工——合同毛利　　　　　　　　　　　　400 000

如果使建造合同的结果不能可靠估计的不确定因素不复存在的，就不应再按照上述规定确认合同收入和费用，而应转为按照完工百分比法确认合同收入和费用。

【例 12-4】 沿用【例 12-3】，如果到第二年，完工进度无法可靠确定的因素消除。第二年实际发生成本为 600 000 元，预计为完成合同尚需发生的成本为 400 000 元，则企业应当计算合同收入和费用如下。

$$第二年合同完工进度 = \frac{1\,000\,000 + 600\,000}{1\,000\,000 + 600\,000 + 400\,000} \times 100\% = 80\%$$

第二年确认的含税合同收入＝2 400 000×80％－600 000＝1 320 000（元）
第二年确认的合同成本＝(1 000 000＋600 000＋40)×80％－1 000 000＝600 000（元）
第二年确认的合同毛利＝1 320 000－600 000＝720 000（元）
其账务处理如下。

  借：主营业务成本   600 000
    工程施工——合同毛利   720 000
   贷：主营业务收入   1 211 009
    应交税费——应交增值税   108 991

第三节 销售商品收入

一、销售商品收入的确认和计量

商品包括企业为销售而生产的产品和为转售而购进的商品。销售商品收入同时满足下列条件的，才能予以确认。

① 企业已将商品所有权上的主要风险和报酬转移给购货方。
② 企业既没有保留通常与所有权相联系的继续管理权，也没有对已售出的商品实施有效控制。
③ 收入的金额能够可靠地计量。
④ 相关的经济利益很可能流入企业。
⑤ 相关的已发生或将发生的成本能够可靠地计量。

二、销售商品收入的账务处理

确认销售商品收入时，企业应按照从购货方已收或应收的合同或协议价款，加上应收取的增值税额，借记"银行存款""应收账款""应收票据"等账户；按确定的收入金额，贷记"主营业务收入""其他业务收入"等账户；按应收取的增值税额，贷记"应交税费——应交增值税（销项税额）"账户。

（一）确认销售收入

通常情况下确认销售商品收入时，会计分录如下。

  借：银行存款（应收账款、应收票据）
   贷：主营业务收入（其他业务收入）
    应交税费——应交增值税（销项税额）

【例12-5】 方兴公司于10月16日采用托收承付的结算方式向鸿翔公司发出甲产品100台，每台售价1 200元，销货价款120 000元，该产品增值税13％，应收增值税额15 600元，已开具专用发票。用支票支付代垫运杂费1 000元，已办妥托收手续，货款尚未收到。10月28日，该公司如数收到向鸿翔公司的货款、增值税和代垫运杂费。公司的账务处理如下。

① 10月16日，办妥托收手续时，编制会计分录如下。

  借：应收账款——鸿翔公司   136 600
   贷：主营业务收入——甲产品   120 000
    应交税费——应交增值税（销项税额） 15 600
    银行存款   1 000

② 10月28日，收到款项、增值税及代垫运费时，编制会计分录如下。

借：银行存款 136 600
　　贷：应收账款——鸿翔公司 136 600

(二) 销售商品涉及的现金折扣、商业折扣、销售折让

1. 现金折扣

现金折扣是指债权人为鼓励债务人在规定的期限内付款向债务人提供的债务扣除，销售商品涉及现金折扣的，应当按照扣除现金折扣前的金额确定销售商品金额，现金折扣在实际发生时计入当期损益。现金折扣的方法有净价法和总价法。

(1) 净价法　主营业务收入按扣减现金折扣后的价款净额计价入账。如果购货方过了折扣期才付款，再调增主营业务收入。

【例 12-6】 方兴公司 10 月 16 日向环海公司销售乙产品 80 台，不含税单价 1 000 元，增值税税率 13%。付款条件为 (3/10、N/30)。

环海公司 10 月 24 日付清货款。采用净价法账务处理如下。

① 10 月 16 日，产品销售时，编制会计分录如下。

借：应收账款——环海公司 87 688
　　贷：主营业务收入——乙产品 77 600
　　　　应交税费——应交税增值税 (销项税额) 10 088

② 如果环海公司 10 日内付款，并存入银行时，编制会计分录如下。

借：银行存款 87 688
　　贷：应收账款——环海公司 87 688

③ 如果环海公司 10 月 28 日付款，并存入银行时，编制会计分录如下。

借：银行存款 90 400
　　贷：应收账款——环海公司 87 688
　　　　财务费用 2 712

(2) 总价法　主营业务收入按发票所载商品全部价款计价入账。现金折扣是购货方在折扣期内支付货款时确认的，并据以冲减主营业务收入。

总价法可以较好地反映销售过程全貌，但在客户可能享受现金折扣的情况下会引起高估应收账款和销售收入。例如，期末结账时，有些应收账款尚未超过折扣期限；企业无法确切地知道客户是否会享受现金折扣，如果其中有一部分可能会享受、而账上并未做出反映，则可能由于并非全部应收账款均能全额收取，虚增应收账款余额。净价法则可避免总价法的不足，但在顾客没有享受现金折扣时，由于账上以净额入账，从而必须再查对原销售额在期末结账时，对已超过折扣期尚未付款的应收账款，须按客户未享受的现金折扣进行调整，操作上比较麻烦。我国采用总价法进行核算，编制会计分录如下。

① 10 月 16 日产品销售时，编制会计分录如下。

借：应收账款——环海公司 90 400
　　贷：主营业务收入 80 000
　　　　应交税费——应交增值税 (销项税额) 10 400

② 如果环海公司在 10 日内付款，并存入银行时，编制会计分录如下。

借：银行存款 87 688
　　财务费用 2 712
　　贷：应收账款——环海公司 90 400

③ 如果环海公司 10 月 28 日付款，并存入银行时，编制会计分录如下。

借:银行存款 90 400
　　贷:应收账款——环海公司 90 400

2. 商业折扣

商业折扣是指企业为促进商品销售而在商品标价上给予的价格扣除。企业销售商品涉及商业折扣的,应当按照扣除商业折扣后的金额确定销售商品收入金额。

3. 销售折让

销售折让是指企业因售出商品的质量不合格等原因而在售价上给予的减让,已确认收入的售出商品发生销售折让的,通常应当在发生时冲减当期销售商品收入;已确认收入的销售折让属于资产负债表日后事项的,应当按照有关资产负债表日后事项的相关规定进行处理。

(三) 销售退回及附有销售退回条件的销售

1. 销售退回

销售退回是指企业售出的商品由于质量、品种不符合要求等原因而发生的退货。对于销售退回,企业应分不同情况进行会计处理。

对于未确认收入的售出商品发生销售退回的,企业应按已记入"发出商品"账户的商品成本金额编制会计分录。

借:库存商品
　　贷:发出商品

对于已确认收入的售出商品发生退回的,企业一般应在发生时冲减当期销售商品收入,同时冲减当前销售商品成本。如该项目销售退回已发生现金折扣的,应同时调整相关财务费用的金额;如该项目销售退回允许扣减增值税额的,应同时调整"应交税费——应交增值税(销项税额)"账户的相应金额。编制会计分录如下。

借:主营业务收入(其他业务收入)
　　应交税费——应交增值税(销项税额)
　　贷:银行存款
　　　　财务费用
借:库存商品
　　贷:主营业务成本

采用计划成本或售价核算的,应按计划成本或售价记入"库存商品"账户,计算产品成本差异或商品进销差价。

已确认收入的售出商品发生的销售退回属于资产负债表日后事项的,应当按照有关资产负债表日后事项的相关规定进行会计处理。

【例 12-7】 方兴公司发生上月销售本月部分退回事项,该批商品 10 台,原售价每台 1 200 元,单位生产成本 800 元。专用发票上注明退回商品的增值税税额为 2 040 元。营业收入已经入账,销售成本已经结转。据此,应进行账务处理如下。

① 冲减本期销售收入及销项税额时,编制会计分录如下。

借:主营业务收入 12 000
　　应交税费——应交增值税(销项税额) 2 040
　　贷:银行存款(或应收账款) 14 040

② 冲减本期销售成本时,编制会计分录如下。

借:库存商品 8 000
　　贷:主营业务成本 8 000

2. 附有销售退回条件的商品销售

附有销售退回条件的商品销售是指购买方依照协议有权退货的销售方式。企业根据以往经验能够合理估计退货可能性的，通常应在发生商品时确认收入；企业不能合理估计退货可能性的，通常应在售出商品退货期满时确认收入。

（四）具有融资性质的分期收款销售商品的处理

企业销售商品有时会采取分期收款的方式，如分期收款发出商品，即商品已经交付，货款分期收回（通常 3 年以上）。如果延期收取的货款具有融资性质，其实质是企业向购货方提供信贷时，企业应当按照应收的合同或协议价款的公允价值确定收入。应收的合同或协议价款的公允价值通常应当按照其未来现金流量现值或商品现销价格确定。应收的合同或协议价与公允价值之间的差额，应当在合同或协议期间内，按照应收款项的摊余成本和实际利率计算确定的金额进行摊销，冲减财务费用。如果按照实际利率法摊销与直线法摊销的结果相差不大，也可采用直线法摊销。

【例 12-8】 方兴公司售出大型设备一套，价值 80 000 元，协议约定采用分期收款方式结算，从销售当年年末开始分 5 期收款，每年 20 000 元，合计 100 000 元。如果购买方在销售成立日支付货款，只需付 80 000 元即可。17% 的增值税额已存入银行。

计算得出名义金额折现为当前售价的利率为 7.93%，分期收款销售收款明细表见表 12-2。

表 12-2 分期收款销售收款明细表   单位：元

收款时间	未收本金 A	利息收益 $B=A\times 7.93\%$	本金收益 $C=D-B$	总收益 D
销售日	80 000	0	0	0
第 1 年年末	80 000	6 344	13 656	20 000
第 2 年年末	66 344	5 261	14 739	20 000
第 3 年年末	51 605	4 092	15 908	20 000
第 4 年年末	35 697	2 831	17 169	20 000
第 5 年年末	18 528	1 472	18 528	20 000
总额		20 000	80 000	100 000

销售成立时，编制会计分录如下。

  借：长期应收款   100 000
    银行存款   13 600
   贷：主营业务收入   80 000
     未实现融资收益   20 000
     应交税费——应交增值税（销项税额） 13 600

第 1 年年末，编制会计分录如下。

  借：银行存款   20 000
   贷：长期应收款   20 000
  借：未实现融资收益   6 344
   贷：财务费用   6 344

第 2 年年末，编制会计分录如下。

  借：银行存款   20 000
   贷：长期应收款   20 000
  借：未实现融资收益   5 261

  贷：财务费用   5 261

第 3 年年末，编制会计分录如下。

  借：银行存款   20 000
    贷：长期应收款   20 000
  借：未实现融资收益   4 092
    贷：财务费用   4 092

第 4 年年末，编制会计分录如下。

  借：银行存款   20 000
    贷：长期应收款   20 000
  借：未实现融资收益   2 831
    贷．财务费用   2 831

第 5 年年末，编制会计分录如下。

  借：银行存款   20 000
    贷：长期应收款   20 000
  借：未实现融资收益   1 472
    贷：财务费用   1 472

（五）结转主营业务成本

  主营业务成本是企业从事生产经营的主要业务所发生的实际成本，是与主营业务收入相关的营业成本。不同性质的企业，其主营业务成本的具体内容会有所不同。在工业企业是已销产品的生产成本；在商品流通企业是已销产品的进价成本；在施工企业是工程结算成本；在房地产开发企业是对外转让、销售、结算和出租开发产品等的经营成本；在（交通）企业是运输支出、装卸支出和堆存支出等。

  一般情况下，工业企业于每月终了时结转已售产品的成本，其数额应根据已销产品的数量和实际单位成本计算。由于已售产品往往涉及几个会计期间，而同种产品在不同会计期间的实际成本不可能完全相同。因此，主营业务成本应根据实际情况，选择先进先出法、加权平均法、移动平均法等方法计算确定。结转时，应借记"主营业务成本"账户，贷记"库存商品""自制半成品""劳务成本"等账户。如果库存产成品采用计划成本核算，则在结转主营业务成本时，应同时结转已销产品应负担的成本差异，将计划成本调整为实际成本。结转成本超支差异时，借记"主营业务成本"账户，贷记"产品成本差异"账户。结转节约差异时，编制与前述相反的会计分录。

  【例 12-9】 方兴公司 10 月末结转本月主营业务成本，其中甲产品 100 台，单位生产成本 800 元，乙产品 80 台，单位生产成本 600 元，应进行如下账务处理。

  借：主营业务成本——甲产品   80 000
        ——乙产品   48 000
    贷：库存商品——甲产品   80 000
       ——乙产品   48 000

（六）结转税金及附加

  税金及附加是政府实施其公共管理职能，调节商品流通而对商品生产销售部门征收的税款，是主营业务收入应负担的税金及教育费附加。即企业发生销售业务后，以主营业务收入为基础计算并从收入中扣除上交的税金及附加，包括消费税、城乡维护建设税、资源税和教育费附加等。

为了核算主营业务收入应负担税金及附加的发生情况，我国会计准则规定，各类企业应设"营业税金及附加"账户。另外，为了核算各种税金应交、已交和未交情况，各类企业一般设置"应交税费"账户进行核算。

月份终了，企业应根据按规定算出的应由主营业务收入负担的各种税金及附加数额，借记"营业税金及附加"账户，贷记"应交税费"账户。

【例 12-10】 方兴公司 10 月末计算本月应交纳的消费税为 14 400 元，城乡维护建设税为 2 520 元，教育费附加为 2 880 元。结转营业税金及附加时，编制会计分录如下。

```
借：主营业务税金及附加                    19 800
    贷：应交税费——应交消费税              14 400
              ——应交城乡维护建设税        2 520
        其他应交款——应交教育费附加         2 880
```

（七）结转销售费用

销售费用主要是指企业为实现商品销售收入而在流通过程中发生的有关费用，包括在销售过程中发生的运输费、装卸费、包装费、保险费、展览费、广告费、代销手续费，以及为销售本企业产品而专设的销售机构的职工工资、业务费等经常费用。企业通过设置"销售费用"账户核算各种主营业务销售费用的发生和结转情况。发生有关费用时，借记"销售费用"账户，贷记"银行存款""库存现金""应付职工薪酬"等账户；每月末将"销售费用"账户的余额转入"本年利润"账户时，借记"本年利润"账户，贷记"销售费用"账户。结转后，"销售费用"账户无月末余额。

【例 12-11】 方兴公司 10 月在产品销售过程中发生销售费用共计 17 000 元，其中，以银行存款支付广告费 1 600 元，运输费 840 元，应负担的专设销售机构人员薪酬 14 560 元。编制会计分录如下。

```
借：销售费用                              17 000
    贷：应付职工薪酬                      14 560
        银行存款                           2 440
```

三、让渡资产使用权收入

（一）让渡资产使用权收入的确认

让渡资产使用权是指资产的所有者将资产的使用权暂时转移给他人，以取得相关收益，但不转移资产所有权的行为，如将资金借给他人使用，以收取资金利息。让渡资产使用权收入主要包括以下两种情况。

① 因他人使用本企业现金而收取的利息收入。这主要是指金融企业存、贷款形成的利息收入及同业之间发生往来形成的利息收入等。

② 因他人使用本企业的无形资产等而形成的使用费收入。他人使用本企业的资产取得的收入还应包括他人使用本企业的固定资产取得的租金收入；因债权投资取得的利息收入及进行股权投资取得的股利收入等。

让渡资产使用权收入金额应当分别下列情况确定：利息收入金额，按照他人使用本企业货币资金的时间和实际利率计算确定；使用费收入金额，按照有关合同或协议约定的收费时间和方法计算确定。

利息收入和使用费收入的确认应遵循以下三个原则。

① 与交易相关的经济利益能够流入企业。企业应根据对方的信誉情况、当年的效益情况以及双方就结算方式、付款期限达成的协议等方面进行判断。如果企业估计收入收回的可

能性不大，就不应确认收入。

② 收入的金额能够可靠地计量。利息收入根据合同或协议规定的存、贷款利率确定。

③ 使用费收入按企业与其资产使用者签订的合同或协议确定。当收入的金额能够可靠地计量时，企业才能进行确认。

（二）让渡资产使用权收入的账务处理

让渡资产使用权的收入，一般通过"其他业务收入"账户核算，所让渡资产计提的摊销额等，一般通过"其他业务成本"账户核算。在确认让渡资产使用权的使用费收入时，按确定的收入金额，借记"银行存款""应收账款"等账户，贷记"其他业务收入"账户。企业对所让渡资产计提摊销以及所发生的与让渡资产有关的支出等，借记"其他业务成本"账户，贷记"累计摊销"等账户。

1. 使用费收入

使用费收入的确认和计量如下。

① 如果合同、协议规定使用费一次支付，且不提供后期服务的，应视同该项资产的销售一次确认收入；如提供后期服务的，应在合同、协议规定的有效期内分期确认收入。

② 如果合同或协议规定分期收取使用费的，应按合同或协议规定的收款时间和金额或规定的收费方法计算确定的金额分期确认收入。使用费收入一般作为其他业务收入进行账务处理。

  借：银行存款等
    贷：其他业务收入

让渡资产所计提的折旧或摊销额等，一般作为其他业务成本处理。

  借：其他业务成本
    贷：累计折旧（或累计摊销）

【例 12-12】 方兴公司将其所拥有的一种商品的商标权转让给带盈公司，带盈公司年末按销售收入 5% 支付使用费，使用期限为 5 年，第 1 年带盈公司销售收入 5 000 000 元，第 2 年带盈公司销售收入 6 000 000 元，假定方兴公司均于每年年末收到使用费，在不考虑其他因素的情况下，方兴公司账户处理如下。

① 第 1 年年末确认使用费收入时，编制会计分录如下。

    使用费收入金额 = 5 000 000 × 5% = 250 000（元）

借：银行存款	250 000
贷：其他业务收入	250 000

② 第 2 年年末确认使用费收入时，编制会计分录如下。

    使用费收入金额 = 6 000 000 × 5% = 300 000（元）

借：银行存款	300 000
贷：其他业务收入	300 000

2. 租赁收入

（1）租赁的分类 租赁应当在租赁开始日分为融资租赁和经营租赁。满足下列标准之一的，即应认定为融资租赁；除融资租赁以外的租赁为经营租赁。

① 在租赁期届满时，资产的所有权转移给承租人。

② 承租人有购买租赁资产的选择权，所订立的购价预计远低于行使选择权时租赁资产的公允价值，因而在租赁开始日就可合理地确定承租人将会行使这种选择权。

③ 租赁期占租赁资产使用寿命的大部分。

④ 就承租人而言，租赁开始日最低租赁付款额的现值几乎相当于租赁开始日租赁资产

公允价值;就出租人而言,租赁开始日最低租赁收款额的现值几乎相当于租赁开始日租赁资产公允价值。

⑤ 租赁资产性质特殊,如果不做较大修整,只有承租人才能使用。

(2) 经营租赁的核算 在一般情况下,出租人应采用直线法将收到的租金在租赁期内确认为收益,但在某些特殊情况下,则应采用比直线法更系统合理的方法计算发生的初始直接费用,应当计入当期损益。或有租金在实际发生时计入当期收益。

【例12-13】 方兴公司2020年3月1日出租给带盈公司吊机一台,协议约定月租费150 000元/月,租赁期为6个月,2020年3月1日带盈公司预付方兴公司租费500 000元,2020年3月1日,方兴公司收到带盈公司预付款500 000元。方兴公司账务处理如下。

① 收到带盈公司预付款500 000元,编制会计分录如下。

  借:银行存款   500 000
    贷:预收账款   500 000

② 3月31日确认租赁收入,编制会计分录如下。

  借:预收账款   150 000
    贷:其他业务收入   150 000

3. 利息收入

利息收入应在每个会计期末,按未收回的存款或贷款等的本金、存续期间和适当的利率计算并确认利息收入。

第四节　期间费用

期间费用是指不能直接归属于某个特定产品成本,而应计入当期损益的费用。期间费用容易确定其发生的期间,而难以判断所应归属的项目,因而,在发生的当期便从当期损益中扣除。施工企业期间费用包括管理费用、销售费用和财务费用。

一、管理费用的核算

1. 管理费用及其组成内容

管理费用是指企业为组织和管理生产经营活动所发生的各种费用,包括企业的董事会和行政管理部门在企业的经营管理中发生的,或者应由企业统一负担的各项费用。具体包括以下几项。

① 企业管理部门及职工方面的费用。公司经费、工会经费、职工教育经费、劳动保险费等。

② 用于企业直接管理之外的费用。董事会费、咨询费、聘请中介机构费、诉讼费等。

③ 提供生产技术条件的费用。排污费、绿化费、技术转让费等。

④ 研究与开发费。企业开发新产品和新技术所发生的新产品设计费、工艺规程制定费、设备调试费、原材料和半成品的试制费、技术图书资料费、未纳入国家计划的中间试验费、研究人员工资、研究设备的折旧、与新产品新技术研究有关的其他经费、委托其他单位进行的科研试制的费用以及试制失败损失等。

⑤ 无形资产摊销。专利权、商标权、著作权、土地使用权、非专利技术和商誉等。

⑥ 长期待摊费用摊销。按大修理间隔期平均摊销的固定资产大修理支出、在租赁期限与租赁资产尚可使用年限两者孰短的期限内平均摊销的租入固定资产改良支出以及在受益期

内平均摊销的其他长期待摊费用的摊销等。

⑦ 购销业务的应酬费。企业为业务经营的合理需要而支付的费用、企业发生的业务招待费等。

⑧ 损失或准备。坏账准备、存货跌价准备。

⑨ 存货盘亏和盘盈等费用。

2. 管理费用的账务处理

企业应设置"管理费用"账户，用来核算企业为组织和管理企业生产经营所发生的管理费用，该账户的借方核算企业发生的各项管理费用，该账户的贷方反映企业转入"本年利润"账户的管理费用，期末"管理费用"账户结转入"本年利润"账户后无余额。本账户应按费用项目设置明细账户，进行明细核算。

【例12-14】 方兴公司2020年8月发生如下经济业务，进行账务处理如下。

① 用银行存款支付业务招待费2 000元，编制会计分录如下。

  借：管理费用——业务招待费   2 000
    贷：银行存款   2 000

② 本月发生工资费用总额68 000元，分别按工资总额的2%和1.5%计提工会经费和职工教育经费，编制会计分录如下。

  借：管理费用——工会经费（68 000×2%）   1 360
      ——职工教育经费（68 000×1.5%） 1 020
    贷：其他应付款   2 380

③ 无形资产摊销500元，编制会计分录如下。

  借：管理费用——无形资产摊销   500
    贷：无形资产   500

④ 用现金支付印花税400元，编制会计分录如下。

  借：管理费用——印花税   400
    贷：库存现金   400

⑤ 摊销本月报刊杂志费300元，编制会计分录如下。

  借：管理费用——报刊杂志费   300
    贷：预付账款   300

⑥ 本月应支付公司行政管理部门工作人员工资50 000元，应计提福利费7 000元，编制会计分录如下。

  借：管理费用——应付工资及福利费   57 000
    贷：应付职工薪酬——工资   50 000
        ——职工福利   7 000

⑦ 计提公司固定资产折旧10 000元，编制会计分录如下。

  借：管理费用——折旧费   10 000
    贷：累计折旧   10 000

⑧ 开出现金支票支付差旅费8 000元，编制会计分录如下。

  借：管理费用——差旅费   8 000
    贷：银行存款   8 000

⑨ 预提固定资产修理费1 200元，编制会计分录如下。

借：管理费用——修理费　　　　　　　　　　　　　　　1 200
　　　　贷：预付账款　　　　　　　　　　　　　　　　　　　　1 200
⑩ 按规定本月应摊销租入固定资产改良支出1 000元，编制会计分录如下。
　　借：管理费用——固定资产改良支出　　　　　　　　　1 000
　　　　贷：长期待摊费用　　　　　　　　　　　　　　　　　1 000
⑪ 计算本月应交纳的房产税1 500元，编制会计分录如下。
　　借：管理费用——房产税　　　　　　　　　　　　　　　1 500
　　　　贷：应交税费——应交房产税　　　　　　　　　　　　1 500
⑫ 现金支付退休人员退休金18 680元，编制会计分录如下。
　　借：管理费用——退休金　　　　　　　　　　　　　　　18 680
　　　　贷：库存现金　　　　　　　　　　　　　　　　　　　18 680
⑬ 按规定以现金支付待业保险费5 000元，编制会计分录如下。
　　借：管理费用——待业保险费　　　　　　　　　　　　　5 000
　　　　贷：库存现金　　　　　　　　　　　　　　　　　　　5 000
⑭ 月末，将本月发生的管理费用结转入"本年利润"账户。
管理费用本月发生额＝2 000＋2 380＋500＋400＋300＋57 000＋10 000＋8 000＋1 200＋1 000＋1 500＋18 680＋5 000＝107 960（元）
　　借：本年利润　　　　　　　　　　　　　　　　　　　　107 960
　　　　贷：管理费用　　　　　　　　　　　　　　　　　　　107 960
结转后，"管理费用"账户期末余额为0。

二、财务费用的核算

1. 财务费用及其组成内容

财务费用是指施工企业为筹集生产经营所需资金等而发生的各项费用，包括利息净支出（减利息收入）、汇兑损益（减汇兑收益）以及相关的手续费等。具体内容包括以下几项。

（1）利息净支出　利息净支出即企业短期借款利息、应计入期间费用的长期借款利息、应付票据利息、票据贴现利息、应计入期间费用的应付债券利息、应计入期间费用的长期应付引进国外设备款利息等利息支出减去银行存款等的利息收入后的净额。

（2）汇兑损益　企业因向银行出售或购入外汇而产生的银行买入、卖出价与记账所采用的汇率之间的差额，以及月度（季度、年度）终了，各种外币账户的外币期末余额，按照期末规定汇率折合的记账人民币金额与原账面人民币金额之间的差额等，包括汇兑损失与汇兑收益。

（3）相关的手续费　企业支付给银行以及非银行金融机构的手续费，包括发行债券所需支付的手续费（需资本化的手续费除外）、银行承兑汇票手续费、调剂外汇手续费等，但不包括发行股票所支付的手续费。

（4）其他财务费用　除以上各项之外，需列入财务费用的费用，如融资租入固定资产发生的融资租赁费用等。

应注意的是，短期银行借款及其他负债（如带息的应付票据）的利息支出，全部列入财务费用。长期负债的利息支出，应分不同情况进行处理：企业在筹建期间发生的利息净支出、汇兑净损失不计入财务费用，而应计入企业的开办费或有关固定资产价值内；企业为购建固定资产及无形资产而发生的利息支出，当固定资产尚未交付使用或虽已交付使用但尚未办理竣工决算之前，应计入固定资产及无形资产的价值；固定资产交付使用并办理竣工决算之后，以及生产经营期间发生的利息支出，应计入财务费用；清算期间发生的利息支出，应计入清算损益。

2. 财务费用的账务处理

企业应当设置"财务费用"账户，用来核算企业发生的各项为筹集资金而发生的费用。该账户借方反映本期实际发生的利息支出、汇兑损失和相关的手续费等；该账户贷方反映本期实际发生的利息收入及汇兑收益；期末，需将本账户余额转入"本年利润"账户，"财务费用"账户结转入"本年利润"账户后，期末余额为0。本账户应按费用项目设置明细账户，进行明细核算。

【例 12-15】 方兴公司2020年8月发生如下经济业务，进行账务处理如下。

① 支付第四季度银行借款利息84 000元，前两个月已预提银行借款利息数合计为57 000元，编制会计分录如下。

```
借：财务费用                      27 000
    预付账款                      57 000
  贷：银行存款                              84 000
```

② 收到银行存款利息4 000元，编制会计分录如下。

```
借：银行存款                       4 000
  贷：财务费用                               4 000
```

③ 银行存款支付银行承兑汇票手续费700元，编制会计分录如下。

```
借：财务费用                         700
  贷：银行存款                                 700
```

④ 由于汇率变动，本月发生汇兑损失1 500元，编制会计分录如下。

```
借：财务费用                       1 500
  贷：银行存款                               1 500
```

⑤ 由于汇率变动，本月获得汇兑收益1 000元，编制会计分录如下。

```
借：银行存款                       1 000
  贷：财务费用                               1 000
```

⑥ 月末，将本月发生的财务费用结转入"本年利润"账户，编制会计分录如下。

财务费用本月发生额=27 000-4 000+700+1 500-1 000=24 200（元）

```
借：本年利润                      24 200
  贷：财务费用                              24 200
```

结转后，"财务费用"账户期末余额为0。

三、销售费用的核算

1. 销售费用及其组成内容

销售费用是指企业在销售商品过程中发生的各项费用，包括企业销售商品过程中发生的包装费、运输费、装卸费、保险费、展览费、广告费、销售服务费用（提供售后服务等的费用），以及为销售本企业商品而专设的销售机构（含销售网点、售后服务网点等）的职工工资及福利费、类似工资性质的费用、业务费等经营费用。

2. 销售费用的会计处理

企业应设置"销售费用"账户。用来核算企业在销售商品过程中发生的各项费用，该账户借方反映企业发生的各项销售费用，该账户的贷方反映企业转入"本年利润"账户的销售费用,"销售费用"账户结转入"本年利润"账户后无余额。该账户应按费用项目设置明细账户,进行明细核算。

【例 12-16】 方兴公司 2020 年 8 月发生如下经济业务,进行账务处理如下。

① 应付销售部门人员工资及福利费为 8 000 元和 1 120 元,编制会计分录如下。

  借:销售费用——应付工资及福利费   9 120
    贷:应付职工薪酬——工资   8 000
        ——职工福利   1 120

② 银行存款支付产品展销费 5 000 元,编制会计分录如下。

  借:销售费用——产品展销费   5 000
    贷:银行存款   5 000

③ 银行存款支付广告费 3 000 元,编制会计分录如下。

  借:销售费用——广告费   3 000
    贷:银行存款   3 000

④ 月末,将本月发生的销售费用结转入"本年利润"账户,编制会计分录如下。

    销售费用本月发生额=9 120+5 000+3 000=17 120(元)
  借:本年利润   17 120
    贷:销售费用   17 120

结转后,"销售费用"账户期末余额为 0。

第五节 利润的形成与分配

企业的利润总额是指企业在一定时期内进行生产经营活动所取得的以货币表现的最终财务成果,是企业会计核算的重要组成部分。企业在生产经营过程中,通过销售过程将商品卖给买方,实现收入。收入与当初的投入成本以及其他一系列费用之差,再加减非经营性质的收支及投资收益,即为企业的利润总额或亏损总额。利润形成应设置的账户有:"主营业务成本""销售费用""税金及附加""其他业务成本"等账户。

一、利润形成应设置的账户

1. "主营业务成本"账户

"主营业务成本"账户用于核算企业已确认的与主营业务收入相匹配的成本。该账户的借方登记销售商品、自制半成品和工业性劳务等成本,贷方登记销售退回的商品成本以及期末转入"本年利润"账户的主营业务成本。结转后本账户无余额。本账户应按商品类别或劳务设置明细账。

2. "销售费用"账户

"销售费用"账户用于核算企业在商品销售过程中所发生的费用,包括运输费、包装费、保管费、展览费、广告费,以及为销售本企业产品而专设的销售机构的职工工资、福利费、业务费等经常费用。该账户的借方登记销售费用的发生额,贷方登记期末转入"本年利润"账户的销售费用。结转后本账户无余额。本账户应按费用项目设明细账。

3. "税金及附加"账户

"税金及附加"账户用于核算企业取得主营业务收入时交纳的除增值税以外的销售税金及附加,包括营业税、消费税、资源税、城市维护建设税和教育费附加。该账户的借方登记按规定计算应负担的税金及附加,销售商品、自制半成品和工业性劳务等成本;贷方登记收回的出口退税、减免退回的税金以及期末转入"本年利润"账户的销售税金及附加。结转后本账户无余额。本账户应按商品类别或劳务设置明细账。

4．"其他业务成本"账户

"其他业务成本"账户用于核算销售材料、提供非工业性劳务而发生的相关成本。该账户的借方登记企业发生的各种其他业务所发生的支出，贷方登记发生销售退回材料、外购商品的成本，期末应将其他业务支出转入"本年利润"账户的借方，结转后本账户无余额。在总账账户下，应按各项业务的种类设置明细账。

二、利润形成的核算

企业的利润就其构成来看，既有通过生产经营活动所获得的，也有通过投资活动取得的，还包括那些与生产经营活动没有直接关系的事项所引起的盈亏。根据我国企业会计准则的规定，企业的利润一般包括营业利润、投资收益（减投资损失）、补贴收入和营业外收支等部分。其一般计算公式为

利润总额＝营业利润＋投资收益（减投资损失）＋补贴收入＋营业外收入
－营业外支出净利润＝利润总额－所得税费用

1．营业利润

企业作为以盈利为目的独立的经济实体，应该以自己的经营收入抵补经营支出，并且实现企业盈利。企业盈利的大小在很大程度上表明企业由于生产经营而获得的经济效益，反映企业在每一会计期间的最终经营成果。营业利润是一个企业利润总额的主要来源。营业利润这一指标能够比较恰当地代表企业管理者的经营业绩。

营业利润主要由主营业务利润、其他业务利润和期间费用构成。其计算公式为

营业利润＝主营业务利润＋其他业务利润－销售费用－管理费用－财务费用

① 主营业务利润是指企业经营活动中主营业务所产生的利润。企业的主营业务收入减去主营业务成本和主营业务应负担的流转税及附加后的余额，通常称为毛利。其一般计算公式为

主营业务利润＝主营业务收入－主营业务成本－主营业务税金及附加

② 其他业务利润是指企业经营主营业务以外的其他业务活动所产生的利润。企业的其他业务收入减去其他业务支出后的差额，即为其他业务利润。其他业务支出包括其他业务所发生的成本以及应由其他业务负担的流转税及附加。其计算公式为

其他业务利润＝其他业务收入－其他业务支出

2．投资收益

（1）投资收益的构成　企业的投资收益是指企业对外投资所取得的收益，减去发生的投资损失和计提的投资减值准备后的净额。投资收益包括对外投资分得的股利、利润和债券利息，投资到期收回或中途出售取得大于账面价值的差额，以及采用权益法核算的股权投资在被投资单位增加的净资产中应分享的份额等。投资损失包括计提的投资减值准备、投资的到期收回或中途出售取得处置收益小账面价值的差额，以及采用权益法核算的股权投资在被投资单位减少的净资产中应分享的份额等。

（2）投资收益的核算　企业应设置"投资收益"账户，用来核算企业对外投资所取得的收益或发生的损失。"投资收益"账户属于损益类账户，贷方登记取得的投资收益，借方登记发生的投资损失，结转前余额若在借方表示发生的损失，余额若在贷方表示取得的收益。期末，应将该账户的余额转入"本年利润"账户，结转后本账户应无余额。该账户应按投资收益种类设置明细账，进行明细分类核算。

3. 补贴收入

补贴收入是指企业按规定实际收到的退还增值税，按销量或工作量等依照国家规定的补助定额并按期给予的定额补贴，以及属于国家财政扶持的领域给予的其他形式的补贴。

企业应设置"补贴收入"账户，用来核算企业实际收到的各种补贴。"补贴收入"账户属于损益类账户，贷方登记应收到政策性亏损补贴和其他补贴，借方登记转入"本年利润"账户的收入额，期末结转后本账户应无余额。

4. 营业外收入

营业外收支是指与企业的生产经营活动无直接关系的各项收支。营业外收支虽然与企业生产经营活动没有多大的关系，但从企业（公司）主体来考虑，同样带来收益或形成企业（公司）的支出，也是增加或减少利润的因素，对企业的利润总额及净利润产生较大的影响。即企业在会计核算时，应当区别营业外收入和营业外支出分别进行核算。

营业外收入是指与企业生产经营活动没有直接关系的各种收入。主要包括：固定资产盘盈、处置固定资产净收益、出售无形资产净收益、接受捐赠、非货币性交易收益、罚款收入、教育费附加返还款等。

企业应设置"营业外收入"账户，用于核算与企业生产经营活动没有直接关系的各种收入。本账户属于损益类账户，贷方登记本期实际取得的各项营业外收入，借方登记期末转入"本年利润"账户的各项收入额，结转后本账户无余额。并按项目设置明细账进行明细分类核算。

（1）固定资产盘盈 是指企业在进行财产清查盘点中发生的固定资产的实存数超过账面数而出现的盈余。固定资产盘盈应作为前期差错，通过"以前年度损益调整"账户处理。经批准核销时，借记"待处理财产损益——待处理固定资产损益"账户，贷记"营业外收入——固定资产盘盈"账户。

（2）处置固定资产净收益 是指企业处置固定资产所取得的收入扣除处置费用及固定资产账面价值后的余额。固定资产清理完毕结转清理净收益，借记"固定资产清理"账户，贷记"营业外收入——处置固定资产净收益"账户。

（3）罚款收入 是指企业取得各种形式的罚款收入。企业取得罚款收入时，借记"银行存款"等账户，贷记"营业外收入——罚款收入"账户。

（4）教育费附加返还款 是指企业收到有关方面返还的教育费附加。收到教育费附加返还款时，借记"银行存款"账户，贷记"营业外收入——教育费附加返还款"账户。

5. 营业外支出

营业外支出是指与企业生产经营活动没有直接关系的各项支出。营业外支出主要包括：固定资产盘亏、处置固定资产净损失、出售无形资产损失、非常损失、罚款支出、债务重组损失、捐赠支出、提取的固定资产减值准备、提取的无形资产减值准备、提取的在建工程减值准备。

企业应设置"营业外支出"账户，用于核算与企业生产经营活动没有直接关系的各种支出。本账户属于损益类账户，借方登记本期实际发生的各项营业外支出，贷方登记期末转入"本年利润"账户的各项支出额，结转后本账户无余额。并按项目设置明细账进行明细分类核算。

（1）固定资产盘亏 是指企业在进行财产清查盘点中发生的固定资产的实存数少于账面数而出现的损失。固定资产盘亏，经批准核销时，借记"营业外支出——固定资产盘亏"账户，贷记"待处理财产损益——待处理固定资产损益"账户。

（2）处置固定资产净损失 是指固定资产因正常原因报废清理、转让、变卖所造成的净损失。清理完毕，结转清理净损失，借记"营业外支出——处置固定资产净损失"账户，贷记"固定资产清理"账户。

（3）公益救济性捐赠、支付赔偿金、违约金　以货币支付，借记"营业外支出"账户，贷记"银行存款"等账户。

（4）非常损失　是指因自然灾害等非正常原因造成的各项资产账面净值加清理费用，减去保险赔偿金及残值后的净损失，借记"营业外支出——非常损失"账户，贷记"固定资产清理"账户。

三、本年利润的结转

企业应设置"本年利润"账户，用来核算企业本年度内实现的净利润（或净亏损）。期末，应将各收益类账户的余额全部转入"本年利润"账户的贷方；将各成本、费用类账户的余额全部转入"本年利润"账户的借方。结转后，"本年利润"账户如为贷方余额，反映本年度自年初开始累计实现的净利润；如为借方余额，反映本年度自年初开始累计发生的净亏损。年度终了，应将"本年利润"账户的余额，全部转入"利润分配"账户，如为净利润，借记"本年利润"账户，贷记"利润分配"账户；如为净亏损，编制相反会计分录。年度结账后，"本年利润"账户无余额。

【例 12-17】　方兴公司在 2019 年度决算时，各损益类账户 12 月 31 日余额如表 12-3 所示。

表 12-3　各损益类账户余额

账户名称	结账前余额/元	账户名称	结账前余额/元
主营业务收入	594 000（贷）	其他业务收入	62 040（贷）
主营业务成本	330 000（借）	其他业务支出	48 840（借）
主营业务税金及附加	29 700（借）	投资收益	9 900（贷）
销售费用	13 200（借）	营业外收入	23 100（贷）
管理费用	56 100（借）	营业外支出	11 880（借）
财务费用	13 200（借）	所得税费用(税前利润的25%)	46 530（借）

根据以上资料，企业会计处理如下。

① 结转本期主营业务收入，编制会计分录如下。

借：主营业务收入　　　　　　　　　　　　594 000
　　贷：本年利润　　　　　　　　　　　　　　　　594 000

② 结转本期主营业务成本、税金和期间费用，编制会计分录如下。

借：本年利润　　　　　　　　　　　　　　442 200
　　贷：主营业务成本　　　　　　　　　　　　　　330 000
　　　　主营业务税金及附加　　　　　　　　　　　29 700
　　　　销售费用　　　　　　　　　　　　　　　　13 200
　　　　管理费用　　　　　　　　　　　　　　　　56 100
　　　　财务费用　　　　　　　　　　　　　　　　13 200

③ 结转本期其他业务收支，编制会计分录如下。

借：其他业务收入　　　　　　　　　　　　62 040
　　贷：本年利润　　　　　　　　　　　　　　　　62 040
借：本年利润　　　　　　　　　　　　　　48 840

贷：其他业务支出　　　　　　　　　　　　　　　　　　　　　48 840
④ 结转本期投资净收益，编制会计分录如下。
　　借：投资收益　　　　　　　　　　　　　　　　　　　　　　　9 900
　　　贷：本年利润　　　　　　　　　　　　　　　　　　　　　　　9 900
⑤ 结转本期营业外收支，编制会计分录如下。
　　借：营业外收入　　　　　　　　　　　　　　　　　　　　　　23 100
　　　贷：本年利润　　　　　　　　　　　　　　　　　　　　　　　23 100
　　借：本年利润　　　　　　　　　　　　　　　　　　　　　　　11 880
　　　贷：营业外支出　　　　　　　　　　　　　　　　　　　　　　11 880
⑥ 结转本年应交的所得税，编制会计分录如下。
　　借：本年利润　　　　　　　　　　　　　　　　　　　　　　　46 530
　　　贷：所得税费用　　　　　　　　　　　　　　　　　　　　　　46 530
⑦ 计算并结转本年净利润。
本年利润借方发生额＝330 000＋29 700＋13 200＋56 100＋13 200＋48 840＋11 880＋46 530
　　　　　　　　＝549 450（元）
本年利润贷方发生额＝594 000＋62 040＋9 900＋23 100＝689 040（元）
净利润＝689 040－549 450＝139 590（元）
　　借：本年利润　　　　　　　　　　　　　　　　　　　　　　　139 590
　　　贷：利润分配——未分配利润　　　　　　　　　　　　　　　　139 590
期末损益类账户结转程序用"T"形账户表示，如图12-1所示。

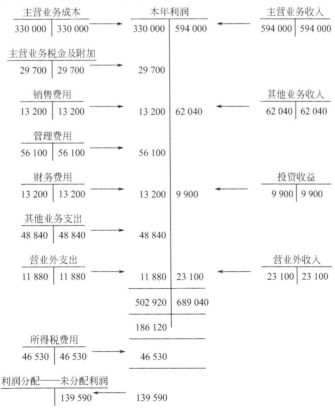

图12-1　期末损益类账户结转程序

四、所得税的核算

(一) 所得税的含义

所得税是国家对企业生产经营所得和其他所得依法课征的一种税。《所得税法》规定，凡实行独立经济核算的国有企业、集体企业、私营企业、联营企业、股份制企业以及有生产、经营所得和其他所得的其他组织，均为企业所得税的纳税义务人。

征税对象是这些企业或组织的生产经营所得和其他所得，包括来源于中国境内的所得和来源于中国境外的所得。企业所得税是处理国家与企业之间社会经济关系的重要形式。

(二) 所得税的性质

所得税作为企业取得可供分配的净收益（即税后利润）所必须花费的代价，是企业的一项费用，而不是收益的分配。

1. 从所得税的属性上看，其本身就是企业的一项费用支出

企业作为独立的经营实体，在经营活动中不仅直接消耗了物化劳动和活劳动，还间接地消耗社会资源并对社会资源造成影响。因此，国家应以社会管理者的身份通过课征所得税的形式向企业收取其支出，而企业则应作为费用从收益中得到补偿。这说明所得税实质上是企业对国家提供的安全保护和公共秩序所付出的代价，是企业为创造和改善自己所需的经营环境及安全保证而支付给国家的一定的社会费用。

2. 就企业收益分配的性质而论，所得税应归属为企业的费用

企业的收益分配应是对一定时期的净利润向投资者或股东进行的分配，其性质属于所有者权益。而所得税是国家依法对企业的生产经营所得所课征的税，它具有强制性、无偿性，无论国家对企业是否有投资，只要企业有收益，均要依法纳税。所得税是企业的一项费用。

3. 从收入与费用配比的原则出发，所得税应作为费用处理

因为所得税是企业要取得净收益所必须花费的代价，即为取得收入所发生的费用支出。

(三) 与所得税有关的概念

1. 资产和负债的计税基础

资产的计税基础是指企业收回资产账面价值的过程中，计算应纳税所得额时按照税法规定可以自应税经济利益中抵扣的金额。如果这些经济利益不需要纳税，那么该资产的计税基础即为其账面价值。资产的计税基础就是将来收回资产时可以抵税的金额。如某公司2019年末存货账面余额200万元，已提存货跌价准备10万元，则存货账面价值为190万元；存货在出售时可以按其账面余额抵税200万元，所以，存货的计税基础为200万元。

负债的计税基础是指负债的账面价值减去未来期间计算应纳税所得额时按照税法规定可予抵扣的金额。负债的计税基础就是将来支付时不能抵税的金额。如某公司2019年年末预计负债账面金额为200万元，全部为预提产品保修费用，假设产品保修费用在实际支付时可抵扣，则该预计负债计税基础为0。

2. 暂时性差异及其分类

暂时性差异是指资产或负债的账面价值与其计税基础之间的差额。此外，某些不符合资产、负债的确认条件，未作为财务报表中资产、负债列示的项目，如果按照税法规定可以确定其计税基础，该计税基础与其账面价值之间的差额也属于暂时性差异。

根据暂时性差异对未来期间应税金额影响的不同，暂时性差异分为应纳税暂时性差异和可抵扣暂时性差异。

(1) 应纳税暂时性差异　应纳税暂时性差异是指在确定未来收回资产或清偿负债期间的应纳税所得额时，将导致产生应税金额的暂时性差异。资产的账面价值大于其计税基础或是负债的账面价值小于其计税基础时，会产生应纳税暂时性差异。如某公司2019年年末商誉账面余额为 4 000 万元，没有计提减值准备。税法规定，企业合并中产生的商誉不能抵税，即商誉的计税基础为 0。因此，商誉账面价值 4 000 万元与计税基础 0 之间的差额，形成暂时性差异为 4 000 万元，因资产的账面价值大于其计税基础，形成应纳税暂时性差异。

(2) 可抵扣暂时性差异　可抵扣暂时性差异是指在确定未来收回资产或清偿负债期间的应纳税所得额时，将导致产生可抵扣金额的暂时性差异。资产的账面价值小于其计税基础或负债的账面价值大于其计税基础时，会产生可抵扣暂时性差异。如某公司 2019 年年末存货账面余额 200 万元，已提存货跌价准备 10 万元，则存货账面价值为 190 万元；存货在出售时按历史成本可以抵税 200 万元，其计税基础为 200 万元。因此，存货账面价值 190 万元与计税基础 200 万元的差额，形成暂时性差异为 10 万元；因资产的账面价值小于其计税基础，形成可抵扣暂时性差异。

(四) 所得税核算应设置的账户

1. "所得税费用"账户

企业应设置"所得税费用"账户，用来核算企业确认的应从当期利润总额中扣除的所得税费用。借方反映当期所得税费用和递延所得税费用之和，贷方反映所得税费用的结转，期末无余额。该账户应按"当期所得税费用"和"递延所得税费用"账户进行明细核算。当期所得税是指企业按照税法规定计算确定的针对当期发生的交易和事项，应交给税务部门的所得税金额，即应交所得税，当期所得税应以适用的税收法规为基础计算确定；递延所得税是指按照所得税准则规定应予确认的递延所得税资产和递延所得税负债在期末应有的余额相对于原已确认金额之间的差额，即递延所得税资产和递延所得税负债当期发生额的综合结果。

2. "应交税费——应交所得税"账户

企业应设置"应交税费——应交所得税"账户，用来核算企业按税法规定计算应缴的所得税。贷方反映实际应纳所得税，借方反映实际已纳所得税，余额反映欠缴所得税。

3. "递延所得税资产"账户

企业应设置"递延所得税资产"账户，用来核算企业由于可抵扣暂时性差异确认的递延所得税资产，以及按能够结转后期的尚可抵扣的亏损和税款抵减的未来应税利润确认的递延所得税资产。借方反映确认的各类递延所得税资产，贷方反映当企业确认递延所得税资产的可抵扣暂时性差异情况发生回转时，转回的所得税影响额以及税率变动或开征新税调整的递延所得税资产。余额反映尚未转回的递延所得税资产。

4. "递延所得税负债"账户

企业应设置"递延所得税负债"账户，用来核算企业由于应税暂时性差异确认的递延所得税负债。贷方反映确认的各类递延所得税负债，借方反映当企业确认递延所得税负债的应税暂时性差异情况发生回转时，转回的所得税影响额以及税率变动或开征新税调整的递延所得税负债。余额反映尚未转回的递延所得税负债。

此外，企业应设置递延税款备查登记簿，详细记录发生的时间性差异的原因、金额、预计转销期限、已转销数额等。企业还应在损益类账户中增设"营业外支出——递延所得税资产减值"账户。在每一个资产负债表日，企业应对递延所得税资产的账面价值进行复核。如果企业未来期间很可能无法获得足够的应纳税所得额用以利用可抵扣暂时性差异带来的经济利益，应当减计递延所得税资产的账面价值。

(五) 所得税核算的账务处理

新企业会计准则只允许采用资产负债表债务法核算所得税，不再采用应付税款法和纳税影响会计法。资产负债表债务法下所得税费用核算有三个步骤。

第一步，计算当期（应交）所得税。

第二步，计算暂时性差异的影响额，分别确认递延所得税资产和递延所得税负债期末余额（表12-4、表12-5）。

第三步，计算所得税费用，包括两项：计算当期所得税费用；确认递延所得税。

表12-4 暂时性差异计算表

项目	账面价值	计税基础	差异	
			应纳税暂时性差异	可抵扣暂时性差异
存货				
固定资产				
无形资产				
其他应付款				
总计				

说明：
(1) 每一项目可根据实际情况编制计算清单，作为此表的支持附件；
(2) 按照会计准则，确定资产、负债项目的账面价值；
(3) 以适用的税法为基础，确定资产、负债项目的计税基础；
(4) 依据差异和适用的税率，确定资产负债表日递延所得税资产和递延所得税负债的应有金额，并与期初的相关余额进行比较，相比较的差额，根据其性质，追加确认或转销冲减递延所得税资产和递延所得税负债金额。

表12-5 递延所得税计算表

编制单位： 时间： 年 月 日 单位：元

项目	递延所得税资产			递延所得税负债		
	资产负债表日应有金额	期初金额	本期确认追加或转销冲减金额	资产负债表日应有金额	期初金额	本期确认追加或转销冲减金额
存货						
固定资产						
总计						

说明：记入"所得税费用——递延所得税费用"账户的递延所得税费用等于本期追加或转销的递延所得税资产和递延所得税负债之间的差额。借记递延所得税资产，贷记递延所得税负债，借记或贷记"所得税费用——递延所得税费用"账户。

1. 计算当期所得税费用

在资产负债表日，计算当期所得税费用。计算公式为

当期所得税＝应纳税所得额×适用税率

编制会计分录如下。

① 预期应交纳所得税。

　　借：所得税费用——当期所得税费用

　　　　贷：应交税费——应交所得税

② 特殊行业预期返还。
　　借：应交税费——应交所得税
　　　　贷：所得税费用——当期所得税费用

2. 确认递延所得税

一般在资产负债表日，分别确认递延所得税资产和递延所得税负债期末余额；对企业合并等特殊交易或事项，在确认资产、负债时分别确认递延所得税资产和递延所得税负债。基本核算步骤如下。

第一步，确定资产、负债的账面价值。

第二步，确定资产、负债的计税基础。

第三步，比较账面价值与计税基础，确定暂时性差异。

第四步，确认递延所得税资产及负债。

第五步，确定利润表中的所得税费用（递延所得税费用）。

（1）递延所得税初始的确认　确认递延所得税的时间，是在确认相关资产、负债的首个资产负债表日或企业合并的购买日。

① 确认递延所得税资产和递延所得税收益（商誉、资本公积）。

$$递延所得税资产应有余额 = 可抵扣暂时性差异 \times 适用税率$$

$$本期应确认的递延所得税收益 = 递延所得税资产应有余额$$

编制会计分录如下。

　　借：递延所得税资产
　　　　贷：所得税费用——递延所得税费用
　　　　　　或资本公积——其他资本公积
　　　　　　或商誉等

② 确认递延所得税负债和递延所得税费用（商誉、资本公积）。

$$递延所得税负债应有余额 = 应纳税暂时性差异 \times 适用税率$$

$$本期确认的递延所得税费用 = 应确认的递延所得税负债$$

编制会计分录如下。

　　借：所得税费用——递延所得税费用
　　　　或资本公积——其他资本公积
　　　　或商誉等
　　　　贷：递延所得税负债

（2）递延所得税的后续调整　确认递延所得税的时间，在后续的资产负债表日。

① 递延所得税资产和递延所得税收益（商誉、资本公积）。

$$递延所得税资产应有余额 = 可抵扣暂时性差异 \times 适用税率$$

$$本期应确认的递延所得税收益 = 递延所得税资产应有余额 - 确认前账面余额$$

编制会计分录如下。

　　借：递延所得税资产
　　　　贷：所得税费用——递延所得税费用
　　　　　　或资本公积——其他资本公积
　　　　　　或商誉等

② 递延所得税负债和递延所得税费用（商誉、资本公积）。

$$递延所得税负债应有余额 = 应纳税暂时性差异 \times 适用税率$$

$$本期确认的递延所得税费用 = 递延所得税负债应有余额 - 确认前账面余额$$

编制会计分录如下。

借：所得税费用——递延所得税费用
　　或资本公积——其他资本公积
　　或商誉等
　贷：递延所得税负债（注意金额）

（3）计算"计入当期损益"的所得税费用或收益列入"利润表"

"计入当期损益"的所得税费用或收益＝当期所得税费用＋递延所得税费用（－收益）
＝当期所得税费用＋（递延所得负债期末余额－期初余额）－（递延所得资产期末余额－期初余额）

编制会计分录如下。

借：本年利润
　贷：所得税费用——当期所得税费用
　　　　　　　　——递延所得税费用

五、利润分配的核算

1. 利润分配的内容和顺序

利润分配是企业对一定时期的税后利润在企业与投资者之间进行的分配，它不仅关系到企业能否长期稳定地发展，还关系到投资者或股东的权益能否得到保障，具有很强的政策性，因此，企业必须严格按照国家的法规、制度和企业的章程、决议进行利润分配。

企业当期实现的税后利润，加上年初未分配利润（或减去年初未弥补亏损）和其他转入后的余额，为可供分配的利润。企业可供分配的利润，根据规定按照下列顺序进行分配。

① 提取法定盈余公积。是指企业应按当年税后利润（减弥补亏损）的一定比例（10%）提取法定盈余公积，以增强企业自我发展的实力和承担经营风险的能力。

② 提取任意盈余公积。是指企业按股东大会决议提取的任意盈余公积。

③ 应付现金股利或利润。是指企业按照利润分配方案分配给股东的现金股利和利润，也包括非股份有限公司分配给投资者的利润。

④ 转作资本（或股本）的股利。是指企业按照利润分配方案以分派股票股利的形式转作的资本（或股本）。

可供投资者分配的利润经过上述分配后，为未分配利润（或未弥补亏损）。未分配利润可留待以后年度进行分配。企业如果发生亏损，可以按照规定由以后年度的利润进行弥补。

上述利润分配顺序的关系和要求是：企业以前年度亏损未弥补完，不得提取法定盈余公积金；在提取法定盈余公积金之前，不得向投资者分配利润；企业必须按当年税后利润（减弥补亏损）的10%提取法定盈余公积金，当法定盈余公积金已达注册资本50%时可不再提取。

2. 利润分配核算应设置的账户

企业应设置"利润分配"账户，用来核算企业年度内利润的分配（或亏损的弥补）和历年分配（或弥补）后的结存余额。该账户属损益类账户，其借方登记利润的各种分配数或年末从"本年利润"账户转入的待弥补亏损数；贷方登记年末从"本年利润"账户转入的净利润或已经弥补亏损数。年末若有贷方余额，表示历年积存的未分配利润；若为借方余额，表示历年积存的未弥补亏损。"利润分配"账户应根据利润分配的内容以及年终利润结算的需要，设置如下明细账户：提取法定盈余公积、应付优先股股利、提取任意盈余公积金、应付现金股利或利润、转作资本（或股本）的普通股股利、未分配利润。

3. 利润分配的账务处理

① 企业年终，企业应把当年实现的净利润记入"本年利润"账户的借方和"利润分配——未分配利润"账户的贷方，借记"本年利润"账户，贷记"利润分配——未分配利润"账户。如发生亏损，应编制与上述相反的分录。

② 提取法定盈余公积、任意盈余公积。公司按规定从净利润中提取盈余公积金、任意盈余公积时：借记"利润分配——提取法定的盈余公积""利润分配——提取任意盈余公积"账户，贷记"盈余公积——法定盈余公积""盈余公积——任意盈余公积"账户。

用法定的盈余公积金和任意盈余公积金弥补亏损时，借记"盈余公积——法定盈余公积""盈余公积——任意盈余公积"账户，贷记"利润分配——盈余公积补亏"账户。

③ 向投资者分配利润 向投资者分配利润时：借记"利润分配——应付普通股股利""利润分配——应付优先股股利"账户，贷记"应付股利"账户。发放股票股利，借记"利润分配——转作股本普通股股利"账户，贷记"股本"账户。

④ 利润分配完后结转各利润分配明细账户。利润分配完后，企业应将各项利润分配明细账户转入"未分配利润"明细账户，借记"利润分配——未分配利润"账户，贷记"利润分配——提取法定的盈余公积""利润分配——提取任意盈余公积""利润分配——应付优先股股利""利润分配——应付普通股股利""利润分配——转作股本的普通股股利"账户；借记"利润分配——盈余公积补亏"账户。

【例12-18】 方兴公司2019年实现净利润150 000元，按10%提取法定的盈余公积，按5%提取任意的盈余公积，按资本总额的10%向投资者支付利润（资本总额为600 000元），进行账务处理如下。

① 结转本年度实现的净利润，编制会计分录如下。

借：本年利润　　　　　　　　　　　　　　　　　　　150 000
　　贷：利润分配——未分配利润　　　　　　　　　　　　150 000

② 提取法定盈余公积金。

法定盈余公积金=150 000×10%=15 000（元）

借：利润分配——提取法定盈余公积　　　　　　　　　　15 000
　　贷：盈余公积——法定盈余公积　　　　　　　　　　　15 000

③ 提取任意盈余公积金。

任意盈余公积金=150 000×5%=7 500（元）

借：利润分配——提取任意盈余公积　　　　　　　　　　7 500
　　贷：盈余公积——任意盈余公积　　　　　　　　　　　7 500

④ 应向投资者应付的利润为

600 000×10%=60 000（元）

借：利润分配——应付股利　　　　　　　　　　　　　　60 000
　　贷：应付股利　　　　　　　　　　　　　　　　　　　60 000

⑤ 结转利润分配各明细账户，编制会计分录如下。

借：利润分配——未分配利润　　　　　　　　　　　　　82 500
　　贷：利润分配——提取法定盈余公积　　　　　　　　　15 000
　　　　　　　　——提取任意盈余公积　　　　　　　　　7 500
　　　　　　　　——应付股利　　　　　　　　　　　　　60 000

利润分配核算程序如图 12-2 所示。

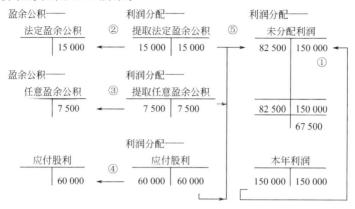

图 12-2　利润分配核算程序

第十三章 财务报告

第一节 财务报告概述

一、财务报告的意义

财务报告是企业依据账簿记录编制的，对外提供的反映企业某一特定日期财务状况和某一会计期间经营成果、现金流量的总结性书面文件。财务报告是企业对外提供财务会计信息的主要形式，是为企业的外部利益关系人（投资者、债权人、政府管理部门等）了解企业的财务状况、经营成果和现金流量等方面的信息的主要渠道。

企业平时发生的经济业务，已经通过编制记账凭证、登记账簿等工作得到了确认、计量和记录。通过日常会计核算，虽然可以反映企业的经营活动、财务状况、经营成果和现金流量信息，但是，会计凭证和会计账簿反映的会计信息还是比较分散，不够集中和概括，不能直观地、一目了然地全面反映企业经济活动的全貌，不便于理解和利用，很难满足国家有关部门、投资者、债权人等会计信息使用者对会计信息的需求。因此，有必要在日常会计核算的基础上，根据会计信息使用者的需要，定期地对日常会计核算资料进行分析、整理，通过编制财务会计报告对分散、零乱的会计信息进行进一步归纳、整理、披露。

二、财务报告的构成

财务报告包括会计报表及其附注和其他应当在财务报告中披露的相关信息和资料。不同类型的企业，经营活动各有其自身的特点。因此，在《企业会计准则》及其应用指南中，对财务报表格式和附注分别按一般企业、商业银行、保险公司、证券公司等企业类型予以规定。企业应根据其经营活动的性质，确定本企业适用的会计报表格式和附注。

1. 会计报表

会计报表主要包括资产负债表、利润表、现金流量表、所有者权益（或股东权益）变动表等。

资产负债表反映的是企业在某一特定日期的财务状况；利润表反映的是企业在一定会计期间的经营成果；现金流量表是反映企业在一定会计期间的现金和现金等价物的流入和流出情况；所有者权益变动表是反映构成所有者权益的各组成部分当期的增减变动情况。它们从不同的角度综合反映企业价值运动的会计信息。以上报表中，资产负债表处于核心地位，因为企业只有在资产减去负债后的余额，即所有者权益（净资产）增加的情况下，才能真正表明企业价值的增加，股东财富的增长。确立资产负债表的核心地位，有助于促进企业树立科学发展观，改善资产负债管理，优化资产和资本结构，提高决策水平，避免只注重眼前利益和收益超前分配，有利于促进企业长远的可持续发展。

2. 附注

财务报告附注是以定性方式为主，对会计报表重要信息及其背景的说明，主要包括企业基本情况（企业组织形式、业务性质、主要经营活动等）、会计报表的编制基础（会计年度、会计计量基础等）、遵循企业会计准则的说明、重要会计政策与会计估计、重要报表项目的说明等。报表使用者了解企业的财务状况、经营成果和现金流量，应当全面阅读附注，附注相对于报表而言，同样具有重要性。根据会计准则的规定，附注应当按照一定的结构进行系统合理的排列和分类，有顺序地披露信息。

3. 其他应当在财务报告中披露的相关信息和资料

其他相关信息和资料的披露，具体可以根据有关法律法规的规定和外部使用者的信息需求而定。比如，企业可以在财务报告中披露其承担的社会责任，对社区的贡献，可持续发展能力等信息，这些信息对于使用者的决策也是相关的，尽管属于非财务信息，无法包括在会计报表中，但是如果有规定或者使用者有需求的，企业应当在财务报告中予以披露，有时企业也可以自愿选择在财务报告中披露这些相关信息。

三、会计报表的分类

财务报表按照不同的标志，可以分为不同的种类，主要有以下几种。

1. 按反映的经济内容分类

① 反映财务状况及现金流量的会计报表。指用来反映企业在一定会计期末财务状况的报表（如资产负债表），反映企业一定会计报告期内现金流量（流入与流出）及原因的会计报表（如现金流量表）。

② 反映经营成果的会计报表。指用来反映企业在一定会计报告期收入、费用和最终经营成果的报表，如利润表。

③ 反映所有者权益变动的会计报表。如所有者权益变动表。

2. 按编报报表的时间分类

① 月报。指每月末编制的会计报表。

② 季报。指每季末编制的会计报表。

③ 半年报。指每半年末编制的会计报表。

④ 年报。指每年末编制的会计报表。

3. 按反映资金运动的状态分类

① 静态报表。指反映资金运动处于相对静止状态时的会计报表，用来反映某一时点企业经营中资产与负债的分布与来源的状况。资产负债表是典型的静态报表。

② 动态报表。指反映资金运动显著变动状态的会计报表，用来反映某一时期资金的投入与退出，以及资金在企业内部周转运动的情况。利润报表、现金流量表等都是动态报表。

目前国际上较为流行的报表分类方法是将报表反映的经济内容和资金运动情况结合起来，将主要报表分为资产负债表、利润表、现金流量表、所有者权益变动表等。我国现行的会计报表体系见表13-1。

表13-1 我国现行的会计报表体系

会　计　报　表			会计报表附注
编号	名称	编报期	企业的基本情况； 报表的编制基础； 遵循准则的说明； 重要项目的说明等
会企01表	资产负债表	中期报告、年度报告	
会企02表	利润表	中期报告、年度报告	
会企03表	现金流量表	中期报告、年度报告	
会企04表	所有者权益(股东权益)变动表	年度报告	

四、会计报表的编制要求

（1）内容完整　要求会计报表应当全面反映企业的财务状况、经营成果及现金流量，反映企业经济活动的全貌，满足利益各方对会计信息的需要。企业对国家要求提供的报表必须按种类、格式报齐；项目指标要填列完整；表首各项内容要清晰标明，表尾应切实履行有关签章手续；某些重要的会计事项还应在财务报告附注中说明，不能漏报、漏填或任意取舍。

（2）数字真实 要求在编制会计报表以前，必须把本期发生的所有经济事项全部登记入账，不能为了赶编报表而提前结账。要认真进行对账和结账，切实做到账证相符、账账相符。按照规定清查财产，做到账实相符。报表所载的数字必须客观、有根据，能真实准确地反映企业的财务状况与经营成果。如果信息不真实，会计报表不仅不能发挥应有的作用，还会使会计信息使用者据此做出错误的判断。

（3）计算准确 要求编制会计报表以会计账簿为依据。但报表数字并不是账簿数字的简单搬家，编表过程实际上是对账簿数字进行分析和重新计算的过程。报表中有些项目需要对账簿记录加总后填列；有些账簿数字需要分解后填列成若干个报表项目；有些项目需要根据报表的有关数据计算填列。因此，填列报表时，各报表之间、报表各项目之间，凡是有对应关系的数字指标应当口径一致，报表中本期与上期的有关数字应当相互衔接，以便投资者分析、比较。

（4）编报及时 要求会计报表必须按规定期限与程序报送给使用者，满足利益各方及时了解企业财务状况、经营成果及现金流量的需要。及时性有两点要求：一要编制及时；二要报送及时。

第二节 资产负债表

一、资产负债表的概述

资产负债表是反映企业在某一特定的日期（月末、季末、年末）全部资产、负债和所有者权益情况的报表。编制资产负债表是为了综合反映企业各项资产、负债、所有者权益的增减变动及其相互之间的对应关系，检查企业资产、负债、所有者权益的结构是否合理，分析企业的财务弹性和偿债能力。资产负债表主要提供以下会计信息。

① 反映企业拥有的经济资源及其构成情况。
② 反映企业资金的来源及其构成情况。
③ 通过有关财务指标的分析，了解企业的财务实力、偿债能力和支付能力。
④ 通过对比较资产负债表的分析，观察企业财务状况的发展趋势。

二、资产负债表的内容和结构

1. 资产负债表的内容

资产负债表是根据会计等式"资产＝负债＋所有者权益"设计而成的。资产负债表主要反映以下三个方面的内容。

① 在某一特定日期企业所拥有的经济资源，即某一特定日期企业所拥有或控制的各项资产的余额，包括流动资产、长期投资、固定资产、无形资产及其他资产。
② 在某一特定日期企业所承担债务，包括各项流动负债和长期负债。
③ 在某一特定日期企业投资者拥有的净资产，包括投资者投入的资本、资本公积、盈余公积和未分配利润。

2. 资产负债表的结构

我国资产负债表采用账户式结构，账户式资产负债表是将资产、负债和所有者权益分为左方和右方，左方列示资产各项目，右方列示负债和所有者权益各项目，资产各项目的合计等于负债和所有者权益各项目的合计。账户式资产负债表，能够反映资产、负债和所有者权益之间的内在关系,并达到资产负债左方和右方平衡。

账户式资产负债表包括表头、表身和表尾。表头主要包括资产负债表的名称、编制单位、编制日期和金额单位;表身包括各项资产、负债和所有者权益各项目的年初数和期末数,是资产负债表的主要部分;表尾主要包括附注资料等。

账户式资产负债表,其资产、负债和所有者权益项目的具体内容都是分别按照一定的标志进行排列的。

资产按流动资产和非流动资产列示。一般来说,资产项目按其流动性或变现能力的强弱,自上而下排列。变现能力最强的排在最前面,变现能力最弱的排在最后。通常的排列顺序是:流动资产按货币资金、交易性金融资产、应收票据、应收账款、存货、预付账款、其他应收款等顺序依次排列。非流动资产按可供出售金融资产、持有至到期投资、长期股权投资、投资性房地产、固定资产、生产性生物资产、无形资产、递延所得税资产等顺序依次排列。

负债依据债务到期日的长短分别按流动负债和非流动负债列示。一年或超过一年的一个营业周期内到期的流动负债,排列在负债的最前面,并依次按照短期借款、应付票据、应付账款、应付职工薪酬、应交税费等顺序依次排列;非流动负债则排列在负债类的下半部分,依次按长期借款、应付债券、长期应付款、预计负债、递延所得税负债等项目列示。

所有者权益按可供企业使用的永久程度加以排列,越能供企业永久使用的项目越排列在前面。其排列的一般顺序是实收资本(或股本)、资本公积、盈余公积、未分配利润。

资产负债表的格式如表 13-2 所示。

表 13-2 资产负债表　　　　　　　　　　　　　　会企 01 表

编制单位:　　　　　　　　　　　　年　月　日　　　　　　　　　　　　单位:元

资　产	年初余额	期末余额	负债和所有者权益(或股东权益)	年初余额	期末余额
流动资产:			流动负债:		
货币资金			短期借款		
交易性金融资产			交易性金融负债		
衍生金融资产			衍生金融负债		
应收票据及应收账款			应付票据及应付账款		
预付账款			预收账款		
其他应收款			应付职工薪酬		
存货			应交税费		
合同资产			其他应付款		
持有待售资产			持有待售负债		
一年内到期的非流动资产			一年内到期的非流动负债		
其他流动资产			其他流动负债		
流动资产合计			流动负债合计		
非流动资产:			非流动负债:		
债权投资			长期借款		
其他债权投资			应付债券		
长期应收款			其中:优先股		
长期股权投资			永续债		

续表

资产	年初余额	期末余额	负债和所有者权益(或股东权益)	年初余额	期末余额
其他权益工具投资			长期应付款		
其他非流动金融资产			预计负债		
投资性房地产			递延收益		
固定资产			递延所得税负债		
在建工程			其他非流动负债		
生产性生物资产			非流动负债合计		
油气资产			负债合计		
无形资产			所有者权益(或股东权益):		
开发支出			实收资本(或股本)		
商誉			资本公积		
长期待摊费用			其他权益工具		
递延所得税资产			其中:优先股		
其他非流动资产			永续债		
非流动资产合计			减:库存股		
			其他综合收益		
			盈余公积		
			未分配利润		
			所有者权益(或股东权益)合计		
资产总计			负债和所有者权益(或股东权益)总计		

三、资产负债表各项目的填列方法

1. 年初余额的填列方法

资产负债表"年初数"栏各项数字，应根据上年末资产负债表"年末数"栏内所列数字填列。如果企业有期初数变化的各类调整事项或上年资产负债表规定的各个项目的名称和内容与本年度不一致，企业应在上年财务报表列报年末数基础上按照会计准则的要求对本年年初数进行调整，填入表内"年初数"栏。

2. 期末余额的填列方法

资产负债表"期末余额"栏各项数字，一般应根据资产、负债和所有者权益类账户的期末余额填列。

① 根据总账账户余额填列。资产负债表中的有些项目，可直接根据总账账户的余额填列。如"交易性金融资产""可供出售金融资产""短期借款""应付票据""应付职工薪酬""专项应付款"等项目；有些项目则需根据几个总账账户的期末余额计算填列，如"货币资金"项目，则根据"库存现金""银行存款""其他货币资金"三个总账账户的期末余额合计数填列。

② 根据明细账账户余额计算填列。如"应收账款"项目，需要根据"应收账款"和"预收账款"两个账户所属的相关明细账户的期末余额计算填列；"应付账款"项目，需要根据"应付账款"和"预付账款"两个账户所属的相关明细账户的期末余额计算填列；"预收账款"项目，需要根据"应收账款"和"预收账款"两个账户所属的相关明细账户的期末余额计算填列；"预付账款"项目，需要根据"应付账款"和"预付账款"两个账户所属的相

关明细账户的期末余额计算填列;"其他应收款"项目,需要根据"其他应收款"和"其他应付款"两个账户所属的相关明细账户的期末余额计算填列;"其他应付款"项目,需要根据"其他应收款"和"其他应付款"两个账户所属的相关明细账户的期末余额计算填列。

③ 根据总账账户和明细账账户余额分析计算填列。如"长期借款"项目,应根据"长期借款"总账账户余额扣除"长期借款"所属的明细项目中将在1年内到期,且企业不能自主地将清偿义务展期的长期借款后的金额计算填列。

④ 根据有关账户余额减去备抵账户余额后的净额填列,如"应收账款"项目,应根据"应收账款"账户的期末余额减去"坏账准备"账户余额后的净额填列。其他需要计提减值准备的项目的填列方法与"应收账款"项目的填列方法类似。

⑤ 综合运用上述填列方法分析填列,如资产负债表中的"存货"项目,应根据"原材料""库存商品""委托加工物资""周转材料""材料采购""在途物资""发出商品""材料成本差异""工程施工""工程结算"等总账账户期末余额的汇总数,再减去"存货跌价准备"账户余额后的净额填列。

3. 资产项目的列报说明

① "货币资金"项目。反映企业库存现金、银行结算户存款、外埠存款、银行汇票存款、信用卡存款、信用证保证金存款等的合计数。本项目应根据"库存现金""银行存款""其他货币资金"账户期末余额的合计数填列。

② "交易性金融资产"项目。反映企业持有的以公允价值计量且变动计入当期损益的,为交易目的持有的债券投资、股票投资、基金投资、权证投资等金融资产。本项目应根据"交易性金融资产"账户的期末余额填列。

③ "衍生金融资产"项目。反映资产负债表日企业持有的衍生金融资产的期末账面价值。本账户应根据"衍生金融资产"账户期末余额的合计数填列。

④ "应收票据及应收账款"项目。反映资产负债表日以摊余成本计量的,企业因销售商品、提供劳务及工程结算等收到的商业汇票,包括银行承兑汇票和商业承兑汇票。本账户应根据"应收票据"的期末余额与"应收账款"和"预收账款"账户所属各明细账户的期末借方余额合计数,减去"坏账准备"账户中有关应收账款计提的坏账准备期末余额后的金额填列。

⑤ "预付账款"项目。反映企业按工程合同预付给分包单位或按购销合同规定预付给供货单位的款项等。本项目应当根据"预付账款"和"应付账款"账户所属各明细账户的期末借方余额合计数,减去"坏账准备"账户中有关预付账款计提的坏账准备期末余额后的金额填列。如果"预付账款"账户所属明细账户期末有贷方余额的,应在资产负债表"应付账款"项目内填列。

⑥ "其他应收款"项目。反映企业除应收票据、应收账款、预付账款、应收利息等经营活动以外的其他各种应收、暂付的款项、应收的各种赔偿金、罚款、备用金、保证金等,以及已不符合预付账款性质而按规定转入的款项。本项目应根据"其他应收款"账户的期末余额,减去"坏账准备"账户中有关其他应收款计提的坏账准备期末余额后的金额填列。

⑦ "存货"项目。反映企业期末在库、在途和在加工的各种存货的可变现净值。本账户应根据"材料采购""原材料""库存商品""周转材料""委托加工物资""委托代销商品""生产成本"等账户的期末余额合计,减去"受托代销商品款""存货低价准备"账户期末余额后的金额填列。材料采用计划成本核算,以及库存商品采用计划成本或售价核算的企业,还应该加或减材料成本差异、商品进销差价的金额填列。

执行建造合同的企业,"工程施工"账户余额大于"工程结算"账户余额的金额,减去计提的合同预计损失后的金额，也在本项目列报。需要说明的是，同一工程项目"工程施工"大于"工程结算"的差额形成的"存货"与该工程项目施工形成的"预收账款"在报表列报时可以抵消，其他情况在报表列报时工程施工大于工程结算在"存货"项目列报的金额不得与其他相关项目相互抵消，须分别列报。

⑧"合同资产"项目。反映资产负债表日企业已向客户转让商品而有权收取对价的权利，且该权利取决于时间之外的其他因素。本账户应根据"合同资产"明细账户的期末余额分析计算填列，同一合同下的合同资产和合同负债应当以净额填列。

⑨"持有待售资产"项目。反映资产负债表日企业划分为持有待售的非流动资产（如划分为持有待售的固定资产、无形资产、长期股权投资等）及划分为持有待售类别的处置中的流动资产和非流动资产的期末账面价值。本项目应根据"持有待售资产"账户的期末余额，减去"持有待售资产减值准备"账户的期末余额后的金额填列。

⑩"1年内到期的非流动资产"项目。反映企业将于1年内到期的非流动资产项目金额。本项目应根据有关账户的期末余额填列。期限长于1年且在资产负债表日后1年内到期的委托贷款也在本项目列报。

⑪"其他流动资产"项目。反映企业除以上流动资产项目外的其他流动资产。本项目应根据有关账户的期末余额填列。如果其他流动资产的价值较大，应在附注中作详细的披露。期限为1年期的委托贷款也在本项目列报。

⑫"债权投资"项目。反映资产负债表日企业以摊余成本计量的长期股权投资的期末账面价值，本项目可根据"债权投资"账户的相关明细账户期末余额，减去"债权投资减值准备"账户余额后中相关减值准备的金额分析填列。

⑬"其他债权投资"项目。反映资产负债表日企业分类为以公允价值计量且其变动计入其他综合收益的长期债权投资的期末账面价值。本项目应根据"其他债权投资"账户的相关明细账户期末余额分析填列。

⑭"长期应收款"项目。反映企业融资租赁发生的应收款项、采用递延方式具有融资性质的销售商品和提供劳务等经营活动产生的长期应收款项。本项目应根据"长期应收款"账户余额减去相应的"未实现融资收益"账户和"坏账准备"相关明细账户余额后的金额填列。

⑮"长期股权投资"项目。反映企业持有的对子公司、合营企业、联营企业的投资及对被投资单位不具备控制或重大影响且在活跃市场中没有报价，公允价值不能可靠计量的权益性投资。本项目应根据"长期股权投资"期末余额，减去"长期股权投资减值准备"账户期末余额后的金额填列。

⑯"其他权益工具投资"项目。反映资产负债表日企业指定为以公允价值计量且其变动计入其他综合收益的非交易性权益工具投资的期末账面价值，本项目根据"其他权益工具投资"账户的期末余额填列。

⑰"投资性房地产"项目。反映企业持有的投资性房地产。企业采用成本模式计量投资性房地产的，本项目应根据"投资性房地产"账户的期末余额，减去"投资性房地产累计折旧"和"投资性房地产减值准备"账户余额后的金额填列；企业采用公允价值模式计量投资性房地产的，本项目应根据"投资性房地产"账户的期末余额填列。

⑱"固定资产"项目。反映企业各种固定资产原价减去累计折旧和减值准备后的净额。本项目应根据"固定资产"账户的期末余额，减去"累计折旧"和"固定资产减值准备"账户期末余额后的金额填列。需要说明的是，企业在工程施工现场为工程项目施工需要而建设的符合固定资产定义的临时设施也在本项目列报。

⑲"在建工程"项目。反映企业期末各项未完工程的实际支出，包括交付安装的设备价值、未完建筑安装工程已耗用的材料、工程和费用支出、预付出包工程的价款的可回收金额。本项目应根据"在建工程"账户的期末余额，减去"在建工程减值准备"账户期末余额后的金额填列。

⑳"生产性生物资产"项目。反映企业持有的生产性生物资产。本项目应根据"生产性生物资产"账户的期末余额，减去"生产性生物资产减值准备"账户期末余额后的金额填列。

㉑"无形资产"项目。反映企业持有的无形资产，包括专利权、非专利技术、商标权、著作权、土地使用权、特许使用权等。本项目应根据"无形资产"账户的期末余额，减去"累计摊销"和"无形资产减值准备"账户期末余额后的金额填列。

㉒"开发支出"项目。反映企业开发无形资产过程中能够资本化形成无形资产成本的支出部分。本项目应根据"研发支出"账户中所属的"资本化支出"明细账户期末余额填列。

㉓"商誉"项目。反映企业合并中形成的商誉价值。本项目应根据"商誉"账户的期末余额，减去相应减值准备后的金额填列。

㉔"长期待摊费用"项目。反映企业已经发生但应由本期和以后各期分担的分摊期限在1年以上的各项费用。长期待摊费用中在1年内（含1年）摊销的部分，在资产负债表"1年内到期的非流动资产"项目填列。本项目应根据"长期待摊费用"账户的期末余额减去将于1年内（含1年）摊销的数额后的金额填列。

㉕"递延所得税资产"项目。反映企业确认的可抵扣暂时性差异产生的递延所得税资产。本项目应根据"递延所得税资产"账户的期末余额填列。

㉖"其他非流动资产"项目。反映企业除长期股权投资、固定资产、在建工程、工程物资、无形资产等以外的其他非流动资产。本项目应根据相关账户的期末余额填列。

4. 负债项目的列报说明

①"短期借款"项目。反映企业向银行或其他金融机构等借入的期限在1年以内（含1年）的各种借款。本项目应根据"短期借款"账户的期末余额填列。

需要说明的是，企业发生的银行承兑汇票贴现业务，如不符合金融资产转移终止的确认条件，则作为票据质押从银行取得短期贷款的业务，此时，贴现的银行承兑汇票金额在本项目填列。

②"交易性金融负债"项目。反映企业承担的以公允价值计量且变动计入当期损益的为交易目的所持有的金融负债。本项目应根据"交易性金融负债"账户的期末余额填列。

③"衍生金融负债"项目。反映资产负债表日企业承担的衍生金融负债的期末账面价值。本账户应根据"衍生金融负债"账户期末余额的合计数填列。

④"应付票据及应付账款"项目。反映资产负债表日企业购买材料、商品和接受劳务供应、拨付分包单位工程款等而开出、承兑的商业汇票，包括银行承兑汇票和商业承兑汇票。本项目应根据"应付票据"账户期末余额，以及"应付账款"和"预付账款"账户所属各明细账户的期末贷方余额合计数填列。

⑤"预收账款"项目。反映企业按照合同向工程建设单位预收的款项及按照合同约定预收购货单位的款项等。本项目应根据"预收账款"和"应收账款"账户所属各明细账户的期末贷方余额合计数填列；如果"预收账款"账户所属各明细账户期末有借方余额，应在资产负债表"应收账款"项目内填列。执行建造合同的企业，"工程施工"账户余额小于"工程结算"账户余额的金额也在本项目填列。需要说明的是，同一工程项目"工程施工"大于"工程结算"的差额形成的"存货"与该工程项目施工形成的"预收账款"在报表列报时可

以抵消,其他情况在报表列报时工程施工大于工程结算在"存货"项目列报的金额不得抵消,须分别列报。

⑥"合同负债"项目。反映资产负债表日企业已收或应收客户对价而应向客户转让商品的义务,本账户应根据"合同负债"明细账户的期末余额分析计算填列,同一合同下的合同资产和合同负债应当以净额填列。其中净额为贷方余额的,应根据其流动性在"合同负债"或"其他非流动负债"项目中填列。

⑦"应付职工薪酬"项目。反映企业根据有关规定应付给职工的工资、职工福利、社会保险费、住房公积金、工会经费、职工教育经费、非货币性福利、辞退福利等各种报酬。本项目应根据"应付职工薪酬"账户余额填列。应付职工薪酬中不应包含应付劳务分包部分,应付劳务分包金额应在"应付账款"项目填报。

⑧"应交税费"项目。反映企业按税法规定计算应交纳的各种税费,包括增值税、消费税、营业税、所得税、资源税、土地增值税、城市建设维护税、房产税、土地使用税、车船使用税、教育费附加、矿产资源补偿费及地方各种费及附加等。企业代扣的个人所得税,也在本项目列示。企业应交的税费不需要预计应交数的,如印花税、耕地占用税等,不在本项目列示。本项目应根据"应交税费"账户的期末余额填列;如"应交税费"账户期末为借方余额,应以"—"号填列。

⑨"其他应付款"项目。反映企业除应付票据、应付账款、预收账款、应付职工薪酬、应付股利、应付利息、应交税费等经营活动以外的其他应付、暂收款项。本项目应根据"其他应付款"账户期末余额填列。

⑩"持有待售负债"项目。反映资产负债表日企业处置组中与划分为持有待售类别的资产直接相关的负债的期末账面价值。本项目应根据"持有待售负债"账户期末余额填列。

⑪"1年内到期的非流动负债"项目。反映企业非流动负债中将于资产负债表日后1年内到期部分的金额,如1年内到期的长期借款。本项目应根据相关账户的期末余额分析填列。

⑫"其他流动负债"项目。反映企业除短期借款、交易性金融负债、应付票据、应付账款、应付职工薪酬、应交税费等流动负债以外的流动负债。本项目应根据相关账户的期末余额填列。

⑬"长期借款"项目。反映企业向银行或其他金融机构借入的期限在1年以上(不含1年)的各项借款。本项目应根据"长期借款"账户余额分析填列。

⑭"应付债券"项目。反映企业为筹集长期资金而发行的债券本金和利息,本项目应根据"应付债券"期末余额填列。

⑮"长期应付款"项目。反映企业除长期借款和应付债券以外的其他各种长期应付款项。本项目应根据"长期应付款"账户的期末余额,减去相应的"未确认融资费用"账户期末余额后的金额填列。

⑯"预计负债"项目。反映企业确认的对外担保、未决诉讼、产品质量保证、亏损性合同等预计负债。本项目应根据"预计负债"账户期末余额填列。

⑰"递延收益"项目。反映资产负债表日企业已收客户对价而向客户转让商品的义务及总额法下取得的与资产相关的政府补贴的期末账面价值。本项目应根据"递延收益"账户的期末余额填列。

⑱"递延所得税负债"项目。反映企业确认的应纳税暂时性差异产生的所得税负债。本项目应根据"递延所得税负债"账户的期末余额填列。

⑲"其他非流动负债"项目。反映企业除长期借款、应付债券等负债以外的其他非流动

负债。本项目应根据有关账户的期末余额减去将于1年内（含1年）到期偿还数后的余额填列。非流动负债各项目中将于1年内（含1年）到期的非流动负债，应在"1年内到期的非流动负债"项目填列。

5. 所有者权益项目的列报说明

①"实收资本（股本）"项目。反映企业各投资者实际投资的资本（股份）总额。本项目应根据"实收资本（股本）"账户的期末余额填列。

②"其他权益工具"项目。反映资产负债表日企业发行的优先股、永续债等划分为权益工具的金融工具。本项目应根据"其他权益工具"账户的期末余额填列。

③"资本公积"项目。反映企业收到投资者出资超出其在注册资本或股本中所占的份额以及直接计入所有者权益的利得和损失等。本项目应根据"资本公积"账户期末余额填列。

④"盈余公积"项目。反映企业盈余公积的期末余额。本项目应根据"盈余公积"账户期末余额填列。

⑤"未分配利润"项目。反映企业尚未分配的利润。本项目根据"本年利润"账户和"利润分配"账户的余额计算填列。未弥补的亏损在本项目内以"—"号填列。

四、资产负债表编制示例

【例 13-1】 方兴公司2019年12月有关会计资料如下。

① 方兴公司2019年12月31日总分类账资料见表13-3。

表 13-3 总分类账期末余额表   单位：元

会计账户	借方余额	会计账户	贷方余额
库存现金	8 220	短期借款	650 000
银行存款	517 680	交易性金融负债	0
交易性金融资产	482 000	应付票据	381 000
应收票据	30 000	应付账款	180 000
应收账款	272 840	预收账款	54 000
坏账准备	-27 280	合同负债	0
预付账款	32 000	应付职工薪酬	12 200
应收股利	0	应交税费	12 820
应收利息	0	应付利息	0
其他应收款	200	应付股利	0
在途物资	12 400	其他应付款	0
原材料	142 600	长期借款	1 745 000
周转材料	38 680	应付债券	0
库存商品	426 680	长期应付款	0
发出商品	103 240	专项应付款	0
存货跌价准备	-13 600	预计负债	0
合同资产	0	递延所得税负债	15 000
债权投资	0	实收资本	3 000 000
其他债权投资	245 800	其他权益工具	0
长期应收款	0	资本公积	0

续表

会计账户	借方余额	会计账户	贷方余额
长期股权投资	670 000	库存股	0
其他权益工具投资	0	其他综合收益	15 000
投资性房地产	0	盈余公积	129 410
固定资产	2 736 280	利润分配(未分配利润)	90 390
累计折旧	−421 040		
固定资产减值准备	−210 000		
在建工程	846 800		
工程物资	124 600		
固定资产清理	0		
无形资产	280 000		
累计摊销	−76 000		
研发支出	0		
商誉	0		
长期待摊费用	0		
递延所得税资产	62 720		
合计	6 284 820	合计	6 284 820

② 根据方兴公司2019年12月31日总分类账资料填资产负债表见表13-4。

表13-4 资产负债表　　　　　　　　　会企01表

编制单位：方兴公司　　2019年12月31日　　　　　　单位：元

资产	年初余额	期末余额	负债和所有者权益(或股东权益)	年初余额	期末余额
流动资产：			流动负债：		
货币资金	452 040	525 900	短期借款	400 000	650 000
交易性金融资产	422 000	482 000	交易性金融负债	0	0
衍生金融资产	0	0	衍生金融负债	0	0
应收票据及应收账款	293 240	275 560	应付票据及应付账款	766 000	561 000
预付款项	0	32 000	预收账款	39 000	54 000
其他应收款	200	200	应付职工薪酬	5 860	12 200
存货	488 000	710 000	应交税费	4 820	12 820
合同资产	0	0	其他应付款	0	0
持有待售资产	0	0	持有待售负债	0	0
一年内到期的非流动资产	0	0	一年内到期的非流动负债	0	0
其他流动资产	0	0	其他流动负债	0	0
流动资产合计	1 655 480	2 025 660	流动负债合计	1 215 680	1 290 020
非流动资产：			非流动负债：		
债权投资	0	0	长期借款	1 390 000	1 745 000
其他债权投资	225 800	245 800	应付债券	0	0

续表

资产	年初余额	期末余额	负债和所有者权益（或股东权益）	年初余额	期末余额
长期应收款	0	0	其中：优先股		
长期股权投资	670 000	670 000	永续债		
其他权益工具投资	0	0	长期应付款	0	0
其他非流动金融资产	0	0	预计负债		
投资性房地产	0	0	递延收益	0	0
固定资产	2 364 130	2 105 240	递延所得税负债	0	0
在建工程	553 000	971 400	其他非流动负债	0	0
生产性生物资产	0	0	非流动负债合计	1 390 000	1 760 000
油气资产	0	0	负债合计	2 605 680	3 050 020
无形资产	240 000	204 000	所有者权益（或股东权益）：		
开发支出	0	0	实收资本（或股本）	3 000 000	3 000 000
商誉	0	0	资本公积	0	0
长期待摊费用	0	0	其他权益工具	0	0
递延所得税资产	52 070	62 720	其中：优先股		
其他非流动资产	0	0	永续债		
非流动资产合计	4 105 000	4 259 160	减：库存股	0	0
			其他综合收益	0	15 000
			盈余公积	108 710	129 410
			未分配利润	46 090	90 390
			所有者权益（或股东权益）合计	3 154 800	3 234 800
资产总计	5 760 480	6 284 820	负债和所有者权益（或股东权益）总计	5 760 480	6 284 820

第三节 利 润 表

一、利润表的概述

利润表是反映企业在一定会计期间的经营成果的会计报表。利润表把一定期间的收入与其同一会计期间相关的费用进行配比，以计算出企业一定时期的净利润（或净亏损）。充分反映企业经营业绩的主要来源和构成，有助于使用者判断净利润的质量及风险，有助于使用者预测净利润的连续性，从而做出正确的决策。利润表主要提供以下会计信息。

① 反映企业经营的收益和成本耗费情况，表明企业的经营成果。

② 提供不同时期的比较数字（本月数、本年累计数、上年数），可以分析企业今后利润的发展趋势及获利能力，了解投资者投入资本的完整性。

③ 体现企业经营的综合业绩，是进行利润分配的主要依据。

二、利润表的内容

利润表主要反映以下几个方面的内容。

① 构成营业利润的各要素。营业利润是营业收入减去为取得营业收入而发生的营业成本，减去营业税金及附加、销售费用、管理费用、财务费用以及资产减值损失，加投资净收益后的金额。营业利润是企业生存和发展的基础。

② 构成利润总额（或亏损总额）的各项要素。利润总额（或亏损总额）是企业当期的经营成果，等于营业利润加上营业外收入，减去营业外支出后的余额。

③ 构成净利润（或净亏损）的各项要素。净利润（或净亏损）是企业当期利润总额减去向国家缴纳的所得税以后的余额，即企业的税后利润。

三、利润表的结构

利润表有单步式和多步式。多步式利润表中的利润是通过多步计算而来的。通常分为以下几步，利润表格式如【例13-2】中的表13-6所示。

① 以营业收入为基础，减去营业成本等相关费用，计算得出营业利润。

② 以营业利润加上营业外收入，减去营业外支出，计算得出利润总额。

③ 利润总额减去所得税费用，计算得出本期净利润（或净亏损）。

多步式利润表的优点是：便于对企业生产经营情况进行分析，有利于不同企业之间进行比较，更重要的是利用多步式损益表有利于预测企业今后的盈利能力。目前，我国企业的利润表就是采用多步式，即通过对当期的收入、费用、支出项目按性质加以归类，按利润形成的主要环节列示一些中间指标，分部计算当期净损益。

利润表有表首、正表两部分。其中，表首说明报表名称、编制单位、编制日期、报表编号、货币名称和计量单位等。正表是利润表的主体，反映形成经营成果的各个项目和计算过程，所以利润表也曾称为损益计算书。

在利润表中，企业通常按各项收入、费用以及构成利润的各个项目分类分项列示。收入按其重要性进行列示，主要包括主营业务收入、其他业务收入、投资损益、营业外收入。费用按其性质进行列示，主要包括主营业务成本、营业税金及附加、销售费用、管理费用、财务费用、其他业务支出、营业外支出、所得税费用等。利润按营业利润、利润总额和净利润等利润的构成分类分项列示。利润表的会计等式如下。

$$收入－费用=利润$$

企业的利润表主要包括以下几个内容。

① 营业收入。由主营业务收入和其他业务收入构成。

② 营业利润。计算公式如下。

$$营业利润=营业收入－营业成本－营业税金及附加－销售费用－管理费用$$
$$－财务费用－资产减值损失＋公允价值变动损益＋投资收益$$

③ 利润总额。计算公式如下。

$$利润总额=营业利润＋营业外收入－营业外支出$$

④ 净利润。计算公式如下。

$$净利润=利润总额－所得税费用；$$

⑤ 每股收益。普通股或潜在普通股已公开交易的企业，以及正处于公开发行普通股或潜在普通股过程中的企业，还应当在利润表中计算列示每股收益。

根据财务报表填报的规定，企业需要提供比较利润表，以使报表使用者比较不同期间利润的实现情况，判断企业经营成果的发展趋势。因此利润表应分为"本年实际数"和"上年实际数"两栏填列。

利润表"上年实际数"金额栏各项数字，应根据上年年末利润表"本年实际数"栏内所列数字填列。如果企业有期初数变化的各类调整事项或上年利润表规定的各个项目的名称和内容与本年度不一致，企业应在上年财务报表列报年末数基础上按照会计准则的要求对本年年初数进行调整，填入表内"上年实际数"栏。

利润表"本年实际数"栏各项数字一般应根据损益类账户的发生额分析计算填列。

四、利润表各项目的填报说明

①"营业收入"项目。反映企业经营主要业务和其他业务所确认的收入总额。企业经营营业执照规定的业务确认的收入在"主营业务收入"项目中反映；企业经营的不属于营业执照规定业务或不经常发生的业务包括出租固定资产、出租无形资产、出租包装物和商品、销售材料等实现的收入在"其他业务收入"项目反映。本项目应根据"主营业务收入"和"其他业务收入"账户的发生额分析填列。

②"营业成本"项目。反映企业经营主要业务和其他业务所发生的成本总额。企业经营营业执照规定的业务发生的成本在"主营业务成本"项目中反映；企业经营的不属于营业执照规定业务或不经常发生的业务发生的成本在"其他业务成本"项目反映。本项目应根据"主营业务成本"和"其他业务成本"账户的发生额分析填列。

③"税金及附加"项目。反映企业经营主要业务和其他业务应负担的消费税、营业税、城市建设维护税、资源税、土地增值税、教育费附加、地方各项费及附加等。企业负担的增值税是价外税，当企业为一般纳税人时，企业负担的增值税反映为与税务相关的债务往来；当企业为小规模纳税人时，企业负担的增值税在营业成本中反映，因此企业负担的增值税不在"营业税金及附加"项目反映。本项目应根据"营业税金及附加"账户的发生额分析填列。

④"销售费用"项目。反映企业在销售过程中发生的包装费、广告费用和为销售本企业商品而专设的销售机构的职工薪酬、业务费等经营经费。施工企业发生的已移交工程维修费及广告费用也应在本项目反映。本项目应根据"销售费用"账户的发生额分析填列。

⑤"管理费用"项目。反映企业为组织和管理企业生产经营所发生的管理费用，包括企业的董事会和行政管理部门在企业的经营管理中发生的或者应由企业统一负担的公司经费（包括行政管理部门职工薪酬、修理费、物料消耗、低值易耗品摊销、办公费和差旅费等）、工会经费、董事会费（包括董事会成员津贴、会议费和差旅费等）、聘请中介机构费、咨询费（含顾问费）、诉讼费、业务招待费、房产税、车船使用税、土地使用税、印花税、技术转让费、矿产资源补偿费、研发费用、排污费等。企业与管理用固定资产有关的后续支出，包括固定资产发生的日常修理费、大修理费用、更新改造支出、房屋的装修费用等，没有满足固定资产准则规定的固定资产确认条件的，也在本项目反映。企业（建造承包商）为订立合同发生的差旅费、投标费等，能够单独区分和可靠计量且合同很可能订立的，应当予以归集，待取得合同时计入合同成本，不在本项目反映。本项目应根据"管理费用"的发生额分析填列。

⑥"财务费用"项目。反映企业为筹集生产经营所需资金等而发生的筹资费用，包括利息支出（减利息收入）、汇兑差额以及相关的手续费、企业发生的现金折扣或收到的现金折扣以及金融资产折现等。为购建或生产满足资本化条件的资产发生的应予资本化借款费用，应计入相关资产的成本，不在本项目反映；企业（建造承包商）为订立合同发生的投标保函、投标保证金等投标费而支付的财务费用，能够单独区分和可靠计量且合同很可能订立的，应当予以归集，待取得合同时计入合同成本，不在本项目反映。本项目应根据"财务费用"账户的发生额分析填列。

⑦"资产减值损失"项目。反映企业根据资产减值等准则计提各项资产减值准备所形成的损失。本项目应根据"资产减值损失"账户发生额分析填列。

⑧"公允价值变动收益"项目。反映企业在初始确认时划分为以公允价值计量且其变动

计入当期损益的金融资产或金融负债（包括交易性金融资产或金融负债和直接指定为以公允价值计量且其变动计入当期损益的金融资产或金融负债），以及采用公允价值模式计量的投资性房地产、衍生工具、套期业务中公允价值变动形成的应计入当期损益的利得或损失。本项目应根据"公允价值变动损益"账户发生额分析填列。如为净损失，本项目以"—"号填列。

⑨ "投资收益"项目。反映企业以各种方式对外投资所取得的收益。企业根据投资性房地产准则确认的采用公允价值模式计量的投资性房地产的租金收入和处置损益，也在本项目反映；企业处置交易性金融资产、交易性金融负债、可供出售金融资产实现的损益，也在本项目反映；企业持有至到期投资和买入金融资产在持有期间取得的投资收益和处置损益，也在本项目反映；企业委托金融机构对其他单位贷款取得的利息收入，也在本项目反映。本项目应根据"投资收益"账户的发生额分析填列。如为投资损失，则以"—"号填列。

⑩ "营业利润"项目。反映企业实现的营业利润。如为亏损，本项目以"—"号填列。

⑪ "营业外收入"项目。反映企业发生的与其经营活动无直接关系的各项净收入，主要包括处置非流动资产利得、非货币性资产交换利得、债务重组利得、罚没利得、政府补助利得、确实无法支付而按规定程序经批准后转作营业外收入的应付款项等。本项目应根据"营业外收入"账户的发生额分析填列。

⑫ "营业外支出"项目。反映企业发生的与其经营活动无直接关系的各项净支出，包括处置非流动资产损失、非货币性资产交换损失、债务重组损失、罚款支出、捐赠支出、非常损失等。本项目应根据"营业外支出"账户的发生额分析填列。

⑬ "利润总额"项目。反映企业实现的利润。如为亏损，本项目以"—"号填列。

⑭ "所得税费用"项目。反映企业根据所得税准则确认的应从当期利润总额中扣除的所得税费用，分为"本期所得税费用"和"递延所得税费用"两类。本项目应根据"所得税费用"账户发生额分析填列。

⑮ "净利润"项目。反映企业实现的净利润。如为亏损，本项目以"—"号填列。

⑯ "基本每股收益"项目。本项目按照归属于普通股股东的当期净利润除以实际发行在外的普通股的加权平均数计算确定。计算基本每股票收益时，分子为归属于普通股股东的当期净利润。发生亏损的企业，每股收益以"—"号填列。

⑰ "稀释每股收益"项目。本项目计算时，当期发行在外普通股的加权平均数应当为计算基本每股收益时普通股的加权平均数与假定稀释性潜在普通股为已发行普通股而增加的普通股股数的加权平均数之和。

五、利润表编制示例

【例 13-2】 方兴公司 2019 年 12 月份各损益类账户发生额见表 13-5。

表 13-5 各损益类账户发生额表

账户名称	借方发生额	贷方发生额
主营业务收入		3 600 000
主营业务成本	3 150 000	
其他业务收入		230 000
其他业务成本	184 200	
税金及附加	52 060	
销售费用	84 200	

续表

账户名称	借方发生额	贷方发生额
管理费用	126 800	
财务费用	24 100	
资产减值损失	42 600	
公允价值变动损益		40 000
投资收益		68 200
资产处置损益		36 380
营业外收入		
营业外支出	34 620	
所得税费用	69 000	
其他综合收益(其他债权投资公允价值变动)	5 000(所得税)	20 000

根据表13-5资料，编制方兴公司2019年度利润表如表13-6所示。

表13-6 利润表

编制单位：方兴公司　　　　2019年度　　　　会企02表　　单位：元

项　目	本期金额	上期金额
一、营业收入	3 830 000	2 646 800
减:营业成本	3 334 200	2 162 300
税金及附加	52 060	46 800
销售费用	84 200	68 800
研发费用	0	0
管理费用	126 800	102 380
财务费用	24 100	21 220
其中:利息费用		
利息收入		
资产减值损失	42 600	21 400
信用减值损失	0	0
加:其他收益	0	0
投资收益(损失以"—"号填列)	68 200	36 800
其中:对联营企业和合营企业的投资收益	0	0
净敞口套期收益	0	0
公允价值变动收益(损失以"—"号填列)	40 000	0
资产处置收益(损失以"—"号填列)	36 380	288 640
二、营业利润(亏损以"—"号填列)	274 240	260 700
加:营业外收入	0	0
减:营业外支出	34 620	300 340
三、利润总额(亏损总额以"—"号填列)	276 000	249 000
减:所得税费用	69 000	62 250

续表

项目	本期金额	上期金额
四、净利润(净亏损以"—"号填列)	207 000	186 750
(一)持续经营净利润(净亏损以"—"号填列)	207 000	186 750
(二)终止经营净利润(净亏损以"—"号填列)		
五、其他综合收益的税后净额	15 000	
(一)以后不能重分类进损益的其他综合收益		
1. 重新计量设定受益计划变动额		
2. 权益法下不能转损益的其他综合收益		
3. 其他权益工具公允价值变动		
4. 企业自身信用风险公允价值变动		
……		
(二)以后将重分类进损益的其他综合收益		
1. 权益法下可转损益的其他综合收益		
2. 其他权益投资公允价值变动	15 000	
3. 金融资产重分类计入其他综合收益的金额		
4. 其他债权投资信用减值准备		
5. 现金流量套期准备		
6. 外币财务报表折算差额		
……		
六、综合收益总额	222 000	186 750
七、每股收益		
(一)基本每股收益	(略)	(略)
(二)稀释每股收益	(略)	(略)

第四节 现金流量表

一、现金流量表的概述

现金流量表是反映企业一定会计期间现金和现金等价物流入和流出的报表。目的是为财务报表使用者提供企业一定会计期间内现金和现金等价物流入和流出的信息,以便于财务会计报表使用者了解和评价企业获取现金和现金等价物的能力,并据以预测企业未来的现金流量。现金流量表的作用主要体现在以下几个方面。

① 帮助投资者和债权人评估企业未来产生现金净流量的能力。
② 帮助投资者和债权人评估企业股利支付能力、偿还债务能力和对外筹资能力。
③ 帮助投资者和债权人分析企业净利润与经营活动现金流量的差异原因。
④ 便于投资者和债权人评估企业报告期内与现金有关的和与现金无关的投资和筹资活动对财务状况的影响。

二、现金流量表的编制基础

现金流量表以现金及现金等价物为基础编制,分为经营活动、投资活动和筹资活动,按照收付实现制原则编制,将权责发生制下的盈利信息调整为收付实现制下的现金流量信息。

(一) 现金

现金是指企业库存现金以及可以随时用于支付的存款。不能随时用于支付的存款不属于现金。现金主要包括以下几项。

(1) 库存现金　库存现金是指企业持有可随时用于支付的现金,与"库存现金"账户的核算内容一致。

(2) 银行存款　银行存款是指企业存入金融机构,可以随时用于支取的存款,与"银行存款"账户核算内容基本一致,但不包括不能随时用于支付的存款。例如,不能随时支取的定期存款等不应作为现金,提前通知金融机构便可支取的定期存款则应包括在现金范围内。

(3) 其他货币资金　其他货币资金是指存放在金融机构的外埠存款、银行汇票存款、银行本票存款、信用卡存款、信用证保证金存款和存出投资款等,与"其他货币资金"账户核算内容一致。

(二) 现金等价物

现金等价物是指企业持有的期限短、流动性强、易于转换为已知金额现金、价值变动风险很小的投资。其中,期限短一般是指从购买日起3个月内到期。例如可在证券市场上流通的3个月内到期的短期债券等。现金等价物虽然不是现金,但其支付能力与现金的差别不大,可视为现金。例如,企业购买的短期债券在企业需要现金时,随时可以变现。

判断一项投资是否属于现金等价物主要从四个条件进行考虑:期限短、流动性强、易于转换为已知金额的现金、价值变动风险很小。其中期限短、流动性强是强调变现能力。而易于转换为已知金额的现金、价值变动风险很小则强调支付能力的大小。现金等价物通常包括3个月内到期的短期债券投资。

三、现金流量的分类

现金流量是指企业现金和现金等价物的流入和流出。在现金流量表中,现金及现金等价物被视为一个整体,企业现金(含现金等价物)形式的转换不会产生现金的流入和流出。例如,企业从银行提取现金是企业现金存放形式的转换,并未流出企业不构成现金流量。同样,现金与现金等价物之间的转换也不属于现金流量,例如,企业用现金购买3个月内到期的国库券。根据企业经营活动的性质和现金流量的来源,在一定期间内产生的现金流量分为三类:经营活动现金流量、投资活动现金流量和筹资活动现金流量。

1. 经营活动现金流量

经营活动是指企业投资活动和筹资活动以外的所有交易和事项。企业经营活动主要包括:销售商品、提供劳务、经营性租赁、购买商品、接受劳务、广告宣传、推销产品等。

(1) 经营活动产生的现金流入

①"销售商品、提供劳务收到的现金"项目。该项目反映企业销售商品、提供劳务实际收到的现金(含销售收入和应向购买者收取的增值税额)。

②"收到的税费返还"项目。该项目反映企业收到返还的所得税、增值税、营业税、消费税、关税和教育费附加等各种税费返还款。

③"收到其他与经营活动有关的现金"项目。该项目反映企业经营租赁收到的租金等其他与经营活动有关的现金流入。

(2) 经营活动产生的现金流出

①"购买商品、接受劳务支付的现金"项目。该项目反映企业本期购买商品、接受劳务

实际支付的现金（包括增值税进项税额），以及本期支付前期购买商品、接受劳务的未付款项和本期预付款项，减去本期发生的购货退回收到的现金。

②"支付给职工以及为职工支付的现金"项目。该项目反映企业本期实际支付给职工的工资、奖金、各种津贴和补贴等职工薪酬（包括代扣代缴的职工个人所得税）。

③"支付的各项税费"项目。该项目反映企业本期发生并支付、以前各期发生本期支付以及预交的各项税费。

④"支付其他与经营活动有关的现金"项目。该项目反映企业经营租赁支付的租金、支付的差旅费、业务招待费、保险费、罚款支出等其他与经营活动有关的现金流出。

2. 投资活动现金流量

投资活动是指企业长期资产的购建和不包括现金等价物范围内的投资及其处置活动。这里所指的长期资产是指固定资产、在建工程、无形资产、其他长期资产等持有期限在一年或一个营业周期以上的资产。

（1）投资活动产生的现金流入

①"收回投资收到的现金"项目。该项目反映企业出售、转让或到期收回除现金等价物以外的对其他企业的权益工具、债务工具和合营中的权益。

②"取得投资收益收到的现金"项目。该项目反映企业除现金等价物以外的对其他企业的权益工具、债务工具和合营中的权益投资分回的现金股利和利息等。

③"处置固定资产、无形资产和其他长期资产所收回的现金净额"项目。该项目反映企业出售、报废固定资产、无形资产和其他长期资产所取得的现金（包括因资产毁损而收到的保险赔偿收入），减去为处置这些资产而支付的有关费用后的净额。

④"处置子公司及其他营业单位收到的现金净额"项目。该项目反映企业处置子公司及其他营业单位所取得的现金减去相关处置费用，以及子公司及其他营业单位持有的现金和现金等价物后的净额。

⑤"收到的其他与投资活动有关的现金"项目。该项目反映企业除了上述各项以外，收到的其他与投资活动有关的现金流入。

（2）投资活动产生的现金流出

①"购建固定资产、无形资产和其他长期资产支付的现金"项目。该项目反映企业购买、建造固定资产、取得无形资产和其他长期资产所支付的现金（含增值税款等），以及用现金支付的应由在建工程和无形资产负担的职工薪酬。

②"投资支付的现金"项目。该项目反映企业取得除现金等价物以外的对其他企业的权益工具、债务工具和合营中的权益所支付的现金以及支付的佣金、手续费等附加费用。

③"取得子公司及其他营业单位支付的现金净额"项目。该项目反映企业购买子公司及其他营业单位购买出价中以现金支付的部分，减去子公司及其他营业单位持有的现金和现金等价物后的净额。

④"支付其他与投资活动有关的现金"项目。该项目反映企业除上述项目外，支付的其他与投资活动有关的现金流出。

3. 筹资活动现金流量

筹资活动是指导致企业资本及债务规模和构成发生变化的活动。这里所说的资本包括实收资本（股本）、资本溢价（股本溢价）。与资本有关的现金流入和流出项目，包括吸收投资、发行股票、分配利润等。

（1）筹资活动产生的现金流入

①"吸收投资收到的现金"项目。该项目反映企业以发行股票、债券等方式筹集资金实

际收到的款项，减去直接支付给金融企业的佣金、手续费、宣传费、咨询费、印刷费等发行费用后的净额。

② "取得借款收到的现金"项目。该项目反映举借各种短期、长期借款所收到的现金。

③ "收到其他与筹资活动有关的现金"项目。该项目反映企业除上述各项目外收到的其他与筹资活动有关的现金流入，如接受现金捐赠等。

(2) 筹资活动产生的现金流出

① "偿还债务支付的现金"项目。该项目反映企业以现金偿还债务的本金，包括偿还金融企业的借款本金、偿还债券本金等。

② "分配股利、利润或偿付利息支付的现金"项目。该项目反映企业实际支付的现金股利、支付给其他投资单位的利润或用现金支付的借款利息、债券利息。

③ "支付其他与筹资活动有关的现金"项目。该项目反映企业除上述项目外，支付的其他与筹资活动有关的现金流出，如捐赠现金支出、融资租入固定资产支付的租赁费等。

四、现金流量表的编制方法

1. 直接法

直接法是指按现金收入和现金支出的主要类别直接反映企业经营活动产生的现金流量，如销售商品、提供劳务收到的现金；购买商品、接受劳务支付的现金等就是按现金收入和支出的类别直接反映的。在直接法下，是以利润表中的营业收入为起算法，调节与经营活动有关的项目的增减变动，然后计算出经营活动产生的现金流量。采用直接法编报的现金流量表，便于分析企业经营活动产生的现金流量的来源和用途，预测企业现金流量的未来前景。

2. 间接法

间接法是指以净利润为起算点，调整不涉及现金的收入、费用、营业外收支等有关项目，剔除投资活动、筹资活动对现金流量的影响，据此计算出经营活动产生的现金流量。由于净利润是按照权责发生制原则确定的，且包括了与投资活动和筹资活动相关的收益和费用，将净利润调节为经营活动现金流量，实际上就是将按权责发生制原则确定的净利润调整为现金净流入，并剔除投资活动和筹资活动对现金流量的影响。采用间接法编报现金流量表，便于将净利润与经营活动产生的现金流量净额进行比较，了解净利润与经营活动产生的现金流量差异的原因，从现金流量的角度分析净利润的质量。

我国采用直接法编报现金流量表，同时要求在附注中提供以净利润为基础调节到经营活动现金流量的信息。具体格式和内容如表 13-7 所示。

表 13-7 现金流量表　　　　　　　　　　会企 03 表

编制单位：　　　　　　年度　　　　　　　　　单位：元

项　目	本期金额	上期金额
一、经营活动产生的现金流量：		
销售商品、提供劳务收到的现金	90 924	129 950
收到的税费返还	0	0
收到的其他与经营活动有关的现金	1 102	860
现金流入小计	92 026	130 810
购买商品、接受劳务支付的现金	33 558	58 294
支付给职工以及为职工支付的现金	2 720	3 942

续表

项目	本期金额	上期金额
支付的各项税费	10 010	13 272
支付的其他与经营活动有关的现金	12 106	16 346
现金流出小计	58 394	91 854
经营活动产生现金流量净额	33 632	38 956
二、投资活动产生的现金流量:		
收回投资所收到的现金	0	0
取得股利或利润所收到的现金	4 900	24 592
处置固定资产、无形资产和其他长期资产所收到的现金净额	0	0
收到的其他与投资活动有关的现金	0	0
现金流入小计	4 900	24 592
购建固定资产、无形资产和其他长期资产所支付的现金	0	0
投资所支付的现金	592	54
取得子公司及其他营业单位支付的现金净额	6 744	4 730
支付的其他与投资活动有关的现金	0	0
现金流出小计	7 336	4 784
投资活动产生的现金流量净额	-2 436	19 808
三、筹资活动产生的现金流量:		
吸收投资所收到的现金	0	0
取得借款所收到的现金	0	0
收到的其他与筹资活动有关的现金	0	0
现金流入小计	0	0
偿还债务所支付的现金	0	31 000
分配股利、利润和偿付利息所支付的现金	33 012	2 088
支付的其他与筹资活动有关的现金	2 644	2 984
现金流出小计	35 656	36 072
筹资活动产生的现金流量净额	-35 656	-36 072
四、汇率变动对现金的影响额	0	0
五、现金及现金等价物净增加额	-4 460	22 692
加:期初现金及现金等价物余额	48 732	26 040
六、期末现金及现金等价物余额	44 272	48 732

第五节 所有者权益变动表

一、所有者权益变动表的概述

所有者权益变动表是反映企业年度内所有者权益（股份公司为股东权益）各组成部分当期的增减变动情况的报表。所有者权益变动表应当全面反映企业一定时期所有者权益变动的情况，不仅包括所有者权益总量的变动，还包括所有者权益增减变动的重要结构性信息，特别是反映直接计入所有者权益的利得和损失，让报表使用者准确理解所有者权益变动的根源。

所有者权益变动表的作用：可以更全面、更真实地反映企业的收益状况；可以有效遏制上市公司操纵利润的行为；可以加快国际趋同的步伐，促进会计国际化。

我国会计准则指出，所有者权益变动表应反映构成所有者权益的各组成部分当期的增减变动情况。为了清楚地表明构成所有者权益的各组成部分当期的增减变动情况，所有者权益变动表应以矩阵形式列示。一方面，列示导致所有者权益变动的交易或事项，至少应单独列示下列信息的项目：净利润、直接计入所有者权益的利得和损失项目及其总额、会计政策变更和差错更正的累计影响金额、所有者投入资本和向所有者分配利润等、按照规定提取的盈余公积、所有者权益内部结转等。另一方面，按照所有者权益各组成部分（包括实收资本或股本、资本公积、盈余公积、未分配利润和库藏股）及其总额列示交易或事项对所有者权益的影响。

会计报表填报准则规定，企业需要提供比较所有者权益变动表，因此，所有者权益变动表各项目须分为"本年金额"和"上年金额"填列。

二、所有者权益变动各项目填报说明

1. 所有者权益变动表"上年金额"项目

反映企业上年资产负债表中实收资本（或股份）、资本公积、盈余公积、未分配利润的年末余额。应根据上年度所有者权益变动表"本年金额"栏内所列数字填列。如果上年度所有者权益变动表规定的各项目的名称和本年度不一致，应对上年度所有者权益变动表各项目的名称和数字按本年度的规定进行调整，填入所有者权益变动表"上年金额"栏。

2. 本年金额栏的填报方法

所有者权益变动表"本年金额"栏内各项数字一般应根据"实收资本（或股本）""资本公积""利润分配""库存股""以前年度损益调整"等账户的发生额分析填列。

3. "会计政策变更"和"前期差错更正"项目

分别反映企业采用追溯调整法处理的会计政策变更的累积影响金额和采用追溯法会计处理重述的会计差错更正累积影响金额。为体现会计政策变更和前期差错更正的影响，企业应当在上期期末所有者权益余额的基础上进行调整得出本期期初所有者权益，根据"盈余公积""利润分配""以前年度损益调整"等账户的发生额分析填列。

4. "本年增减变动额"项目反映的内容

①"净利润"项目。反映企业当年实现的净利润（或净亏损）金额，并对应填列在"未分配利润"栏。

②"直接计入所有者权益的利得和损失"项目。反映企业当年直接计入所有者权益的利得和损失金额，不同事项发生的利得和损失应分别列报。其中："可供出售金融资产公允价值变动净额"项目，反映企业持有的可供出售金融资产当年公允价值变动金额，并对应列在"资本公积"栏；"权益法下被投资单位其他权益变动的影响"项目，反映企业对按照权益法核算的长期股权投资，被投资单位除当年实现的净利润以外其他所有者权益当年变动中应享有的份额，并对应列在"资本公积"栏；"与计入所有者权益或股东权益项目相关的所得税影响"项目，反映企业根据所得税准则规定应计入所有者权益项目的当年所得税影响金额，并对应列在"资本公积"栏；"其他直接计入所有者权益的利得和损失"项目，反映企业除上述外的事项发生的直接计入所有者权益的利得和损失，这些事项的金额须分别列示，并对应列在"资本公积"栏。

③"净利润"和"直接计入所有者权益的利得和损失"小计项目。反映企业当年实现的净利润金额和当年直接计入所有者权益的利得和损失的合计金额。

④"所有者投入资本和减少资本"项目。反映企业当年所有者投入的资本，其中："所有者投入资本"项目，反映企业接受所有者投入形成的实收资本（或股本）和资本溢价（或股本溢价），并对应列示在"实收资本"和"资本公积"栏；"股份支付计入所有者权益的金额"项目，反映企业处于等待期中的权益结算的股份支付当年计入资本公积金的金额，并对应列在"资本公积"栏；"其他所有者投入资本和减少资本"项目，反映企业其他影响所有者投入资本或减少资本的事项，比如企业收购少数股东股权、土地转增资本金等事项，这些事项须单独列报，并对应列示在"实收资本"和"资本公积"栏。

⑤"利润分配"项下各项目。反映企业当年对所有者（或股东）分配利润（或股利）金额和按照规定提取的盈余公积金额，并对应列示在"未分配利润"和"盈余公积"栏。其中："提取盈余公积"项目，反映企业按照规定提取的盈余公积；"对所有者（或股东）的分配"项目，反映对所有者（或股东）分配的利润（或股利）金额。

⑥"所有者权益内部结转"项下各项目。反映企业不影响当年所有者权益总额的所有者权益各组成部分之间当年的增减变动，包括资本公积转增资本（或股本）、盈余公积转增资本（股本）、盈余公积弥补亏损等项目的金额。其中："资本公积转增资本（或股本）"项目，反映企业以资本公积转增资本或股本的金额；"盈余公积金转增资本"项目，反映企业以盈余公积转增资本或股份的金额；"盈余公积弥补亏损"项目，反映企业以盈余公积弥补亏损的金额。

三、所有者权益变动表的结构

我国现行的所有者权益变动表见表13-8。

表13-8 所有者权益（股东权益）变动表　　　　会企：04表

编制单位：　　　　　　　　　　年度　　　　　　　　　　单位：元

项目	行次	本年金额						上年金额（略）
		实收资本（或股本）	资本公积	盈余公积	未分配利润	库存股（减项）	所有者权益合计	
一、上年年末余额								
加：会计政策变更								
前期差错更正								
二、本年年初余额								
三、本年增减变动金额(减少以"一"号填列)								
（一）净利润								
（二）直接计入所有者权益的利得和损失								
1. 可供出售金融资产公允价值变动净额								
2. 权益法下被投资单位其他所有者权益变动的影响								
3. 与计入所有者权益项目相关的所得税影响								
4. 其他								

项 目	行次	本年金额						上年金额（略）
		实收资本（或股本）	资本公积	盈余公积	未分配利润	库存股（减项）	所有者权益合计	
上述(一)和(二)小计								
(三)所有者投入和减少资本								
1. 所有者投入资本								
2. 股份支付计入所有者权益的金额								
3. 其他								
(四)利润分配								
1. 提取盈余公积								
2. 对所有者(或股东)的分配								
3. 其他								
(五)所有者权益内部结转								
1. 资本公积转增资本(或股本)								
2. 盈余公积转增资本(或股本)								
3. 盈余公积弥补亏损								
4. 其他								
四、本年年末余额								

第六节 会计报表分析

一、会计报表分析的概述

企业定期编制的各种会计报表，主要是向投资者、债权人和企业领导进行决策提供财务信息。然而报表只能粗略地反映企业的财务状况和经营成果，为了充分地发挥报表的作用，还必须将报表上相关的财务指标有机地联系起来，通过计算、比较和综合分析，全面正确地评价企业财务状况、经营管理水平，以及企业发展前景，以便做出正确的决策。

二、会计报表分析的基本方法

1. 趋势分析法

趋势分析法是根据企业连续数期的会计报表，比较各期有关项目的金额，以揭示本期经营成果与财务状况变化趋势的方法。常用横向比较法和纵向比较法。横向比较法又称水平分析法，是会计报表中用金额、百分比的形式，对各个项目的本期或多期的金额与基期的金额进行比较，以观察企业经营成果与财务状况变化趋势的方法。纵向比较法又称垂直分析法，是对会计报表中某一期的各个项目，以其中一个作为基本金额的特定项目进行百分比分析，以观察企业经营成果与财务状况变化趋势的方法。

2. 比率分析法

比率分析法是两个金额之间计量其相对比率关系的一种分析方法。比率分析法的优点是计算简便，可以是某些指标在不同规模企业之间进行比较，甚至能在一定程度上超越行业间的差别进行比较。但是采用这一方法时，应注意对比项目的相关性、对比口径的一致性以及衡量标准的科学性。需要选择一定的标准与计算的比率进行比较，它们可以是预算标准（设计指标、定额指标、理论指标）、历史标准、行业标准，如主管部门颁发的技术标准，国内外同类企业的先进水平、公认标准。

3. 因素分析法

因素分析法是指依据分析指标和影响因素的关系,从数量上确定各因素对指标的影响程度。企业的活动是一个有机整体,每个指标的高低都受若干因素的影响。从数量上测定各因素的影响程度,可以帮助人们抓住主要矛盾,或更有说服力地评价经营状况。

三、会计报表的分析指标

会计报表分析就是将会计报表中有意义的两个相关项目进行比较,计算其比率,以反映和判断某种隐含的意义。一般而言,债权人最关心债务人现在和未来的偿债能力,股票投资者最关心企业现在和未来的获利能力。但是偿债能力与获利能力并不是互相独立的、不相关的,如果企业获利能力越强,则债权人还本付息的资金来源就越有保障,风险也就越小;如果企业具有良好的偿债能力和获利能力,投资者定期获取股利的可能性就大,股价就有可能上升,因此获利能力和偿债能力是相辅相成的。同时,支撑企业获利能力与偿债能力的另一因素是企业资产的营运效率,营运效率高意味着资产的周转速度快,则必然会使企业的获利能力与偿债能力增加,反之,则会降低这两种能力。会计报表的分析指标按照分析的目的不同,可以分为偿债能力分析、营运能力分析和盈利能力分析。

(一)偿债能力分析

偿债能力是企业偿还到期各种债务的能力,偿债能力分析包括短期偿债能力分析和长期偿债能力分析。

1. 短期偿债能力分析

短期偿债能力是指企业在一定期间(一年或一个营业周期)内流动资产偿还流动负债的能力。影响企业短期偿债能力的因素很多,但流动资产与流动负债的关系以及资产的变现速度是其最主要的方面,因为在大多数情况下,短期债务需要用现金来偿还。因此短期偿债能力的分析就是对企业流动资产与流动负债的分析,常用的分析指标有:流动比率、速动比率和现金比率。现将这些指标分述如下。

(1)流动比率 流动比率又称营运资金比率,是流动资产除以流动负债而得到的,这一指标表明每 1 元流动负债有多少流动资产作为偿还的保证,反映了企业在短期内流动资产偿还流动负债的能力。其计算公式为

$$流动比率 = \frac{流动资产}{流动负债} \times 100\%$$

一般说来,流动比率越高反映企业短期偿债能力越强,债权的权益越有保证。流动比率高,不仅反映企业拥有的营运资金多,可用以抵偿短期债务,而且表明企业可以变现的资产数额大,债权人遭受风险小。但是流动比率过高,也有其不利的方面,过高不仅说明企业流动资产占用较多,影响资产的使用效率和获利能力,而且还可能是应收账款或存货过多所致。因此,分析流动比率还需注意流动资产的结构、流动资产与流动负债的时间配合以及流动资产与非流动资产的划分标准,这些因素都会影响流动比率的高低,同时还要考虑行业特性,因为行业性质不同,流动比率的差别很大。

(2)速动比率 速动比率是企业速动资产与流动负债的比率,用于衡量企业流动资产中可以立即用于偿付的流动负债的能力。速动比率的计算公式为

$$速动比率 = \frac{速动资产}{流动负债} \times 100\%$$

$$速动资产 = 流动资产 - 存货 - 预付费用$$

速动比率可用作流动比率的辅助指标,有时流动比率高恰是流动资产中易于变现、具有

即时支付能力的资产少，企业的短期偿债能力仍然较差。因此，速动比率与流动比率相比能够更加准确可靠地评价企业流动性及其偿还短期债务的能力。但是，速动比率过高过低，同流动比率过高过低一样都有其不利的方面。速动比率过低，说明短期偿债能力存在问题；速动比率过高，则又说明企业持有过多的速动资产，可能会失去一些有利的投资或获利机会。

（3）现金比率　现金比率是企业现金类资产与流动负债的比率，是衡量短期偿债能力的参考性指标。经营活动的现金流量数据可以直接从现金流量表中获得。现金比率的计算公式为

$$现金比率 = \frac{年经营现金净流入}{年末流动负债} \times 100\%$$

年经营现金净流入能反映企业在报告期内实际创造现金的能力，与速动比率相比，现金比率说明的是企业直接支付流动负债的能力。

在分析短期偿债能力时，流动比率、速动比率和现金比率都是评价短期偿债能力的相对数，如果再与评价短期偿债能力的绝对数，即营运资金结合起来，则使流动性指标更全面。

2. 长期偿债能力分析

长期偿债能力是指企业偿还长期债务的能力，包括企业对债务的承受能力和偿还债务的保障能力。长期偿债能力的强弱是反映财务状况稳定和安全程度的重要标志。衡量长期偿债能力的指标有资产负债率、利息保障倍数等，现分述如下。

（1）资产负债率　资产负债率又称负债比率，是企业负债总额对资产总额的比率，它说明在企业总资产中债权人提供资金所占的比重以及企业资产对债权权益的保障程度。该比率的计算公式为

$$资产负债率 = \frac{负债总额}{资产总额} \times 100\%$$

举债经营对企业来说是有一定风险的。因此负债经营的规模和比重应该控制在合理的水平上。过去人们一般认为负债控制在30%左右比较稳健，但随着金融业的发展，以及企业效益滑坡，三角债增多，负债比率普遍提高，其至高达80%以上，致使举债人的风险越来越大，稍有不慎就有破产的危险。国际上公认的负债率以60%较好。因此，债权人应根据债务人的财务状况和获利能力，正确测算负债比率，以保证其权益得到根本保障。

（2）利息保障倍数　利息保障倍数是指企业生产经营所获得的息税前利润与利息费用的比率，是用以衡量企业偿还负债利息的指标。其计算公式为

$$利息保障倍数 = \frac{本期税前净利 + 利息费用}{利息费用} \times 100\%$$

企业生产经营所获得的息税前利润对于利息费用的倍数越高，说明支付利息的能力越强，因此，既是企业潜在经营的前提，又是衡量企业长期偿债能力强弱的标志。

（二）营运能力分析

营运能力是指通过资产周转速度的有关指标来反映企业经营、管理和使用资产效率的能力。企业偿债能力和获利能力的大小，在很大程度上取决于管理人员对资产的有效利用程度。资产利用效率越高，资产周转速度和资产变现的速度也就越快，获取的收入和利润也越多，因而偿债能力和获利能力也就越强。营运能力分析常用的指标主要有：应收账款周转率、平均收账期、存货周转率、存货周转天数、总资产周转率、固定资产周转率。

（1）应收账款周转率　应收账款是由企业信用政策和赊销商品而产生的，应收票据是客户用以抵偿应收账款而签发的票据，这两种应收款均与赊销商品有关，因此，在计算应收账款周转率时，比较严格和精确的计算应以报告期内赊销净额除以应收账款和应收票据平均余

额。其计算公式如下。

$$应收账款周转率 = \frac{赊销收入净额}{应收账款和应收票据平均余额} \times 100\%$$

其中赊销收入净额＝销售收入－现销收入－（销售退回＋销售折扣＋销售折让）

应收账款和应收票据平均余额＝

$$\frac{期初应收账款和应收票据净额 + 期末应收账款和应收票据净额}{2}$$

上述应收账款的周转率是以年为计算基础的，如果是季节性生产或销售的企业，每月每季销售收入和应收账款都不一样，这时也可按月、按季计算，那么上述公式的分子和分母都应按月、按季折算。

应收账款周转率是反映企业在报告期内从赊销开始至收款为止的周转次数，周转率愈快，周转所需要的时间愈短，企业应收账款回收速度也就越快，管理工作的效率就越高，这不仅可减少或避免发生坏账的可能性，而且有利于提高企业资产的流动性和企业短期债务的偿还能力。

(2) 平均收账期 平均收账期是测试企业应收账款转换成现金的平均天数。其计算公式为

$$平均收账期 = \frac{应收账款平均净额}{\frac{年赊销净额}{360\,天}} \times 100\% = \frac{360\,天}{应收账款周转天数}$$

如果平均收账期长于企业通常的放款期或信用期，可能表明企业信用管理欠佳，收账不力，以致资金束缚于应收账款中。反之，平均收账期短，销货之后可迅速收回现金，则可加速资金周转。

(3) 存货周转率 存货周转率是指企业从购入商品（商业企业）或购入原材料（制造业），至商品转售出去，或原材料经加工变成在产品、产成品，至产成品出售为止，一年内的周转次数，是衡量企业生产环节中存货营运效率的一个综合性指标。其计算公式如下。

$$存货周转率（次数）= \frac{销售成本}{存货平均余额}$$

$$存货平均余额 = \frac{期初存货余额 + 期末存货余额}{2}$$

在制造业，为分析各项存货的运营情况，上述存货周转率又可分为以下几个指标。

$$原材料周转率（次数）= \frac{原材料耗用成本}{原材料平均余额}$$

$$在产品周转率（次数）= \frac{制造成本}{在产品平均余额}$$

$$产成品周转率（次数）= \frac{销售成本}{产成品平均余额}$$

以上存货周转率是按年计算的，如果要计算月度、季度的货款周转率，也可比照前述按月按季应收账款的周转率计算。

通常情况下存货周转率越高，表示企业存货管理效率越佳，存货从资金投入到销售收回的时间越短，在销售利润率相同的情况下，获取的利润也就越多；反之存货周转率过低，表示企业的存货管理效率欠佳，产销配合不好，存货积压过多，致使资金冻结在存货上，仓储费用及利息负担沉重。

(4) 存货周转天数　　存货周转率也可以用存货周转天数表示。其计算公式如下。

$$存货周转天数 = \frac{360 \text{天}}{存货周转率} = \frac{平均存货余额 \times 360 \text{天}}{销货成本} = \frac{平均存货}{平均每日销售额(以成本计)}$$

从上述公式推导过程得知，存货周转天数也就是存货可出售天数。就商业企业而言，存货周转天数代表购入商品至转售为止的平均所需天数，或表示商品存货可供出售的平均天数。就制造业而言，存货周转天数代表购入原材料，转换成在产品、产成品，以至出售为止的平均所需天数。但并不表示所有存货可供出售的天数，因为制造业的存货仅有产成品是立即可出售的。

因此，制造业产成品存货周转天数为

$$产成品周转天数 = \frac{360 \text{天}}{产成品周转率} = \frac{产成品存货平均余额}{平均每日销售额（以成本计算）}$$

存货周转天数越高的企业，收回资金投入营业或生产资金所需要的时间就越短，资金周转也就越顺利、越快。

(5) 固定资产周转率　　固定资产周转率是衡量固定资产使用效率的指标，是企业销售收入净额与固定资产平均净值的比率。其计算公式为

$$固定资产周转率 = \frac{销售收入净额}{固定资产平均净额}$$

$$固定资产平均净额 = \frac{年初固定资产净额 + 年末固定资产净额}{2}$$

固定资产周转率高，不仅表明企业固定资产利用较充分，同时也表明企业固定资产投资得当，固定资产结构合理，能够发挥效率。反之，如果固定资产周转率不高，则表明固定资产使用效率不高，提供的生产成果不多，企业营运能力不强。

(6) 总资产周转率　　总资产周转率是指销售收入净额与资产平均余额的比率。其计算公式如下。

$$总资产周转率 = \frac{销售收入净额}{资产平均余额}$$

$$资产平均余额 = \frac{期初余额 + 期末余额}{2}$$

总资产周转率是衡量企业在报告期内对其全部资产使用的效率。如果总资产周转率高，说明资产经营效率好，取得的销售收入高。相反，如果总资产周转率低，说明资产经营效率差，取得的销售收入也少。因此，这一指标的高低最终会影响企业的获利能力。

(三) 盈利能力分析

在评价企业获利能力时，最好与企业的现金流量结合起来。企业获利能力的大小可以从以下比率反映：销售毛利率、销售净利润率、资产报酬率、股东权益报酬率、每股利润。

(1) 销售毛利率　　销售收入净额减去销售成本为销售毛利。销售毛利率是指销售毛利与销售收入对比的结果。其计算公式为

$$销售毛利率 = \frac{销售毛利}{销售收入} \times 100\%$$

销售毛利率反映每1元产品或商品销售收入中所实现的销售毛利为多少，用来评价企业产品销售收入的盈利能力。销售毛利率的变动是销售收入与销售成本两者变动的综合结果。分析销售毛利率的高低，要把影响企业毛利率的外界因素与内部因素一并考虑。如果要分析、判断企业因销售而产生的获利趋势，可将连续几年的销售毛利率进行分析比较。

(2) 销售净利润率　　销售净利润率又称边际利润，它是企业税后利润总额与销售收入净

额的比率。由于利润表中非常项目具有不常发生、性质特殊的特点，为恰当评估企业正常经营的利润质量，应从净利润中剔除非常项目。因此，除特别说明外，以下净利润与相关项目之比均指的是剔除非常项目前的净利润。销售净利润率的计算公式为

$$销售净利润率 = \frac{本期净利润}{销售收入净额} \times 100\%$$

销售净利润率反映每1元销售收入净额所能产生的净利润。会计报表使用者在分析这一指标时，应重视净利润这一绝对数。

（3）资产报酬率 净利润是企业在报告期内动用一切可用的经济资源所获得的最终结果。因此，用资产报酬率来衡量企业的获利能力是基于整体的考虑。资产报酬率是净利润（包括税后利息费用）除以资产平均余额的比率。其计算公式为

$$资产报酬率 = \frac{本期净利润 + 利息费用}{资产平均余额} \times 100\%$$

（4）股东权益报酬率 股东权益报酬率又称净值报酬率或净资产报酬率，它是从股东的立场来分析企业的获利能力的。其计算公式为

$$股东权益报酬率 = \frac{本期净利润}{股东权益平均余额} \times 100\%$$

（5）每股利润 每股利润是本期净利润与流通在外的普通股股数之比。其计算公式为

$$每股利润 = \frac{本期净利润}{流通在外的普通股股数}$$

由于我国股权结构的特殊性，分为非流通的国家股、企业法人股与流通的社会公众股。为计算每股股份所获得的利润，上面的计算公式改为

$$每股利润 = \frac{本期净利润}{年末普通股股数}$$

如果在报告期内股本发生变动，应以时间加权计算本期的约当股股数，而非年末普通股股数。由于该比率揭示的是普通股每股利润，因此，本期宣布发放的优先股股利也应从净利润中扣除。

第十四章 施工企业会计电算实务

第一节 会计电算化的概述

一、实施会计电算化的意义

会计电算化是将计算机技术应用到会计业务处理工作中,应用计算机作为工具辅助完成手工记账、算账、报账等会计工作,实现对会计信息的收集、处理、输出、分析、预测、决策等会计工作的过程。

会计电算化的实施使会计处理技术发生了质的飞跃,无论是对会计理论还是对会计实务,都已经产生了相当积极的影响。这种影响可概括如下。

1. 提高了工作效率,减轻了劳动强度

在手工会计信息系统中,会计数据处理全部或主要靠人工操作。会计数据的处理容易出现错误,繁重的工作,较低的效率。实施会计电算化后,只要把会计数据按规定的格式要求输入计算机,计算机便自动、高速、准确地完成数据的校验、加工、传递、存储、检索和输出工作。这样,不仅把广大财会人员从繁重的记账、算账、报账工作中解脱出来,而且由于计算机对数据处理速度远高于手工,从而提高了会计工作的效率。

2. 准确、及时、全面地提供会计信息

在手工操作下,会计核算工作无论在信息的准确性、及时性、系统性方面都难以适应经济管理的需要。实现会计电算化后,大量的会计信息可以得到准确、及时地输出。可以根据管理需要,按年、季、月、日、时、分提供丰富的核算信息和分析信息。随着局域网Internet的建立,会计信息系统中的数据可以迅速传递到企业的任何管理部门,使经营者能及时掌握自身经济活动的最新情况和存在的问题。

3. 提高会计人员的素质,促进会计工作规范化

实现会计电算化后,原有会计人员有更多时间地学习各种经营管理知识,参与企业管理,通过学习掌握电子计算机的有关知识,使得知识结构得以更新,素质不断提高。促进了会计工作标准化、制度化、规范化的过程。

4. 促进会计职能的转变

计算机网络技术的发展和会计电算化网络系统的建立,实现了数据共享和信息的快速传递,满足了部门管理、企业管理、行业管理、跨国公司管理对信息的需要。为投资者和债权人利用企业内部会计信息和外部信息进行管理、分析、预测和决策提供良好的机遇。

5. 促进会计理论和技术的发展,推进会计管理制度的改革

计算机在会计实务中的应用,不只是核算工具的变革,它会对会计核算的内容、方法、程序、对象等会计理论和技术产生影响,如在会计电算化系统中,由于会计凭证的产生方式和存储方式的变化导致会计凭证概念的变更。由于账簿存储方式和处理方式的变化导致账簿的概念与分类的变化。由于内部控制和审计线索的变化导致审计程序的变更,从而推进会计理论的研究和发展。

6. 推动企业管理现代化

会计工作是企业管理工作的重要组成部分，企业在生产经营过程中不仅需要提高生产技术水平，而且还需要实现企业管理的现代化，以提高企业经济效益。会计信息约占企业管理信息的60%～70%，而且多是综合性的指标。实现会计电算化，为企业管理手段现代化奠定了重要的基础，可以带动或加速企业管理现代化的实现。

二、会计电算化的发展历程

1. 国外会计电算化的发展概况

（1）20世纪50年代　该阶段由于计算机价格昂贵，程序设计复杂，只有极少数专业人员能掌握此项技术，因而发展缓慢，计算机应用只限于处理工资核算等简单项目。

（2）20世纪50～60年代　伴随着计算机技术的不断发展以及操作系统的出现，特别是高级程序设计语言的出现，使计算机的应用日益广泛。在会计实务中，开始从单项处理向综合数据处理转变，除了完成基本账务处理之外，一定的管理、分析功能等开始应用。

（3）20世纪70年代　计算机技术迅猛发展，特别是网络技术的出现和数据库管理系统的出现，使数据资源共享成为可能，电算化会计信息系统成为企业或公司全面管理信息系统的一个重要组成部分，提高了工作效率和管理水平。

（4）20世纪80年代后　微电子技术进一步发展，微型机的日益普及和会计专用机的应用，形成了计算机应用管理信息系统，计算机硬件成本的不断降低，为会计电算化的进一步发展提供了物质保证，会计电算化出现了普及之势。到20世纪80年代，日本、美国及西欧各国较为普遍地实现了会计电算化。

2. 国内会计电算化的发展概况

我国会计电算化工作始于1979年，其代表项目是1979年财政部支持并直接参与的长春第一汽车制造厂进行的会计电算化试点工作。1981年8月在财政部、第一机械工业部和中国会计学会的支持下，在长春召开了"财务、会计、成本应用计算机总结研讨会"，会上正式启用"会计电算化"这一名称作为计算机在会计工作中应用的代名词。从此，计算机在会计领域的应用得到了迅猛发展。我国会计电算化的发展大体可分为4个阶段。

（1）缓慢发展阶段（1983年以前）　1983年以前，只有少数企事业单位将计算机技术应用于会计领域，主要是单项会计业务的电算化开发和应用，如工资计算、仓库核算等。这个阶段，会计电算化人员缺乏，计算机硬件比较昂贵。

（2）自发发展阶段（1983—1987年）　1983年后，微机在国内市场上大量出现，多数企事业单位已能够买得起微机，便有了开展电算化工作的愿望，纷纷组织力量开发会计软件。但是，这一时期，由于会计电算化工作缺乏统一的规范和指导，加之我国计算机在经营管理领域的应用处于发展的初期阶段，会计电算化处于各自为战、闭门造车的局面。会计软件一家一户地自己开发，投资大、周期长、见效慢，造成大量人力、物力和财力的浪费。

（3）稳步发展阶段（1987—1996年）　这一阶段，财政部、各地区财政部门，以及企业管理部门逐步开始对会计电算化工作进行组织和管理，使会计电算化工作走上了有组织、有计划的发展轨道。主要标志是：商品化会计核算软件市场走向成熟，初步形成了会计软件市场和会计软件产业。部分企事业单位也认识到开展会计电算化的重要性，纷纷购买商品化会计软件或自行开发会计软件，建立会计电算化系统。在会计电算化人才培养方面，许多中等或专科院校开设了会计电算化专业，在大学本科教育中，会计学及相关专业也开设了会计电算化课程，对在职财会人员的培训中，也加大了会计电算化的培训力度。

（4）竞争提高阶段（1996年至今）　这一阶段，国外一些优秀的会计软件开始进入国内市场，国内老牌专业会计电算化软件公司迅速发展壮大。管理型会计软件的成功开发和推广应用，进一步拓展了会计电算化软件的功能，提高了计算机在财务会计领域中的作用。此时，中高级会计电算化专业人才培养的力度加大，如会计电算化研究方向的研究生人数进一步增加，并开始在会计电算化方向设立博士生。另外，部分专业的会计电算化软件公司在成功推广应用管理型会计软件的基础上，又开始研制并试点推广 MRPⅡ 和 ERP 软件。

三、会计电算化的结构

会计电算化的结构包括：硬件设备、系统软件、应用软件、从业人员、规章制度。

计算机系统结构可分两大部分：硬件和软件。硬件是指电子数据处理所需的全部实物设备，如中央处理机、输入和输出设备等。软件是指为发挥计算机的效能和方便用户使用计算机而编制的一系列程序，其中包括程序设计语言和系统软件与应用软件。

1. 硬件设备

（1）运算器　运算器是对数据进行运算和处理的部件。其功能在于进行加减乘除的四则运算、关系运算和逻辑运算等。

（2）控制器　控制器是整个计算机的神经中枢。其功能是从存储器中依次取出预定的指令，从而专门负责指挥和控制其他部件工作。

（3）存储器　存储器是一种记忆数据和程序的装置。其功能犹如人的大脑，主要用来存储信息，包括原始数据、中间结果、最终结果以及控制命令等。

（4）输入设备　输入设备是一种将原始数据转化为机器数据的输入装置。其功能主要用来输入原程序和原始数据。通常用键盘操作，或用光电输入器、卡片输入机输入机器。

（5）输出设备　输出设备是一种把经过计算机处理后的数据转化为人们能理解的文字数据的设备，如打印机、显示器。

上述各部分中，最重要的是控制器和运算器，它们合在一起叫中央处理机。存储器又分为内存储器和外存储器。一般的电子计算机都把中央处理机和存储器组装在一起称为主机。

2. 系统软件

（1）操作系统软件　操作系统是管理和控制计算机系统中的硬件资源和软件资源，是合理地组织计算机工作流程、方便用户有效地使用计算机的系统软件。

（2）程序设计语言　指人们与计算机"对话"的语言。用它编写的机器语言才能被计算机执行。目前应用的程序设计语言大约有几百种，较常用的有基础语言、普通商业用语言和公式翻译程序语言等。

3. 应用软件

应用软件是各种应用程序的总称，它是利用系统软件设计的，目的在于解决各种实际应用问题。它是运用系统软件的产物。在会计事务处理过程中，需要使用多种不同的应用程序。会计软件是一种应用软件，它是利用系统软件设计的，是专门用于会计领域的应用程序的总称。会计软件是实现电算会计目的、完成电算会计任务的重要技术手段和工具，是电算会计的核心。

4. 从业人员

从业人员是指参与电算会计工作的所有人员，包括从事会计核算软件开发研制的人员以及系统维护人员、操作人员、电算会计的教学人员、电算会计管理人员等。其中，直接从事会计实际工作的人员是电算会计的主体，他们的专业素质直接影响电算会计工作的质量。

5. 规章制度

规章制度是指涉及电算会计的所有规范约束。其中主要是国家颁布的电算会计行政法规,如《会计电算化管理办法》《商品化会计核算软件评审规则》《会计核算软件基本功能规范》《会计电算化工作规范》等,还有各会计主体根据上述行政法规自行制订的电算会计工资制度、操作制度以及内部控制方法。

第二节 会计软件

一、会计软件的类型

会计软件是会计信息系统概念框架的具体化产品。会计软件一般可以分为核算型会计软件、管理型会计软件和会计决策支持系统。

（一）核算型会计软件

核算型会计软件以账务处理系统为核心,主要完成会计核算工作。其主要功能包括:凭证输入、登记总分类账和明细分类账、输出账簿和会计报表以及其他业务,核算型会计软件的主要特点如下。

① 以财务部门为核心,模仿、替代手工为主,其目标与手工会计的会计目标相仿,是利用计算机处理日常会计核算业务。这类软件没有充分发挥计算机信息处理的优势,仅仅完成事后核算,无法完成事前预测、事中控制。

② 各业务核算模块如工资、固定资产、材料以及销售之间彼此分离,没有形成一个有机的整体,与账务处理之间仅仅通过转账凭证传递数据,缺乏信息传输的一致性、系统性。

③ 系统只满足了财务部门会计核算业务的需要,没有考虑相关部门如人事、仓库、生产等部门之间的信息共享,从而难以为决策提供科学的信息。

早期开发的会计软件基本上都属于核算型会计软件,其设计的初衷主要是替代手工会计核算和减轻会计人员的记账工作量。目前,很多软件供应商,尤其是一些小规模的会计软件供应商的产品,仍然只是局限于核算功能的开发和完善。这些会计软件面向单一区域和单用户,软件不具有网络化管理功能。

（二）管理型会计软件

管理型会计软件利用会计核算业务提供的信息以及其他生产经营活动资料,采用各种管理模型、方法,对经营状况进行分析和评价,具有事前预测和事中控制的功能。管理型会计软件不仅运用了财务会计的核算方法和原理,而且运用了管理会计的方法和原理,以及决策科学的思想、技术、方法,将业务处理中的核算型会计软件上升至管理信息系统中的管理型会计软件。

与核算型会计软件相比,管理型会计软件具有如下特征。

1. 功能综合化,技术集成化

管理型会计软件以预测、决策为核心,包括事先的预测、决策,事中的控制、管理,事后的核算、分析功能。为了方便用户高效、方便地使用软件,通过系统集成技术,把综合化的多功能系统组合起来,形成一个功能强大的管理型会计信息系统。

2. 数据量大型化,数据结构多维化

为了满足管理型会计软件在预测、决策、控制、管理、核算、分析等多方面的需求,满足用户单位内部数据、外部数据、当前数据、历史数据,生产经营活动、市场、金融、投资等方面的数据需求。从不同角度、按不同标准进行归类分析,其数据结构达到了多维化。

3. 系统网络化,决策智能化

伴随全球经济一体化的进程,全球范围内 Internet 技术的广泛应用,带来了电子商务的迅猛发展。管理型会计软件已经具备了基于大型数据库和网络平台的、支持企业电子商务应用的网络财务软件。

管理型会计软件具有分析功能、预算功能和控制功能。

① 分析功能。管理型软件提供对各种财务报表和预算报表的比较、结构、比率、绝对数趋势、定基、环比等多项分析。

② 预算功能。管理型软件提供从一般科目到投资、筹资、资本支出、销售收入、成本、现金流量的全面预算。

③ 控制功能。管理型软件提供通过保本点、固定成本、变动成本、预计流动比率、预计投资报酬率等的计算，通过预算报表与实际中执行的反馈结果进行控制。

（三）会计决策支持系统

决策支持系统是综合利用各种数据、信息、模型以及人工智能技术，辅助管理者进行决策的一种人机交互的计算机系统。会计决策支持系统是决策支持系统在会计领域的应用，要求企业在利用会计软件进行决策时引入人工智能技术，搜索专家的经验和智慧，利用模型库、知识库、推理机制、神经网络技术等，实现决策过程的智能化。会计决策支持系统以管理科学、运筹学和行为科学等为基础，以人工智能和信息技术为手段，充分利用会计信息系统提供的各种信息，辅助高级决策者进行决策，如构造各种经济模型、对未来财务状况进行预测等。

二、会计软件产品简介

会计软件结构一般是从系统的功能层次结构来反映的。功能结构是系统按其功能分层分块的一种结构形式。一个会计软件系统可以划分为若干个子系统，每个子系统可以划分为几个功能模块，每个功能模块再划分为若干个层次，每个层次沿横向分为若干个模块，每个模块都具有相对独立的功能。一个子系统对应一个独立、完整的管理职能，在系统中有较强的独立性。一个功能模块完成某一管理业务，是组成子系统的基本单位，一个程序模块则实现某项具体加工处理，是组成模块的基本要素。各层之间、各模块之间有一定的联系，通过这种联系，将各层、各模块组成一个有机的整体，共同实现系统目标。

企业应用的会计核算软件可以由企业自行开发获得，也可以购买商品化通用会计软件。由于自行开发软件产品周期相对较长，投资较大，开发失败的风险较高，因此，在业务活动没有什么特殊需要的情况下，购买商品化通用会计软件是较佳的选择。目前市场上提供商品化会计核算软件的供应商非常多，国内较为有名的包括用友、金蝶、新中大、浪潮国强、安易等。各软件厂商提供的会计软件产品的功能模块结构会有所差异，以下是几个国内外知名会计软件厂商及其产品的功能简介。

（1）Oracle 公司-订单管理 OM（Order Management）、应收账款管理 AR（Accounting Receivable）、采购管理 PO（Purchase Order）、应付账款管理 AP（Accounting Payable）、仓库管理 IM（Inventory Management）、项目管理 PA（Project Accounting）、现金流量管理 CM（Cash Management）、总账管理 GL（General Ledger）、固定资产管理 FA（Fixed Asset）、预算管理（Budget）、物料清单 BOM（Bill of Material）、在制品管理 WIP（Work in Process）、成本管理（Costing）、物料资源计划 MRP（Material Requirement Planning）、人力资源管理 HR（Human Resource）等。

（2）SAP 物料与采购管理 MM（Material Management）、生产管理 PP（Product Planning）、销售与分销管理 SD（Sales and Distribution）、财务与成本 F&CO（Finance and Costing）、仓库管理 WM（Warehouse Management）、质量管理 QM（Quality

Management)、资产管理 AM（Asset Management）、工厂管理 PM（Plant Management）、资金管理 TR（Treasury and Cash Management）、工作流管理 WF（Work Flow）、人力资源管理 HR（Human Resource）等。

（3）用友　财务管理、供应链管理、营销管理、生产制造管理、商务智能管理、网络分销管理、工作流管理等。

（4）金蝶　财务会计、管理会计、税务会计、资金管理、销售与分销管理、供应管理、产品数据管理、制造管理、质量管理、设备管理、人力资源管理、客户关系管理、知识管理、商业智能、基础平台、企业门户等。

三、会计核算软件的功能

不同的软件厂商提供的会计核算软件产品的功能模块结构会有所差异，但通常会包括一些基本功能。典型的会计核算软件通常包括以下内容。

（1）总账系统　总账系统是每个会计软件的核心，对所有的会计核算软件来说都是必不可少的。总账系统的工作量是最大的，一般包括凭证的输入、审核、记账、账簿的查询、输出等。

（2）出纳管理　出纳是会计中十分重要的岗位，担负着现金和银行存款的收、付工作。出纳管理包括收入管理、支出管理、出纳账务处理等。

（3）应收、应付账　应收、应付账是用来管理企业的往来账款的。应收、应付账包括往来单位管理、应收应付核销、账龄分析等。

（4）报表处理　会计核算的结果最后需要用报表的形式反映出来。报表处理主要用于报表的定义、编制、输出。

（5）工资核算　工资核算用来进行工资的发放和核算。工资核算一般包括工资的编辑、计算、工资发放、工资分摊等。

（6）固定资产核算　固定资产核算用来管理、核算企业的固定资产。固定资产核算包括固定资产增减变化、折旧计提等。

（7）销售核算　销售核算用来进行销售的管理。销售核算包括销售商品的管理，销售中开票、收款、发货的管理，销售毛利的计算等。

（8）存货管理　存货管理主要用来管理企业的存货，如原材料、产成品等。存货管理包括存货代码的管理，存货的收、发、存管理，存货出库计价管理，存货核算等。

（9）成本核算　成本核算主要用来核算企业的生产成本。成本核算主要包括直接成本的处理、间接成本的分摊、成本的计算等。

（10）财务分析　财务分析是在核算的基础上对财务数据进行综合分析。财务分析有预算分析、前后期对比分析、图形分析等。

四、会计核算软件的操作

软件厂商提供的会计核算软件产品的功能模块结构会有所差异，因而在应用方面也会有着不同的要求，软件操作程序也各不相同，下面简要介绍会计核算软件的基本操作环节。

（一）基础设置

在正式开始应用会计核算软件进行会计核算工作之前，必须完成一些基础设置工作，通常由核算软件的初始化模块或系统管理模块来完成。主要包括：账套设置；用户设置和权限分配。

（1）账套设置　账套是会计核算软件为每一个独立核算的企业在系统中建立的、反映该企业经济业务活动的一组紧密相关的会计数据。一般会计核算软件系统都允许建立多个账套，以满足企业核算的要求，各不同账套之间彼此独立，丝毫没有关联。建立新账套时通常需要完成的基础设置，具体来说包括账套号、账套名称、账套路径、启用会计日期、公司基本信息、记账本位币、企业类型、行业性质、账套主管、科目编码方案、辅助核算、数据精度等。

（2）用户设置和权限分配　在会计实务工作中，有很多工作属于不相容的职责。从内部控制的角度出发，制度要求不能由同一个人来完成。尽管一般的会计核算软件都能完成全部的会计处理工作，但是通常不会把所有的权限都授予同一个人，而是需要由账套主管进行财务分工，为不同的会计人员分配不同的系统权限，负责不同的系统功能模块，如总账系统的填制凭证、自动转账、凭证查询操作权限，存货核算权限，银行日记账及银行对账的操作权限，应收款管理、应付款管理、固定资产管理、报表管理权限等。

（二）总账系统初始化

基础设置完成之后，在正式开始会计核算工作之前，还应该完成总账系统的初始化工作。总账系统是会计核算软件的核心系统，其主要功能包括总账系统参数设置、凭证管理、出纳管理、账簿管理、辅助核算管理、期末处理等。

1　总账系统参数设置

总账系统参数设置是由用户根据本企业的需要建立账户应用环境，将通用的账务处理系统变成适合本单位实际需要的专用系统。通常包括会计科目设置、外汇及汇率设置、凭证类别设置、结算方式设置、基础档案设置等。

会计科目设置是软件完成会计核算工作的一个重要基础。一般而言，会计软件都提供符合国家会计制度规定的一级会计科目，明细科目的确定则要根据各企业的情况自行确定，确定原则如下。

① 会计科目的设置必须满足会计报表编制的要求，凡是报表所用数据，须从系统取数的，必须设置相应科目。

② 会计科目的设置必须保持科目与科目之间的协调性和体系完整性，不能只有下级科目而没有上级科目，既要设置总账科目，又要设置明细科目，以便提供总括和详细的会计核算资料。

③ 会计科目要保持相对稳定，会计期间不能删除，如果已经使用，则不能增设下级科目。

④ 设置会计科目要考虑与子系统的衔接，在总账系统中，一般只有末级科目才允许有发生额，才能接收各个子系统转入的数据。

汇率管理是专为外币核算服务的。企业如果有外币业务，就应该进行外币及汇率的设置。外币及汇率通常在每月月初的时候进行设置，主要有两个方面的作用：减少录入汇率的次数和差错；避免汇率发生变化时出现错误。企业可以自主选择采用固定汇率或浮动汇率，但是选择之后，在会计期间内最好不要更改。

凭证类别设置一般是在凭证编制时通过限制科目来实现，限制科目由用户输入，一般可以是任意级次的科目，数量不限。例如，用友的账务系统就提供了五种限制凭证供选择，分别是"借方必有""贷方必有""凭证必有""凭证必无""无限制"；而科发财务软件则允许只设置"记账凭证"一种凭证类别，也可以按照"转账凭证""收款凭证""付款凭证"三类凭证类别设置，还可以设置为"转账凭证""现金收款凭证""现金付款凭证""银行存款收款凭证""银行存款付款凭证"五类。

结算方式功能用来建立和管理企业在经营活动中涉及的结算方式，与财务结算方式一致，如现金结算、支票结算等，由企业根据实际业务应用确定。

基础档案是日常会计核算工作要用到的一些与企业业务活动有关的基本信息,包括部门档案、人员档案、客户档案、供应商档案、地区分类、开户银行信息等。这些基础档案通常会与会计科目的下级科目和辅助核算相联系。例如,通常会按照客户设置"应收账款"的下级科目,会按照部门设置辅助核算科目,会按照客户和供应商设置往来核算辅助科目。

2. 期初余额录入

总账系统参数初始化设置完成后,在开始使用会计核算软件前,需要录入原有系统的账户余额,包括所有总账科目和明细科目的余额。如果企业在年初建账,则期初余额为年初数,如果在年中启用总账,则应该区分年初余额和当前累计借方发生额,期初余额的录入通常包括两个部分:总账期初余额录入和辅助账期初余额录入。在录入工作完成之后,需要进行试算平衡,以避免输入工作中可能存在的错误和风险。试算平衡之后完成初始对账工作。

(三)日常会计处理工作

系统的基础设置和总账系统的初始化工作完成之后,就可以开始正式的会计处理工作了,主要功能包括凭证处理、出纳处理、账簿处理和期末处理。

(1)凭证处理 记账凭证是登记账簿的依据,是总账系统的唯一数据来源。凭证处理的内容主要包括凭证填制、凭证审核、凭证汇总、凭证记账等功能。

(2)出纳处理 出纳处理是总账系统为出纳人员提供的一套管理工具。例如,用友财务系统的出纳处理功能包括出纳签字、现金和银行存款日记账的输出、支票登记簿的管理及银行对账功能,并可以对银行长期未达账项提供审计报告。

(3)账簿处理 企业发生的经济业务经过制单、审核、记账等程序后,就形成了正式的会计账簿。账簿处理包括基本会计核算账簿(总账、余额表、明细表、序时账、多栏账等)的查询和输出以及各种辅助账(个人往来、单位往来、部门核算、项目核算等)的查询和输出。

(4)期末处理 期末处理与日常业务相比数量不多,但业务种类繁杂,时间较为紧迫。总账系统的期末处理主要包括银行对账、自动转账、对账、月末处理及年末处理功能。总账系统的期末处理功能可以帮助会计人员减轻核算工作量,同时加强财务核算的规范性。例如,用友软件提供的银行对账功能主要完成银行对账的期初数据、输入银行对账单、银行对账、余额调节表的查询输出、对账结果查询等。自动转账则可以实现转账定义和转账生成功能。对账一般在月末结账前进行,是为了保证账证相符、账账相符而设置的功能,当对账出现错误或记账有错误时,一般系统都允许"恢复记账前状态"进行检查修改,直到记账正确。

结账是每个月月末都要进行的工作,会计核算软件的此项功能一般都由计算机自动完成,但是必须重视结账之前的一些准备工作,主要包括结账之前的凭证记账检查、损益类账户的结转检查、数据备份工作等。一般而言,结账之后不允许再进行本月凭证的录入和修改,但是有的软件也提供一个"反结账"功能,允许取消结账标志,然后进行修正,修正后再次对账、结账。

(四)报表处理

通常功能较为完善的会计核算软件都会提供报表处理模块,不仅可以帮助会计人员完成资产负债表、利润表、现金流量表等财务报表的编制工作,还可以提供各种自定义的内部管理报告。有的软件的报表处理功能是作为总账系统的一个不可分割的子模块,如科发财务软件中的报表管理功能。有些软件则将报表系统设置为一个独立的模块,可以单独使用,如用友软件的报表管理系统。

第三节　用友会计软件操作实例

实验环境的准备：已经安装用友会计软件（从教学的角度出发）。

一、用友会计软件目的

会计软件上机操作是在学习了《建筑施工企业会计核算实务》课程之后进行的，是对这门课程的全面复习，是整个教学的重要环节。通过会计实务操作，使学生明确会计核算方法的具体内容，真正做到理论与实践紧密结合，达到学以致用的目的。

二、记账方法

采用借贷记账法。

三、操作步骤

年初建立新账、设置操作员、给会计人员明确工作权限、编制记账凭证、登记总账、明细账、日记账、结账、对账、编制会计报表。

四、教学手段

运用《用友 U8V10.1 财务软件》对 669 建桥集团方兴建筑公司 2020 年 1 月份的会计实务进行实地操作，完成一个会计循环的业务流程，最终打印出所有的会计凭证、会计账簿和会计报表。

五、操作原理及操作步骤

（一）启动系统管理

1. 启动系统管理与设置操作员

为了加强系统的总体控制，系统增设了一个系统管理员，用于管理该系统中的所有账套，其主要工作是：设置操作员、指定账套主管及其密码、建立账套、引入和输出账套。

（1）启动与注册　第一次进入：进入用友 ERP-U8V10.1【系统】→【系统管理】窗口，单击【系统】→【注册】，打开【登录】系统管理对话框。系统中预先设定了一个系统管理员 admin，第一次运行时，系统管理员密码为空，单击【确定】，以系统管理员身份进入系统管理。见图 14-1。

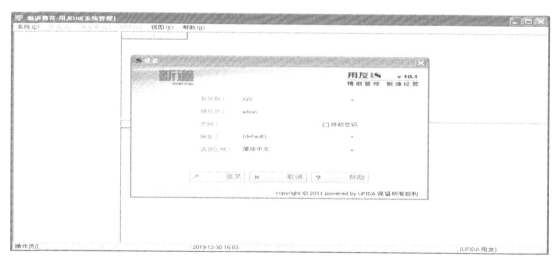

图 14-1　系统登录页面

（2）设置操作员　建立新账套之前，应先进行操作员设置，以便建立会计核算账套后指定账套主管，为操作员进行权限分配。只有系统管理员 admin 才能进行操作员设置。

【实例】增加一个操作员：081 祥和；口令：081；所属部门：财务部。在所属角色列表中选中"账套主管"前的复选框。

操作员姓名、编号必须输入且唯一。为系统安全、分清责任应设置操作员口令。输入时，保证"口令"和"校正"栏中输入的内容一致。

【实例】继续增加另一个操作员：082 媛梦；口令：082；所属部门：财务部。在所属角色列表中选中"出纳"前的复选框。

【实例】继续增加另一个操作员：083 方兴（学生自己姓名）；口令：083；所属部门：财务部。在所属角色列表中选中"总账会计"前的复选框。

① 以系统管理员身份登录系统管理，单击【权限】→【用户】，打开【用户】对话框。见图 14-2。

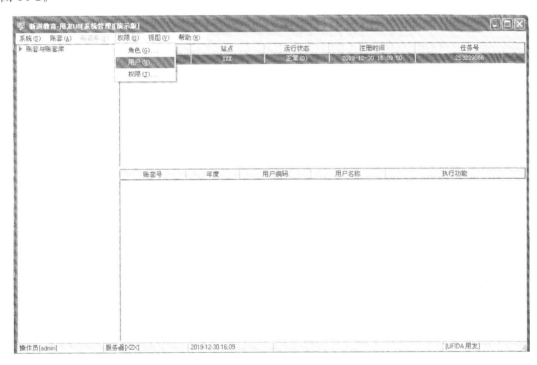

图 14-2　设置操作员页面

② 单击【增加】按钮，打开【增加用户】对话框。录入编号：081。姓名：祥和。口令及确认口令：081。所属部门：财务部。Email 地址：xianghe2020@163.com。手机号：18018118282。在所属角色列表中选中"账套主管"前的复选框。见图 14-3。

③ 单击【增加】按钮，增加一个操作员。录入编号：082。姓名：媛梦。口令：082。所属部门：财务部。Email 地址：yuanmeng2020@163.com。手机号：18118218383。所属角色是"出纳"，但是要在后面授权时才能授予。

④ 单击【增加】按钮，增加一个操作员。录入编号：083。姓名：方兴（学生自己名）。口令：083。所属部门：财务部。Email 地址：fangxing2020@163.com。手机号：18118318282。所属角色是"总账会计"，但是要在后面授权时才能授予。

⑤ 单击【增加】按钮→【确认】。此时，三个操作员的角色已经设置完毕。见图 14-4。

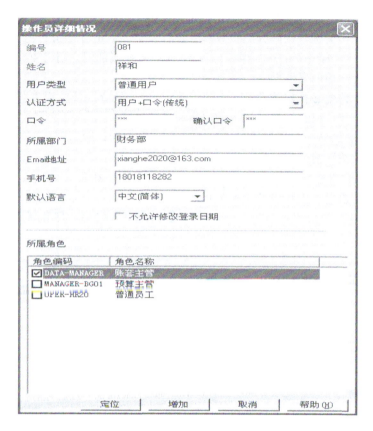

图 14-3　增加用户页面（一）

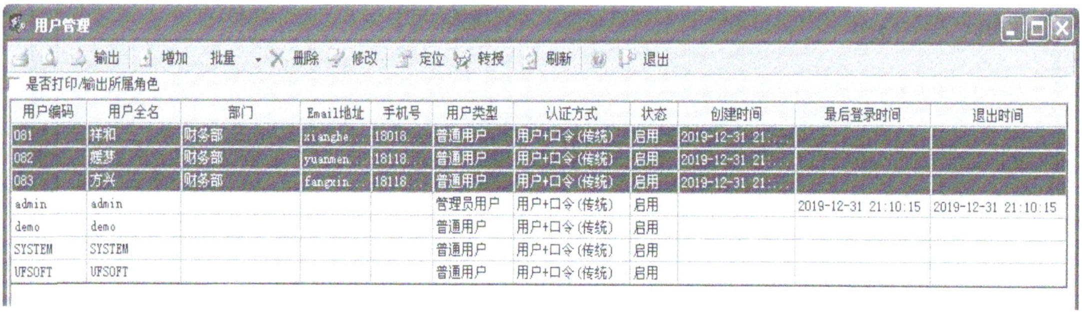

图 14-4　增加用户页面（二）

2. 建立新账套

建立新账套即采用财务软件为本企业建立一套账簿文件。主要包括：核算单位名称、所属行业、启用时间、编码规则等基础参数。账套参数决定输出的内容和形式。新建账套的基本信息，包括：账套号、账套名称、账套路径、启用年月及会计期间。

（1）以系统管理员身份注册进入系统管理，单击【账套】→【建立】，打开【账套信息】对话框。

（2）创建 669 账套。单位名称：建桥集团方兴建筑公司。启用会计期：2020 年 01 月。会计期间设置：1 月 1 日至 12 月 31 日。见图 14-5。

（3）单击【下一步】按钮，打开【单位信息】对话框。

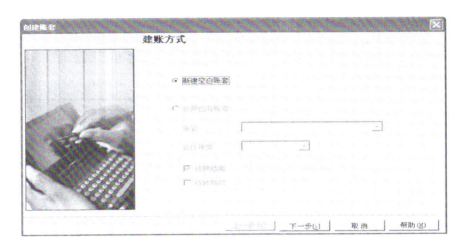

图 14-5　创建账套页面

（4）输入单位信息。单位名称：建桥集团方兴建筑公司。简称：方兴建筑公司。地址：上海市浦东新区沪城环路 1111 号。法人代表：周朱桥。邮政编码：201306。联系电话及传真：58138888。电子邮件：jianqiao2020＠163.com。税号：31011502006292。见图 14-6、图 14-7。

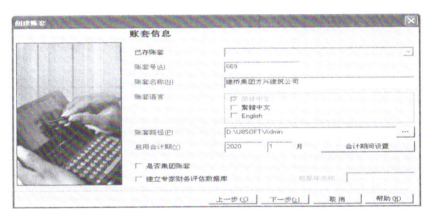

图 14-6　建立账套页面（一）

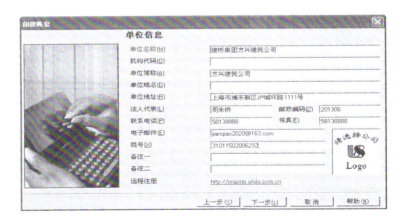

图 14-7　建立账套页面（二）

单击【下一步】，进入【核算类型】对话框。

（5）确定核算类型。选择系统默认的本币代码：RMB。本币名称：人民币。企业类型：工业。行业性质：2007 年新会计制度科目。账套主管：081 祥和。单击【下一步】，进入【基础信息】对话框。见图 14-8。

（6）确定分类信息。该企业要求进行外币核算，在进行经济业务处理时，需要对存货、客户、供应商进行分类。分别选择【存货是否分类】、【客户是否分类】、【供应商是否分类】，不选【是否有外币核算】。单击【完成】。见图 14-9。

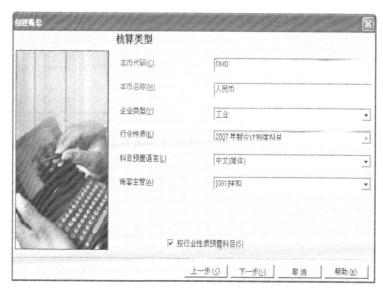

图 14-8　确定核算类型页面

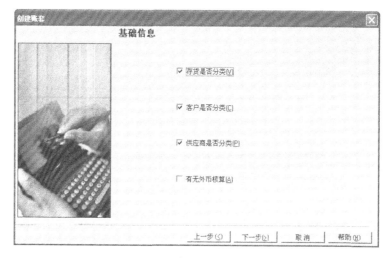

图 14-9　确定分类信息页面

单击【完成】，系统弹出【可以创建账套了么?】对话框，单击【是】，系统则进入基础信息设置（此时系统要根据电脑的速度工作一些时间）。

（7）确定编码方案。设置各种编码的规则，规定各种编码的级次和各级的长度。

该企业的分类方案如下。科目编码级次：4222。客户分类编码级次：123。部门编码级次：122。存货分类编码级次：122。收发类别编码级次：12。结算方式编码级次：12。其余采用系统默认值。见图 14-10。

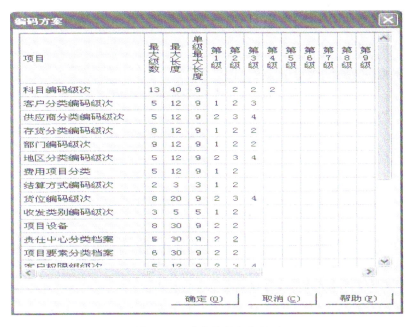

图 14-10　确定编码方案页面

单击【确定】按钮，再单击【取消】按钮，打开【数据精度】对话框。

（8）确定数据精度。该企业需要对数量、单价等核算时小数位定为 2。单击【确定】。新账套 669 燕京集团方兴建筑公司正式创建成功。系统弹出【请进入企业应用平台进行业务操作！】提示框，单击【确定】按钮返回【系统管理】。

3. 财务分工

财务分工即财务权限设置，指对允许使用财务软件的操作员 admin 规定操作权限。只有系统管理员才有权限进行账套主管的设定与放弃的操作，如果以账套主管身份登录，则对话框中的账套主管不能进行任何操作。系统默认账套主管自动拥有全部权限，因此无需对账套主管进行增加和删除权限的操作。

（1）以"系统管理员"admin 的身份在系统管理中执行【权限】→【权限】命令。见图 14-11。

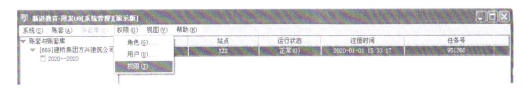

图 14-11　财务分工页面（一）

（2）在"账套主管"右边的下拉列表框中选中"［669］建桥集团方兴建筑公司"账套。在左侧的操作员列表中，选中"081"号操作员祥和，由于祥和为账套主管，系统默认账套主管自动拥有全部权限。见图 14-12。

（3）为媛梦赋权

在【权限】→【权限】窗口中，选中"082"号操作员媛梦，因为在新增用户时已经赋予了媛梦"出纳"的角色。单击【总账】→【凭证】→【出纳签字】和【出纳】，处于选中状态。

（4）为方兴（学生自己名）赋权"总账会计"。取消【恢复记账前状态】。

图 14-12 财务分工页面（二）

4. 设置系统自动备份

（1）在 C 盘中新建"账套备份"文件夹，设置系统自动备份计划的工作应由系统管理员 admin 完成。

（2）在系统管理中，单击【系统】→【设置备份计划】，打开【备份计划设置】对话框见图 14-13。

（3）单击【增加】按钮，进入【增加备份计划】窗口。

（4）录入计划编号"2020-1-1"，计划名称"669 账套备份"，单击【发生频率】栏的下三角按钮，选择"每天"，在【开始时间】栏录入"0：00：00"，在【发生天数】栏录入或选择"1"，保留天数"360"。见图 14-14。

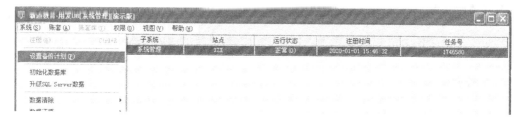

图 14-13 设置账套备份页面

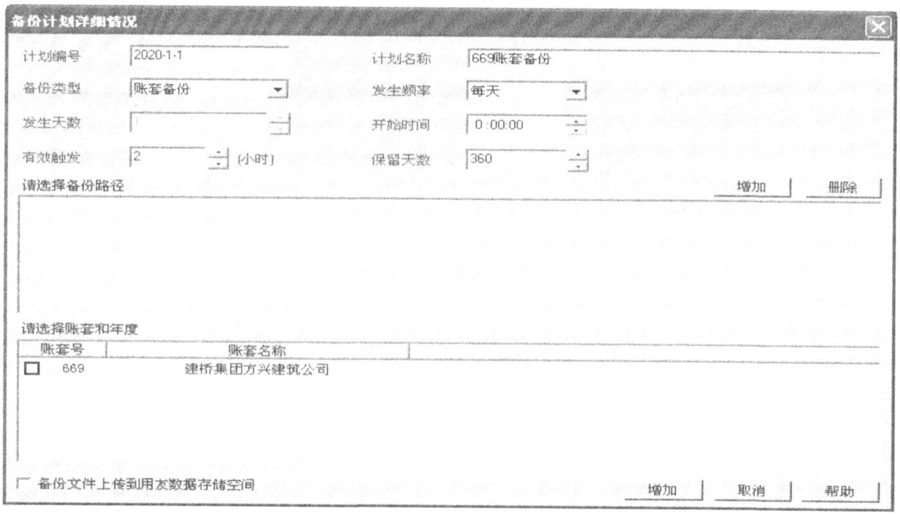

图 14-14 设置 669 账套备份页面

单击【增加】按钮,打开【请选择账套备份路径】对话框。单击【刷新】按钮。

(5) 选择 C 盘中"账套备份"文件夹为备份路径,单击【确定】按钮返回。

5. 修改账套

经过运行一段时间,如果需要更改或补充账套信息,可以通过"修改账套"功能来完成,此功能可以帮助查看某个账套的账套信息,也可以修改这些账套信息。

(1) 单击【系统】→【注册】按钮,打开【登录】系统管理对话框。

(2) 录入操作员:081(或祥和);密码:081。单击【账套】栏的下三角按钮,选择"669 燕京集团方兴建筑公司"。

(3) 单击【确定】按钮,以账套主管身份登录系统管理。

(4) 单击【账套】→【修改】按钮,打开【修改账套】对话框。

(5) 单击【下一步】按钮,打开【单位信息】对话框。

(6) 单击【下一步】按钮,打开【核算类型】对话框。

(7) 单击【下一步】按钮,打开【基础信息】对话框。

(8) 单击选中【有无外币核算】前的复选框。

(9) 单击【完成】按钮,系统弹出【确认修改账套了么?】提示框。

(10) 单击【是】按钮,在【分类编码方案】和【数据精度】窗口中分别单击【取消】和【确定】按钮后,确定修改成功。见图 14-15。

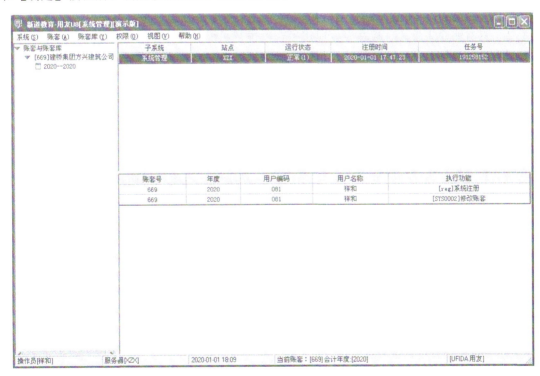

图 14-15 账套修改成功页面

6. 备份账套

(1) 在 D 盘中新建"2020-669 账套备份"文件夹,再在"2020-669 账套备份"文件夹中新建"(1-1) 系统管理"文件夹。

(2) 由系统管理员 admin 注册系统管理,执行【账套】→【输出】命令,打开【账套输出】对话框。

（3）单击【账套号】栏的下三角按钮，选择"［669］建桥集团方兴建筑公司"。见图 14-16。

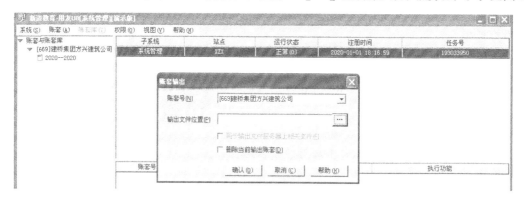

图 14-16　账套号页面

（4）单击【确认】按钮，打开【选择备份路径】对话框。
（5）在【选择备份路径】对话框中，选择"D：\669 账套备份\（1-1）系统管理"文件夹。单击【确定】按钮。
（6）系统进行账套数据输出，完成后弹出【输出成功】提示框，单击【确定】按钮返回。

（二）启用总账系统

引入"D：\669 账套备份\（1-1）系统管理"的账套数据，将系统日期选为 2020 年 1 月 1 日。只有账套主管才有权在企业应用平台中进行系统启用。各系统的启用时间必须大于或等于账套的启用时间。在"系统管理"中，我们已经建立了 669 账套，并根据建桥集团方兴建筑公司的实际情况及业务要求，经过整理的基础设置，除了编码方案和数据精度在创建账套时设置外，其他基础信息的设置应在"业务导航视图"的"基础设置"中进行设置。这里主要以部门档案、职员档案、客户分类、客户档案、供应商分类、供应商档案、结算方式、开户银行等设置为例，其他基础设置将在相关模块中进行介绍。

1. 启动基础设置

以账套主管 081 祥和的身份于 2020 年 1 月 1 日注册进入系统控制台，进行基础信息设置。见图 14-17。

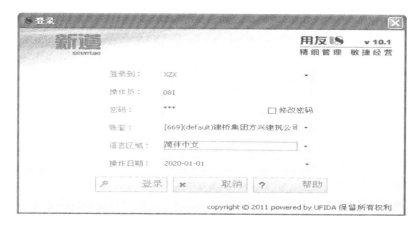

图 14-17　启动基础设置页面

单击【企业应用平台】，在【基础设置】选项中，选择【基础信息】→【系统启用】，选择【GL 总账】前复选框，弹出【日历】对话框，选择"2020 年 1 月 1 日"，单击【确定】，同时选择【应收款管理】和【应付款管理】。然后以 081 祥和的身份进行"重注册"。

2. 设置部门档案

单击【基础设置】→【基础档案】→【机构人员】→【部门档案】,进入【部门档案】。

由于此时还未设置【人员档案】,部门中的"负责人"暂时不能设置。如果需要设置,必须在完成【人员档案】设置后,再回到【部门档案】中以修改的方式补充设置。见表 14-1。

表 14-1 部门档案资料

部门编码	部门名称	负责人	部门属性
1	综合部	101(何娜)	管理部门
101	总经理办公室	101(何娜)	综合管理
102	财务部	102(祥和)	财务管理
2	市场部	201(冰凌)	购销管理
3	开发部	301(琪琪)	技术开发
4	人事部	401(文静)	人事管理
5	公关部	501(白雪)	公关管理

(1)输入 669 账套的第一部门:1 综合部。

提示:在进行部门档案设置时,负责人先不要输入,部门被其他对象引用后就不能修改和删除。

(2)单击【基础档案】→【设置】→【增加】。输入部门编号:1。输入部门名称:综合部。输入部门属性:管理部门。其他为空。单击【刷新】。见图 14-18、图 14-19。

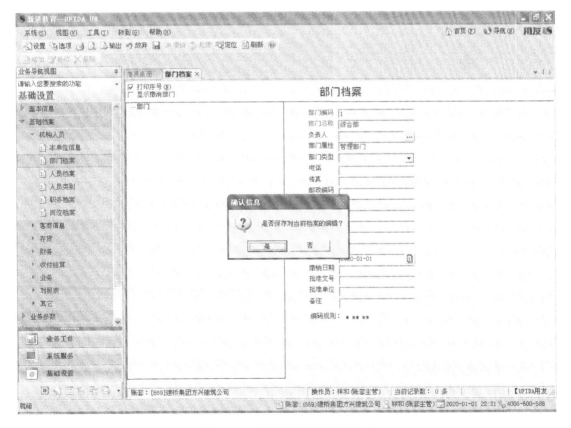

图 14-18 设置部门档案页面(一)

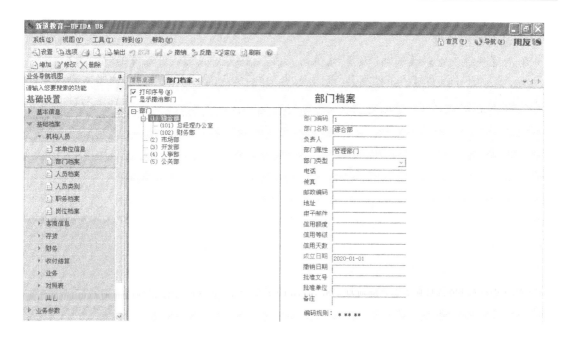

图 14-19 设置部门档案页面（二）

重复操作步骤，可继续增加部门，否则单击【退出】返回。

3. 设置人员类别

（1）单击【基础档案】→【机构人员】→【人员类别】，进入【人员列表】窗口。见图 14-20、图 14-21。

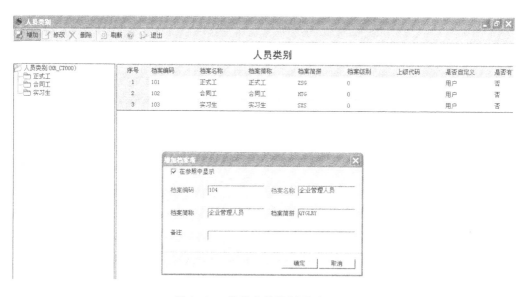

图 14-20 设置人员类别页面（一）

（2）单击【增加】按钮，按企业在职人员类别，增加人员类别。企业在职人员类别见表 14-2。

人员类别是人员档案中的必选项目，需要在人员档案建立之前设置。人员类别名称可以修改，但已使用的人员类别名称不能删除。

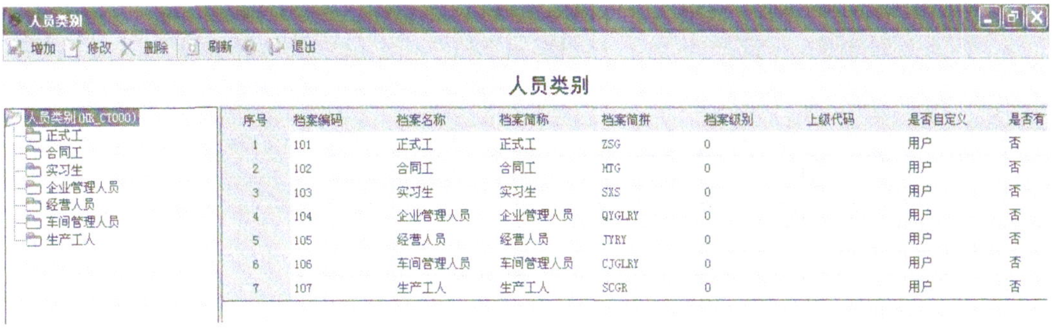

图 14-21　设置人员类别页面（二）

表 14-2　企业在职人员类别

人员类别档案编码	人员类别档案名称
104	企业管理人员
105	经营人员
106	车间管理人员
107	生产工人

4. 设置人员档案

人员档案见表 14-3。

（1）单击【基础设置】→【基础档案】→【机构人员】→【人员档案】，进入【人员列表】窗口。

表 14-3　人员档案

人员编码	人员姓名	性别	行政部门	人员属性
101	何娜	女	总经理办公室	总经理
102	祥和	男	财务部	部门经理
103	媛梦	女	财务部	出纳
104	方兴(学生姓名)	女	财务部	总账会计
201	冰凌	男	市场部	部门经理
301	琪琪	女	开发部	部门经理
401	文静	女	人事部	部门经理
501	白皙	男	公关部	部门经理

（2）单击【增加】按钮，输入 669 账套的第一个职员档案。人员姓名：何娜；行政部门：总经理办公室；人员类别：企业管理人员。见图 14-22。

（3）重复步骤可以继续增加输入 669 建桥集团方兴建筑公司新职员的人员档案资料。最后单击【退出】。见图 14-23。

（4）输入人员档案完毕后，返回【部门档案】中，通过【修改】功能补充设置负责人资料。见图 14-24。

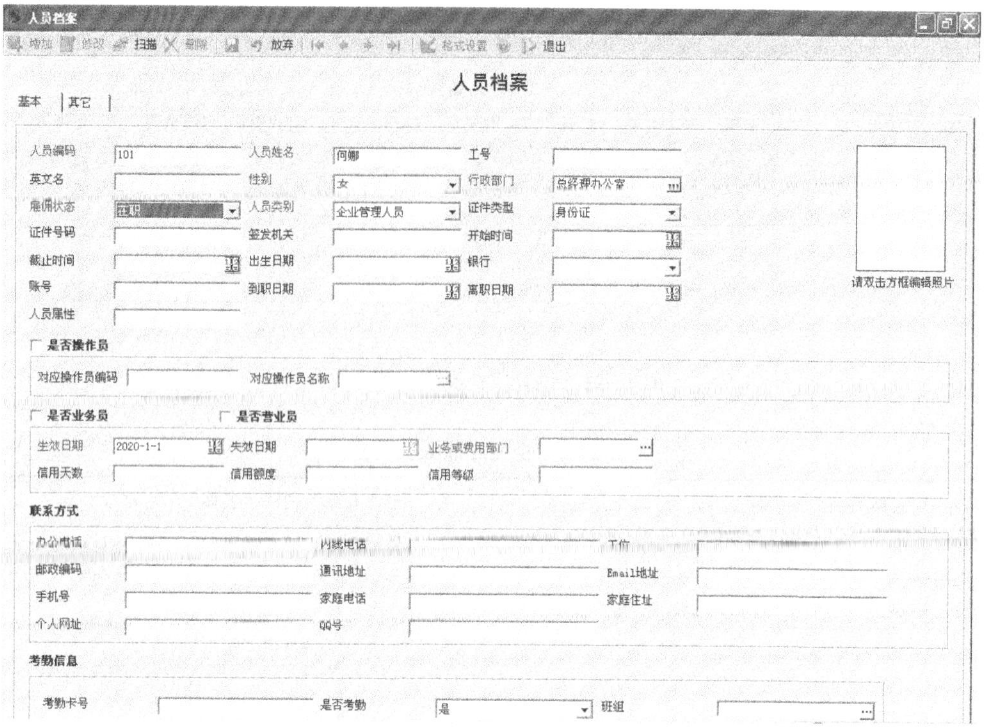

图 14-22 设置人员档案页面（ ）

选择	人员编码	姓名	行政部门名称	雇佣状态	人员类别	性别	出生日期	业务或费用
	101	何娜	总经理办公室	在职	企业管...	女		
	102	祥和	财务部	在职	企业管...	男		
	103	媛梦	财务部	在职	企业管...	女		
	104	方兴	财务部	在职	企业管...	女		
	201	冰凌	市场部	在职	经营人员	男		
	301	琪琪	开发部	在职	经营人员	男		
	401	文静	人事部	在职	企业管...	女		
	501	白皙	公关部	在职	企业管...	女		

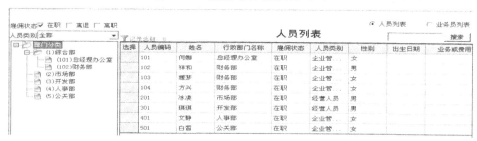

图 14-23 设置人员档案页面（二）

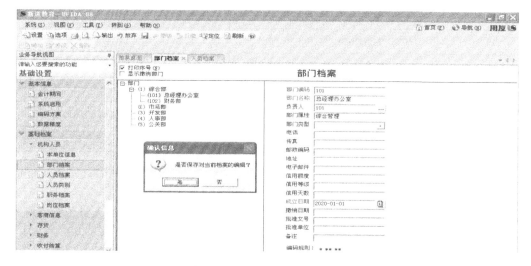

图 14-24 补充设置负责人页面

5. 设置客户档案

（1）单击【基础档案】→【客商信息】→【客户分类】，进入【客户分类】窗口。客户分类资料见表 14-4。

表 14-4 客户分类资料

分类编码	分类名称
1	长期客户
2	中期客户
3	短期客户

（2）单击【增加】，输入客户分类编码：1；输入分类名称：长期客户；单击【保存】。

（3）重复操作步骤，可继续增加分类方案，输入完毕后单击【退出】返回。见图 14-25。

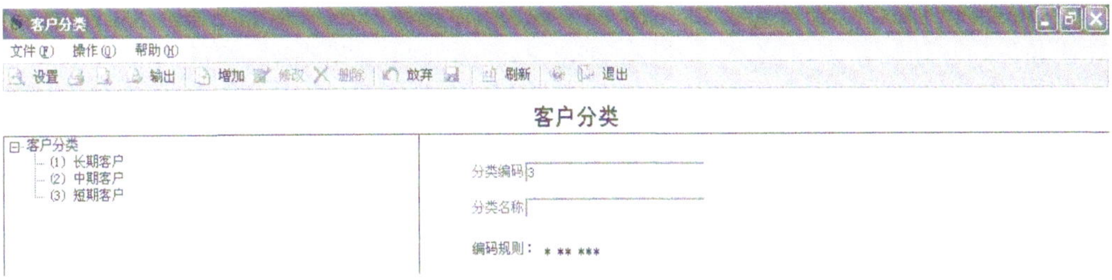

图 14-25 设置客户分类页面

（4）输入客户档案资料。客户档案资料见表 14-5。

表 14-5 客户档案资料

客户编号	客户名称	客户简称	客户分类	所属行业	邮编	开户银行	电话
01	北京建材公司	建材公司	2	工业	100077	工行	66866866
02	天津飞达公司	飞达公司	3	商业	300088	工行	55555555

（5）单击【基础设置】→【客户档案】，光标定在最末级客户分类【2-中期客户】中，单击【增加】，出现【客户档案卡片】对话框。669 某客户档案基本资料如下。编号：01；名称：北京建材公司；客户简称：建材公司；所属分类码：2；所属行业：工业。联系信息包括地址：北京；编码：100077；电话：66866866。如果通不过，需要设置一下"行业分类基本参照"数据。见图 14-26、图 14-27。

根据实际情况输入有关项目，客户编码、名称和简称必须输入，其余可输可不输。客户档案的联系信息包括：地址、邮政编码、Email 地址、电话、传真、手机等。继续完成 669 客户档案基本资料。

6. 设置供应商档案

（1）单击【基础设置】→【基础档案】→【客户档案】→【客商信息】→【供应商分类】，进入【供应商分类】窗口。见图 14-28。供应商分类见表 14-6。

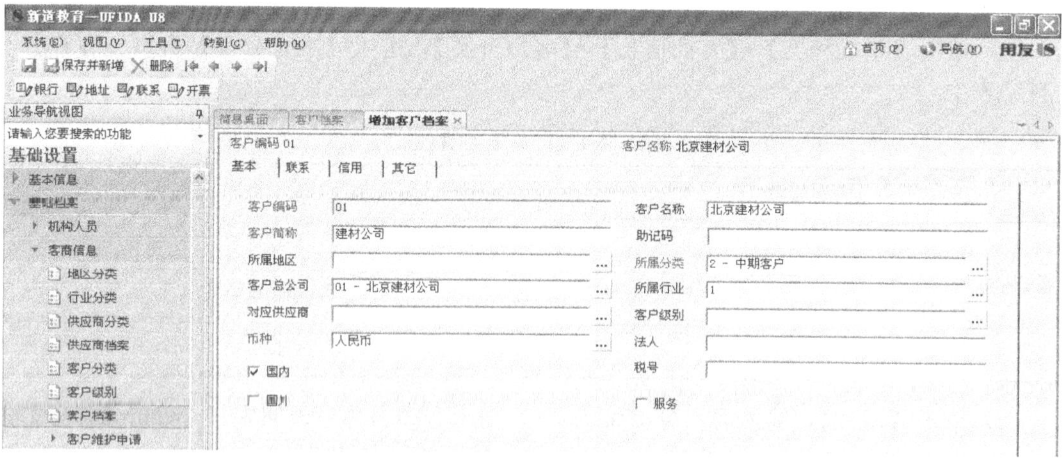

图 14-26 输入客户档案页面(一)

图 14-27 输入客户档案页面(二)

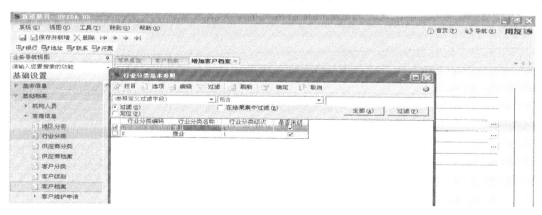

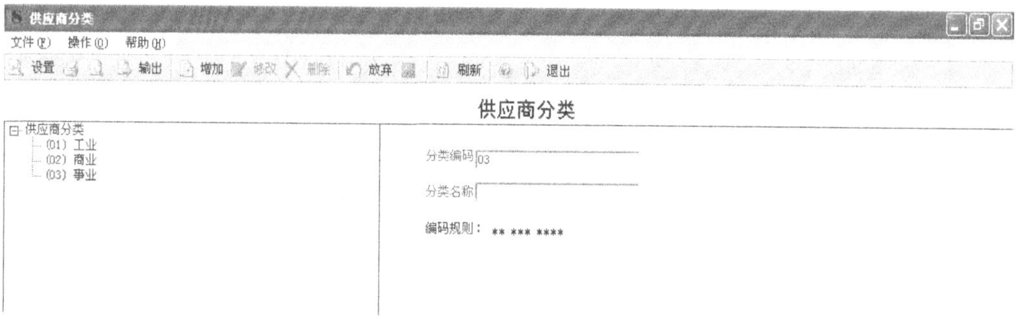

图 14-28 设置供应商分类页面

表 14-6 供应商分类

分类编码	分类名称
01	工业
02	商业
03	事业

(2) 输入供应商档案资料

供应商档案资料见表 14-7。

表 14-7 供应商档案资料

供应商编号	供应商名称	客户简称	客户分类	所属行业	邮编	开户银行	电话
001	天津水泥公司	水泥公司	02	商业	300022	工行	66866867

在【供应商档案设置】窗口中，将光标定在左框中的最末级供应商分类"02-商业"中。单击【增加】。在【供应商档案卡片】对话框中，根据实际情况设置供应商档案。单击【退出】。见图 14-29。

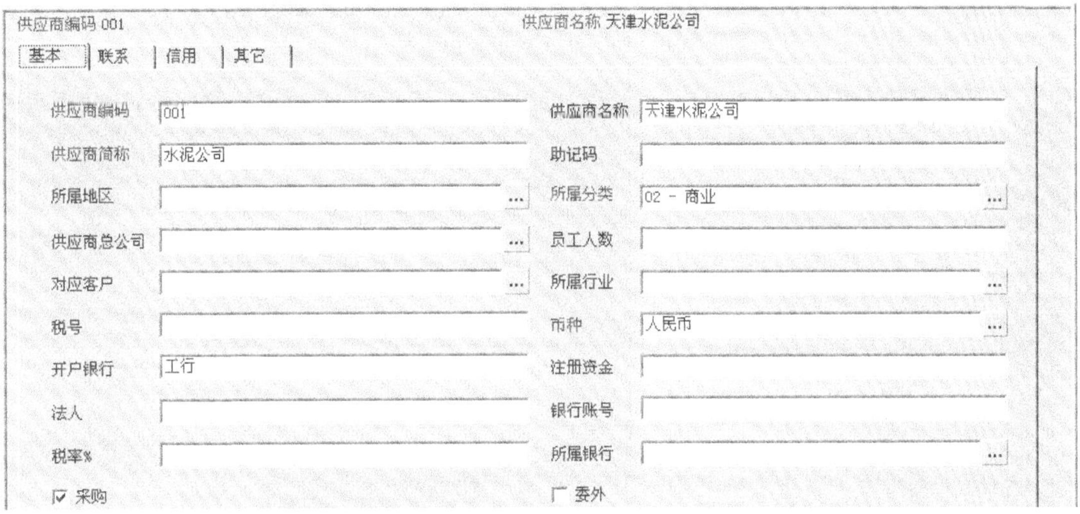

图 14-29 设置供应商档案页面

7. 设置数据权限

单击【系统服务】→【权限】→【数据权限分配】进行操作。单击【用户及角色】，业务对象选择【用户】，单击【授权】，列表中选择"081 祥和、082 媛梦、083 方兴"从"禁用"授权到"可用"。见图 14-30。

必须在系统管理中定义角色或用户，并分配完功能及权限后才能进行数据权限分配。

8. 单据设计

（1）单击【企业应用平台】→【基础设置】→【单据设置】→【单据格式设置】进行操作。

（2）在左侧窗口中单击【应收款管理】→【应收单】→【显示】→【应收单显示模板】，进入【应收单】格式设置窗口。

（3）单击【表头项目】→【币种 5】，系统提示【是否删除当前选择项目？】，单击【是】。同理删除"汇率 6"。见图 14-31。

（4）单击【退出】。系统提示【模板已修改，是否保存？】，单击【是】。见图 14-32。

只有在启用了"应付""应收"系统或其他业务系统时，在"企业应用平台"的单据目录分类中才会列出与启用系统相对应的单据分类及内容。

（5）打开 D 盘，在"669 账套备份"文件夹中，新建"(2-1) 启用总账系统"文件夹，输出文件。

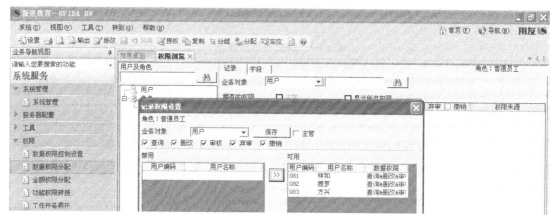

图 14-30 设置数据权限页面

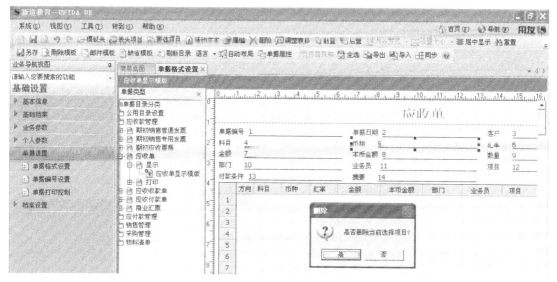

图 14-31 单据设计页面

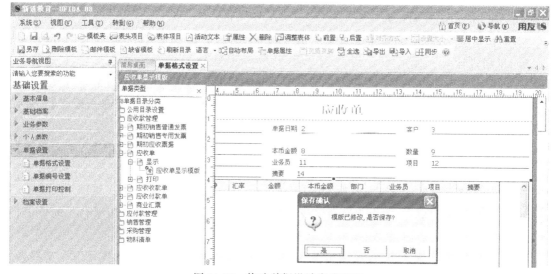

图 14-32 修改单据设计完成页面

(三) 总账初始设置

计算机总账处理流程如下：建账→制单、记账（出纳管理、查辅助账）→账簿管理→月末转账→试算对账→结账（档案备份、打印账簿）。

设置核算规则如下：引入"D：669账套备份\（2-1）启用总账系统"文件夹，将日期选为2020年1月1日。总账初始化时首先进行业务处理控制参数设置，决定了系统的数据输入、处理、输出的内容和形式。

(1) 启动与注册　总账系统初始设置是结合669建桥集团方兴建筑公司的实际情况，将一个通用的账务核算系统改造为适合本企业核算要求的"专用账务核算系统"。结合有关会计资料描述总账系统的初始化处理过程，使用总账系统之前，需要先启动与注册系统。

① 单击【开始】→【程序】→【用友U8管理软件】→【企业应用平台】→【业务工作】→【财务会计】→【总账】。

② 选择账套：669建桥集团方兴建筑公司；会计年度：2020。输入操作日期：2020-01-01；操作员：081；密码：081。单击【确定】按钮。

669建桥集团方兴建筑公司的会计科目见表14-8。

表14-8　会计科目

序号	编号	名称	序号	编号	名称
一、资产类			16	1411	周转材料
1	1001	库存现金	17	1471	存货跌价准备
2	1002	银行存款	18	1501	持有至到期投资
3	1101	交易性金融资产	19	1503	可供出售金融资产
4	1121	应收票据	20	1511	长期股权投资
5	1122	应收账款	21	1601	固定资产
	112201	美媛公司	22	1602	累计折旧
	112202	海滨公司	23	1603	固定资产减值准备
6	1123	预付账款	24	1604	在建工程
7	1131	应收股利	25	1605	工程物资
8	1132	应收利息	26	1606	固定资产清理
9	1221	其他应收款	27	1701	无形资产
10	1231	坏账准备	28	1702	累计摊销
11	1401	材料采购	29	1703	无形资产减值准备
	140101	甲材料	30	1711	商誉
	140102	乙材料	31	1801	长期待摊费用
12	1402	在途物资	32	1811	递延所得税资产
13	1403	原材料	33	1901	待处理财产损溢
	140301	甲材料		190101	待处理流动资产损溢
	140302	乙材料		190102	待处理固定资产损溢
14	1404	材料成本差异	二、负债类		
15	1405	库存商品	34	2001	短期借款

续表

序号	编号	名称	序号	编号	名称
35	2101	交易性金融负债	56	4104	利润分配
36	2201	应付票据		410401	未分配利润
37	2202	应付账款	五、成本类		
38	2203	预收账款	57	5001	生产成本
39	2211	应付职工薪酬		500101	基本生产成本
40	2221	应交税费		500102	辅助生产成本
	222101	应交增值税	58	5101	制造费用
	22210101	进项税额	59	5201	劳务成本
	22210102	销项税额	60	5301	研发支出
	222105	应交所得税	61	5401	工程施工
	222107	应交城市维护建设税	62	5402	工程结算
41	2231	应付利息	63	5403	机械作业
42	2232	应付股利	六、损益类		
43	2241	其他应付款	64	6001	主营业务收入
44	2501	长期借款	65	6051	其他业务收入
45	2502	应付债券	66	6101	公允价值变动损益
46	2701	长期应付款	67	6111	投资收益
47	2801	预计负债	68	6301	营业外收入
48	2901	递延所得税负债	69	6401	主营业务成本
三、共同类			70	6402	其他业务成本
49	3101	衍生工具	71	6403	税金及附加
50	3201	套期工具	72	6601	销售费用
51	3202	被套期项目	73	6602	管理费用
四、所有者权益类			74	6603	财务费用
52	4001	实收资本	75	6701	资产减值损失
53	4002	资本公积	76	6711	营业外支出
54	4101	盈余公积	77	6801	所得税费用
55	4103	本年利润	78	6901	以前年度损益调整

(2) 设置业务处理控制参数

① 在企业应用平台中，单击【业务工作】→【财务会计】→【总账】，打开总账系统。

② 在总账系统中，单击【设置】→【选项】，打开【选项】对话框。

③ 在【权限】选项卡中，选中【凭证审核控制到操作员】、【出纳凭证必须经由出纳签字】复选框，取消选中【允许修改、作废他人填制的凭证】复选框。见图14-33。

④ 单击【确定】按钮，保存并返回。

注意：总账系统的参数设置将决定总账系统的输入控制、处理方式、数据流向、输出格式等，设定后一般不能随意改变。

(3) 指定会计科目　指定会计科目是指定出纳的专管科目。指定科目后才能执行出纳签

第十四章 施工企业会计电算实务

图 14-33 设置业务处理控制参数页面

字,从而实现现金、银行管理的保密性,才能查看现金、银行存款日记账。

① 在企业应用平台中,单击【基础设置】→【基础档案】→【财务】→【会计科目】,进入【会计科目】窗口。

② 单击【编辑】→【指定科目】,打开【指定科目】对话框。见图 14-34。

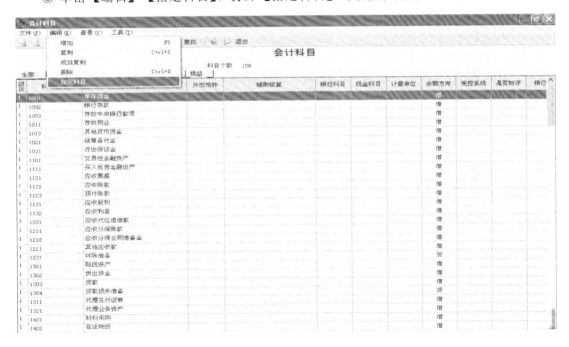

图 14-34 指定科目页面

③ 单击【＞】按钮将"1001 库存现金"从【待选科目】窗口选入【已选科目】窗口。见图 14-35。

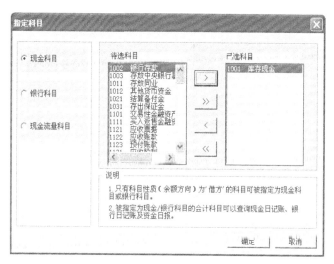

图 14-35　指定库存现金会计科目页面

④ 用同样的方法指定"银行存款"科目。见图 14-36。

图 14-36　指定银行存款会计科目页面

⑤ 单击【确定】按钮。

注意：被指定的【现金科目】及【银行科目】必须是一级会计科目，只有指定现金及银行总账科目才能进行出纳签字的操作，只有指定现金及银行总账科目才能查询现金日记账和银行存款日记账。

（4）增加会计科目　增加的会计科目编码长度及每段位数要符合编码规则，编码不能重复，编码不能越级。科目一经使用，即已输入余额或凭证，不允许作科目升级处理，即只能增加同级科目，而不能再增设下级科目。

669 建桥集团方兴建筑公司需要将明细会计科目全部增加。例如：美媛公司（112201）。

① 在【会计科目】窗口中，单击【增加】，打开【新增会计科目】对话框。输入科目编码：112201。输入科目中义名称：美媛公司。选择账页格式：金额式。确定金额方向：借方。单击【确定】按钮。如果没加上，要在账套中进行"会计科目长度"的修改。要以账套主管的身份进入。

② 以相同的方式增加"112202 海滨公司""140101 甲材料""140102 乙材料""140301 甲材料""140302 乙材料""190101 待处理流动资产损溢""190102 待处理固定资产损溢""222101 应交增值税""22210101 进项税额""22210102 销项税额""222105 应交所得税""222107 应交城市维护建设税""410401 未分配利润""500101 基本生产成本""500102 辅助生产成本"。

（5）删除会计科目　在【会计科目】窗口中，选中要删除的会计科目，单击【删除】按钮，即可删除不需要的会计科目。

（6）修改会计科目

① 在【会计科目】窗口中，双击要修改的会计科目，打开【会计科目-修改】。

② 在【会计科目】窗口中，双击【1122应收账款】按钮，单击【修改】，单击【受控系统】栏下的三角按钮，选择空白处（即无受控系统）。见图14-37。

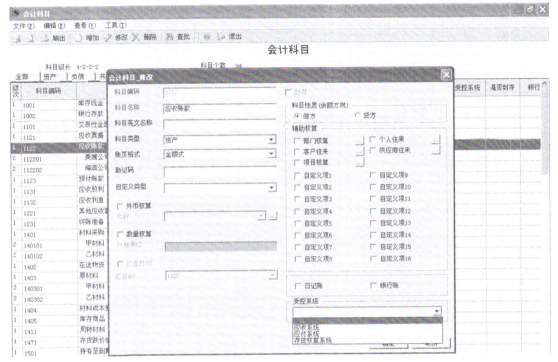

图14-37　修改会计科目页面

提示："无受控系统"即该账套不使用"应收"及"应付"系统，"应收"及"应付"业务均以辅助账的形式在总账系统中进行核算。

（7）设置项目目录（新增项目大类）

① 在企业应用平台中，单击【基础设置】→【基础档案】→【财务】→【项目目录】，打开【项目档案】对话框。

② 单击【增加】按钮，打开【项目大类定义→增加】对话框，录入新项目大类名称"自建工程"。见图14-38。

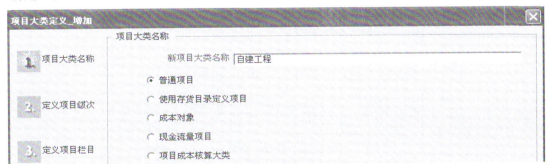

图14-38　增加项目页面

③ 单击【下一步】按钮，打开【定义项目级次】对话框。见图14-39。
④ 默认系统设置，单击【下一步】按钮，打开【定义项目栏目】对话框。
⑤ 在【定义项目栏目】对话框中，单击【完成】按钮，返回【项目档案】窗口。

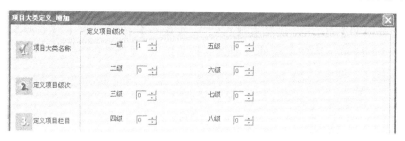

图14-39 定义项目级次页面

（8）设置凭证类别 在开始用计算机录入凭证之前，应在系统中设置凭证类别，如收款凭证、付款凭证、转账凭证。凭证类别可根据需要进行设置。

① 在企业应用平台中，单击【基础设置】→【基础档案】→【财务】→【凭证类别】，打开【凭证类别预置】对话框。选中【收款凭证、付款凭证、转账凭证】，单击【确定】。见图14-40。

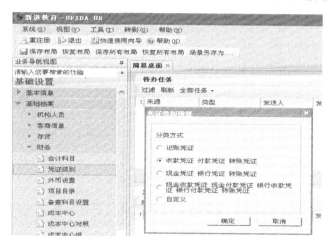

图14-40 预置凭证类别页面

② 打开【凭证类别】对话框，单击【修改】，双击【收款凭证】所在行的【限制类型】，出现下三角按钮，从下拉列表中选择"借方必有"，在"限制科目"栏录入"1001，1002"，设置结果见图14-41。

图14-41 设置结果页面

注意：已使用的凭证类别不能删除，也不能修改类别字。将669建桥集团方兴建筑公司的会计科目编辑在软件上。打开【会计科目】对话框。

（9）录入期初余额 如果是第一次使用账务处理系统，必须使用"录入期初余额"，将经过整理的手工账科目期初余额录入计算机。如果系统中已有上年的数据，在使用"结转上年余额"后，上年各账户余额将自动结转到本年。

① 建桥集团方兴公司为一般纳税人，2020年初各账户余额见表14-9，应收账款余额见表14-10。

表14-9 2020年初各账户余额

账户名称	借方余额	账户名称	贷方余额
银行存款	200 000	短期借款	100 000
应收账款	150 000	应付账款	120 000
固定资产	100 000	应付职工薪酬	80 000
		实收资本	100 000
		利润分配——未分配利润	50 000

表14-10 应收账款余额

会计科目：1131 应收账款　　　　　　　　　　　　　　　　　　余额：借150 000元

日期	凭证号	客户	摘要	方向	金额	业务员	票号	票据日期
2019.8.05	转-118	美媛公司	销售商品	借	80 000	冰凌	P111	12-15
2019.8.10	转-15	海滨公司	销售商品	借	70 000	冰凌	Z111	12-10

② 在总账系统中，单击【业务工作】→【财务会计】→【总账】→【设置】→【期初余额】，进入【期初余额录入】窗口。

白色的单元为末级科目，可以直接输入期初余额。灰色的单元代表对该科目设置了辅助核算，不允许直接录入余额，需要在该单元格中双击进入辅助账期初设置，在辅助账中输入期初数据，完成后自动返回总账期初余额表中。见图14-42。

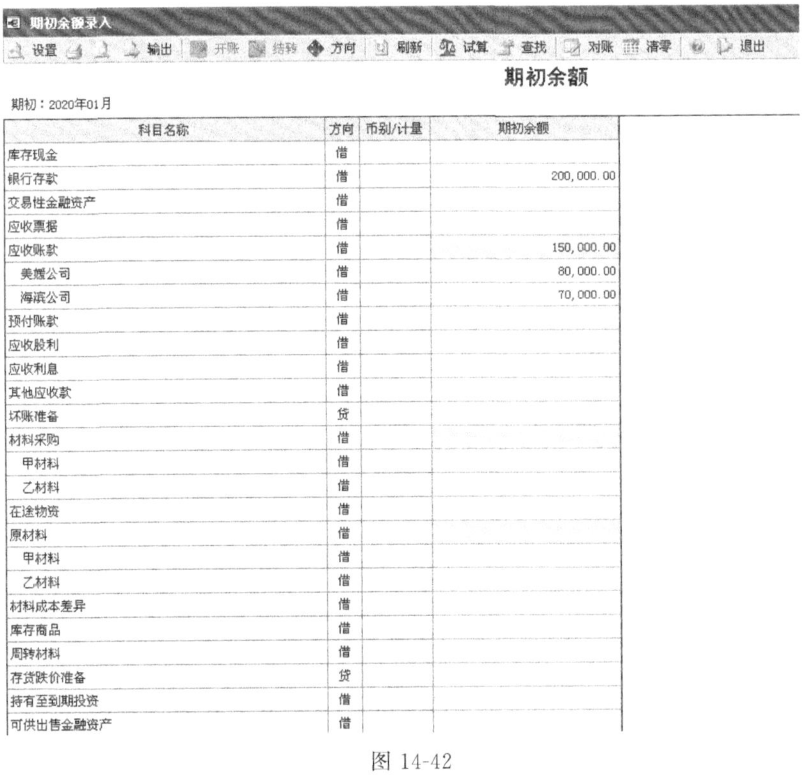

图14-42

科目	方向	金额
长期股权投资	借	
固定资产	借	100,000.00
累计折旧	贷	
固定资产减值准备	贷	
在建工程	借	
工程物资	借	
固定资产清理	借	
无形资产	借	
累计摊销	贷	
无形资产减值准备	贷	
商誉	借	
长期待摊费用	借	
递延所得税资产	借	
待处理财产损溢	借	
待处理流动资产损溢	借	
待处理固定资产损溢	借	
短期借款	贷	100,000.00
交易性金融负债	贷	
应付票据	贷	
应付账款	贷	120,000.00
预收账款	贷	
应付职工薪酬	贷	80,000.00
应交税费	贷	
应交增值税	贷	
进项税额	贷	
销项税额	贷	
应交所得税	贷	
应交城市维护建设税	贷	
应付利息	贷	
应付股利	贷	
其他应付款	贷	
长期借款	贷	
应付债券	贷	
长期应付款	贷	
预计负债	贷	
递延所得税负债	贷	
衍生工具	借	
套期工具	借	
被套期项目	借	
实收资本	贷	100,000.00
资本公积	贷	
盈余公积	贷	
本年利润	贷	
利润分配	贷	50,000.00
未分配利润	贷	50,000.00
生产成本	借	
基本生产成本	借	
辅助生产成本	借	
制造费用	借	
劳务成本	借	
研发支出	借	
工程施工	借	
工程结算	贷	
机械作业	借	
主营业务收入	贷	
其他业务收入	贷	
公允价值变动损益	贷	
投资收益	贷	
营业外收入	贷	
主营业务成本	借	
其他业务成本	借	
税金及附加	借	
销售费用	借	
管理费用	借	
财务费用	借	
资产减值损失	借	
营业外支出	借	
所得税费用	借	
以前年度损益调整	借	

图 14-42　录入期初余额页面

注意：只需输入末级科目的余额，非末级科目的余额由系统自动计算生成。如果要修改余额的方向，可以在未录入余额的情况下，单击【方向】按钮改变余额的方向。如果年中某月开始建账，需要输入启用月份的月初余额及年初到该月的借贷方累计发生额（年初余额由系统根据月初余额及借贷方累计发生额自动计算生成）。系统只能对月初余额的平衡关系进行试算，而不能对年初余额进行试算。如果期初余额不平衡，可以填制凭证但是不允许记账。凭证记账后，期初余额变为只读状态，不能再修改。

（10）调整余额方向　　一般情况下，软件默认资产类科目的余额方向为借方，负债及所有者权益类科目的余额方向为贷方。但是有一部分调整科目，如"坏账准备""累计折旧"等科目的余额方向与同类科目默认的余额方向相反。在建立会计科目时如果没有对这些科目的余额方向进行调整的话，就需要在此处把方向调整正确。

（11）试算平衡　　期初余额及累计发生额输入后，为保证初始数据的正确性，必须依据"借方余额＝贷方余额"的原则，进行各科目间余额的试算平衡。如果借贷方余额不平衡，计算机屏幕则自动显示出来，需要依次逐项进行检查、更正后，再次进行试算平衡，直至平衡为止。

录完所有余额后，单击【试算】按钮。可查看期初余额试算平衡表，检查余额是否平衡，平衡的结果等于（借方＝450 000.00　贷方＝450 000.00）。单击【确认】返回。

（12）设置结算方式

① 在企业应用平台中，单击【基础设置】→【基础档案】→【收付结算】→【结算方式】，进入【结算方式】窗口。

② 单击【增加】，录入结算方式"1"，录入结算方式名称"现金"，单击【保存】按钮，以此方法继续录入其他的结算方式。见图14-43。

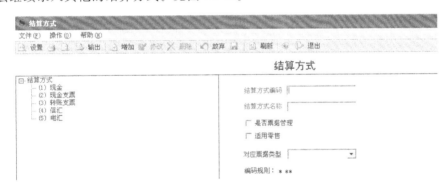

图14-43　设置结算方式页面

（13）打开D盘，在"669账套备份"文件夹中，新建"（3-1）总账初始化"文件夹，输出文件。

（四）日常业务处理

初始化设置完成后，就可以开始进行日常账务处理了。日常业务处理的任务是通过输入和处理各种记账凭证，完成记账工作，查询和打印输出各种日记账、明细账和总分类账，同时对部门、项目、个人往来和单位辅助账进行管理。

1. 应用准备

引入"D:\669账套备份\（3-1）总账初始化"的账套备份数据。将系统日期修改为"2020年1月31日"。

2. 填制凭证

（1）提现类：提取现金10 000元备用。现金支票号码5566。

借：库存现金　　　　　　　　　　　　　　　　　　　10 000
　　　　贷：银行存款　　　　　　　　　　　　　　　　　　10 000

在企业应用平台中，单击【重注册】，以"083 方兴（学生自己名）"的身份进入企业应用平台。单击【业务工作】→【财务会计】→【总账】→【凭证】→【填制凭证】。见图14-44。

图 14-44　填制凭证页面

① 单击【制单】→【增加凭证】。摘要"提现"（选择凭证字"付"）。②选择科目"1001 库存现金"，单击【确定】。③输入借方金额：10 000 元。回车。④将第 1 行摘要复制到第 2 行。⑤选择科目"1002 银行存款"，单击【确定】。⑥输入贷方金额：10 000 元。⑦按回车键，出现【辅助项】对话框，单击【结算方式】参照按钮，选择"现金支票"，输入支票号码：5566。见图14-45、图14-46。⑧单击【保存】按钮。

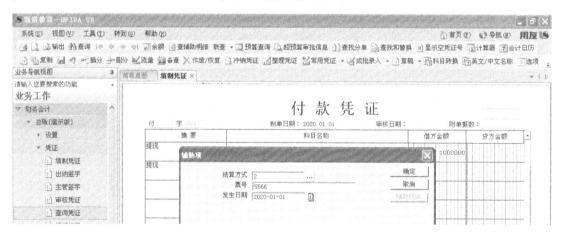

图 14-45　新增付款凭证0001填写"辅助项"页面

在凭证填制完成后，可以单击【保存】保存凭证，也可以单击【制单】→【增加凭证】保存并增加下一张凭证。凭证填制完成后，在未审核前可以直接修改。

（2）投资者追加投资 100 000 元，存入银行。现金支票号码5568。（选择凭证字"收"）见图14-47、图14-48。

　　借：银行存款　　　　　　　　　　　　　　　　　　100 000
　　　　贷：实收资本　　　　　　　　　　　　　　　　　100 000

（3）多核算项目类：销售一部冰凌向海滨公司销售 A 产品 60 000 元，增值税 7 800 元，货款暂欠。见图14-49。

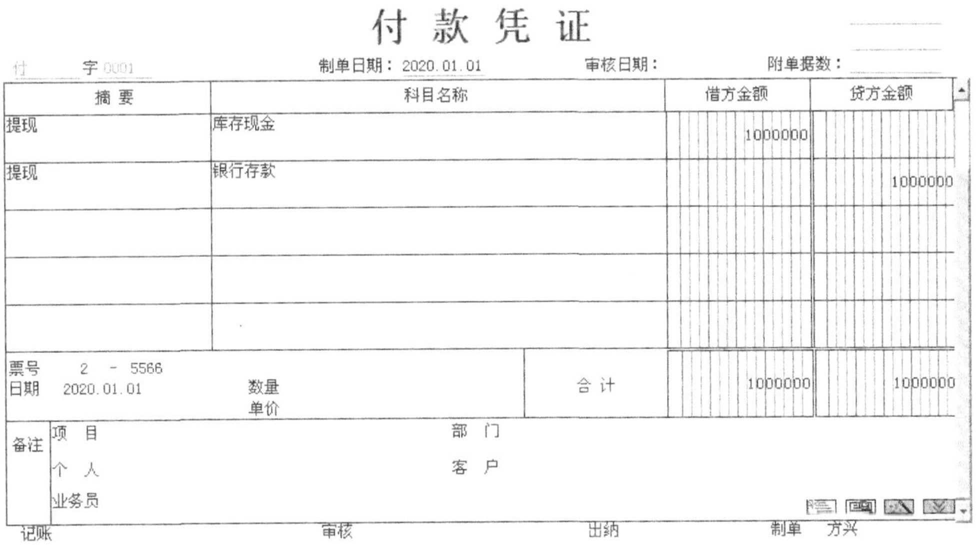

第十四章 施工企业会计电算实务

图 14-46 新增付款凭证 0001 页面

图 14-47 新增收款凭证 0001 填写"辅助项"页面

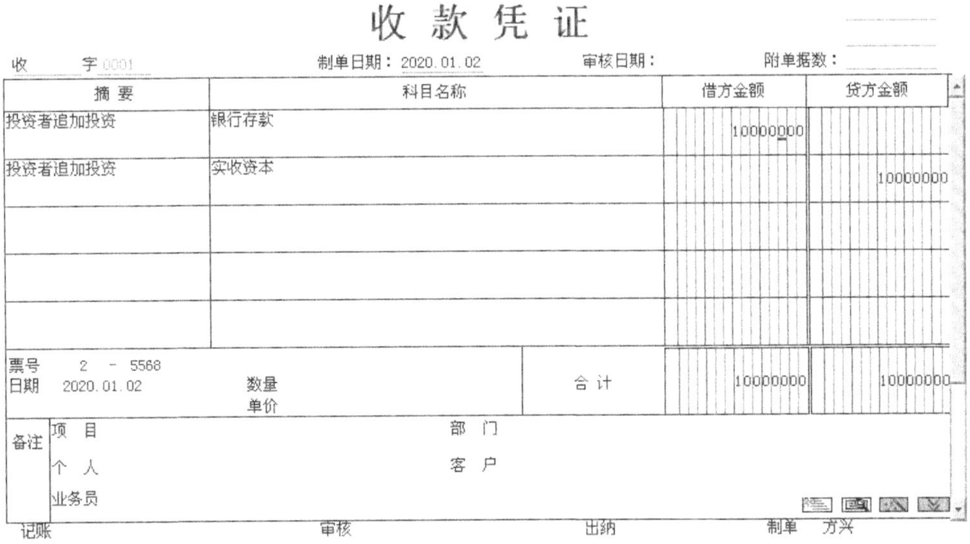

图 14-48 新增收款凭证 0001 页面

转 账 凭 证

转 字 0001　　制单日期：2020.01.02　　审核日期：　　附单据数：

摘要	科目名称	借方金额	贷方金额
销售一部冰凌向海滨公司销售A产品	应收账款/海滨公司	6780000	
销售一部冰凌向海滨公司销售A产品	主营业务收入		6000000
销售一部冰凌向海滨公司销售A产品	应交税费/应交增值税/销项税额		780000
票号 日期	数量 单价　　合计	6780000	6780000
备注	项目　　部门 个人　　客户 业务员		

记账　　审核　　出纳　　制单　方兴

图 14-49　新增转账凭证 0001 页面

摘要：赊销产品（选择凭证字“转”）。

借：应收账款——海滨公司　　67 800

　贷：主营业务收入　　60 000

　　　应交税费——应交增值税（销项税额）　　7 800

（4）数量金额业务类：采购甲材料 1 000kg，单价 50 元/kg；乙材料 500kg，单价 40 元/kg，增值税 11 900 元，以银行存款支付，材料入库。转账支票号码 5569。

① 采购材料（选择凭证字“付”）。

借：材料采购——甲材料　　50 000

　　　　　　——乙材料　　20 000

　　应交税费——应交增值税（进项税额）　　9 100

　贷：银行存款　　79 100

② 材料入库（选择凭证字“转”）。

借：原材料——甲材料　　50 000

　　　　　——乙材料　　20 000

　贷：材料采购——甲材料　　50 000

　　　　　　　——乙材料　　20 000

（5）1 月 6 日和 1 月 27 日分 2 次支付本月通信费 2 400 元，每次 1 200 元。

摘要：支付通信费（选择凭证字“付”）。

借：管理费用　　1 200

　贷：库存现金　　1 200

（6）应收往来业务类：收回海滨公司前欠销货款 67 800 元，存入银行，转账支票号码 5570。

摘要：收回前欠货款（选择凭证字“收”）。

借：银行存款　　67 800

　贷：应收账款——海滨公司　　67 800

（7）应付往来业务类：偿还前欠其他公司的货款 120 000 元。转账支票号码 5567。

摘要：偿还欠款（选择凭证字“付”）。

借：应付票据　　120 000

第十四章 施工企业会计电算实务

  贷：银行存款   120 000
 （8）以银行存款预付材料款 30 000 元。转账支票号码 5571（选择凭证字"付"）。
  借：预付账款   30 000
   贷：银行存款   30 000
 （9）销售产品价款 96 000 元，增值税销项税额 16 320 元，货款已收存入银行。现金支票号码 5575。
  借：银行存款   108 480
   贷：主营业务收入   96 000
     应交税费——应交增值税（销项税额）   12 480
 （10）购进预付货款的甲材料，价款 51 327.43 元，增值税进项税额 6 672.57 元，冲销原预付货款 30 000 元，不足部分以银行存款支付，以银行存款支付上述材料的装卸费 1 000 元。转账支票号码 5572（选择凭证字"付"）。
  借：材料采购——甲材料   51 327.43
    应交税费——应交增值税（进项税额）   6 672.57
   贷：预付账款   30 000
     银行存款   28 000
 （11）以上材料验收入库（选择凭证字"转"）。
  借：原材料——甲材料   51 327.43
   贷：材料采购——甲材料   51 327.43
 （12）直接购进甲材料，价款 80 000 元，增值税进项税额 10 400 元，转账支票号码 5577（选择凭证字"付"）。
  借：原材料——甲材料   80 000
    应交税费——应交增值税（进项税额）   10 400
   贷：银行存款   90 400
 （13）领用甲材料一批，其中用于施工生产耗用 135 000 元，企业管理部门一般耗用 3 000 元（选择凭证字"转"）。
  借：工程施工   135 000
    管理费用   3 000
   贷：原材料——甲材料   138 000
 （14）新投资者加盟企业，投入 600 000 元。转账支票号码 5574（选择凭证字"收"）。
  借：银行存款   600 000
   贷：实收资本   600 000
 （15）将职工工资发放表提供给银行，请银行代为发放工资 80 000 元。转账支票号码 5573（选择凭证字"付"）。
  借：应付职工薪酬   80 000
   贷：银行存款   80 000
 （16）计提固定资产折旧，由管理部门负担的折旧费 20 000 元（选择凭证字"转"）。
  借：管理费用   20 000
   贷：累计折旧   20 000
 （17）结算竣工工程成本，共计 120 000 元（选择凭证字"转"）。
  借：工程结算   120 000
   贷：工程施工   120 000

(18) 以现金支付销售产品的包装费及搬运费 1 200 元（选择凭证字"付"）。
  借：销售费用   1 200
   贷：库存现金   1 200
(19) 结转已完工工程成本 100 000 元（选择凭证字"转"）。
  借：主营业务成本   100 000
   贷：工程结算   100 000
(20) 1 月 27 日，支付本月通信费 1 200 元。
摘要：支付通信费（选择凭证字"付"）。
  借：管理费用   1 200
   贷：库存现金   1 200
(21) 盘亏设备一台，账面价值 69 000 元，已经计提折旧 13 800 元。
① 报经批准前：（选择凭证字"转"）。
  借：待处理财产损溢——待处理固定资产损溢 55 200
    累计折旧   13 800
   贷：固定资产   69 000
② 报经批准后：（选择凭证字"转"）。
  借：营业外支出   55 200
   贷：待处理财产损溢——待处理固定资产损溢 55 200
(22) 销售产品价款 880 000 元，增值税销项税额 114 400 元，货款已收存入银行。转账支票号码 5576。
  借：银行存款   994 400
   贷：主营业务收入   880 000
    应交税费——应交增值税（销项税额） 114 400

3. 审核凭证

审核是指由具有审核权限的操作员按照会计制度规定，对制单人填制的记账凭证进行合法性检查。其目的是防止错弊。

系统要求制单人和审核人不能是同一个人，因此在审核凭证前一定要首先检查一下，当前操作员是否就是制单人。如果是，则应更换操作员。

① 重注册，更换操作员为"081 祥和"。

② 单击【业务工作】→【财务会计】→【总账】→【凭证】→【审核凭证】，打开【凭证审核】对话框。见图 14-50、图 14-51。

③ 单击【确定】按钮，打开待审核的第 1 号凭证，单击【审核】按钮，接下来审核第 2 号凭证。直到全部审核完毕。见图 14-52。

4. 出纳签字

为加强企业现金收入与支出的管理，出纳人员可通过"出纳签字"功能对制单员填制的带有库存现金或银行存款科目的凭证进行检查核对。只有涉及指定科目的凭证才需出纳签字。若没有给出纳赋予权限，应由账套主管在【系统服务】→【系统管理】→【权限】中赋予权限。凭证一经签字，就不能被修改或删除，只有取消签字后才可以修改或删除，取消签字只能由出纳自己进行。

(1) 重注册，更换操作员为"082 媛梦"。

(2) 单击【业务工作】→【财务会计】→【总账】→【凭证】→【出纳签字】，打开【出纳签字】对话框。

第十四章 施工企业会计电算实务

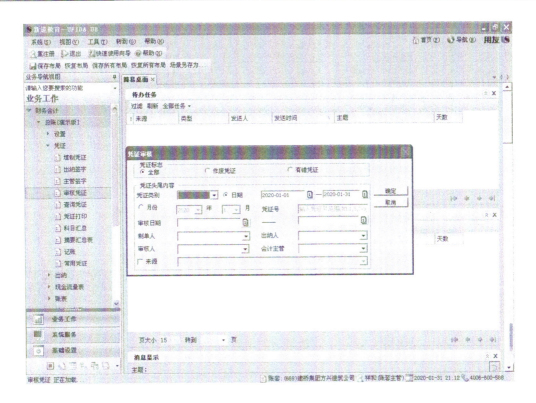

图 14-50 审核凭证页面（一）

图 14-51 审核凭证页面（二）

凭证共 24张　□已审核 24 张　□未审核 0 张　◉ 凭证号排序　○ 制单日期排序

制单日期	凭证编号	摘要	借方金额合计	贷方金额合计	制单人	审核人	系统名	备注	审核
2020-1-2	收 - 0001	投资者追加投资	100,000.00	100,000.00	方兴	祥和			2020-
2020-1-6	收 - 0002	收回海滨公司前欠销货款	67,800.00	67,800.00	方兴	祥和			2020-
2020-1-6	收 - 0003	销售产品	108,480.00	108,480.00	方兴	祥和			2020-
2020-1-13	收 - 0004	新投资者加盟企业	600,000.00	600,000.00	方兴	祥和			2020-
2020-1-31	收 - 0005	销售产品	994,400.00	994,400.00	方兴	祥和			2020-
2020-1-1	付 - 0001	提现	10,000.00	10,000.00	方兴	祥和			2020-
2020-1-6	付 - 0002	采购材料	79,100.00	79,100.00	方兴	祥和			2020-
2020-1-6	付 - 0003	支付通讯费	1,200.00	1,200.00	方兴	祥和			2020-
2020-1-6	付 - 0004	偿还欠款	120,000.00	120,000.00	方兴	祥和			2020-
2020-1-6	付 - 0005	以银行存款预付材料款	30,000.00	30,000.00	方兴	祥和			2020-
2020-1-6	付 - 0006	购进预付货款的甲材料	58,000.00	58,000.00	方兴	祥和			2020-
2020-1-13	付 - 0007	直接购进甲材料	90,400.00	90,400.00	方兴	祥和			2020-
2020-1-13	付 - 0008	将职工工资发放表提供给	80,000.00	80,000.00	方兴	祥和			2020-
2020-1-27	付 - 0009	以现金支付销售产品的包	1,200.00	1,200.00	方兴	祥和			2020-
2020-1-27	付 - 0010	支付本月通讯费	1,200.00	1,200.00	方兴	祥和			2020-
2020-1-2	转 - 0001	销售一部冰凌向海滨公司	67,800.00	67,800.00	方兴	祥和			2020-
2020-1-6	转 - 0002	材料入库	70,000.00	70,000.00	方兴	祥和			2020-
2020-1-13	转 - 0003	材料验收入库	51,327.43	51,327.43	方兴	祥和			2020-
2020-1-13	转 - 0004	领用甲材料一批，用于旅	138,000.00	138,000.00	方兴	祥和			2020-
2020-1-20	转 - 0005	计提固定资产折旧	20,000.00	20,000.00	方兴	祥和			2020-
2020-1-20	转 - 0006	结算竣工工程成本	120,000.00	120,000.00	方兴	祥和			2020-
2020-1-20	转 - 0007	结转已完工工程成本	100,000.00	100,000.00	方兴	祥和			2020-
2020-1-31	转 - 0008	盘亏设备一台	69,000.00	69,000.00	方兴	祥和			2020-
2020-1-31	转 - 0009	报经批准后	55,200.00	55,200.00	方兴	祥和			2020-
		合计	3,033,107.43	3,033,107.43					

图 14-52　审核凭证汇总页面

提示：要进行出纳签字的操作应满足以下 3 个条件。首先，在总账系统的“选项”中已经设置了“出纳凭证必须经由出纳签字”；其次，已经在会计科目中进行了“指定科目”的操作；再次，凭证中所使用的会计科目是已经在总账系统中设置为“日记账”辅助核算内容的会计科目。

(3) 单击【确定】按钮，打开待签字的第 1 号收款凭证，单击【签字】按钮，凭证底部的【出纳】处自动签上出纳人的姓名。接下来签字第 2 号凭证。直到全部收款、付款凭证签字完毕。单击【退出】。见图 14-53。

凭证共 15张　□已签字 15张　□未签字 0张　◉ 凭证号排序　○ 制单日期排序

制单日期	凭证编号	摘要	借方金额合计	贷方金额合计	制单人	签字人	系统名	备注	审核
2020-1-2	收 - 0001	投资者追加投资	100,000.00	100,000.00	方兴	媛梦			2020-
2020-1-6	收 - 0002	收回海滨公司前欠销货款	67,800.00	67,800.00	方兴	媛梦			2020-
2020-1-6	收 - 0003	销售产品	108,480.00	108,480.00	方兴	媛梦			2020-
2020-1-13	收 - 0004	新投资者加盟企业	600,000.00	600,000.00	方兴	媛梦			2020-
2020-1-31	收 - 0005	销售产品	994,400.00	994,400.00	方兴	媛梦			2020-
2020-1-1	付 - 0001	提现	10,000.00	10,000.00	方兴	媛梦			2020-
2020-1-6	付 - 0002	采购材料	79,100.00	79,100.00	方兴	媛梦			2020-
2020-1-6	付 - 0003	支付通讯费	1,200.00	1,200.00	方兴	媛梦			2020-
2020-1-6	付 - 0004	偿还欠款	120,000.00	120,000.00	方兴	媛梦			2020-
2020-1-6	付 - 0005	以银行存款预付材料款	30,000.00	30,000.00	方兴	媛梦			2020-
2020-1-6	付 - 0006	购进预付货款的甲材料	58,000.00	58,000.00	方兴	媛梦			2020-
2020-1-13	付 - 0007	直接购进甲材料	90,400.00	90,400.00	方兴	媛梦			2020-
2020-1-13	付 - 0008	将职工工资发放表提供给	80,000.00	80,000.00	方兴	媛梦			2020-
2020-1-27	付 - 0009	以现金支付销售产品的包	1,200.00	1,200.00	方兴	媛梦			2020-
2020-1-27	付 - 0010	支付本月通讯费	1,200.00	1,200.00	方兴	媛梦			2020-

图 14-53　出纳签字页面

5. 修改凭证

（1）未审核的凭证可以直接修改，但是，凭证类别不能修改。

（2）已进行出纳签字而未审核的凭证如果发现有错误，可以由原出纳签字的操作员在"出纳签字"功能中取消出纳签字后，再由原制单人在填制凭证功能中修改凭证。

（3）如果在总账系统的选项中选中"允许修改、作废他人填制的凭证"，则在填制凭证功能中可以由非原制单人修改或作废他人填制的凭证，被修改凭证的制单人将被修改为现在的修改凭证的人。

6. 删除凭证

未审核的凭证可以直接删除，已审核或已进行出纳签字的凭证不能直接删除，必须在取消审核及取消出纳签字后再删除。若要删除凭证，必须先进行"作废"操作，而后再进行整理。对于作废凭证，可以单击"作废/恢复"按钮，取消"作废"标志。作废凭证不能修改、不能审核，但应参与记账。只能对未记账凭证进行凭证整理。账簿查询时查不到作废凭证的数据。

7. 记账

（1）由操作员"081 祥和"单击【业务工作】→【财务会计】→【总账】→【凭证】→【记账】进行记账。

（2）打开【记账——选择本次记账范围】对话框。选择"2020.01 月份凭证"，记账范围为"全选"。见图 14-54。

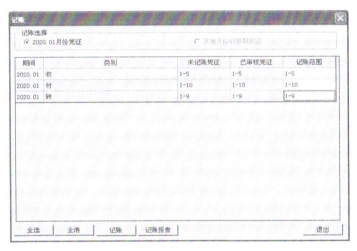

图 14-54　选择记账范围页面

（3）单击【记账】，打开【期初余额试算表】窗口。

（4）单击【确定】，系统自动进行记账，记账完成后，系统弹出【记账完毕!】提示框，单击【确定】。见图 14-55、图 14-56。

8. 冲销记账凭证

冲销凭证是针对已记账凭证由系统自动生成的一张红字冲销凭证。冲销凭证相当于填制了一张凭证，不需保存，只要进入新的状态就由系统将冲销凭证自动保存。已冲销凭证仍需审核、出纳签字后记账。

打开 D 盘，在"669 账套备份"文件夹中，新建"（4-1）日常业务处理"文件夹，输出文件。

图 14-55　记账完毕页面

科目编码	科目名称	外币名称	数量单位	金额合计 借方	金额合计 贷方
1001	库存现金			10,000.00	3,600.00
1002	银行存款			1,870,680.00	437,500.00
1122	应收账款			67,800.00	67,800.00
112202	海滨公司			67,800.00	67,800.00
1123	预付账款			30,000.00	30,000.00
1401	材料采购			121,327.43	121,327.43
140101	甲材料			101,327.43	101,327.43
140102	乙材料			20,000.00	20,000.00
1403	原材料			201,327.43	138,000.00
140301	甲材料			181,327.43	138,000.00
140102	乙材料			20,000.00	20,000.00
1403	原材料			201,327.43	138,000.00
140301	甲材料			181,327.43	138,000.00
140302	乙材料			20,000.00	
1601	固定资产				69,000.00
1602	累计折旧			13,800.00	20,000.00
1901	待处理财产损溢			55,200.00	55,200.00
190102	待处理固定资产损溢			55,200.00	55,200.00
2201	应付票据			120,000.00	
2211	应付职工薪酬			80,000.00	
2221	应交账款			26,172.57	134,680.00
222101	应交增值税			26,172.57	134,680.00
22210101	进项税额			26,172.57	
22210102	销项税额				134,680.00
4001	实收资本				700,000.00
5401	工程施工			135,000.00	120,000.00
5402	工程结算			120,000.00	100,000.00
6001	主营业务收入				1,036,000.00
6401	主营业务成本			100,000.00	
6601	销售费用			1,200.00	
6602	管理费用			25,400.00	
6711	营业外支出			55,200.00	
合计				3,033,107.43	3,033,107.43

图 14-56　记账明细页面

(五) 出纳管理

主要内容：查询日记账、查询资金日报表、支票登记簿、银行对账。

(六) 总账期末业务处理

引入"D：\669账套备份\（4-1）日常业务处理"文件夹，将日期选为2020年1月31日。

1. 生成机制凭证

设置期间损益结转转账凭证：损益科目结转表中的本年利润科目必须为末级科目，且为本年利润入账科目的下级科目。两个科目的辅助账类也必须一一对应。对应结转只能结转期末余额。

（1）由"083方兴（学生自己名）"生成损益结转转账凭证。单击【业务工作】→【财务会计】→【总账】→【期末】→【转账生成】，进入【转账生成】窗口。

（2）单击【期间损益结转】。见图14-57。

图14-57 期间损益结转页面

（3）单击【确定】，单击【全选】→【确定】，生成【期间损益结转】凭证，单击【保存】。见图14-58。

（4）由账套主管081祥和对生成的期间损益结转凭证审核、记账。见图14-59～图14-61。

2. 对账

（1）由"083方兴（学生自己名）"单击【业务工作】→【财务会计】→【总账】→【期末】→【对账】，进入【对账】对话框。

（2）单击【试算】按钮，出现"试算平衡表"。见图14-62。

（3）单击【确定】按钮，单击【选择】按钮，在"是否对账"栏出现"Y"标志，选中要对账的月份。再单击【对账】按钮，系统开始对账，并显示对账结果。

（4）单击【检查】按钮。见图14-63。

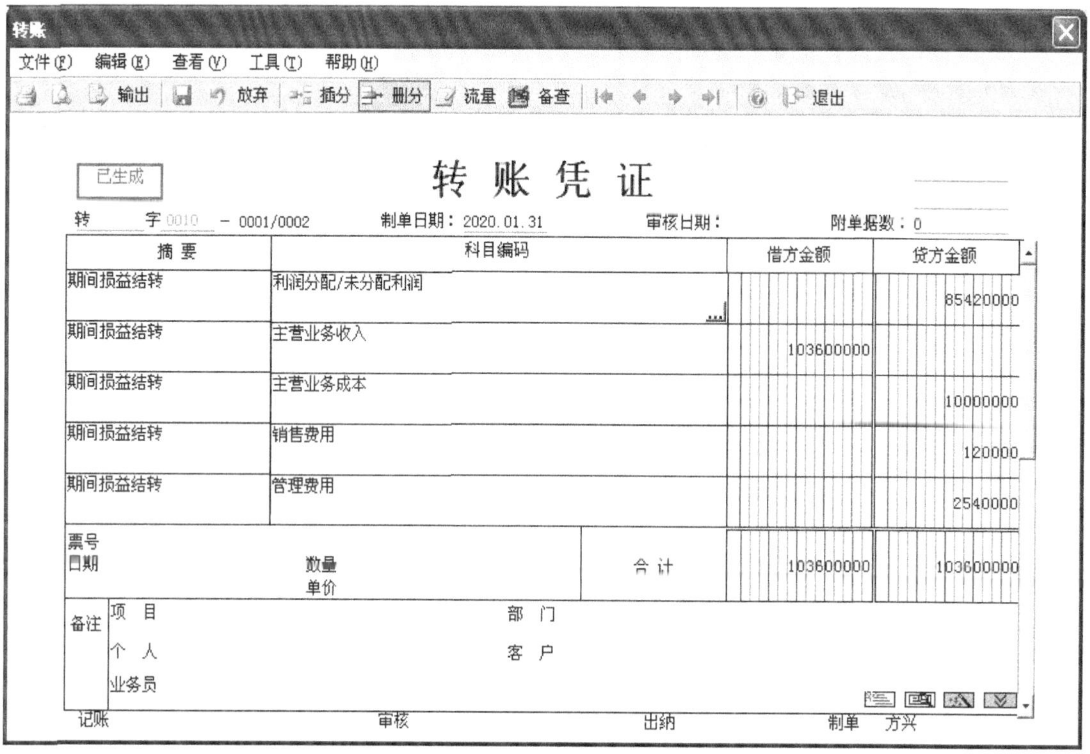

转 账 凭 证

转 字 0010 - 0001/0002 制单日期：2020.01.31 审核日期： 附单据数：0

摘要	科目编码	借方金额	贷方金额
期间损益结转	利润分配/未分配利润		85420000
期间损益结转	主营业务收入	103600000	
期间损益结转	主营业务成本		10000000
期间损益结转	销售费用		120000
期间损益结转	管理费用		2540000
票号 日期	数量 单价 合计	103600000	103600000

备注 项目 部门 个人 客户 业务员

记账 审核 出纳 制单 方兴

图 14-58 结转期间损益已生成页面

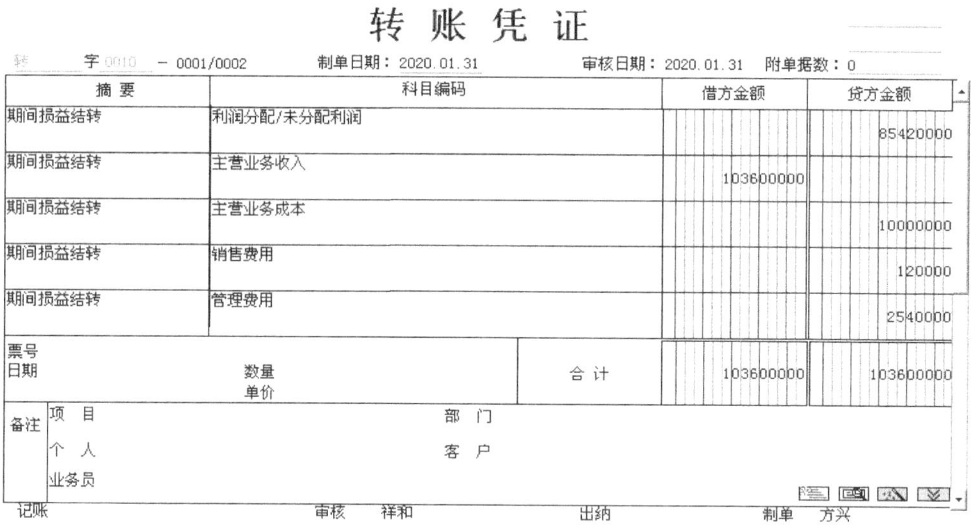

转 账 凭 证

转 字 0010 - 0001/0002 制单日期：2020.01.31 审核日期：2020.01.31 附单据数：0

摘要	科目编码	借方金额	贷方金额
期间损益结转	利润分配/未分配利润		85420000
期间损益结转	主营业务收入	103600000	
期间损益结转	主营业务成本		10000000
期间损益结转	销售费用		120000
期间损益结转	管理费用		2540000
票号 日期	数量 单价 合计	103600000	103600000

备注 项目 部门 个人 客户 业务员

记账 审核 祥和 出纳 制单 方兴

图 14-59 审核期间损益凭证页面

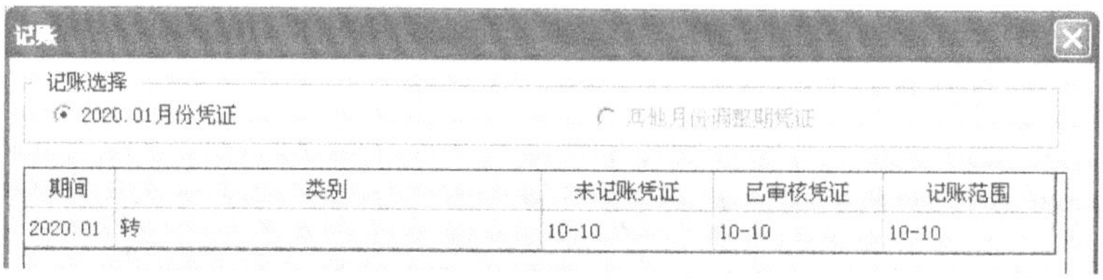

期间	类别	未记账凭证	已审核凭证	记账范围
2020.01	转	10-10	10-10	10-10

图 14-60 审核期间损益记账范围页面

第十四章 施工企业会计电算实务

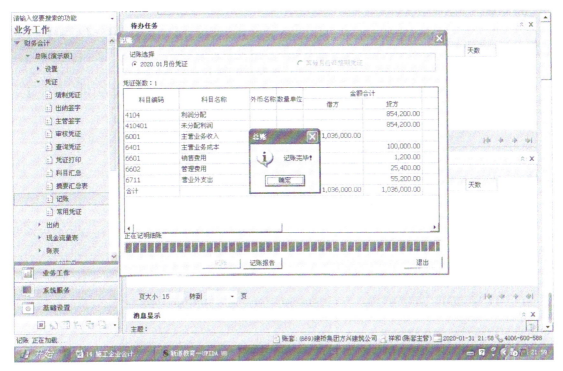

图 14-61　审核期间损益记账完毕页面

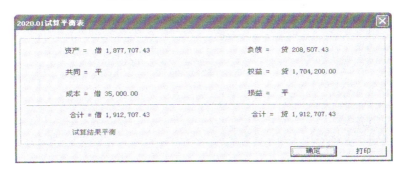

图 14-62　试算平衡页面

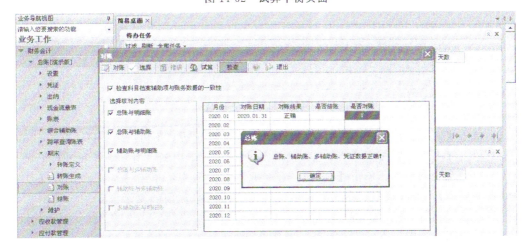

图 14-63　对账全部完成页面

3. 结账

（1）由"083方兴（学生自己名）"单击【业务工作】→【财务会计】→【总账】→【期末】→【结账】，进入【结账】对话框。选定结账范围页面2020.01。

（2）单击【下一步】按钮，打开【结账——核对账簿】对话框。

（3）单击【对账】按钮，系统进行对账，对账完毕后，单击【下一步】按钮，打开【结账——月度工作报告】。见图14-64、图14-65。

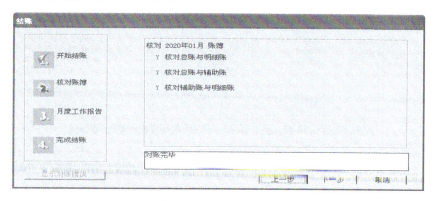

图14-64　对账完毕页面

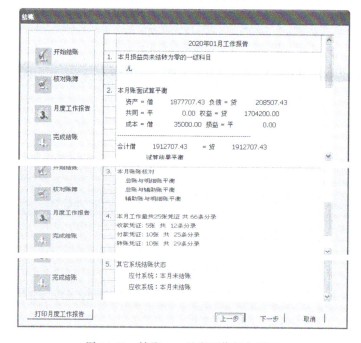

图14-65　结账——月度工作报告页面

（4）单击【下一步】，出现"2020年01月未通过工作检查，不可以结账！"。见图14-66。

（5）单击【上一步】按钮检查不能结账的原因，如有未记账，由081祥和进行记账。如有应收、应付系统未记账，单击【取消】。在企业应用平台中，单击【基础设置】→【基本信息】→【系统启用】，打开【系统启用】对话框。单击【应收】前的复选框，系统提示"确实要注销当前系统吗"，单击【是】。同理取消"应付"系统。

（6）在总账系统中，重新进行结账。见图14-67。

（7）结账之后，出现发生额及余额表。见图14-68。

第十四章 施工企业会计电算实务

图 14-66 不可结账提示页面

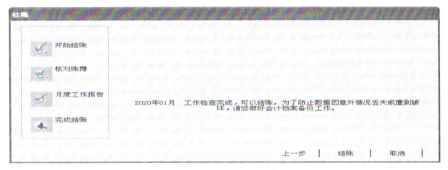

图 14-67 重新结账页面

发生额及余额表

月份：2020.01-2020.01

科目编码	科目名称	期初余额 借方	期初余额 贷方	本期发生 借方	本期发生 贷方	期末余额 借方	期末余额 贷方
1001	库存现金			10,000.00	3,600.00	6,400.00	
1002	银行存款	200,000.00		1,870,680.00	437,500.00	1,633,180.00	
1122	应收账款	150,000.00		67,800.00	67,800.00	150,000.00	
1123	预付账款			30,000.00	30,000.00		
1401	材料采购			121,327.43	121,327.43		
1403	原材料			201,327.43	138,000.00	63,327.43	
1601	固定资产	100,000.00			69,000.00	31,000.00	
1602	累计折旧			13,800.00	20,000.00		6,200.00
1901	待处理财产损溢			55,200.00	55,200.00		
资产小计		450,000.00		2,370,134.86	942,427.43	1,883,907.43	6,200.00
2001	短期借款		100,000.00				100,000.00
2202	应付账款		120,000.00				120,000.00
2211	应付职工薪酬		80,000.00	80,000.00			
2221	应交税费			26,172.57	134,680.00		108,507.43
负债小计			300,000.00	226,172.57	134,680.00	120,000.00	328,507.43
4001	实收资本		100,000.00		700,000.00		800,000.00
4104	利润分配		50,000.00		854,200.00		904,200.00
权益小计			150,000.00		1,554,200.00		1,704,200.00
5401	工程施工			135,000.00	120,000.00	15,000.00	
5402	工程结算			120,000.00	100,000.00	20,000.00	
成本小计				255,000.00	220,000.00	35,000.00	
6001	主营业务收入			1,036,000.00	1,036,000.00		
6401	主营业务成本			100,000.00	100,000.00		
6601	销售费用			1,200.00	1,200.00		
6602	管理费用			25,400.00	25,400.00		
6711	营业外支出			55,200.00	55,200.00		
损益小计				1,217,800.00	1,217,800.00		
合计		450,000.00	450,000.00	4,069,107.43	4,069,107.43	2,038,907.43	2,038,907.43

图 14-68 余额表页面

打开 D 盘，在"669 账套备份"文件中，新建"(6-1) 总账期末业务处理"文件夹，输出文件。

（七）报表业务处理

引入"D:\669 账套备份\(6-1) 总账期末业务处理"文件夹，将系统日期选在 2020 年 1 月 31 日。运用 669 建桥集团方兴建筑公司的数据资料，利用报表模板生成报表。

1. 建立利润表

（1）在 UFO 报表系统中，由"祥和"执行【文件】→【新建】命令，进入报表的【格式】状态窗口。见图 14-69、图 14-70。

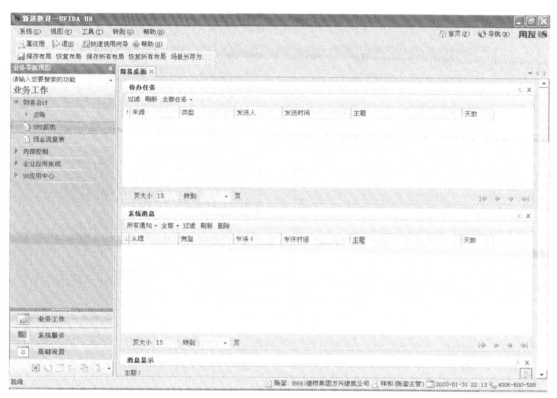

图 14-69　建立利润表页面

图 14-70　新建利润表页面（一）

（2）执行【格式】→【报表模板】命令，打开【报表模板】对话框。见图 14-71。

（3）单击【您所在的行业】栏的下三角按钮，选择"2007 年新会计制度科目"，再单击财务报表栏的下三角按钮，选择"利润表"。见图 14-72。

（4）单击【确定】，系统弹出【模板格式将覆盖本表格式？是否继续？】提示框。

（5）单击【确认】，利润表模板展开。

（6）在报表【格式】窗口，单击选中"A3"（A 列 3 行）单元，将"编制单位"删除。

（7）选中"A3"单元，执行【数据】→【关键字】→【设置】命令，打开【设置关键字】对话框。见图 14-73。

第十四章 施工企业会计电算实务

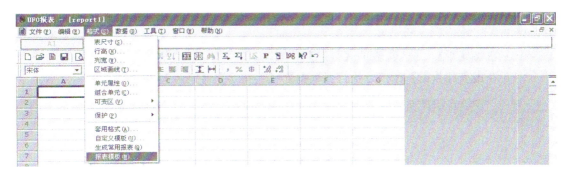

图 14-71 新建利润表页面（二）

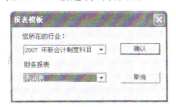

图 14-72 新建利润表页面（三）

图 14-73 设置关键字页面

（8）设置关键字"单位名称"，单击【确定】。见图 14-74。

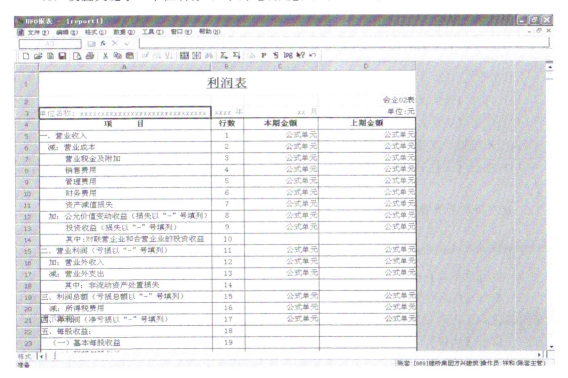

图 14-74 设置单位名称页面

（9）在报表【编辑】窗口，单击【格式/数据状态】，系统提示【是否确定全表重算】。见图 14-75。

（10）单击【否】，进入报表的【数据】状态窗口。

（11）在报表【数据】窗口，执行【数据】→【关键字】→【录入】。见图 14-76。

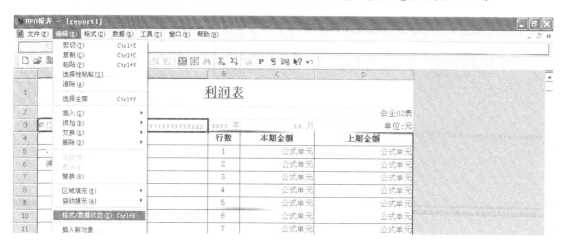

图 14-75　全表重算页面

图 14-76　输入单位名称页面（一）

（12）打开【录入关键字】对话框。录入各项关键字。见图 14-77。

（13）单击【确认】。

（14）系统提示【是否重算第1页？】，单击【是】，生成利润表的数据。见图 14-78。

（15）执行【文件】→【保存】命令，在"D：669账套备份"中将文件保存为"669利润表"。

2. 建立资产负债表

（1）在 UFO 报表系统中，执行【文件】→【新建】命令，进入报表的【格式】状态窗口。见图 14-79、图 14-80。

（2）执行【格式】→【报表模板】命令，打开【报表模板】对话框。见图 14-81。

（3）单击【您所在的行业】栏的下三角按钮，选择"2007年新会计制度科目"，再单击财务报表栏的下三角按钮，选择"资产负债表"。见图 14-82。

（4）单击【确认】，系统弹出【模板格式将覆盖本表格式？是否继续？】提示框。

（5）单击【确认】，展开资产负债表模板。见图 14-83。

（6）在报表【格式状态】窗口，单击选中【A3】单元，将【编制单位】删除。

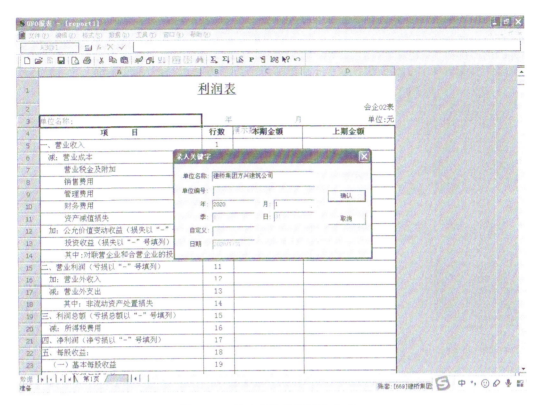

图 14-77　输入单位名称页面（二）

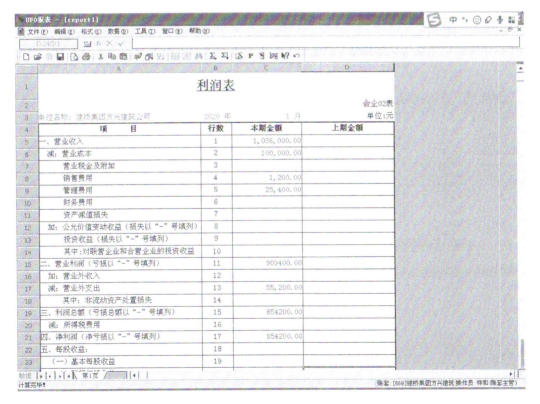

图 14-78　生成数据页面

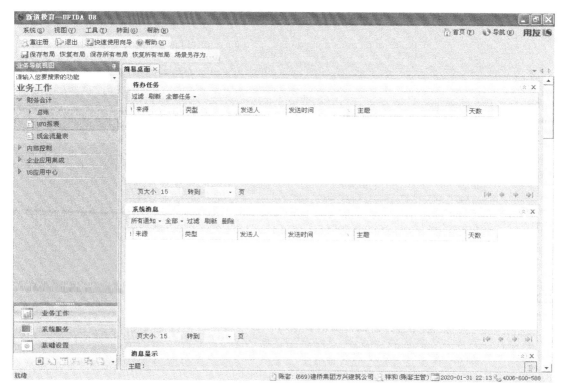

图 14-70 建立"资产负债表"页面(一)

图 14-80 建立"资产负债表"(二)

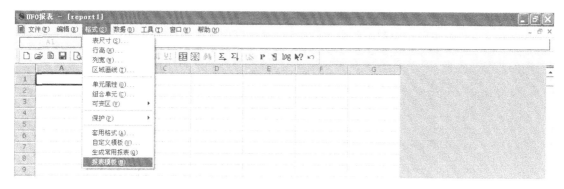

图 14-81 套用报表模板页面

图 14-82 选定"资产负债表"页面

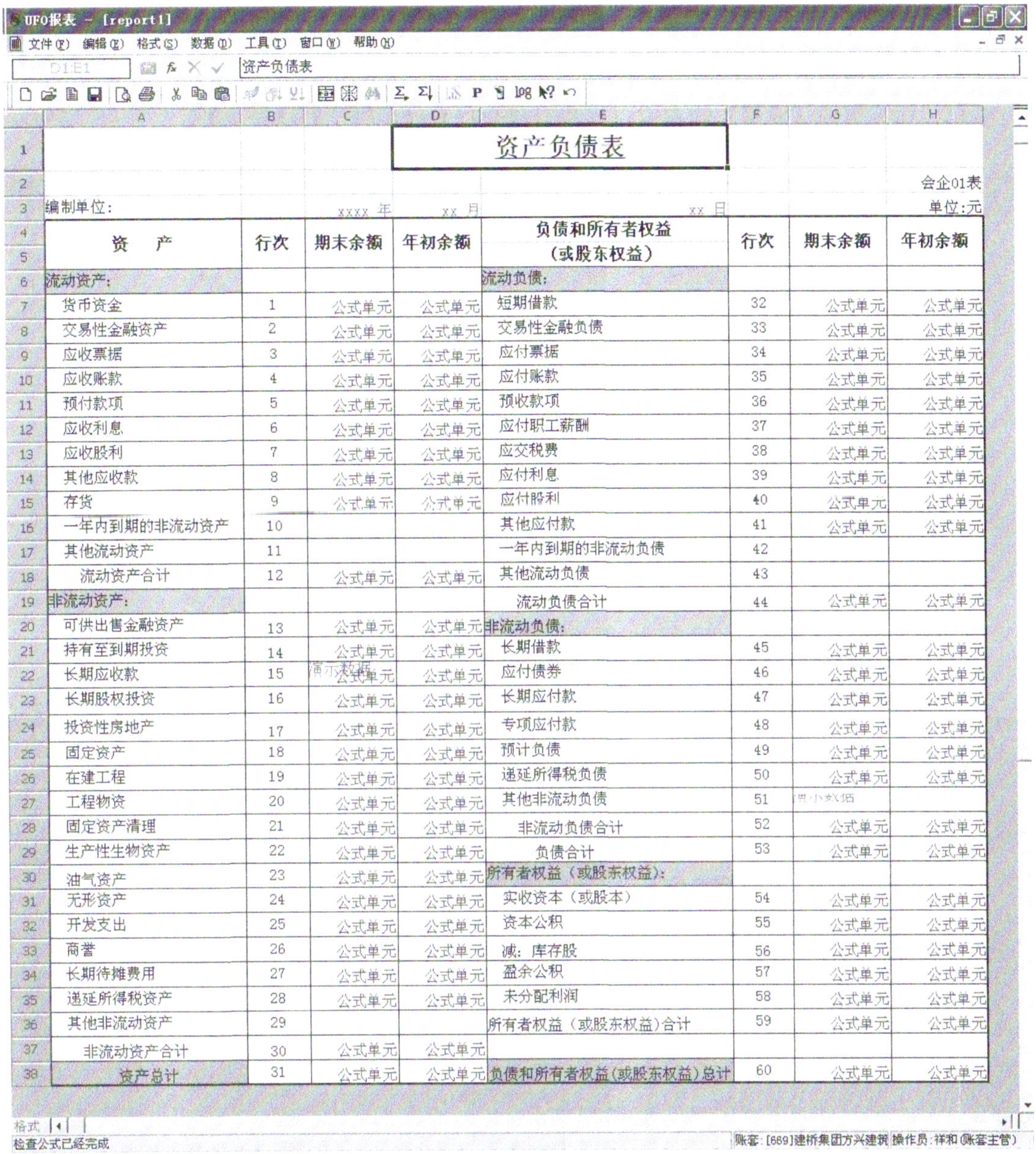

资产负债表

会企01表

编制单位:　　　　xxxx 年　　xx 月　　　　xx 日　　　　单位:元

资　产	行次	期末余额	年初余额	负债和所有者权益（或股东权益）	行次	期末余额	年初余额
流动资产:				流动负债:			
货币资金	1	公式单元	公式单元	短期借款	32	公式单元	公式单元
交易性金融资产	2	公式单元	公式单元	交易性金融负债	33	公式单元	公式单元
应收票据	3	公式单元	公式单元	应付票据	34	公式单元	公式单元
应收账款	4	公式单元	公式单元	应付账款	35	公式单元	公式单元
预付款项	5	公式单元	公式单元	预收款项	36	公式单元	公式单元
应收利息	6	公式单元	公式单元	应付职工薪酬	37	公式单元	公式单元
应收股利	7	公式单元	公式单元	应交税费	38	公式单元	公式单元
其他应收款	8	公式单元	公式单元	应付利息	39	公式单元	公式单元
存货	9	公式单元	公式单元	应付股利	40	公式单元	公式单元
一年内到期的非流动资产	10			其他应付款	41	公式单元	公式单元
其他流动资产	11			一年内到期的非流动负债	42		
流动资产合计	12	公式单元	公式单元	其他流动负债	43		
非流动资产:				流动负债合计	44	公式单元	公式单元
可供出售金融资产	13	公式单元	公式单元	非流动负债:			
持有至到期投资	14	公式单元	公式单元	长期借款	45	公式单元	公式单元
长期应收款	15	公式单元	公式单元	应付债券	46	公式单元	公式单元
长期股权投资	16	公式单元	公式单元	长期应付款	47	公式单元	公式单元
投资性房地产	17	公式单元	公式单元	专项应付款	48	公式单元	公式单元
固定资产	18	公式单元	公式单元	预计负债	49	公式单元	公式单元
在建工程	19	公式单元	公式单元	递延所得税负债	50	公式单元	公式单元
工程物资	20	公式单元	公式单元	其他非流动负债	51		
固定资产清理	21	公式单元	公式单元	非流动负债合计	52	公式单元	公式单元
生产性生物资产	22	公式单元	公式单元	负债合计	53	公式单元	公式单元
油气资产	23	公式单元	公式单元	所有者权益（或股东权益）:			
无形资产	24	公式单元	公式单元	实收资本（或股本）	54	公式单元	公式单元
开发支出	25	公式单元	公式单元	资本公积	55	公式单元	公式单元
商誉	26	公式单元	公式单元	减：库存股	56	公式单元	公式单元
长期待摊费用	27	公式单元	公式单元	盈余公积	57	公式单元	公式单元
递延所得税资产	28	公式单元	公式单元	未分配利润	58	公式单元	公式单元
其他非流动资产	29			所有者权益（或股东权益）合计	59	公式单元	公式单元
非流动资产合计	30	公式单元	公式单元				
资产总计	31	公式单元	公式单元	负债和所有者权益(或股东权益)总计	60	公式单元	公式单元

图 14-83　利用报表模板生成“资产负债表”页面

（7）仍选中【A3】单元，执行【数据】→【关键字】→【设置】，打开【设置关键字】对话框。见图 14-84。

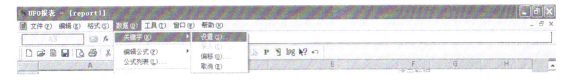

图 14-84　设置关键字页面

（8）设置关键字“单位名称”，单击【确定】。

(9) 在报表【编辑】窗口,单击【格式/数据状态】,系统提示"是否确定全表重算"。见图 14-85。

(10) 单击【否】,进入报表的【数据】状态窗口。见图 14-86。

(11) 在报表的【数据】状态窗口,执行【数据】→【关键字】→【录入】。

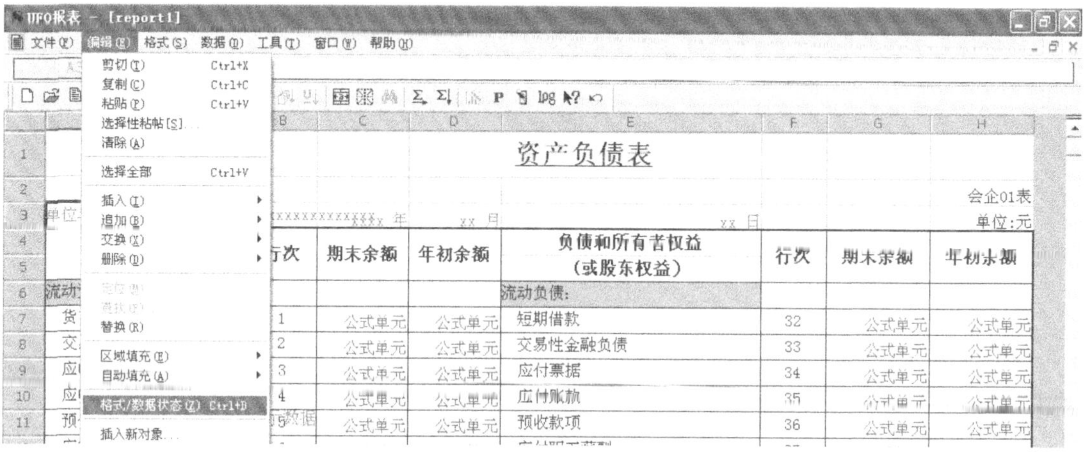

图 14-85 全表重算页面

图 14-86 输入单位名称页面(一)

(12) 打开【录入关键字】对话框,录入各项关键字。见图 14-87。

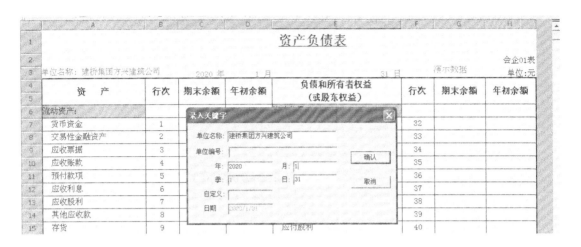

图 14-87 输入单位名称页面（二）

（13）单击【确认】。系统提示"是否确定全表重算"。单击【否】。

（14）修改未分配利润年初公式

① 单击报表左下角【数据】，使报表显示"公式单元"。

② 双击 H35"公式单元"，修改未分配利润公式年初数公式：即在公式末尾输入"＋"，再复制"QC（"4104"，全年,,，年,,）"粘贴到最后，然后把"4104"改为"4103"，单击【确认】按钮。见图 14-88。

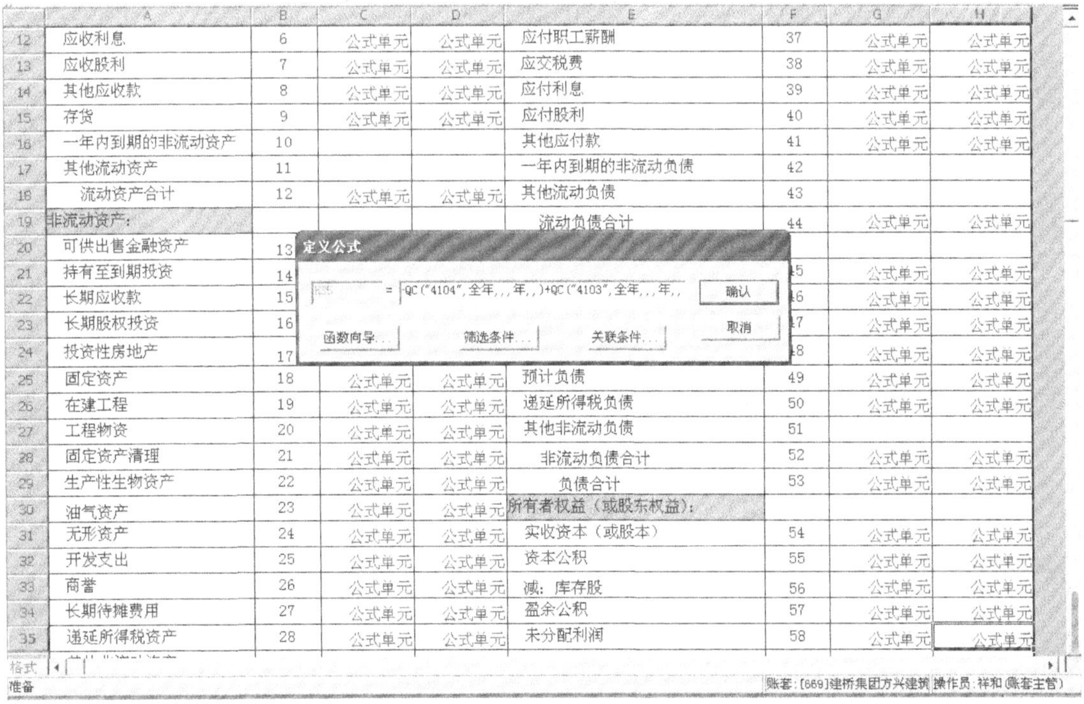

图 14-88 修改报表公式页面（一）

③ 用同样方法修改未分配利润年末数 G35 公式，原来未分配利润公式漏掉了"本年利润"科目余额。见图 14-89。

图 14-89　修改报表公式页面（二）

（15）修改存货年初公式

① 单击报表左下角【数据】，使报表显示"公式单元"。

② 将"工程施工"和"工程结算"账户中的余额视为在产品加入"存货"项目之中，双击 D15"公式单元"，在公式末尾输入"＋"，复制"QC（"1471"，全年,,,年,,）"粘贴到最后，然后把"1471"改为"5401"，在公式末尾输入"－"，再复制一次把"1471"改为"5402"，单击【确认】按钮。见图 14-90。

图 14-90　修改报表公式页面（三）

③ 用同样方法修改存货年末数 D15 公式，原来存货公式漏掉了"工程施工"和"工程结算"科目余额。双击 C15"公式单元"，在公式末尾输入"＋"，复制"QM（"1471"，全年,,,年,,）"粘贴到最后，然后把"1471"改为"5401"，在公式末尾输入"－"再复制一次把"1471"改为"5402"，单击【确认】按钮。见图 14-91。

图 14-91　修改报表公式页面（四）

（16）编辑审核公式

① 选择【数据】→【编辑公式】→【审核公式】选项，弹出【审核公式】对话框。

② 输入【审核公式】，单击【确定】按钮。见图 14-92。

图 14-92　审核公式页面

（17）生成数据报表

① 选择左下角【数据】状态，点击【格式】状态。

② 选择【数据】→【整表重算】选项，弹出【是否确定整表重算？】提示框。

（18）系统提示【是否重算第1页？】，单击【是】，生成资产负债表的数据。见图14-93。

资产	行次	期末余额	年初余额	负债和所有者权益（或股东权益）	行次	期末余额	年初余额
流动资产：				**流动负债：**			
货币资金	1	1,639,580.00	200,000.00	短期借款	32	100,000.00	100,000.00
交易性金融资产	2			交易性金融负债	33		
应收票据	3			应付票据	34	-120,000.00	
应收账款	4	150,000.00	150,000.00	应付账款	35	120,000.00	120,000.00
预付款项	5			预收款项	36		
应收利息	6			应付职工薪酬	37		80,000.00
应收股利	7			应交税费	38	108,507.43	
其他应收款	8			应付利息	39		
存货	9	98,327.43		应付股利	40		
一年内到期的非流动资产	10			其他应付款	41		
其他流动资产	11			一年内到期的非流动负债	42		
流动资产合计	12	1,887,907.43	350,000.00	其他流动负债	43		
非流动资产：				流动负债合计	44	208,507.43	300,000.00
可供出售金融资产	13			**非流动负债：**			
持有至到期投资	14			长期借款	45		
长期应收款	15			应付债券	46		
长期股权投资	16			长期应付款	47		
投资性房地产	17			专项应付款	48		
固定资产	18	24,800.00	100,000.00	预计负债	49		
在建工程	19			递延所得税负债	50		
工程物资	20			其他非流动负债	51		
固定资产清理	21			非流动负债合计	52		
生产性生物资产	22			负债合计	53	208507.43	300000.00
油气资产	23			**所有者权益（或股东权益）：**			
无形资产	24			实收资本（或股本）	54	800,000.00	100,000.00
开发支出	25			资本公积	55		
商誉	26			减：库存股	56		
长期待摊费用	27			盈余公积	57		
递延所得税资产	28			未分配利润	58	904,200.00	50,000.00
其他非流动资产	29			所有者权益（或股东权益）合计	59	1,704,200.00	150,000.00
非流动资产合计	30	24800.00	100000.00				
资产总计	31	1912707.43	450000.00	负债和所有者权益（或股东权益）总计	60	1,912,707.43	450,000.00

图14-93 生成报表数据页面

（19）执行【文件】→【保存】命令，在"D：669账套备份"中将文件保存为"669资产负债表"。

参 考 文 献

[1] 中华人民共和国会计法. 北京：中国法制出版社，2017.
[2] 许太谊. 企业会计准则及相关法规应用指南2018. 北京：中国市场出版社，2018.
[3] 企业会计准则编审委员会. 企业会计准则详解与实务. 北京：人民邮电出版社，2020.
[4] 方晶晶，张思纯. 建筑施工企业会计核算实务. 2版. 北京：化学工业出版社，2015.
[5] 方晶晶，张思纯. 建筑施工企业会计核算实务. 1版. 北京：化学工业出版社，2011.
[6] 方晶晶. 财务管理软件实操教程. 北京：清华大学出版社 2015.
[7] 方晶晶，张思纯. 会计基础教程. 北京：中国电子出版社，2009.
[8] 方晶晶，马丁娜. 会计学原理. 北京：清华大学出版社，2012.
[9] 方晶晶，张琪. 中级财务会计. 北京：清华大学出版社，2013.
[10] 张思纯，张永忠. 企业会计. 北京：机械工业出版社，2005.
[11] 王玉红. 施工企业会计核算实务. 北京：人民邮电出版社，2016.
[12] 朱宾梅. 施工企业会计. 北京：化学工业出版社，2017.
[13] 姜月运，李清水. 施工企业会计. 北京：清华大学出版社，2017.
[14] 路国平，黄中生. 中级财务会计. 3版. 北京：高等教育出版社，2018.